Wirtschaftsformationen

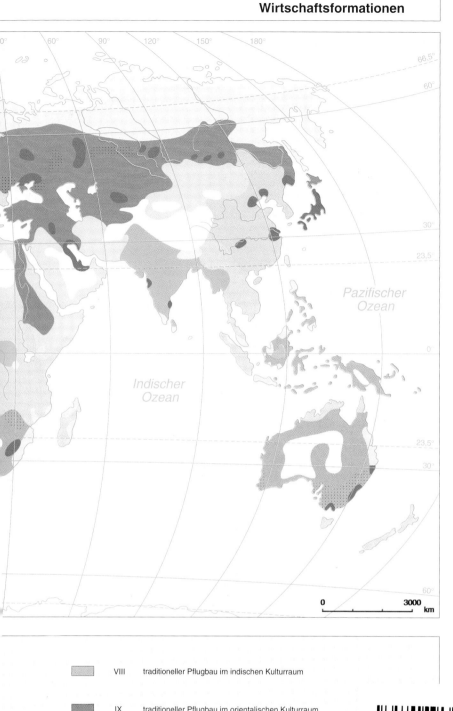

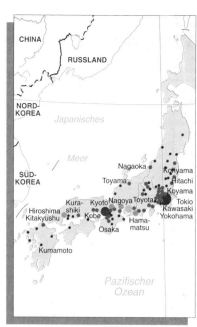

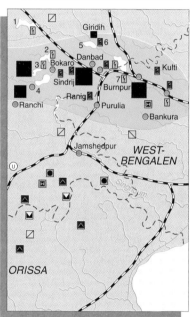

■	VIII	traditioneller Pflugbau im indischen Kulturraum
■	IX	traditioneller Pflugbau im orientalischen Kulturraum
▒	X	Pflugbau in Südeuropa, Formation stärker industrialisiert als VI bis IX
▓	XI	europäisch überformte Agrarwirtschaften auf der Südhalbkugel, mit Kerngebieten intensiver Betriebssysteme und industrieller Erfaltung
■	XII	technisierte Agrarwirtschaften, stark von Industrie durchsetzt, mit Kernräumen und Ausstrahlungsregionen
□	XIII	Plantagen
■	XIV	Formation der urbanisierten Industriegesellschaft

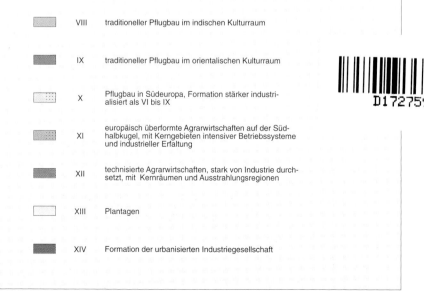

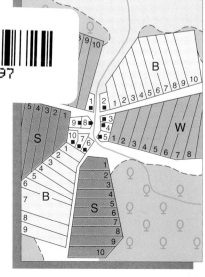

GEOS

Lehrbuch Geographie

Sekundarstufe II

Band:
Wirtschaftsräume und
Siedlungen

Herausgegeben von
Dr. Heinz W. Friese
Prof. Dr. habil. Wolfgang Kaulfuß
Dr. Dieter Richter
Prof. Dr. Gabriele Saupe

Volk und Wissen Verlag GmbH

Autoren

Prof. Dr. Klaus Bürger
Dr. Carsten Felgentreff
Peter Fischer
Tilman Krause
Prof. Dr. Elmar Kulke
Prof. Dr. Rolf Meincke
Prof. Dr. Jürgen Oßenbrügge
Dr. Dieter Richter
Prof. Dr. Gabriele Saupe
Dr. Siegfried Thieme
Dr. Hans Viehrig
Dr. Karen Ziener

Redaktion: Elisabeth Grunert

Kartographische Beratung: Prof. Dr. Wolfgang Plapper

ISBN 3-06-041102-6

1. Auflage
5 4 3 2 1/01 00 99 98 97
Alle Drucke dieser Auflage sind unverändert und im Unterricht parallel nutzbar. Die letzte Zahl bedeutet das Jahr dieses Druckes.

© Volk und Wissen Verlag GmbH, Berlin 1997
Printed in Germany
Satz: Volk und Wissen Verlag GmbH, Berlin
Reproduktion: Offsetreproduktionen Decker, Berlin
Druck und Binden: Offizin Andersen Nexö GmbH, Leipzig
Illustrationen: Gerold Nitzschke
Kartographie: Peter Kast · Klaus Hellwich, Ingenieurbüro für Kartographie, Schwerin
Einband: Wolfgang Lorenz
Typographische Gestaltung: Gerold Nitzschke

Inhalt

Gesellschaft – Wirtschaft – Raum 7

Das Ökosystem Mensch – Erde 8
Ökumene und Anökumene 10
Natürliche Grenzen der Landnutzung 11
Wirtschaftssektoren und ihre Raumwirk-
samkeit 12
Sozioökonomische Entfaltungsstufen 15
Kulturräume der Erde 18

Arbeitsanregungen zum Lehrbuchkapitel
„Gesellschaft – Wirtschaft – Raum" 22

Globale Disparitäten und Verflechtungen . . 23

Internationale Disparitäten 24

Wirtschaftlicher Entwicklungsstand 24
Sozialer Entwicklungsstand 30
Typisierungen der Länder der Erde 34
Ansätze zur Erklärung der Entwicklungs-
unterschiede 36

Internationale Mobilitätsprozesse 38

Warenhandel 39
Internationale Direktinvestitionen 46

Elemente der internationalen Wirtschafts-
politik 50
Grundlagen der Weltwirtschaftsordnung 50
Internationale Entwicklungshilfe 52
Staatenübergreifende Wirtschaftsgemein-
schaften 54
Möglichkeiten der internationalen Wirtschafts-
beziehungen eines Staates 57

Fallstudien zur internationalen wirtschaftlichen
Integration 59
Fallstudie Europäische Union 59
Entscheidungsebenen und Aufgaben 61
Raumentwicklung und regionale Wirtschafts-
politik 62
Fallstudie Association of Southeast Asian Nations 67
Stufen der Integration 67
Raumentwicklung und regionale Wirtschafts-
politik 69

Arbeitsanregungen zum Lehrbuchkapitel
„Globale Disparitäten und Verflechtungen" 72

**Regionale Disparitäten und
Verflechtungen** 73

Grundlage der Standortentscheidungen 74
Soziale Marktwirtschaft in der Bundesrepublik
Deutschland 74
Konjunkturen und Krisen 74
Faktoren industrieller Standortwahl 76
Die Standortfrage eines Betriebes 76
Bestimmungsgründe des gewerblichen
Standortes 76
Theoretische Grundlagen der Standortwahl 77
Der Schumpetersche Ansatz 80
Einzelwirtschaftliche Standortwahl 81
Stromproduktion (Kraftwerke) 81
Eisen schaffende Industrie 81
Aluminiumindustrie 82
Chemische Industrie 82
Verbrauchsgüterindustrie (Leichtindustrie) 82

Wirtschaftsregionen Europas 84

Wirtschaftsregionen und Entwicklungszonen in
Europa und Deutschland 84
Das Rhein-Main-Gebiet – ein europäisches Finanz-
und Dienstleistungszentrum 86
Das Ruhrgebiet – Aufsteiger- oder
Krisenregion? 88
Die Region Halle-Leipzig im Um- und Aufbruch 90
Raumentwicklungsziele für Europa –
eine Diskussionsgrundlage 93
Der Nordwesten Italiens – das „Erste" Italien? . . . 94
Paris und die Region Île de France –
Wachstum ohne Ende? 96
Das Oberschlesische Industriegebiet –
ältestes Montanrevier Europas 98
Nord- und Westböhmen –
unterschiedliche Chancen im Grenzraum zur
Europäischen Union? 100
Ländliche Räume und Landwirtschaft
in Europa 102
Die gemeinsame Agrarpolitik (GAP)
der Europäischen Union 103
Landwirtschaft in Frankreich – ein Beispiel
für eine europäische Agrarregion 105
Der agrarstrukturelle Wandel in Deutschland
und seine Auswirkungen auf ländlich geprägte
Räume 106
Das Land Mecklenburg-Vorpommern 109

Russland 114
Wirtschaftsregionen 116
Osteuropäische Wirtschaftsräume 118
Die sibirischen Wirtschaftsräume 122

Wirtschaftsregionen der USA und im asiatisch-
pazifischen Raum 126

Der pazifische Raum 126
Regionen in den USA 126
Die großen Wirtschaftsräume der USA 128
Regionaler Strukturwandel im letzten Jahrzehnt . 130
Traditionelle Wirtschaftsräume im Wandel 131
Strukturwandel in der Landwirtschaft und
in Agrarwirtschaftsräumen 135
Aufschwungregionen des Südens und
des Westens 136
Die Stadt Atlanta (Georgia) – „Boomstadt"
des Südostens 137
Los Angeles – Weltstadt im Pazifischen Raum .. 138
San Francisco – Silicon Valley – eine legendäre
Dienstleistungs-Hochtechnologie-Region 139
Regionen in Japan 141
Extreme räumliche Konzentration von Wirtschaft
und Siedlung auf die pazifische Küstenregion ... 143
Regionen in der VR China 146
Wirtschaft und Außenhandel 146
Shanghai – die Industriemetropole Chinas 148
Die Provinz Anhui – Chancen und Probleme einer
ostchinesischen Agrarregion im Reformprozess .. 150
Kapital- und Technologiemangel 151
Hochwasserschutz, Be- und Entwässerung 152
Arbeitsplätze im ländlichen Raum und
Abwanderung 152
Die südchinesische Wachstumsregion an der
Perlflussmündung – „Brückenkopf und
Schaufenster" Chinas 153
Shenzhen – Pilotprojekt des modernen Chinas .. 154
Kanton und das Perlfluss-Delta 155
Taiwan und Südkorea – erfolgreiche Wege vom
rückständigen Agrar- zum Schwellenland 155
Die exportorientierte Industrialisierung 155
Strukturwandel im Inneren 156
Indien und die „Grüne Revolution" 158

Wirtschaftsregionen in Lateinamerika 162

Integration Lateinamerikas in die Weltwirtschaft 162
Regionale Disparitäten und Verflechtungen
in Lateinamerika 166
Disparitäten und Verflechtungen auf regionaler
und lokaler Ebene 169

Chancen und Probleme exportorientierter
Entwicklung 171
Ansätze für eine ausgleichsorientierte Regional-
entwicklung in Lateinamerika 173

Entwicklungsprobleme in Nigeria 176
Staatliche Einheit und
regionale Zersplitterung 176
Dualismus und Marginalisierung 177
Der Erdölboom und seine Folgen 178
Wirtschaft zwischen Reform und
Dirigismus 180
Die Wirtschaftsgemeinschaft
westafrikanischer Staaten 181

Arbeitsanregungen zum Lehrbuchkapitel
„Regionale Disparitäten und Verflechtungen" ... 182

**Siedlungsentwicklung und
Raumordnung** 183

Siedlungen – gebaute Umwelt und
Wirkungsfeld wirtschafts- und
sozialräumlicher Prozesse 184

Siedlungen als Lebensraum 184
Das Dorf – eine überschaubare räumliche
Organisationsform 187
Die Großstadt – ein Konzentrationsraum von
Wirtschafts- und Lebensprozessen 192
Regelhaftigkeiten oder Individualität –
Modelle von Großstädten 200
Beziehungen zwischen Siedlungen 203
Suburbanisierung 204
Städtehierarchien und Städtenetze 206
Metropolen – Bedeutung und Probleme 208

Budapest 209

Metropole Lagos 210

Tokyo – Weltmetropole in Ostasien 212

Planung und Gestaltung von Siedlungen und
Räumen 214
Raumstruktur und Raumordnung in
Deutschland 214
Aufgaben und Instrumente der Raumordnung ... 217
Planung konkret –
Beispiele für raumordnerische Maßnahmen 220
Verkehrstrassen verbinden und erschließen
Räume 220
Berlin – eine Großstadt mit neuen
Herausforderungen 222

Funktionswandel und Flächenumwidmungen
in Industrieregionen – IBA „Emscher Park" 226
Landschaftspark Duisburg-Nord 227
Dorferneuerung und integrierte ländliche
Entwicklung (ILE) 228
Der Spreewald – Freiraumentwicklung und
Erholungsfunktion 230

Arbeitsanregungen zum Lehrbuchkapitel
„Siedlungsentwicklung und Raumordnung" 232

Geographische Arbeitsweisen 233

Umgang mit Texten 234
Formen des Lesens 234

Exzerpieren 236
Zitieren und Belegen 238
Abfassen der Literaturliste 238
Protokoll 239
Referat 239
Diagramme 240
Raumanalyse 241
Zählung 243
Kartierung 244
Befragung 245
Raumanalyse Namibia – Materialien zur
selbstständigen Erarbeitung 247

Glossar 250

Die Probleme der Erde sind insgesamt größer als die Summe dieser Probleme der einzelnen Länder. Bestimmt kann man mit ihnen nicht mehr auf rein nationalstaatlicher Ebene fertig werden.

Die Herausforderung an uns lautet, über die Eigeninteressen unseres jeweiligen Nationalstaates hinauszugehen, um einem Selbstinteresse von höherem Rang zu dienen – dem Überleben der Menschheit in einer bedrohten Welt.

Hon. TOM MCMILLAN (1986)
Minister für Umwelt, Kanada

Gesellschaft – Wirtschaft – Raum

Die Erschließung des Raumes und die Entfaltung der Zivilisation sind wesentliche Erscheinungen der menschlichen Kultur. In drei großen Etappen hat der Mensch den Wirtschaftsraum Erde gestaltet. Haupttriebkraft war die Sicherung und Befriedigung seiner Bedürfnisse an Nahrung und Kleidung. Dabei strebte die Menschheit ständig danach, Güterknappheit und Raumbezogenheit der Produktion zu überwinden. In der Wildbeutergesellschaft war das Ziel des wirtschaftlichen Handelns zunächst das Überleben. Dieses Grundmotiv wurde in der langen agrargesellschaftlichen Epoche mit zunehmender Arbeitsteilung durch Wachstum der Güterproduktion ergänzt. In der Industriegesellschaft wird wirtschaftliches Wachstum schließlich zu einer Leitlinie privaten und öffentlichen Handelns.

Das Ökosystem Mensch-Erde

Zu den Merkmalen des Lebens zählt, dass die Organismen mit ihrer Umwelt durch einen Stoffwechsel verbunden sind. Auch der Mensch als biologisches Wesen ist als Einzelner und in seinen gesellschaftlichen Gruppierungen in diesen „Stoffwechsel zwischen Gesellschaft und Natur" (NEEF) eingebunden.

Die unbelebte wie die belebte Erdnatur besteht aus Systemen, die einander ergänzen, die zum Teil nebeneinander bestehen, die in einer Hierarchie von Untersystemen einander zugeordnet sind. Wachstum und Vergehen, Verfall und Erneuerung wiederholen sich in diesen natürlichen Systemen immer wieder.

Die Geschichte des Menschen ist dadurch gekennzeichnet, dass er dank seiner geistigen und handwerklichen Fähigkeiten bestrebt war, die natürlichen Stoff- und Energiesysteme der Geosphäre zu seinem Vorteil zu nutzen. Die Triebfeder seines Tuns war stets das Streben nach einer Verbesserung der individuellen Lebensbedingungen über die bloße Existenzsicherung hinaus. Durch seine wirtschaftliche Tätigkeit löst der Mensch nicht nur sozioökonomische Prozesse aus, er schafft auch Raumsysteme, indem er die Geosphäre einem Bewertungs- und Inwertsetzungsprozess unterwirft. Die vom Menschen hergestellten künstlichen Systeme bestehen aus toten Materialien, die in raffinierter Weise organisiert sind. Es sind Teilsysteme, die auf bestimmte Ergebnisse und Ziele angelegt sind. Sie können sich nicht wie die natürlichen Systeme selbst erneuern. Sie müssen von außen gesteuert werden. Dabei werden ständig Stoffe und Energie aus der Umwelt verbraucht. Die vom Menschen geschaffenen Systeme arbeiten demnach auf Kosten der Faktoren des Geosystems, es sind also offene Systeme. Während die geographische Erdhülle (Geosphäre) ein System darstellt, in dem die abiotischen und biotischen Faktoren (Geofaktoren) über einen untereinander verflochtenen Stoffwechsel und Energieaustausch in Beziehung treten, steht im Ökosystem Mensch-Erde der handelnde Mensch dem Stoff- und Energiesystem der Erde einschließlich der von ihm geschaffenen Landschaftssphäre gegenüber.

Die Landschaftssphäre umfasst nicht nur die vom Menschen beeinflussten naturräumlichen Struktureinheiten, die Landschaften, sondern auch die von ihm entwickelte Soziosphäre mit ihren räumlichen Struktureinheiten, den Wirtschafts- und Sozialräumen. Das Wechselspiel zwischen Raum, Technik, Wirtschaft und Gesellschaft folgt in der marktwirtschaftlichen Ordnung der Logik des Kapitals. Seit der Industrialisierung und mit der Globalisierung sozioökonomischer Prozesse wachsen Zahl und Umfang der Eingriffe in den Naturhaushalt derart, dass die Belastung des Geosystemes zu ökologischen Krisen besonderen Ausmaßes führen kann.

Diese politische Dimension gebietet es, den allgemein steigenden Ansprüchen einer dynamischen Weltgesellschaft an die Geosphäre das Prinzip der Nachhaltigkeit entgegenzustellen. Mit der Veröffentlichung des Brundtland-Reports 1987 wendet sich die Umweltdiskussion: "sustainable development" bedeutet die zukunftsorientierte Entwicklung und Inwertsetzung der Landschaftssphäre. Zukunftsfähig ist weder blindes Vertrauen in den technischen Fortschritt noch ein technikfeindlicher Rückzug in vermeintliche ökologische Nischen. Nachhaltige Nutzung setzt ökologisch angepassten Umgang mit der Technik voraus.

Aufbau der Geosphäre (schematische und stark vereinfachte Darstellung)

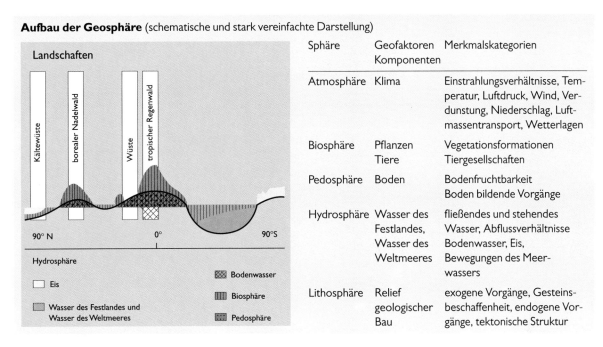

Landschaften

Kältewüste · borealer Nadelwald · Wüste · tropischer Regenwald

90° N   0°   90°S

Hydrosphäre

☐ Eis

▨ Bodenwasser

▦ Wasser des Festlandes und Wasser des Weltmeeres

▥ Biosphäre

▦ Pedosphäre

Sphäre	Geofaktoren Komponenten	Merkmalskategorien
Atmosphäre	Klima	Einstrahlungsverhältnisse, Temperatur, Luftdruck, Wind, Verdunstung, Niederschlag, Luftmassentransport, Wetterlagen
Biosphäre	Pflanzen Tiere	Vegetationsformationen Tiergesellschaften
Pedosphäre	Boden	Bodenfruchtbarkeit Boden bildende Vorgänge
Hydrosphäre	Wasser des Festlandes, Wasser des Weltmeeres	fließendes und stehendes Wasser, Abflussverhältnisse Bodenwasser, Eis, Bewegungen des Meerwassers
Lithosphäre	Relief geologischer Bau	exogene Vorgänge, Gesteinsbeschaffenheit, endogene Vorgänge, tektonische Struktur

Das Ökosystem Mensch – Erde

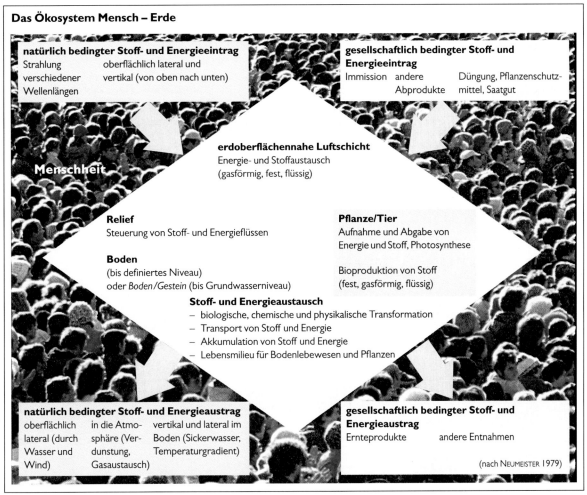

natürlich bedingter Stoff- und Energieeintrag
Strahlung verschiedener Wellenlängen
oberflächlich lateral und vertikal (von oben nach unten)

gesellschaftlich bedingter Stoff- und Energieeintrag
Immission andere Abprodukte
Düngung, Pflanzenschutzmittel, Saatgut

Menschheit

erdoberflächennahe Luftschicht
Energie- und Stoffaustausch
(gasförmig, fest, flüssig)

Relief
Steuerung von Stoff- und Energieflüssen

Boden
(bis definiertes Niveau)
oder *Boden/Gestein* (bis Grundwasserniveau)

Pflanze/Tier
Aufnahme und Abgabe von Energie und Stoff, Photosynthese

Bioproduktion von Stoff
(fest, gasförmig, flüssig)

Stoff- und Energieaustausch
– biologische, chemische und physikalische Transformation
– Transport von Stoff und Energie
– Akkumulation von Stoff und Energie
– Lebensmilieu für Bodenlebewesen und Pflanzen

natürlich bedingter Stoff- und Energieaustrag
oberflächlich lateral (durch Wasser und Wind)
in die Atmosphäre (Verdunstung, Gasaustausch)
vertikal und lateral im Boden (Sickerwasser, Temperaturgradient)

gesellschaftlich bedingter Stoff- und Energieaustrag
Ernteprodukte   andere Entnahmen

(nach NEUMEISTER 1979)

Ökumene und Anökumene

Die geographische Erdhülle ist der Lebensraum der Menschen. Sie bildet die Grundlage für deren zahlenmäßige Entwicklung und Verteilung. Die räumliche Verteilung schwankt nicht nur zwischen den Kontinenten, sie ist auch innerhalb der Kontinente ungleich. Rund 70 % der Erdbevölkerung leben auf nur 8 % der Landfläche, und 30 % der Bevölkerung drängen sich auf nur 2 % der Festlandsfläche. Die Dichte und Verteilung der Menschen steuern aber nicht allein die Potenziale in den Geosystemen. Die Bevölkerungsverteilung ist auch in der unterschiedlichen historischen wie gesellschaftlichen Entwicklung der Menschheit in den verschiedenen Landschaften begründet.

Der Siedlungs- und Wirtschaftsraum des Menschen, die Ökumene, umfasst alle Geosysteme und deren Landschaften, die innerhalb der Kälte- und Trockengrenzen sowie unterhalb der Höhengrenzen des Anbaus liegen und deshalb dauernd vom Menschen besiedelt und bewirtschaftet werden können. Dagegen gehören die unbesiedelten Landschaften zur Anökumene. Zwischen beiden Raumtypen liegen die zeitweilig besiedelten und bewirtschafteten Landschaften der Subökumene.

Die polare Kältegrenze wird nur punkthaft durch Wetter-, Walfang- und Forschungsstationen sowie von militärischen Stützpunkten überschritten. Dagegen ist die Trockengrenze leichter zu überwinden. In breiter Front werden bei entsprechendem Bevölkerungsdruck die Grenze gegen den Wald (Rodungsgrenze) in noch bestehenden Urwäldern sowie die Nassgrenze gegen Sumpf- und Moorgebiete überschritten.

Die Meeresgrenze (Küstenlinie) ist nur gering durch Landgewinnung verschiebbar.

Anteile an der Landfläche der Erde (ohne Antarktis)	
Ökumene	etwa 48 %
Subökumene	etwa 40 %
Anökumene	etwa 12 %

Ökumene, griechisch = bewohnter Erdkreis
Anökumene, a ..., an ... griechisch= verneinend, den Inhalt des zu Grunde liegenden Wortes ausschließend
Subökumene, sub ... lateinisch = unter, unterhalb, nebenbei

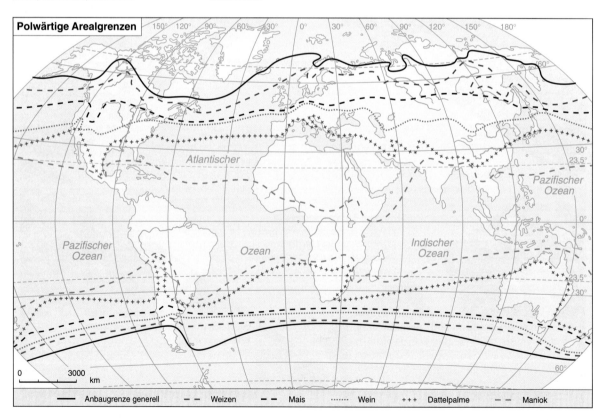

Polwärtige Arealgrenzen

—— Anbaugrenze generell   – – Weizen   – – Mais   .... Wein   +++ Dattelpalme   – – Maniok

Natürliche Grenzen der Landnutzung

Der Agrarraum, die durch Feldbau und/oder Viehhaltung genutzten Landschaften der Erde, unterliegt in seiner Verbreitung der Wirtschaftlichkeit und den natürlichen Bedingungen der Geosysteme. Mit einiger Sicherheit können Grenzen des Agrarraumes nur auf der Grundlage des Anbaus von Kulturpflanzen angegeben werden. Die Grenzen der Viehhaltung unterliegen nämlich erheblichen jährlichen und jahreszeitlichen Veränderungen. Außerdem ist zwischen der agronomischen und der klimatischen Anbaugrenze zu unterscheiden. Die klimatische Anbaugrenze ist abhängig vom Temperaturverlauf, den Niederschlagsmengen und der Niederschlagsverteilung über das Jahr. Deshalb muss sie für jede Kulturpflanze bestimmt werden. Die Grenzen des Feldbaus werden aber auch beeinflusst von der natürlichen Bodenfruchtbarkeit und von den Geländeformen. Risikofaktoren des Feldbaus sind in den subtropischen und gemäßigten Klimaten die Temperatur und in den tropischen Klimaten der Niederschlag. Im Gürtel der temperierten Breiten gefährden Vorstöße polarer Kaltluft gegen den Äquator besonders im Frühjahr das Wachstum. In den Dorn- und Trockensavannen der wechselfeuchten Tropen fallen die Niederschläge unregelmäßig, sodass sich die agronomische Anbaugrenze von Jahr zu Jahr weit verschieben kann. Die klimatische Trockengrenze des Feldbaus ist aber dort erreicht, wo Regenfeldbau infolge geringer Niederschläge und hoher Verdunstung nicht mehr möglich ist. Man unterscheidet eine kontinentale und eine äquatoriale Trockengrenze. Erstgenannte verläuft wegen der zunehmenden Kontinentalität in der gemäßigten Klimazone im Innern der Kontinente. Die äquatoriale Trockengrenze liegt in der tropischen Klimazone im Grenzbereich der wechselfeuchten zu den trockenen Tropen.

Polargrenze einiger Kulturpflanzen

Kulturpflanze	Polargrenze des Anbaus (Breitengrade)
Sommergerste, Hafer, Kartoffel	70°
Sommerweizen	63°
Zuckerrüben	61°
Mais, Reis	45°–54°
Agrumen, Baumwolle, Tabak, Erdnüsse, Batate, Zuckerrohr	35°–42°
Kakao, Kaffee, Bananen, Maniok	19°–25°
Kokospalmen, Ölpalmen	15°–16°

Polargrenze und Trockengrenze des Anbaus

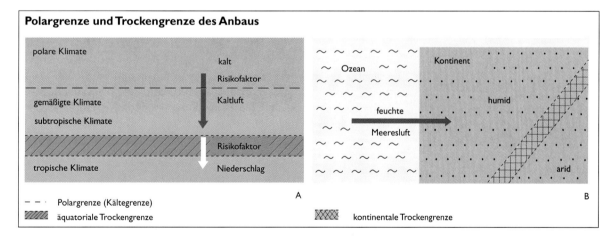

- – – Polargrenze (Kältegrenze)
- ////// äquatoriale Trockengrenze
- XXXX kontinentale Trockengrenze

Zu den Kältegrenzen des Anbaus gehören die Polargrenze und die Höhengrenze des Feldbaus.

Sie wird polwärts erreicht, wenn die Wärmesummen und die Dauer der warmen Jahreszeit für das Wachstum von Kulturpflanzen nicht mehr ausreichen. Da die Temperatur allgemein bei zunehmender Höhe abnimmt, steigt die Höhengrenze des Feldbaus von den Polargebieten zu den Tropen an.

Deshalb erlangt die Höhengrenze in der tropischen Zone für den Feldbau an Bedeutung. Der Anbau ändert sich mit zunehmender Höhe mehrfach.

?

1. Nennen Sie Beispiele für den agrarischen Nutzungswandel mit zunehmender Höhe.
2. Erklären Sie Maritimität und Kontinentalität.

Gliederung der Wirtschaft

I. nach Wirtschaftssektoren

Sektor	Wirtschaftszweig
primär: Urproduktion	Landwirtschaft, Waldwirtschaft, Fischereiwirtschaft, Bergbau, Energie- und Wasserversorgung
sekundär: Güterproduktion	verarbeitendes Gewerbe (Industrie), Baugewerbe, Handwerk
tertiär: Dienstleistung	Handel, Verkehr, Dienstleistungen

2. nach Wirtschaftsbereichen

Wirtschaftsbereich	Wirtschaftszweig
Land- und Forstwirtschaft, Fischerei	Landwirtschaft Waldwirtschaft Fischereiwirtschaft
produzierendes Gewerbe	Bergbau, Energie- und Wasserversorgung, Industrie, Baugewerbe Handwerk
Handel und Verkehr Dienstleistungen	Handel, Verkehr Dienstleistungen

Erwerbstätige in den Wirtschaftsbereichen (in %)

1860 Deutsches Reich, ab 1950 Bundesrepublik Deutschland

Jahre	Land- und Forstwirtschaft	produzierendes Gewerbe	Handel, Verkehr und Dienstleistungen
1860	54,6	25,2	20,2
1950	25,0	41,6	33,4
1960	13,7	47,9	38,4
1970	9,0	49,0	42,0
1980	4,8	48,3	45,7
1990	3,4	39,8	56,8

Wirtschaft und Wirtschaftssektoren. Die Wirtschaft ist derjenige Lebensbereich des Menschen, der der Sicherung und Erhaltung des Lebens dient. Dies wird durch den Einsatz der verfügbaren Mittel, der Güter, erreicht. Da in der Regel die Bedürfnisse des Menschen größer sind als die zu ihrer Befriedigung bereit stehenden Mittel, ergibt sich für die Menschen der Zwang zum Wirtschaften. Dazu gehören die Herstellung und Verteilung von Gütern sowie die Deckung des Bedarfs an Gütern. Das Wirtschaften schafft außerdem die materiellen Voraussetzungen für eine Entfaltung der Kultur.

Allgemein wird die Produktion nach ihrem wirtschaftlichen Ziel in Wirtschaftssektoren und Wirtschaftsbereiche eingeteilt. Die Unterscheidung erfolgt unter der Fragestellung, welche Produktionsfaktoren vorrangig in die Produktion eingehen. Die Abgrenzung der Urproduktion liefert der Faktor Boden (Geosphäre). Wird die menschliche Arbeit betont, so ist zwischen Verarbeitungsproduktion, die materielle Güter schafft, und Dienstleistungen, die immaterielle Güter hervorbringen, zu unterscheiden. Gelegentlich wird ein quartärer Sektor ausgegliedert. Er umfasst den Bereich der Forschung, gleichsam die Produktion von know-how.

Eine wachsende Wirtschaft ist durch Veränderungen der ökonomischen und sozialen Strukturen gekennzeichnet. Der Wandel der Produktionsstruktur findet seinen Ausdruck im Verhältnis, in dem die Wirtschaftssektoren zu verschiedenen Zeitschnitten zueinander stehen. Das Ausmaß des wirtschaftlichen Strukturwandels wird anhand der Beiträge der Wirtschaftssektoren zum Sozialprodukt sichtbar.

Veränderungen der Produktions- bzw. Marktleistung der Sektoren kommen im Wandel der Beschäftigungsstruktur zum Ausdruck.

Raumwirksamkeit der Produktion. Die wirtschaftliche Tätigkeit des Menschen führt zu unterschiedlichen Raumnutzungsmustern. Dabei wirken die Produktion materieller und immaterieller Güter sowie deren Verteilung stärker raumgestaltend als der Konsum von Gütern. Da die Standorte der Produktion im sekundären und tertiären Sektor in der Regel an Siedlungen gebunden sind, bilden sie dispers-punkthafte Raumnutzungsmuster in der Geosphäre. Dagegen verbindet die Produktion in der Land- und Forstwirtschaft durch kontinuierlich-flächenhafte Muster das Netz der Siedlungen und Standortgruppierungen zum Kontinuum des Wirtschaftsraumes.

Beschäftigungsentwicklung in den hochentwickelten Ländern

Angaben in %

Agrarzeitalter · Industriezeitalter · Informationszeitalter

Landwirtschaft · Produktion · Information · Dienstleistungen

Strukturen im agraren Wirtschaftsraum

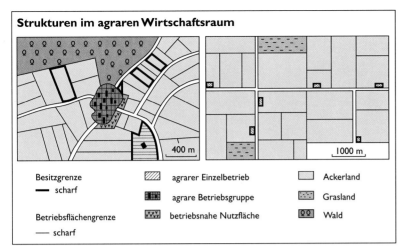

Besitzgrenze — scharf	▨ agrarer Einzelbetrieb	▢ Ackerland
	▦ agrare Betriebsgruppe	⬚ Grasland
Betriebsflächengrenze — scharf	▧ betriebsnahe Nutzfläche	◖◗ Wald

Die räumliche Trennung von Produktion und Konsumtion sowie alle aus den Daseinsgrundfunktionen entspringenden Kommunikationsansprüche ergeben die Notwendigkeit zur Raumüberwindung von Personen, Gütern und Nachrichten durch Verkehr. Der Verkehr vollzieht sich linienhaft. Die Verkehrswege prägen in ihrer Summe und Verflechtung als netzförmige Linienmuster die Geosphäre.

Zentrale Orte und Zentralität. Die Siedlungen der Menschen sind in der Ökumene verstreut angeordnet. Sie bilden punkthafte Standortgruppierungen des Wohnens und wirtschaftlicher Tätigkeit. In der hoch entwickelten Industriegesellschaft werden alle Daseinsgrundfunktionen von fast allen Sozialschichten wahrgenommen. Infolgedessen entfaltet sich der

Gliederung der zentralen Orte in Deutschland

Zentralitäts-stufe	Einwohner-richtwert für Ort und Nahbereich	zentrale Einrichtungen (Auswahl)	Bedeutung für die Versorgung der Bevölkerung
I. Klein-zentrum	> 5 000 E	Grundschule, Kindergarten, Arzt, Apotheke, Einzelhandelsbetriebe, Postamt	Grund-versorgung
II. Unter-zentrum	> 10 000 E	Weiterführende Schule, mehrere Ärzte, kleines Krankenhaus, ver-schiedene Kreditinstitute, Dienst-leistungen verschiedener freier Be-rufe, untere Verwaltungsbehörde	Versorgung mit Gütern des längerfristigen Bedarfs
III. Mittel-zentrum	> 30 000 E	Höhere Schulen, Berufsschule, Fachärzte, Krankenhaus mit drei Fachabteilungen, vielseitige Ein-kaufsmöglichkeiten, höhere Ver-waltungsbehörden	Versorgung mit Gütern des gehobenen Bedarfs
IV. Ober-zentrum	> 100 000 E	Hochschulen, Spezialkliniken, spe-zialisierte Einkaufsmöglichkeiten, Dienststellen höherer Verwal-tungsstufen, Theater, Museen, Banken	Versorgung mit Gütern des höheren, epi-sodisch-spezi-fischen Bedarfs

Wirtschaftsform und Nährfläche

Je Einwohner werden zur Ernährung benötigt:

	Fläche
Wildbeuter (Jagd und Fischfang)	< 100 000 ha
nomadische Viehwirtschaft	100 ha
Feld-Gras-Wirtschaft	30 ha
Hackbau	10 ha
spätmittelalterliche Dreifelderwirtschaft	5 ha
extensiver Futteranbau (Europa)	2 ha
extensiver Getreideanbau (Europa)	1 ha
intensiver Ackerbau und Viehhaltung	0,4 ha
Gartenbau (Reisterrassen etc.)	0,15 ha

gegenwärtige globale Werte
2,3 ha genutztes Land / Einwohner

Raumerschließung durch Verkehrsmittel

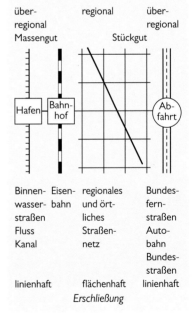

über-regional Massengut	regional	über-regional Stückgut
Binnen-wasser-straßen Fluss Kanal	Eisen-bahn	regionales und ört-liches Straßen-netz
		Bundes-fern-straßen Auto-bahn Bundes-straßen
linienhaft	flächenhaft	linienhaft
	Erschließung	

?
Die Durchschnittswerte in der Tabelle „Wirtschaftsform und Nährfläche" kön-nen erheblich unter- bzw. überschritten werden. Ermitteln Sie Faktoren, die sol-che Abweichungen verursachen können.

Daseinsfunktionen

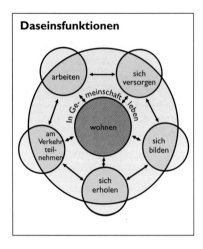

Das System der zentralen Orte am Beispiel von Schulen

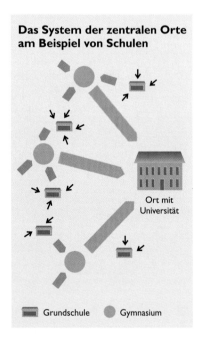

Ort mit Universität

Grundschule   Gymnasium

tertiäre Wirtschaftsbereich. Dessen Einrichtungen konzentrieren sich neben den Produktionsstätten des sekundären Sektors insbesondere in städtischen Siedlungen. Sie bilden als Ergebnis aller aus den Daseinsgrundfunktionen entspringenden Raumansprüche Systeme der Landschafts- und Soziosphäre.

Der Frage, welche Kräfte zur Herausbildung dispers-punkthafter Raummuster von Siedlungen führen, ist der Geograph W. CHRISTALLER nachgegangen. Er formulierte 1933 die Theorie der zentralen Orte. Zentral bedeutet einerseits die Eigenschaft, Mittelpunkt zu sein, andererseits bezeichnet zentral die Eigenschaft, Bedeutungsüberschuss zu besitzen. Mittelpunkt ist ein Ort in seiner Beziehung zum Umland, denn die Nachfrage der Bewohner eines Gebietes nach Arbeit, Gütern und Dienstleistungen ist nicht an jedem Ort zu befriedigen. Es besteht ein räumlich-funktionaler Zusammenhang zwischen dem Angebot im Zentrum und der Nachfrage im Umland.

Ist das Angebot an Gütern und Dienstleistungen eines Ortes größer als die Nachfrage seiner Bewohner, so entsteht ein Bedeutungsüberschuss. Der Ort übernimmt für sein Umland die Funktion eines zentralen Ortes, weil die Umlandsbewohner dessen Angebot nachfragen. Je größer, differenzierter und spezialisierter das Angebot, umso größer ist der Bedeutungsüberschuss, die Zentralität des Ortes.

Zentrale Orte kennzeichnet aber nicht nur der Bedeutungsüberschuss ihrer Funktionen, diese haben auch die Eigenschaft der Reichweite. Im Allgemeinen nimmt mit wachsender Zentralität die Entfernung zu den Nachfrageorten im Umland zu. Das heißt, der Einzugsbereich eines zentralen Ortes hängt von dessen Zentralität ab. Daraus folgt eine Hierarchie der zentralen Orte. Einem Ort mit hoher Zentralität sind mehrere mit geringerer Zentralität zugeordnet. Außerdem übt jeder zentrale Ort einer höheren Ordnung auch die Funktionen der Orte niederer Ordnung aus.

Grundbegriffe zur Struktur und Dynamik räumlicher Disparitäten. Zur Beschreibung des sozioökonomischen Entwicklungsstandes einer Region werden ökonomische und gesellschaftliche Indikatoren herangezogen. Zu den ökonomischen Messziffern gehören Produktivität, Rentabilität, Bruttosozialprodukt (BSP) und Bruttoinlandsprodukt (BIP). Die Produktivität ist das Maß für die Ergiebigkeit der volkswirtschaftlichen oder betrieblichen Produktion von Sachgütern und Bereitstellung von Dienstleistungen. Man vergleicht den Aufwand an Produktionsfaktoren (input) mit dem Ertrag (output). Wird die Produktionsleistung auf den Einsatz eines Produktionsfaktors bezogen, so ergeben sich Teilproduktivitäten: Arbeits-, Kapital-, Flächenproduktivität. Steigerungen der Teilproduktivitäten sagen über die Leistungsfähigkeit des betreffenden Produktionsfaktors nichts aus, denn sie beruhen auf dem vermehrten Einsatz von Kapital.

Das **Bruttosozialprodukt** (BSP) ist ein Maß für die wirtschaftliche Leistung einer Volkswirtschaft in einem Jahr, ausgedrückt in Geldwerten. Es umfasst den Wert der Sachgüter und Dienstleistungen, die über einen Markt abgesetzt werden. Dazu gehören nicht die Produktion ausländischer Unternehmen im Inland, wohl aber die Erträge inländischer Unternehmen im Ausland.

Das **Bruttoinlandsprodukt** (BIP) ist der Gesamtwert aller in einem Jahr im Inland produzierten Sachgüter und Dienstleistungen.

Aussagen über das BSP pro Kopf der Bevölkerung sind mit mehreren Unsicherheitsfaktoren belastet: den Wechselkursen, Schätzungen bei Bevölkerungsstatistiken, der Subsistenzwirtschaft.

Entwicklung ist nicht nur ein ökonomischer, sondern auch ein gesellschaftlicher Prozess, denn die Ausweitung der materiellen Produktion kann wegen der sie begleitenden negativen Wirkungen wie Belastung der Geosysteme, Tragfähigkeit der Erde, soziale und psychische Probleme nicht unkritisch als Wohlstandsvermehrung verstanden werden. Es ist auch der gesellschaftliche Wohlstand einer Region zu erfassen. Um ein System gesellschaftlicher Indikatoren entwickeln zu können, bedarf es aber konsensfähiger gesellschaftlicher Ziele und Werte.

Produktionsfaktoren als Bestimmungsgrößen räumlicher Entwicklung.

Die Produktionsfaktoren sind Mittel, die zur Herstellung von Sachgütern oder zur Bereitstellung von Dienstleistungen notwendig sind.

Der Faktor natürliche Umwelt umfasst alle sachlichen Produktionsvoraussetzungen, die nicht vom Menschen geschaffen werden. Kennzeichnend sind einige Besonderheiten: 1. Die Landfläche der Erde ist nur geringfügig vermehrbar. 2. Der Boden ist unbeweglich. 3. Beim Faktor Arbeit wird nach anordnender und ausführender Arbeit unterschieden. Arbeit ist jede auf ein wirtschaftliches Ziel gerichtete Tätigkeit. Der Faktor Kapital umfasst das Sachkapital und das Geldkapital. Das Sachkapital wird im Produktionsprozess als Betriebsmittel und Werkstoff eingesetzt. Mit dem Geldkapital werden die Faktoren Arbeit und Sachkapital bereitgestellt. Das Kapital zeichnet sich in seiner Verwendung durch eine hohe Mobilität aus. Technischer Fortschritt als Produktionsfaktor umfasst alle Entwicklungen, die in der Produktion bei gleichem Faktoreinsatz (Boden, Arbeit, Kapital) ein größeres bzw. qualitativ besseres Produktionsergebnis oder bei vermindertem Faktoreneinsatz ein gleich bleibendes Produktionsergebnis ermöglichen.

Sozioökonomische Entfaltungsstufen

Daseinsbewältigung und Daseinsvorsorge des Menschen vollziehen sich in der Auseinandersetzung mit seiner räumlichen Umwelt. Dabei sind in der gesellschaftlichen und wirtschaftlichen Entfaltung der Menschheit zwei Hauptstufen zu unterscheiden, die Aneignungswirtschaft und die Produktionswirtschaft.

Auf der **Stufe der Aneignungswirtschaft** erschöpft sich die wirtschaftliche Betätigung in der Nahrungsbeschaffung und der Herstellung weniger Geräte. Nach gegenwärtiger Kenntnis haben sich Jäger- und Sammlergruppen vor rund 2 Mio. Jahren mit der Entwicklung des Menschen gebildet. Somit verharrte die Menschheit bisher etwa 99,5 % ihrer Geschichte auf dem Stadium der Wildbeuterstufe.

Als **neolithische Evolution** bezeichnet man den Übergang von der aneignenden Wirtschaft zur Produktionswirtschaft. Die Veränderungen waren in allen Lebensbereichen so einschneidend, dass sie in ihrem Ausmaß erst in der technisch-industriellen Revolution eine Parallele finden. Der Mensch wird zum Nahrungserzeuger und Güterhersteller. Er greift verändernd in die Geosphäre ein. Dazu entwickelt er Technologien wie den Pflanzenbau, die Viehzucht und gewerbliche Fertigungsverfahren. Mit dem Wandel von der Wildbeuterwirtschaft zum Feldbau konnten auf kleinerem Raum zunehmend mehr Menschen ernährt werden. Sie wurden sesshaft und gingen zur Vorratswirtschaft über. Nun konnte in der gesamten wirtschaftlichen Tätigkeit eine Spezialisierung einsetzen, die es ermöglichte, komplizierte soziale und politische Organisationsformen auszubilden. Bereits um 3500 v. Chr. entfaltete sich die erste frühe Hochkultur Ubeid in Mesopotamien.

Teilproduktivitäten

Arbeitsproduktivität: Produktionsergebnis pro Arbeitseinsatz, z. B. 350 m Bandeisen in 7 Arbeitsstunden = 50 m/h

Kapitalproduktivität: Produktionsergebnis pro Sachkapital, z. B. 350 m Bandeisen in 5 Maschinenstunden = 70 m/h

Flächenproduktivität: Produktionsergebnis pro Flächeneinsatz, z. B. 800 dt Weizen auf 20 ha Ackerland = 40 dt/ha

Rentabilität kennzeichnet den möglichen Gewinn des Wirtschaftens. Eine wirtschaftliche Tätigkeit ist dann rentabel (wirtschaftlich), wenn aus dem Verhältnis von Produktionsergebnis (output) und Gesamtaufwand der Produktionsfaktoren (input) ein Gewinn erzielt wird.

Berechnung des Bruttosozialprodukts

Nettoinlandsprodukt zu Faktorkosten (Faktorkosten = Vergütung für den Einsatz von Produktionsfaktoren)
+ Saldo des Einkommens mit dem Ausland

= Nettosozialprodukt zu Faktorkosten (Volkseinkommen)
+ indirekte Steuern
− Subventionen

= Nettosozialprodukt zu Marktpreisen
+ Abschreibungen

= Bruttosozialprodukt

OECD-Katalog gesellschaftlicher Anliegen (Auszug)

A Gesundheit
B Entwicklung der Persönlichkeit durch Bildung
C Beschäftigung und Qualität des Arbeitslebens
D Zeit und Freizeit
E persönliche ökonomische Situation
F physische Umwelt
G soziale Umwelt
H persönliche Sicherheit und Rechtspflege
I gesellschaftliche Chancen und Beteiligungen

Wirtschaftsstufen

Geschlossene Hauswirtschaft
Ursprünglich gab es in der Phase der geschlossenen Hauswirtschaft (Selbstversorgungswirtschaft = Subsistenzwirtschaft) kaum einen Güteraustausch. Die lebensnotwendigen Güter wurden im eigenen Haushalt erzeugt und verbraucht.
Der Tauschhandel beschränkte sich auf wenige Güter wie Salz. Bereits im Altertum entwickelte sich ein Fernhandel (Salz, Sklaven, Gewürze, Seide, Metalle), dessen Entfaltung durch den Ausbau der Verkehrswege, durch die Verbesserung der Verkehrsmittel und durch die Einführung des Geldes begünstigt wurde.

Mittelalterliche Stadtwirtschaft
Zur Herausbildung der mittelalterlichen Stadtwirtschaft kam es im orientalischen und abendländischen Kulturraum. Fast alle Güter wurden in der Stadt selbst oder in dem ihr zugeordneten Umland hergestellt und verbraucht.

Nationalwirtschaft
Nationalwirtschaften bildeten sich mit der Entstehung von Nationalstaaten in der Neuzeit heraus. Innerhalb der Staatsgrenze entwickelten sich nationale Märkte. Die Güter zirkulieren vorwiegend innerhalb der Staaten.

Weltwirtschaft
Die Stufe der Weltwirtschaft wurde erst im 19. Jh. mit dem Übergang zur Industriegesellschaft und der Ausbreitung des europäischen Kolonialismus erreicht. Der Außenhandel wuchs stark an. Es entstand ein Geflecht internationaler (zwischenstaatlicher) Handelsbeziehungen (Welthandelsverflechtungen). In dem nun bestehenden Welthandelsraum umfasst der Weltmarkt alle nationalen Märkte (Globalisierung).

In der **agrargesellschaftlichen Epoche** sind für lange Zeit die meisten Menschen noch immer im primären Wirtschaftssektor beschäftigt. Anfangs haben die Feldbauern Knollen- und Körnerbau betrieben, zwei aus geographischen Gründen unterschiedliche Feldbausysteme in den immerfeuchten, den wechselfeuchten Tropen und den Subtropen. Mit der Stufe des Pflugbaus und dem Übergang von der Feld-Gras-Wirtschaft zur Dreifelderwirtschaft und Fruchtwechselwirtschaft sind zu Beginn des Mittelalters auch in den kühleren Klimaten Europas die ökonomischen Voraussetzungen für eine weitere Entfaltung der Gesellschaft gegeben. Jetzt greift die wirtschaftliche Betätigung endgültig über den primären Sektor hinaus und begünstigt die Entfaltung des Städtewesens. Neue Ordnungen wie die mittelalterliche Agrarverfassung auf dem Lande und die Zunftordnung in den Städten, der Merkantilismus des 17. und 18. Jh. bilden sich heraus.

Auf dem Weg zur **Industriegesellschaft** entwickeln sich neue Organisationsformen. So entsteht vor der Wende vom 18. zum 19. Jh. die Konzeption einer freien Marktwirtschaft. Liberale Denker wie ADAM SMITH (1717–1790) und DAVID RICARDO (1772–1823) fordern freie Bahn für den technischen Fortschritt und für den Erwerbssinn des Menschen ("Prinzip des Eigennutzes"). Das Ordnungsgesetz dieser liberalen, individualistischen Gesellschaft vertraut auf die Vernunft des freien Menschen (Zeitalter der Aufklärung) und weist dem Staat eine Schutzfunktion nach innen und außen zu. Eine einheitliche Rechtsordnung solle den Rahmen für wirtschaftliches und privates Handeln abstecken. Von den Ideen des Liberalismus (Gewerbefreiheit und Freiheit des Wettbewerbs, Handels und Erwerbs, Vertragsfreiheit) gehen starke Impulse auf die Entfaltung eines "produktiven Kapitalismus" über. Das Kapital wendet sich der Produktion zu, die dadurch einen gewaltigen Auftrieb erhält.

Unter Kapitalismus sind nicht nur private und individuelle Formen des Kapitaleinsatzes, sondern auch kollektive Formen des Umgangs mit dem Geldkapital zu verstehen. In einer Zentralverwaltungswirtschaft übernimmt der Staat die gesamte Planung und Leitung der Wirtschaft. Das heißt, er entscheidet über die Rangordnung des Bedarfs (Bedarfspläne) und über die Verteilung des zu erwirtschaftenden Sozialprodukts (Verteilungspläne). Der grundlegende Entwurf zu dieser kollektivistischen Wirtschafts- und Gesellschaftsordnung stammt von KARL MARX (1818–1883). W. I. LENIN (1870–1924) und J. W. STALIN (1879–1953) haben sie in der Sowjetunion zur sozialistischen Planwirtschaft weiterentwickelt.

Bis zur Mitte des 20. Jh. hatten wenige Staaten die Stufe des produktiven Kapitalismus erreicht. Zwar wurde seit dem Zeitalter der großen geographischen Entdeckungen und mit der Kolonialisierung seit dem 18. Jh. diese Wirtschaftsform zunehmend in überseeische Kulturräume getragen, jedoch führte der Prozess der Europäisierung der Erde wegen seiner kolonialistischen Zielsetzungen noch nicht zu einer globalen Ausweitung dieser Stufe. Vielmehr waren die Ausbeutung von Bodenschätzen und die Produktion tropischer Nahrungs- und Genussmittel in den Kolonien eine weitere Voraussetzung für die rasche Entfaltung der Industriegesellschaften der europäischen Kolonialmächte. Nur in einigen Siedlungskolonien, vor allem – nach der Unabhängigkeitserklärung – in den USA, setzte eine parallele Entwicklung ein. Erst mit fortschreitender Entkolonisierung kommt es nach dem Zweiten Weltkrieg zur weltweiten Verbreitung der Stufe des produktiven Kapitalismus, der industriellen Gesellschaft und der Urbanisierung.

Die **industrielle Revolution**, das heißt die Einführung arbeitsteiliger Massenproduktion in Fabriken, führt zur Ablösung der Agrargesellschaft mit bäuerlich-handwerklicher Selbstversorgung, geringem Lebensstandard und stagnierender Wirtschaft durch die Industriegesellschaft mit weltweitem Handel, höherem Lebensstandard und wirtschaftlichem Wachstum. Dieser Prozess grundlegender Veränderungen setzt in der 2. Hälfte des 18. Jh. in England ein.

Die Industrialisierung ist neben der Durchsetzung der Idee des Liberalismus mit dem technologischen Fortschritt verbunden. Dieser ermöglicht bei gleichem Arbeits- und Kapitaleinsatz ein quantitativ und qualitativ verbessertes Produktionsergebnis. Am Anfang der Massenproduktion steht die Mechanisierung einzelner Fertigungsprozesse bei einem noch verbleibenden hohen Anteil von Handarbeit.

Mit der Dampfmaschine (WATT 1765) steht eine mechanische Energiequelle zur Verfügung, die wesentlich leistungsfähiger als Muskelkraft ist und im Gegensatz zur Wasser- und Windkraft an vielen Orten ständig eingesetzt werden kann. Mit den Erfindungen der Verbrennungs- (OTTO 1867, DIESEL 1897) und Elektromotoren (seit 1832) wird die Beweglichkeit der Energiequellen erheblich erhöht. Parallel zur Verfügbarkeit über mobile Energiequellen entstehen neue Verkehrsträger Eisenbahn (STEVENSON 1830), Dampfschiff (FULTON 1807), später Motorschiff und Flugzeug (WRIGHT 1903) und die Industriezweige entfalten sich ausgehend von der Textil und Eisen schaffenden Industrie über die chemische Industrie und Elektroindustrie bis zu den Zweigen der Leichtindustrie.

Eine **zweite industrielle Revolution** setzt bereits in den 20er Jahren des 20. Jahrhunderts mit vermehrter Arbeitsteilung und Rationalisierung durch halb- und vollautomatische Fertigungsprozesse ein. Ihre Grundlage hat die Automation in der Erfindung (von SIEMENS 1866) der Erzeugung elektrischen Stroms (Elektrifizierung).

Die **dritte industrielle Revolution** führt in den 70er Jahren des 20. Jahrhunderts zum Übergang in die computergesteuerte vollautomatische Produktion.

Die **spät- oder nachindustrielle Gesellschaft** wird sich bei hochgradiger Arbeitsteilung, weiterer Entfaltung des tertiären Sektors und globaler Mobilität mit neuartigen sozialen Fragestellungen auseinander setzen müssen.

Raumstrukturell führt der Industrialisierungsprozess zusammen mit einer fast flächendeckenden Verkehrserschließung durch leistungsfähige Verkehrssysteme und Massenmotorisierung vorwiegend in den Industrieländern zur Herausbildung von Industrielandschaften und Stadtregionen. Zugleich bilden sich räumliche Disparitäten zwischen Aktiv- und Passivräumen immer schärfer heraus. Global entwickelte sich seit dem Kolonialzeitalter eine Disparität zwischen wohlhabenderen Industrieländern und ärmeren Entwicklungsländern.

Gegenwärtig verdichtet sich diese sozioökonomische Zweiteilung der Welt zu einem brennenden Problem, denn in einer arbeitsteiligen Welt greift die Problematik der Entwicklungsländer auch tief in die Gesellschafts- und Wirtschaftsordnung der Industrieländer ein.

Stadien-Lehre (ROSTOW 1960)

Traditionelle Gesellschaft (traditional society):
– Landwirtschaft beherrscht den Wirtschaftsraum
– Produktionsmethoden erlauben kein stetiges Wachstum = statische Wirtschaft

Anlaufphase des wirtschaftlichen Aufstiegs (preconditions for take off):
– wissenschaftlich-technische Erkenntnisse im Europa des 17. und frühen 18. Jh. erlauben kontinuierliche Ausweitung der gewerblichen Produktion
– neuer Unternehmertyp entsteht
– wirtschaftlicher Profit wird zum Wachstumsimpuls
– Außenhandel wächst
– Staat baut Infrastruktur aus
– Stufe der Nationalwirtschaft

Wirtschaftlicher Aufstieg (take off) (setzt ein in Schwerpunkträumen mit selbsttragendem Wachstum):
– wissenschaftlich-technische Erkenntnisse erlauben Ausweitung der Produktion und Steigerung der Produktivität in allen Wirtschaftsbereichen
– Stufe der Weltwirtschaft wird erreicht (Rohstoffbeschaffung und Güterabsatz weltweit)
– tiefgreifende Änderungen des sozialen Gefüges
– zunehmende Mobilitätsbereitschaft aller Sozialschichten

Reifephase (drive to maturity):
– kontinuierliche Investitionen
– Produktionszunahme liegt über Bevölkerungszuwachs
– zunehmende Kaufkraft und ansteigender materieller Wohlstand
– Zunahme der Welthandelsverflechtungen

Phase des Massenkonsums (age of high mass-consumption):
– Konsumgüterproduktion und Dienstleistungen tragen die Wirtschaft
– Realeinkommen breiter Schichten ermöglicht Konsum über Grundbedürfnisse hinaus
– Wirtschaft wächst langsamer

Verstädterung und Urbanisierung

Die Verstädterung setzt weltweit mit dem Übergang von der Agrar- zur Industriegesellschaft ein. Seit den 50er Jahren hat der Prozess auch die Entwicklungsländer erfasst. Um das Jahr 2000 wird es weltweit etwa 30 Stadtregionen mit jeweils mehr als 10 Mio. Einwohnern geben. Davon werden etwa 20 Stadtregionen in Entwicklungsländern liegen. Die Verstädterung ist gekennzeichnet durch:

– Zunahme der städtischen Siedlungen
– Wachstum der Städte nach Bevölkerungszahl und Siedlungsfläche
– Wachstum der städtischen Bevölkerung im Verhältnis zur Gesamtbevölkerung eines Staates.

Die Urbanisierung ist allgemein mit der Verstädterung verbunden. Man versteht darunter die Ausbreitung und Verdichtung städtischer Siedlungs- und Lebensformen. Merkmale von Urbanität sind:

– räumliche Trennung der Daseinsgrundfunktionen in einer arbeitsteiligen Wirtschaft
– starke berufliche Spezialisierung und ausgeprägte soziale Schichtung
– starke soziale und regionale Mobilität
– wachsende Bedeutung von Freizeit
– Verdichtung des Verkehrs und rasche Veränderungen im Siedlungsbild.

Kultur ist die Gesamtheit der typischen Lebensformen einer Bevölkerung einschließlich der sie tragenden Werteordnung. Kulturelle Erscheinungen sind raumgebunden. Jenseits eines bestimmten geographischen Grenzgürtels beginnen andere typische Lebensformen, andere Kulturen. Somit ist Kultur, global gesehen, von vornherein auf Vielfalt angelegt.

?

Weisen Sie den Prozess der Industrialisierung an der Entwicklung
a) eines Betriebes
b) Ihres Wohnortes
c) Ihres Bundeslandes
nach.

Möglichkeiten zur Erfassung, Darstellung und Bewertung von Wirtschaftsräumen

Potenzial und Infrastruktur
physisch-geographische Verhältnisse, Bodenschätze
Bevölkerungsdichte und -struktur
Verkehrssysteme, Siedlung, Dienstleistungsangebote, Freizeitwerte, Traditionen

Reichweite
Arbeitsmarkt, Beschaffungsmarkt, Absatzmarkt, Umweltbeeinflussung, Flächenanspruch, Dichte

Investitionen
Betriebsanlagen, Verkehrswege, Wohnraum für Betriebsangehörige

Statistische Angaben
Zahl, Größe, Vielfalt der Betriebe, Eigentumsverhältnisse

Produktion
Art, Menge (Stück, Gewicht, Volumen), Wert, Aufwand / Ertrag – Relation, Neben- und Folgekosten

allgemeine Bedeutung
im Rahmen der Weltwirtschaft, der Volkswirtschaft, für den Arbeitsmarkt

Standortbindung und Auswirkungen auf den Standort

Umwertungen und Wandlungsprozesse
Wachstum, Stagnation, Rückgang
Innovationen

Physiognomische Ausprägungen

Kulturräume der Erde

Der Mensch nimmt im System der Geosphäre als intelligentes und handelndes Wesen eine Sonderstellung ein, denn er kann aufgrund seiner Kreativität selbst Systeme schaffen und sowohl materielle als auch immaterielle Kultur hervorbringen. So ist seine Geschichte gekennzeichnet durch die Entfaltung des Menschen und den Gang seiner Kultur über die Erde (HETTNER), das heißt die Umgestaltung der Naturlandschaft in eine Kulturlandschaft.

In diesem Prozess der sozioökonomischen Entfaltung der Menschheit kommt es also in der Geosphäre zur Ausprägung einer Vielheit von Wirtschafts-, Sozial- und Staatsräumen. Sie fügen sich auf einer höheren Integrationsstufe zu kulturellen Großräumen, die hinsichtlich ihrer materiellen und geistigen Kultur eine gewisse Einheitlichkeit aufweisen. Das Konstrukt Kulturgroßraum bedeutet für einen großen Teil seiner Bewohner Identität. Die Einheitlichkeit eines Kulturgroßraumes ist zu sehen sowohl in seiner Territorialgeschichte als auch in der historischen Entwicklung seiner wirtschaftlichen, sozialen und politischen Ordnung. Ein Kulturgroßraum wird auch bestimmt von individuellen Zügen der Kultur sowie kennzeichnenden Natur- und Kulturlandschaftselementen. Schließlich bilden seine weltpolitische Stellung und seine Rolle im globalen System des Güter- und Nachrichtenaustausches prägende Merkmale.

Man unterscheidet in der geosphärischen Dimension folgende Kulturräume der Erde (Kulturerdteile): den angloamerikanischen Kulturraum, den europäischen Kulturraum, den australisch-pazifischen Kulturraum, den orientalischen Kulturraum, den indischen Kulturraum, den ostasiatischen Kulturraum, den lateinamerikanischen Kulturraum, den schwarzafrikanischen Kulturraum, den südostasiatischen Kulturraum.

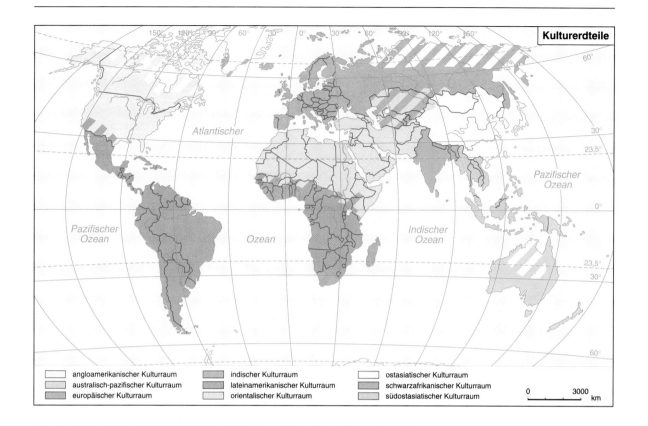

Kulturerdteile

Atlantischer

Pazifischer Ozean

Pazifischer Ozean

Ozean

Indischer Ozean

	angloamerikanischer Kulturraum		indischer Kulturraum		ostasiatischer Kulturraum
	australisch-pazifischer Kulturraum		lateinamerikanischer Kulturraum		schwarzafrikanischer Kulturraum
	europäischer Kulturraum		orientalischer Kulturraum		südostasiatischer Kulturraum

0   3000 km

UNESCO
Organisation der Vereinten Nationen für Erziehung, Wissenschaft, Kultur und Kommunikation
Sitz in Paris

Ziel
Beitrag zur Wahrung des Friedens und der Sicherheit durch Förderung der Zusammenarbeit zwischen den Völkern im Bereich der Erziehung, Wissenschaft und Kultur

Mitgliedsstaaten
über 180 Staaten, rund 50 Regionalbüros, Arbeitssprachen: Arabisch, Chinesisch, Englisch, Französisch, Russisch, Spanisch

Aktivitäten/Aktionen
Programme: Alphabetisierung – Ausstattung von Gemeindezentren „Coaction" – Wissenschaft, Technik und Gesellschaft – Mensch und Biosphäre – geologische Wechselbeziehungen – hydrologisches Programm – Entwicklung der Kommunikation – Informatik – Übersetzungsprogramme (Weltliteratur) – Konferenzen, Expertentreffen, Seminare

Abkommen z. B. Schutz des Kultur- und Naturerbes der Welt
Über 300 Objekte stehen unter besonderem Schutz, darunter Grand Canyon, Freiheitsstatue, Akropolis, Salzbergwerk Wieliczka (Polen), Dorf Hollokö (Ungarn), Teile von Quedlinburg, Lübeck, Trier, Bamberg, Würzburg, Goslar, Dome zu Aachen, Speyer und Hildesheim, Wallfahrtskirche „Die Wies", Augustusburg, Falkenlust, Abtei Lorsch, Schlösser und Gärten von Potsdam, Schiefergrube Messel, Völklinger Hütte u. a.

?
In einer anderen Aufteilung in Kulturkreise wird folgende Einteilung vorgeschlagen (Huntington „Zivilisationen"):

westlich-christlich
lateinamerikanische Variante
slawisch-orthodox
Islam
Stammesreligionen
Shintoismus
Hinduismus
Buddhismus
Konfuzianismus+Buddhismus

Erarbeiten Sie eine Karte nach dieser Legende.
Überprüfen Sie, inwieweit das Konzept der Kulturraumgliederung durch globale Entwicklungen modifiziert wird.

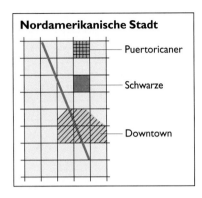

Nordamerikanische Stadt

Puertoricaner

Schwarze

Downtown

Mittelalterliche Stadt im deutschen Jungsiedelland

1 Rathaus
2 Markt
3 Pfarrkirche
4 Bürgerhäuser

Wohnen und Arbeiten unter einem Dach

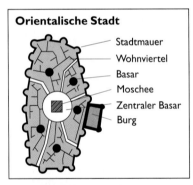

Orientalische Stadt

Stadtmauer
Wohnviertel
Basar
Moschee
Zentraler Basar
Burg

Indiens „Heilige Kühe" (Benares)

Angloamerikanischer Kulturraum

In Wald- und Steppenländern der gemäßigten und subtropischen Klimazone, von Tundren, Halbwüsten und Gebirgen abgesehen, siedlungsgünstige Räume. Ursprünglich indianischer Kulturraum, seit der Neuzeit Siedlungskolonie der Europäer, Verdrängung und Dezimierung der Indianer. Einheitlicher Wirtschaftsraum bei starker struktureller und räumlicher Arbeitsteilung mit hoher Produktivität. Ranching (stationäre Weide- und Fütterungswirtschaft), Farmen und Agribusiness (wissenschaftlich-technisch organisierter Feldbau) und standardisierte Lebensweise (Dienstleistungen, Handel, produzierendes Gewerbe). Seit Anfang des 20. Jh. sind die USA Weltmacht mit der Tendenz zur multikulturellen Gesellschaft.

Australisch-pazifischer Kulturraum

Wüsten-, Gras- und Waldländer der tropischen, der subtropischen und der gemäßigten Klimazone mit eingeschränkter Siedlungsgunst. Australien und Neuseeland Siedlungskolonien der Europäer; Verdrängung und Dezimierung der Eingeborenen, Ozeanien durch Europäer wenig überformt. Landwirtschaft mit Ranching und Farmwirtschaft (Feldbau mit Fruchtwechsel), Industrialisierung und Verstädterung, städtische Lebensweise (Handel, Dienstleistungen, produzierendes Gewerbe).

Europäischer Kulturraum

Wald- und Steppenländer der gemäßigten Klimazone, von Tundra und Gebirgen abgesehen, siedlungsgünstige Räume mit herkömmlichen Lebensformen des Bauerntums (Sommer- und Winterfeldbau), der Städter (Handel, Dienstleistungen, produzierendes Gewerbe), Industriekultur mit Unternehmertum und Lohnarbeit, Christentum, Vernunftdenken und moderne Wissenschaft auf der Basis antiker Hochkulturen, Ausgangsraum der Christianisierung, Kolonialisierung, wissenschaftlichen Erforschung und Industrialisierung der Erde (Europäisierung). Für Jahrhunderte verstehen sich europäische Staaten als Führungsmächte der Erde (Weltmächte).

Orientalischer Kulturraum

Trockengürtel der Alten Welt mit herkömmlichen Lebensformen der Hirtennomaden (Weideflächenwechsel auf Naturweiden), der Oasenbauern (Bewässerungsfeldbau in Grundwasser- und Flussoasen), der Städter (Grundbesitzer, Handwerker, Kaufleute, Wissenschaftler). Kleinräumige Aufgliederung in wirtschaftlich gegensätzliche Gebiete und Staaten, rentenkapitalistisch geprägte Entwicklungsländer, beginnende Industrialisierung und Modernisierung. Islam ist die Religion und das einigende Band der Orientalen, geistiges Zentrum ist zur Zeit die Al-Azhar-Universität in Kairo. Die Gegenbewegung des Fundamentalismus strebt nach radikaler Abkehr von europäisch-amerikanischen Lebensweisen bei gleichzeitiger praktischer Anwendung technischen Wissens.

Indischer Kulturraum

Savannenländer mit herkömmlichen dörflichen (Großgrundbesitz, Pachtsystem, Pflugbauern) und städtischen (Handwerker, Händler) Lebensformen, in denen das Kastenwesen die Sozialstruktur bestimmt. Über 4 000 Jahre alte Stadtkulturen, zahlreiche Völker mit mehr als 10 Hauptsprachen, deren Klammer Buddhismus und Hinduismus sind. Das Eindringen des Islam seit dem 12. Jh. führte zur religiösen Zweiteilung. Die Kolonialherrschaft endete 1947 bzw. 1971. Starkes Bevölkerungswachstum und große Anstrengungen zur Industrialisierung, trotz Verstädterung ein Kulturraum der Dörfer. Durch die Anwendung westlichen Wissens in der europäisch gebildeten Oberschicht wachsende internationale Bedeutung Indiens.

Ostasiatischer Kulturraum

Waldländer, Steppen- und Wüstenländer der subtropischen und der gemäßigten Klimazone. Zentren im ozeanisch beeinflussten Osten, gartenbauähnliche Landwirtschaft. Alte Kulturvölker mit Städtebildung, hochentwickeltem Handwerk; frühe Erfindungen wurden nicht technisch verwertet. China durch den Konfuzianismus geprägt. Seit Beginn der 50er Jahre fortschreitende Industrialisierung. Übernahme westlichen Wissens, zugleich Rückbesinnung auf chinesische Kultur, verbunden mit wachsendem Selbstbewusstsein, verdeckter Anspruch auf Weltmachtrolle. In Japan neben Buddhismus prägend Shintoismus, seit Mitte 19. Jh. Öffnung für moderne Wissenschaft, Industrialisierung, Verstädterung und Pluralismus, hochindustrialisiertes Land.

Lateinamerikanischer Kulturraum

Wald- und Grasländer der tropischen, der subtropischen und der gemäßigten Klimazonen mit Siedlungsräumen unterschiedlicher Siedlungsgunst. Ursprünglich indianischer Kulturraum mit Hochkulturen, seit der Neuzeit Eroberung und Christianisierung durch Spanier und Portugiesen. Herausbildung starker sozialer Gegensätze: Verschärfung sozialer Spannungen. Große räumliche Unterschiede in Lebensformen und wirtschaftlicher Leistung (Wanderfeldbau, Latifundien, Minifundien), städtische Lebensweise (Handel, Dienstleistungen, produzierendes Gewerbe), Elendsviertel, unterschiedlich starke Industrialisierung und Modernisierung, z. T. hohe Auslandsverschuldung.

Schwarzafrikanischer Kulturraum

Wald- und Grasländer der tropischen und der subtropischen Klimazone mit herkömmlichen Lebensformen der Hirtennomaden (Weideflächenwechsel auf Naturweiden). Hackbauern der Savannen (Regenzeitfeldbau) und des Regenwaldes (Dauer- und Wanderfeldbau). Ursprünglich Stammesverbände der Sudan- und Bantuvölker afrikanischer Kultur und staatlicher Organisation, Unterwerfung durch europäische Kolonialmächte (außer Äthiopien), zum Teil Christianisierung oder Islamisierung. Seit 1950 Entkolonialisierung und Staatenbildung nach europäischem Vorbild. Starkes Bevölkerungswachstum und Verstädterung trotz schwacher Industrialisierung. Derzeit Wiederbelebung des afrikanischen Selbstbewusstseins durch Rückbesinnung auf afrikanische Kultur.

Südostasiatischer Kulturraum

Savannen- und Regenwaldländer mit herkömmlichen Lebensformen des Grabstock- und des Pflugbaus (Wanderfeldbau, Dauerfeldbau mit Reismonokultur). Alte, von Indien stark beeinflusste Reiche mit zahlreichen Völkern chinesischen und malayischen Ursprungs. Buddhismus in den Staaten des Festlandes und Islam in den Inselstaaten als kulturelle Klammern, unterschiedliche Beherrschung durch Kolonialmächte, danach Herausbildung von Nationalstaaten in den Tiefländern des Festlandes und auf den Inseln; unterschiedliche Verstädterung und Industrialisierung; vor allem Singapur, aber auch Thailand und Malaysia sind Schwellenländer („Kleine Tiger").

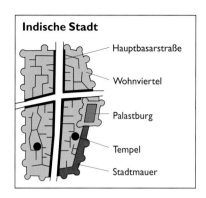

Indische Stadt

- Hauptbasarstraße
- Wohnviertel
- Palastburg
- Tempel
- Stadtmauer

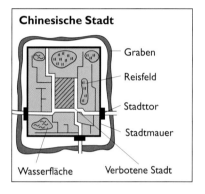

Chinesische Stadt

- Graben
- Reisfeld
- Stadttor
- Stadtmauer
- Wasserfläche
- Verbotene Stadt

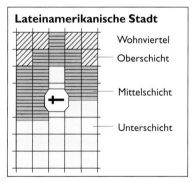

Lateinamerikanische Stadt

- Wohnviertel
- Oberschicht
- Mittelschicht
- Unterschicht

Schwimmender Markt in Bangkok

**Arbeitsanregungen zum Lehrbuchkapitel
„Gesellschaft – Wirtschaft – Raum"**

1. Das Ökosystem Mensch – Erde

    1.1 Beschreiben Sie anhand der Darstellung Seite 9 den Aufbau der Geosphäre.

    1.2 Erläutern Sie das Schema zum Ökosystem Mensch – Erde Seite 9.

    1.3 Unterscheiden Sie anhand von Beispielen aus Ihrem Heimatbundesland zwischen Landschaftssphäre und Soziosphäre.

    1.4 Erörtern Sie die Chancen, das Prinzip der Nachhaltigkeit weltweit durchzusetzen.

    1.5 Beschreiben Sie Lage und Verlauf polwärtiger Arealgrenzen anhand der Karte Seite 10.

    1.6 Erläutern Sie anhand von Beispielen, warum landwirtschaftliche Anbaugrenzen keine unveränderlichen Naturgrößen sind.

2. Wirtschaftssektoren und ihre Raumwirksamkeit

    2.1 Unterscheiden Sie die Gliederungen der Wirtschaft nach Wirtschaftssektoren und nach Wirtschaftsbereichen. Geben Sie für die Wirtschaftszweige Beispiele von Branchen an (Seite 12).

    2.2 Beschreiben Sie Raumnutzungsmuster der Wirtschaftssektoren.

    2.3 Erläutern Sie anhand der Abb. Seite 12 die Beschäftigungsentwicklung in den hochentwickelten Ländern.

    2.4 Erklären Sie den Begriff der Zentralität und nennen Sie wichtige zentrale Einrichtungen verschiedener Stufen.

    2.5 Erläutern Sie das Modell der Daseinsgrundfunktionen (Seite 14).

    2.6 Überprüfen Sie, inwieweit das Modell der zentralen Orte (Seite 14) in Ihrem Heimatraum anwendbar ist.

3. Sozioökonomische Entfaltungsstufen

    3.1 Entwerfen Sie zu den Wirtschaftsstufen (Seite 16) einfache Modelle.

    3.2 Erläutern Sie die Stadienlehre von Rostow (Seite 17).

    3.3 Unterscheiden Sie Verstädterung und Urbanisation (Seite 18).

4. Kulturräume der Erde

    4.1 Erläutern Sie die Begriffe Kultur und Zivilisation.

    4.2 Beschreiben Sie anhand der Karte Seite 19 die Verbreitung der Kulturräume über die Erde.

5. Referieren Sie über:

    5.1 Lebensformen und Wirtschaftsweisen der Wildbeuterstufe

    5.2. Mittelalterliche Zunftordnung, Merkantilismus und Liberalismus im Vergleich

    5.3. Weltreligionen: Entstehung, Lehre und Verbreitung

Globale Disparitäten und Verflechtungen

Die Lebenswelt jedes einzelnen Menschen wird in immer stärkerem Maße durch internationale Wirtschaftsbeziehungen geprägt. Mit größter Selbstverständlichkeit genießen wir tropische Früchte, kaufen Fahrzeuge aus Japan, hören Musik aus einer südkoreanischen Stereoanlage und arbeiten an einem amerikanischen Personalcomputer. Weltweite Handelsströme, internationale Arbeitsteilung und Auslagerungen der Industrieproduktion an kostengünstigere Standorte prägen Arbeitsplatzsicherheit und Einkommenssituation. Nationalstaatliche Politik wird zunehmend durch supranationale Gemeinschaften, wie z. B. die Europäische Union, übernommen oder durch internationale Wirtschaftsabkommen beeinflusst. Tiefgreifende wirtschaftliche, gesellschaftliche und soziale Unterschiede zwischen Industrie- und Entwicklungsländern machen uns betroffen.

Internationale Disparitäten

Zwischen Ländern der Erde bestehen tiefgreifende Unterschiede in ihrem wirtschaftlichen und gesellschaftlichen Entwicklungsstand. Diese sozioökonomischen Disparitäten misst man mit Hilfe von Indikatoren; ökonomische Indikatoren sollen den wirtschaftlichen Entwicklungsstand belegen, soziale Indikatoren die Lebenssituation der Bevölkerung aufzeigen.

Wirtschaftlicher Entwicklungsstand

Grundlegende Indikatoren. Zumeist bildet das Standardsystem der Volkswirtschaftlichen Gesamtrechnung (VGR) die Grundlage zur Beurteilung des wirtschaftlichen Entwicklungsstandes. Es wurde in den 50er Jahren vom Statistischen Amt der Vereinten Nationen (UN) und der Organisation für Europäische Wirtschaftliche Zusammenarbeit (OEEC) gemeinsam entwickelt. Die meisten Länder der Erde führen jährlich eine entsprechende Gesamtrechnung durch; wichtige Ergebnisse sind das Bruttoinlandsprodukt (BIP) und das Bruttosozialprodukt (BSP). Beide dokumentieren in Währungseinheiten die innerhalb eines Jahres erbrachten Gesamtleistungen aller Wirtschaftsbereiche (Unternehmen, Staat, private Haushalte). Das BIP berücksichtigt die innerhalb der Landesgrenzen von In- und Ausländern erstellten Leistungen, das BSP misst das von Bürgern eines Staates – auch jener, die im Ausland tätig sind – erwirtschaftete Volkseinkommen.

Der am häufigsten verwendete ökonomische Indikator zur Bestimmung des Entwicklungsstandes von Ländern ist das Pro-Kopf-Einkommen. Hierbei handelt es sich nicht um das persönliche Einkommen der Einwohner, sondern das Pro-Kopf-Einkommen gibt das BIP bzw. das BSP pro Kopf der Bevölkerung an. Daneben zeigt die Aufgliederung des BSP bzw. BIP auf die einzelnen Wirtschaftssektoren die Struktur einer Volkswirtschaft auf. Schließlich dokumentieren die zwischen verschiedenen Beobachtungsjahren auftretenden Veränderungen von Werten der Volkswirtschaftlichen Gesamtrechnung die Entwicklungsdynamik eines Landes.

Im Jahr 1992 lag – nach Angaben der Weltbank – der niedrigste Landeswert des BSP pro Kopf bei 60 US$ (Mosambik) und der höchste Wert bei 36 080 US$ (Schweiz). Die Gegenüberstellung von jeweils 20 % der Weltbevölkerung mit dem höchsten bzw. dem niedrigsten Pro-Kopf-Einkommen hinsichtlich ihres Anteils am Welteinkommen zeigt gravierende Einkommensunterschiede.

Die 20 % Reichsten der Weltbevölkerung verfügen über ca. 83% des Welteinkommens; ihr durchschnittliches Einkommen ist ca. 60-mal so hoch wie jenes der 20 % Ärmsten der Weltbevölkerung. Die Länder mit dem geringsten Pro-Kopf-Einkommen befinden sich in Zentralafrika und Südasien. Mittlere Werte liegen in einigen Staaten Lateinamerikas und Südostasiens vor. Das mit weitem Abstand höchste Pro-Kopf-Einkommen weisen mittel- und westeuropäische und die nordamerikanischen Staaten sowie Japan und Australien auf.

Anteil der 20 % Reichsten und der 20 % Ärmsten der Weltbevölkerung am globalen Einkommen
(Anteil in %)

	Ärmste 20	Reichste 20	Verhältnis
1960	2,3	70,2	1:30
1970	2,3	73,9	1:32
1980	1,7	76,3	1:45
1989	1,4	82,7	1:59

(nach UNDP 1994)

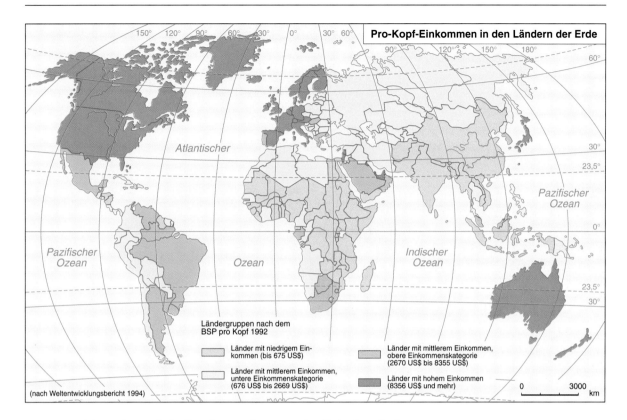

Pro-Kopf-Einkommen in den Ländern der Erde

Ländergruppen nach dem BSP pro Kopf 1992

Länder mit niedrigem Einkommen (bis 675 US$)

Länder mit mittlerem Einkommen, untere Einkommenskategorie (676 US$ bis 2669 US$)

Länder mit mittlerem Einkommen, obere Einkommenskategorie (2670 US$ bis 8355 US$)

Länder mit hohem Einkommen (8356 US$ und mehr)

(nach Weltentwicklungsbericht 1994)

0   3000 km

Die Entwicklungsdynamik der Länder ist sehr unterschiedlich. Gerade die ärmsten Staaten in Afrika verzeichneten im letzten Jahrzehnt einen weiteren Rückgang ihres Pro-Kopf-Einkommens. Dort konnte mehrfach das Überleben der Bevölkerung (z. B. in Somalia, Sudan, Mosambik, Angola) nur durch internationale Nahrungsmittelhilfe gesichert werden. Die meisten ost- und südostasiatischen Staaten erreichten dagegen überdurchschnittliche Zuwachsraten. Dort befinden sich sogenannte Schwellenländer (z. B. Hongkong, Malaysia, Singapur, Südkorea, Thailand), die aufgrund ihres raschen Industrialisierungsprozesses an der Schwelle zu einem Industrieland stehen.

Innerhalb der osteuropäischen Transformationsländer, d. h. jener Staaten, die den Übergang von der Planwirtschaft zur Marktwirtschaft vollziehen, kam es zu einem starken Differenzierungsprozess; wenige konnten einen hohen Zuwachs erreichen (z. B. Tschechien), die meisten erfuhren jedoch einen wirtschaftlichen Verfall, der mit breiter Verarmung einherging.

In den hochentwickelten Ländern sind niedrigere Zuwachsraten zu beobachten.

Insgesamt kam es durch diese Entwicklungen zu einer Erhöhung der Unterschiede zwischen den 20% Reichsten und 20% Ärmsten der Weltbevölkerung; 1960 lag die Relation noch bei 30:1, während sie heute ca. 60:1 beträgt.

Eine Analyse des Zusammenhangs zwischen Pro-Kopf-Einkommen und Wachstumsraten zeigt bei gering entwickelten Ländern eher eine Stagnation, überdurchschnittliche Zuwachsraten bei Ländern mit mittlerem Einkommen und etwas niedrigere Steigerungen bei den Staaten mit den höchsten Einkommen.

Entwicklung der Wirtschaftsleistung ausgewählter Länder
(jährliche Wachstumsrate in %)

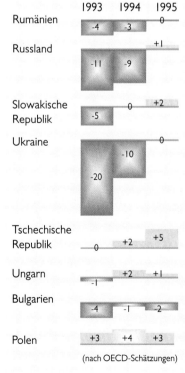

(nach OECD-Schätzungen)

25

Pro-Kopf-Einkommen nach Raumeinheiten

	Bruttosozialprodukt pro Einwohner 1992 (in US $)	Durchschnittliche jährliche Wachstumsrate des BSP pro Einwohner 1980–1992 (in %)
Länder mit niedrigem und mittlerem Einkommen		
Afrika südlich der Sahara	530	-0,8
Ostasien und Pazifik	760	+6,1
Südasien	310	+3,0
Naher Osten und Nordafrika	1 950	-2,3
Lateinamerika	2 690	-0,2
Länder mit hohem Einkommen		
	22 160	+2,3

(nach Weltbank 1994)

?

1. Erklären Sie die Unterschiede in den Zuwachsraten der Länder.
2. Welche Ursachen können für negative Wachstumsraten verantwortlich sein?

Wachstumsrate des Bruttosozialprodukts pro Kopf

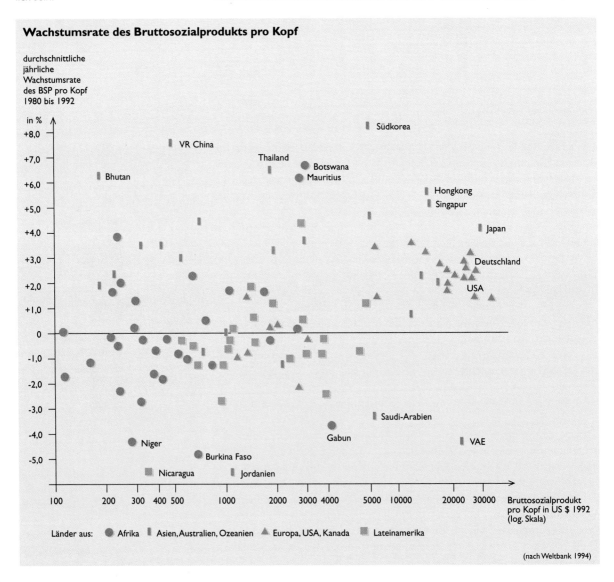

(nach Weltbank 1994)

Grenzen der Vergleichsmöglichkeit von Werten der Volkswirtschaftlichen Gesamtrechnung. Das auf den ersten Blick weitgehend standardisiert erscheinende System der VGR weist jedoch Grenzen der Aussagekraft auf, welche seine Eignung als Indikator zur Messung des Entwicklungsstandes von Ländern einschränken. Die Umrechnung der Werte der einzelnen Länder in US-Dollar erfolgt auf Basis der Wechselkurse der Währungen. Diese Wechselkurse sind teilweise verzerrt (z. B. aufgrund nationaler Festsetzungen, wirtschaftspolitischer Einflussnahmen) und entsprechen auch nicht der realen Kaufkraft innerhalb der Länder. Weltweit einheitliche Produkte können als Hilfsmittel zur Berechnung der Kaufkraftunterschiede dienen. So verfügte beispielsweise Indien im Jahr 1991 über ein BSP-pro-Kopf von 330 US$, die reale Kaufkraft betrug jedoch 1 900 US$ pro Kopf; dagegen entsprachen die 26 930 US$ Japans nur einer Kaufkraft von 23 830 US$.

Daneben besteht das Problem, dass in der VGR die Leistungen der Wirtschaftsbereiche entsprechend den Marktpreisen ihrer Güter bzw. Dienstleistungen Berücksichtigung finden. Aufgrund von staatlicher Einflussnahme oder von Monopolen können diese Preise verzerrt sein. Auch gibt es zahlreiche Leistungen, die bei diesem Grundprinzip nicht berücksichtigt werden. Gerade in Entwicklungsländern hat die Subsistenzwirtschaft noch große Bedeutung. Dabei handelt es sich um nicht über Geldwerte abgerechnete Waren und Leistungen. So stellen landwirtschaftliche Betriebe Güter her (z. B. Gemüse, Brotgetreide, Fleisch), die sie selbst verbrauchen und deshalb nicht am Markt verkaufen. Auch eine Reihe von nicht formell bezahlten Tätigkeiten, wie Handwerks- und Verkaufsaktivitäten im informellen Sektor der Entwicklungsländer, Arbeiten im Haushalt (Hausfrauen), Leistungen von mithelfenden Familienangehörigen in kleinen Gewerbebetrieben oder auch Schwarzarbeit, bleiben unberücksichtigt.

Leistungen anderer Bereiche, welche den Wohlstand eines Landes vermindern, gehen dagegen positiv in das BSP bzw. BIP ein. So führt der Verkauf von nicht erneuerbaren Ressourcen, wie z. B. der Export von Rohstoffen (Erdölstaaten), zu einem Anstieg des Einkommens, zugleich aber auch zu einer Verringerung des Besitzes.

In Industrieländern führen Folgekosten von Schäden zu einer Erhöhung des Pro-Kopf-Einkommens. Sowohl die Beseitigung von Umweltschäden (z. B. Reinigung von kontaminierten Böden, Bau von Kläranlagen) als auch die Reparatur eines Fahrzeuges nach einem Unfall wirken sich positiv auf das Pro-Kopf-Einkommen aus, ohne dass ein realer Wohlstandsgewinn erfolgt.

Gegenwärtig wird versucht Systeme zu entwickeln, welche die VGR um Aufwendungen für die Behebung von Umweltschäden mindern. Daneben bemüht sich das Statistische Bundesamt Deutschlands – als Ergänzung zur VGR – um die Erarbeitung einer umweltökonomischen Gesamtrechnung (UGR); diese soll Rohstoffverbrauch, Emissionen und Immissionen berücksichtigen.

Ein zentrales Problem der Durchschnittswerte, welche aus den nationalen Daten der VGR berechnet werden, ist zusätzlich, dass sie nichts über die Verteilung innerhalb des Landes aussagen. So bestehen in den meisten Ländern gravierende regionale und soziale Unterschiede.

In vielen Entwicklungsländern konzentrieren sich die modernen wirtschaftlichen Aktivitäten nur in einer Metropole, während ländliche Bereiche einen sehr niedrigen Entwicklungsstand aufweisen. Auch ist die Einkommensverteilung auf die Bevölkerungsgruppen ungleich. In vorin-

---

Kaufkraftparität des „Big Mac"

	1988	1993
Deutschland	-3	-28
Frankreich	-22	-52
Großbritannien	+8	-23
Hongkong	+145	+49
Japan	-20	-51
Kanada	+44	-4

Vergleich der Preise eines Big Mac zwischen den USA und anderen Ländern im Verhältnis zum Wechselkurs in %.

Minus = weniger Big Mac pro Dollar im Ausland als in den USA

Plus = mehr Big Mac pro Dollar im Ausland als in den USA

(nach HAUCHLER 1993)

Wissenschaftler tüfteln am Öko-Sozialprodukt

Umweltministerin Angela Merkel erklärte vor der Presse, Wohlstand und Wachstum könnten nur dann ökologisch ehrlich berechnet werden, „wenn wir uns nicht ausschließlich auf das Bruttosozialprodukt als einen Indikator der volkswirtschaftlichen Gesamtrechnung stützen". Ziel der Arbeit des wissenschaftlichen Beirats des Umweltministeriums ist die statistische Erfassung der Auswirkungen wirtschaftlicher Tätigkeiten auf die Umwelt. Es geht um genauere Strategien, wie das Sozialprodukt mit immer weniger ökologischen Kosten und negativen Folgen für die Umwelt erwirtschaftet werden könne.

(nach „Der Tagesspiegel" vom 23. 11. 1995)

?
Erklären Sie an Beispielen, wie sich gesellschaftliche und wirtschaftliche Veränderungen (z. B. geringere Arbeitszeit, Feiertage, Steigerung der Produktivität) auf die VGR auswirken.

Bauernprotest Sto. Domingo (Ecuador)

dustriellen Gesellschaften liegen zumeist geringe personelle Einkommensunterschiede vor.

Zu Beginn der wirtschaftlichen Wachstumsphase konzentriert sich häufig der Einkommenszuwachs nur auf eine kleine Oberschicht; große Teile der Bevölkerung leben in Armut. Gerade die Staaten Lateinamerikas verzeichnen aufgrund ihrer gesellschaftlichen Strukturen (z. B. Latifundienwirtschaft) eine extreme Konzentration der Einkommen auf wenige Familien und eine Verelendung breiter Massen. Erst im weiteren Verlauf des Entwicklungsprozesses kommt es durch politische Gegenkräfte, z. B. staatliche Gesellschaftspolitik oder gewerkschaftliche Aktivitäten der Arbeitnehmer, zu einer Verringerung der personellen Einkommensunterschiede.

Personelle Einkommensunterschiede ausgewählter Länder der Erde
(Prozentualer Anteil am Einkommen nach Gruppen von Einkommensbeziehern)

	Pro-Kopf-Einkommen in US$ 1992	obere 20 %-Gruppe	mittlere 40 %-Gruppe	untere 40 %-Gruppe
Nepal	170	39,5	38,5	22,0
Indien	310	41,3	37,4	21,3
Indonesien	670	42,3	37,9	19,8
Philippinen	770	47,8	35,6	16,6
Guatemala	980	63,0	29,1	7,9
Thailand	1 840	50,7	33,8	15,5
Malaysia	2 790	53,7	33,4	12,9
Mexiko	3 470	55,9	33,0	11,1
Singapur	15 730	48,9	36,1	15,0
Deutschland	23 030	40,3	40,9	18,8
Schweden	27 010	36,9	41,9	21,2

(nach Weltbank 1994)

Einkommensverteilung und Pro-Kopf-Einkommen

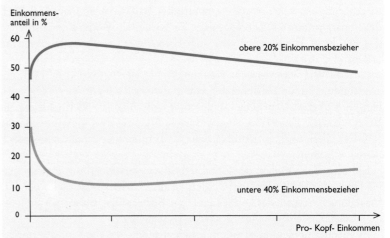

Zusammenhang zwischen Pro-Kopf-Einkommen von Ländern und der personellen Einkommensverteilung auf die Gruppen von Einkommmensbeziehern.

(nach KUZNETS)

?

1. Warum konzentriert sich der Einkommenszuwachs zuerst auf wenige Gruppen?
2. Welche Instrumente tragen in Deutschland zum Einkommensausgleich bei?

Nationale Wirtschaftsstrukturen. Die Länder der Erde weisen sehr unterschiedliche Wirtschaftsstrukturen auf, welche sich im Beitrag der Sektoren am BIP dokumentieren. Üblicherweise erfolgt eine Gliederung in den primären Sektor (Land-, Forstwirtschaft, Fischerei), den sekundären Sektor (Handwerk, Industrie, Baugewerbe) und den tertiären Sektor (Dienstleistungen). Im Verlauf der wirtschaftlichen Entwicklung von Ländern ergeben sich langfristig regelhafte Veränderungen in der Bedeutung dieser Wirtschaftsbereiche. In traditionellen Gesellschaften dominiert der Primärsektor mit über 80 % Anteil am BSP. Durch den Industrialisierungsprozess gewinnt der sekundäre Sektor an Bedeutung und trägt bis zu ca. 50 % zum BSP bei. In hochentwickelten Ökonomien wird schließlich der tertiäre Sektor (60–70 % Anteil) am wichtigsten, während auf den primären Sektor nur noch unter 5 % des BSP entfallen. Verantwortlich für diesen Strukturwandel sind Veränderungen in der Nachfrage und in der sektoralen Produktivität. Im Verlauf des wirtschaftlichen Entwicklungsprozesses kommt es zu einem Anstieg der Nachfrage nach Industriegütern und später nach Dienstleistungen. Parallel können in der Landwirtschaft und in der Industrie Produktivitätsverbesserungen realisiert werden. Sie führen zur Freisetzung von Arbeitskräften, welche in dem nachfragebedingt expandierenden Dienstleistungsbereich Beschäftigung finden.

Diese sektoralen Prägungen belegt ein internationaler Vergleich der Anteile der Wirtschaftssektoren am BIP. In Entwicklungsländern dominiert noch die Landwirtschaft, dagegen weist in Ländern mit mittlerem Einkommen die Industrie bereits hohe Anteile auf. In den hochentwickelten Ländern Europas trägt der Dienstleistungsbereich mit über 60 % zum BIP bei.

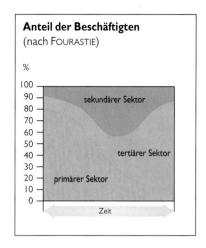

Anteil der Beschäftigten
(nach FOURASTIE)

?

1. Überlegen und schildern Sie, welche Arbeitsproduktivität die Wirtschaftssektoren aufweisen.
2. Welcher Zusammenhang besteht zwischen den Anteilen der Sektoren am BSP/BIP und an den Beschäftigten?

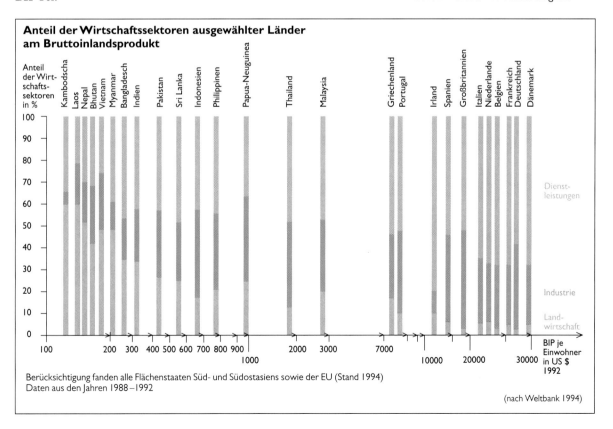

Anteil der Wirtschaftssektoren ausgewählter Länder am Bruttoinlandsprodukt

Berücksichtigung fanden alle Flächenstaaten Süd- und Südostasiens sowie der EU (Stand 1994)
Daten aus den Jahren 1988–1992

(nach Weltbank 1994)

Sozialer Entwicklungsstand

Grundbedürfnisse für menschen-
würdige Lebensverhältnisse:
- Ausreichende Ernährung
- Gesundheit
- Bildung
- Wohnung

Grundlegende Indikatoren. Im Unterschied zur VGR liegt kein weltweit einheitliches Messsystem zur Beurteilung der sozialen Situation der Bevölkerung vor. Teilweise fehlen geeignete Indikatoren und es besteht zudem aufgrund differierender Wertvorstellungen noch kein internationaler Konsens, welche Merkmale geeignet sind um die soziale Situation von Ländern zu charakterisieren.

Zur Beschreibung der persönlichen Lebensbedingungen innerhalb eines Landes kann eine Vielzahl von Indikatoren dienen. Relativ gut mit Daten zu belegen sind die Merkmale des materiellen Wohlstandes und auch die demographische Situation. Viele andere wichtige Elemente (z. B. individuelle Aufstiegs- und Entfaltungsmöglichkeiten, Grad politischer Freiheiten, Informationsvielfalt, gesunde Umwelt) entziehen sich dagegen aufgrund von Problemen bei der Datenerfassung und Ergebnisbewertung einer statistischen Analyse.

Lebenssituation der Bevölkerung. Untersuchungen der OECD (Organization for Economic Cooperation and Development) und des UNRISD (United Nations Research Institute for Social Development) berücksichtigen als zentrale Merkmale zur Beschreibung des gesellschaftlichen Entwicklungsstandes von Ländern Indikatoren aus den Bereichen Gesundheit, Bildung, Ernährung und Haushaltsausstattung. Für diese Werte liegen weltweit relativ zuverlässige Angaben vor.

Der internationale Vergleich zeigt bei sozialen Indikatoren eine absolut geringere Spannweite der Unterschiede als bei dem Pro-Kopf-Einkommen. Es bestehen jedoch auch bei den Lebensbedingungen tiefgreifende räumliche Differenzen. Den niedrigsten Entwicklungsstand bei fast allen Merkmalen weisen die Länder Afrikas südlich der Sahara und in Südasien auf. Auffällige Defizite zeigen auch alle Länder, welche durch innere Unruhen (z. B. Bürgerkrieg, ethnische Konflikte) gekennzeichnet sind. Lateinamerika besitzt mit Ausnahme einzelner Staaten (z. B. Bolivien, Haiti) einen mittleren Entwicklungsstand. Die besten Lebensbedingungen verzeichnen die Industriestaaten (West- und Mitteleuropa, Nordamerika, Japan, Australien) sowie die Schwellenländer in Ost-/Südostasien (Hongkong, Singapur, Südkorea, Taiwan).

?

Welche weiteren Indikatoren sind geeignet, die Lebenssituation der Bevölkerung zu beschreiben?

links: Wohlstandsviertel in Kuala Lumpur
rechts: Slums in Lagos

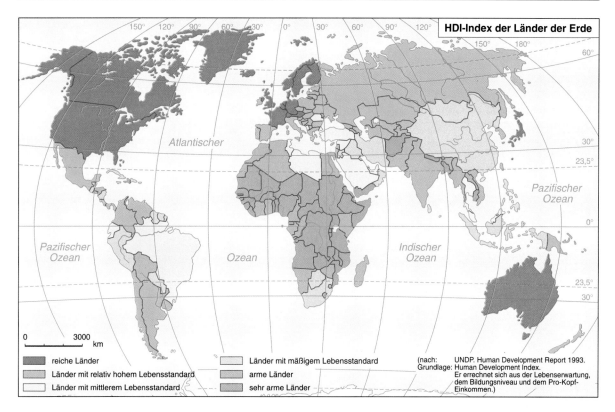

Grundsätzlich kann jeder einzelne Indikator nur einen kleinen Teil des komplexen Begriffs Entwicklungsstand dokumentieren. Um einen zusammenfassenden Eindruck der vielfältigen Bereiche der Lebenssituation der Bevölkerung zu erhalten, besteht die Notwendigkeit die Einzelindikatoren zusammenzufassen. Die Berechnung eines Entwicklungsstandindex ist jedoch problematisch, da die Indikatoren üblicherweise in verschiedenen Einheiten gemessen werden. Auch besteht bisher keine internationale Übereinstimmung, welche Merkmale mit welchem Gewicht in die Zusammenfügung eingehen sollen.

Verschiedene wissenschaftliche Untersuchungen haben versucht eine größere Zahl von Indikatoren mit Hilfe statistischer Verfahren (z. B. Indexmethode, Faktoranalyse) zusammenzufassen. Größte Bedeutung hat bisher der von der UNDP (United Nations Development Programme) entwickelte und 1990 erstmals vorgelegte Human-Development-Index (HDI) erlangt. Er berücksichtigt die Bereiche Lebensdauer (Lebenserwartung bei der Geburt), Bildungsniveau (Alphabetisierungsrate Erwachsener, Anzahl besuchter Schuljahre) und Einkommen (Pro-Kopf-BSP nach Kaufkraftparitäten). Die Mittelwerte dieser Bereiche pro Land werden standardisiert und zusammengefasst. Der HDI kann Werte zwischen 0 und 1 erreichen; je näher der Wert bei 0 liegt, desto niedriger ist der Entwicklungsstand eines Landes.

Weltweit verzeichnet der HDI ein ähnliches räumliches Muster, wie es sich bei der Analyse des Pro-Kopf-Einkommens ergibt. Innerhalb der Gruppe der Entwicklungsländer ist jedoch eine größere Differenzierung zu beobachten. Auch zeigt ein Vergleich der Rangplätze der Länder hinsichtlich des HDI und des Pro-Kopf-Einkommens Unterschiede. Die Erdöl exportierenden Staaten mit hohem Einkommen weisen einen niedrigeren

Vergleich von Rangplätzen des PKE und HDI

Land	PKE-Rang	HDI-Rang
Japan	3	1
Deutschland	8	12
Ungarn	52	28
Singapur	26	43
Polen	80	48
Saudi-Arabien	31	84
Tansania	172	138
Burkina Faso	149	170

(Rang 1 ist die beste, Rang 173 die schlechteste Position, nach UNDP 1993)

?

1. Erklären Sie die Unterschiede der Länderwerte für das PKE und den HDI.
2. Erörtern Sie die Problematik und die Brauchbarkeit von Entwicklungsindikatoren.

Ausgewählte soziale Indikatoren

	Mittelwert der gesamten Welt	Extremwerte	
Gesundheit			
– Lebenserwartung bei der Geburt (in Jahren 1992)	66	39 (Guinea-Bissau)	79 (Japan)
– Einwohner je Arzt (abs. 1990)	3 850	57 310 (Burkina Faso)	210 (Italien)
– Säuglingssterblichkeit je 1 000 Lebendgeburten (in % 1992)	60	143 (Sierra Leone)	5 (Schweden)
Haushaltsausstattung			
– Haushalte mit Elektrizität (in % 1984)	–	1 (Burundi)	100 (z. B. Deutschland)
– Bevölkerung mit Trinkwasserzugang (in % 1990)	–	11 (Mali)	100 (z. B. Deutschland)
Bildung			
– Analphabetenrate der Erwachsenen (in % 1990)	35	82 (Burkina Faso)	unter 5 (z. B. Deutschland)
– Anteil von Schülern einer Altersgruppe in weiterführenden Schulen (in % 1991)	52	4 (Malawi)	100 (z. B. Deutschland)
Ernährung			
– Tägliches Kalorienangebot pro Kopf (1985)	–	1 617 (Mosambik)	3 530 (Irland)
Verstädterung			
– Anteil der Stadtbevölkerung (in % 1992)	42	6 (Bhutan)	96 (Belgien)

(nach Weltbank 1994)

Entwicklungsstand beim HDI auf, während in den ehemals sozialistischen Ländern Europas die Lebenssituation besser ist als ihr Pro-Kopf-Einkommen. Obwohl der HDI nur eine begrenzte Zahl von Indikatoren berücksichtigt und viele Bereiche des menschlichen Lebens ausklammert, liefert er insgesamt ein umfassenderes Bild des Entwicklungsstandes als das Pro-Kopf-Einkommen.

Demographischer Entwicklungsstand. Auch die Kennziffern zu natürlichen Veränderungen in der Einwohnerzahl von Ländern geben Aufschluss über ihren Entwicklungsstand. Im Verlauf des wirtschaftlichen und gesellschaftlichen Entwicklungsprozesses von Ländern verändern sich die Geburten- und Sterberaten und damit die natürliche Bevölkerungsentwicklung.

Vorindustrielle Gesellschaften sind durch hohe Reproduktionsraten (pro Jahr 30–40 Geburten je 1000 Einwohner) bei vergleichbar hohen Sterbeziffern gekennzeichnet. Mit der industriegesellschaftlichen Entwicklung kommt es zu einem Absinken der Sterbeziffer, während die Geburtenrate konstant hoch bleibt. Verantwortlich dafür sind medizinische Verbesserungen, eine bessere Ernährungslage und steigende Einkommen. Die Bevölkerung behält jedoch zuerst ihr traditionelles generatives Verhalten bei. Zum einen können viele Kinder zum Einkommen der Familie beitragen und sie sichern zudem die Versorgung der Eltern im Alter. Zum anderen fehlt die Erfahrung hinsichtlich der Reduzierung der Sterblichkeit. Letztlich begünstigen traditionelle gesellschaftliche sowie religiöse Prägungen sowie fehlende Kenntnisse über Möglichkeiten der Familienplanung hohe Geburtenraten. Deshalb kommt es in dieser Transformationsphase zu einem massiven Bevölkerungszuwachs.

Erst mit weiterem gesellschaftlichen Fortschritt und sozialpolitischer Einflussnahme (z. B. Alterssicherung, Sanktionsmaßnahmen bei vielen Kindern) sinkt auch die Geburtenrate. In hochentwickelten Gesellschaften gleichen sich schließlich die Geburten- und Sterberaten wieder an

Modell des demographischen Übergangs

Geburten-/ Sterberate

Geburtenrate

Sterberate

prä- früh- mittel- spät- post- Zeit

transformativ

32

Kinder aus Thailand

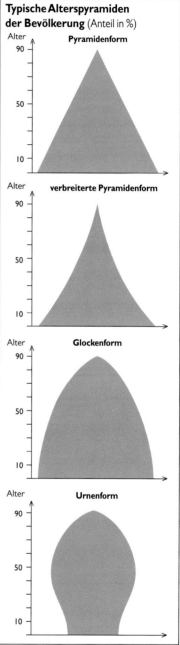

Typische Alterspyramiden der Bevölkerung (Anteil in %)

Bevölkerung nach Raumeinheiten

	Bevölkerung 1992 absolut (in Mio.)	Durchschnittliches jährliches Wachstum 1980–1992 (in %)
Länder mit niedrigem und mittlerem Einkommen		
Afrika südlich der Sahara	543	+3,0
Ostasien und Pazifik	1 689	+1,6
Südasien	1 178	+2,2
Naher Osten und Nordafrika	253	+3,1
Lateinamerika	453	+2,0
Länder mit hohem Einkommen	828	+0,7

(nach Weltbank 1994)

(10–15 Geburten-/Sterbefälle je 1000 Einwohner) und die Einwohnerzahl bleibt konstant.

Mitte der 90er Jahre verzeichnen einige Länder Zentralafrikas mit Wachstumsraten von über 3,5 % pro Jahr (z. B. Kenia 3,7 %, Malawi 3,6 %, Uganda 3,7 %, Tansania 3,8 %, Sambia 3,8 %) den weltweit höchsten natürlichen Zuwachs der Bevölkerung. Diese Werte liegen weit über jenen, welche die Industrieländer Europas in ihrer Vergangenheit erreichten. Dort setzte der demographische Transformationsprozess im 19. und 20. Jh. parallel zum technischen und medizinischen Fortschritt ein. Dagegen erfahren die heutigen Entwicklungsländer zahlreiche externe Einflüsse (z. B. medizinische Verbesserungen, Nahrungsmittelhilfe), welche wesentlich schneller Veränderungen bewirken. Auch im Nahen Osten und in Südasien liegen noch sehr hohe natürliche Wachstumsraten vor. In den Staaten Lateinamerikas und den wirtschaftlich erfolgreichen Schwellenländern Ost-/Südostasiens hat sich dagegen der natürliche Bevölkerungszuwachs bereits deutlich verringert. Die Länder in West- und Mitteleuropa und Angloamerika nähern sich dem Nullwachstum, d. h. einer konstanten Einwohnerzahl.

?

1. Ordnen Sie den Phasen der demographischen Transformation typische Alterspyramiden der Bevölkerung zu.
2. Diskutieren Sie soziale und gesellschaftliche Probleme des Altersaufbaus.

Merkmale von Schwellenländern

Bisher liegt keine einheitliche Definition bzw. Abgrenzung vor, jedoch besteht Konsens hinsichtlich wesentlicher gemeinsamer Merkmale:
- mittleres Einkommen (über 1 000 US$ BSP pro Kopf)
- wachsender Anteil der Industrie am BSP (über 20 %)
- wachsender Anteil an den Weltexporten
- Verbesserung der ökonomischen und sozialen Situation der Bevölkerung

?

Prüfen Sie die Grenzen der Aussagekraft von Typisierungen der Staaten der Erde nach ihrem Entwicklungsstand.

Typisierungen der Länder der Erde

Erste Einordnungen der Länder der Erde erfolgten in den 50er Jahren. Damals wurden die beiden großen politischen Blöcke als „Erste Welt" und „Zweite Welt" bezeichnet. Die übrigen, vor allem die blockfreien Länder, erhielten die Bezeichnung „Dritte Welt". Seit den 60er Jahren findet dieser Begriff primär für Länder mit einem niedrigen ökonomischen Entwicklungsstand Verwendung, während jene mit einem hohen Pro-Kopf-Einkommen als Industrieländer bezeichnet werden.

Die in den vorangegangenen Abschnitten vorgestellten Indikatoren zur Bestimmung des wirtschaftlichen und sozialen Entwicklungsstandes dienen dazu, die Länder der Erde in Gruppen einzuordnen und die Länder der „Dritten Welt" bzw. „Entwicklungsländer" zu identifizieren bzw. von den Industrieländern zu unterscheiden. Die Typisierungen besitzen Einfluss auf den Umfang der internationalen Entwicklungshilfe. Mitte der 90er Jahre sind die Gruppenbildungen durch die Weltbank und die Vereinten Nationen am wichtigsten.

Die **Gliederung der Weltbank** basiert ausschließlich auf dem BSP pro Kopf. Ausgewiesen werden drei Hauptgruppen (1994); Länder mit niedrigem Einkommen (Low Income Countries) mit einem Pro-Kopf-Einkommen von bis zu 675 US$, Länder mit mittlerem Einkommen (Middle Income Countries) mit 676 bis 8355 US$ und Länder mit hohem Einkommen (High Income Countries) mit mehr als 8356 US$. Die Schwellenwerte werden jährlich, entsprechend der Inflation und dem weltweiten Wachstum, angepasst. Gegenwärtig gehören 42 Länder mit 3,2 Md. Einwohnern zu den LIC-Ländern, 67 Länder mit 1,4 Md. Einwohnern zu den MIC-Ländern und 23 Länder mit 0,8 Md. Einwohnern zu den HIC-Ländern.

Auch die **Untersuchungen der UN** grenzen die Entwicklungsländer gegenüber der übrigen Welt nach dem BSP pro Einwohner ab. Innerhalb dieser Gruppe erfolgt jedoch unter Berücksichtigung zusätzlicher Indikatoren noch eine weitere Differenzierung. Drei Gruppen von Ländern mit besonders problematischen Strukturen werden ausgewiesen. Die am geringsten entwickelten Länder der Erde werden seit 1971 als Least Developed Countries (LLDC) bezeichnet. Sie erzielen ein besonders niedriges Pro-Kopf-Einkommen, sind nur wenig industrialisiert und ihre Bevölkerung verfügt über einen geringen Bildungsstand. Gegenwärtig gehören 47 Länder mit über 500 Mio. Menschen zu der Gruppe der LLDC. Besondere Entwicklungsprobleme bestehen auch bei den Land-Locked Countries; diese Länder verfügen über keinen direkten Zugang zum Meer (Hafen) und sind deshalb im internationalen Warenhandel erheblich benachteiligt. Die Gruppe der MSAC-Länder (Most Seriously Affected Countries) ist durch Verschuldungsprobleme und ungünstige Entwicklungen ihres Außenhandels belastet. Diese drei Untergruppen sollen bei der internationalen Entwicklungshilfe vordringliche Berücksichtigung finden und besondere Konditionen bei der Kreditvergabe erhalten. Die Abgrenzungskriterien werden laufend angepasst.

Während die internationalen Organisationen vor allem Merkmale der Länder zu einem Zeitpunkt berücksichtigen, versuchen wissenschaftliche Untersuchungen eine Einordnung nach der Entwicklungsdynamik vorzunehmen. Besondere Aufmerksamkeit gilt dabei den sogenannten Schwellenländern bzw. „Newly Industrializing Countries". Sie durchlaufen gegenwärtig einen raschen Entwicklungsprozess und es wird angenommen, dass sie aus der Gruppe der Entwicklungsländer in die Gruppe der Industrieländer eintreten. Bisher gilt keine einheitliche Abgrenzung, jedoch werden gemeinsame Merkmale angenommen; dazu gehören ein mittleres Einkommen, eine wachsende industrielle Produktion, steigende Anteile an den Weltexporten und Verbesserungen in den Lebensbedingungen der Bevölkerung.

Klassifikationssysteme der Erde nach dem Entwicklungsstand der Länder

Gliederung der Weltbank (Stand 1994)
Grundlage: Pro-Kopf-Bruttosozialprodukt

		BSP-pro-Kopf 1992 (in US$)		
Länder mit niedrigem Einkommen (LIC)			unter	675
Länder mit mittlerem Einkommen (MIC)	untere Kategorie	676	bis unter	2 670
	obere Kategorie	2 670	bis	8 355
Länder mit hohem Einkommen (HIC)		8 356	und mehr	

Gliederung der UNDP (Stand 1990)

Grundlage: Human-Development-Index (HDI), zusammengefügt aus:
- Lebenserwartung bei der Geburt
- Alphabetisierungsgrad Erwachsener
- Anzahl besuchter Schuljahre und
- reale Kaufkraft pro Kopf

	HDI 1990		
Länder mit niedrigem Entwicklungsstand		unter	0,500
Länder mit mittlerem Entwicklungsstand	0,500	bis	0,799
Länder mit hohem Entwicklungsstand	0,800	und mehr	

Gliederung der UN (Stand 1993)

Grundlage: Pro-Kopf-Bruttosozialprodukt sowie zusätzliche Merkmale
Entwicklungsländer
(LDC = Less Developed Countries): BSP-pro-Kopf unter 3 000 US$

- geringst entwickelte Länder (LLDC = Least Developed Countries):
  - BSP-pro-Kopf unter 600 US$
  - Industrieanteil am BSP unter 10 %
  - Alphabetisierungsquote Erwachsener unter 30 %

- Binnenländer (Landlocked Countries): Länder ohne direkten Zugang zum Meer

- MSAC-Länder (Most Seriously Affected Countries):
  - niedriges BSP-pro-Kopf
  - hoher Preisanstieg für Importpreise im Vergleich zu Exportpreisen
  - geringe Exporterlöse
  - hoher Schuldendienst
  - gestiegene Transportkosten

Trends der Verteilung des Wohlstandes

In den letzten Jahrzehnten zeichneten sich zwei entgegengesetzte Trends ab: Die weltweiten Einkommensunterschiede vergrößerten sich, jedoch verringerten sich einige soziale Disparitäten, vor allem in der Lebenserwartung, der Kindersterblichkeit und der Ausbildung.
Deutlich gestiegen sind die Probleme innerhalb der Länder. In den OECD-Staaten nahm die Arbeitslosigkeit zu, wuchs die Zahl der Obdachlosen und Analphabeten, verschärften sich Suchtprobleme und stieg die Kriminalitätsrate. Die wirtschaftliche Leistungskraft in den Länder Osteuropas sank; der Zerfallsprozess ging mit breiter Verarmung einher. Selbst die Grundversorgung mit sozialen Diensten ist größtenteils zusammengebrochen. Neue funktionsfähige politische, wirtschaftliche und soziale Strukturen zur Befriedigung der Grundbedürfnisse gibt es noch nicht.
In den Entwicklungsländern setzte sich ein weiterer Differenzierungsprozess fort. In den wirtschaftlich erfolgreichen Staaten hatten Kleinbauern und Randgruppen in den wachsenden Städten an dem Fortschritt wenig Anteil. Die Staaten in Afrika südlich der Sahara verzeichneten einen weiteren wirtschaftlichen und soziale Niedergang. Besonders in Kriegsgebieten konnte nur internationale Nahrungsmittelhilfe das Überleben von Millionen Menschen sichern.

(nach HAUCHLER 1993)

Ansätze zur Erklärung der Entwicklungsunterschiede

?

1. Erläutern Sie naturräumliche Benachteiligungen von Entwicklungsländern an
Beispielen.
2. Erörtern Sie den eventuellen Zusammenhang zwischen natürlichen
Bedingungen und technologischen Entwicklungen.
3. Wieso kann sich eine steigende
Bevölkerungszahl negativ auf das PKE
und das BSP auswirken?

Viele unterschiedliche Ansätze versuchen, die Unterschiede im sozioökonomischen Entwicklungsstand der Länder der Erde zu erklären. Zwei
Hauptgruppen lassen sich dabei ermitteln, die Modernisierungstheorien
und die Dependenziatheorien.

Grundannahme der **Modernisierungstheorien** ist, dass sich die Entwicklungsländer noch in einer Vorstufe des Wachstumsprozesses befinden.
Interne Hemmnisse gelten als verantwortlich für den niedrigen sozioökonomischen Entwicklungsstand. Geodeterministische Ansätze identifizieren natürliche Ungunstfaktoren – z. B. Naturrisiken, ökologische
Benachteiligungen, fehlende Rohstoffe – als entscheidende Einflussgrößen.
Demographische Theorien nehmen an, dass die hohen Bevölkerungszu-
wachsraten und die Überbevölkerung die Wachstumsdynamik begrenzen
und zu einem internen Ressourcenverzehr führen. Häufig gilt auch der interne Mangel an Sach-, Geld- und Humankapital als entscheidender Hemm-
faktor. All diese Einflussgrößen können zusammenwirken, sodass ein Entwicklungsland in einem „Teufelskreis der Armut" gefangen ist. Als
Entwicklungsstrategie schlagen die Vertreter der Modernisierungstheorien
vor die hemmenden Faktoren zu ermitteln und sie durch gezielte Wirtschaftspolitik zu beseitigen. Gelingt dies, so kann das Land einen Wachstumsprozess durchlaufen, wie er von Rostow in seiner Wirtschaftsstadien-
Theorie beschrieben wird:

Eine „traditionelle Gesellschaft" ist gekennzeichnet durch die dominierende Bedeutung der Landwirtschaft, ein niedriges Pro-Kopf-Einkommen,
eine hierarchische Gesellschaftsstruktur und geringe Wachstumsraten. In
der „Gesellschaft im Übergang" erfolgen tiefgreifende Veränderungen im
wirtschaftlichen, technischen, politischen und sozialen Bereich. Sie bilden
die Voraussetzungen für einen ökonomischen Strukturwandel, der getragen
wird durch privatwirtschaftliche Investitionen. In der dritten Phase, dem
„wirtschaftlichen Aufstieg" bzw. „take-off", kommt es zu einem eigendyna-
mischen Wachstumsprozess. Die Investitionsquote steigt auf über 10 % und
es entstehen Industriezweige mit hohen Wachstumsraten, die positive
Impulse auf andere Branchen und Sektoren ausstrahlen. Diese entscheidende Entwicklungsphase, in der sich gegenwärtig die Schwellenländer
befinden, dauert nach Annahme Rostows ca. zwei bis drei Jahrzehnte.
Schließlich vollzieht sich eine „Entwicklung zu Reife". In ihr trägt der
technische Fortschritt zur immer effizienteren Nutzung aller Produktionspotenziale bei, neue Wachstumsbranchen entstehen (z. B. Hightech-
Industrien, moderne Dienstleistungen), die Zuwachsrate der Produktion
liegt über dem Bevölkerungswachstum, sodass ein realer Anstieg des Pro-
Kopf-Einkommens erfolgt, und hohe Anteile des Volkseinkommens
(10–20 %) werden investiert.

Im „Zeitalter des Massenkonsums" hat die Gesellschaft ein hohes tech-
nologisches Niveau und Pro-Kopf-Einkommen erreicht. Außerökonomi-
sche Ziele wie Massenkonsum hochwertiger Verbrauchsgüter und Dienstleistungen, soziale Wohlfahrt für alle Einwohner oder außenpolitische
Macht werden wichtiger als wirtschaftliches Wachstum.

Die in den 60er Jahren entstandenen **Dependenziatheorien** liefern eine
ganz andere Erklärung der Unterentwicklung. Sie gilt nicht als Vorstufe des
Wachstumsprozesses, sondern wird ursächlich auf Abhängigkeiten (depen-
denzia) der Peripherie (Entwicklungsländer) vom Zentrum (Industrielän-

der) zurückgeführt. Externe Faktoren sind für den niedrigen Entwicklungsstand der Länder der Dritten Welt verantwortlich. Die weltwirtschaftlichen Güterströme benachteiligen die Entwicklungsländer; sie erzielen für ihre Exporte nur geringe Erlöse, während sie für Güter aus Industrieländern teuer bezahlen müssen. Auch führt der internationale Warenaustausch zur Deformation der nationalen Wirtschaft. Sie ist einseitig auf Exportprodukte (Landwirtschaft, arbeitsintensive Industriegüter) ausgerichtet; die Entstehung gegenseitig verflochtener Wirtschaftskreisläufe, welche Güter für die nationalen Bedürfnisse herstellen, wird behindert. Schließlich sind die nationalen Eliten der Entwicklungsländer in ihren Verhaltensweisen und Konsummustern auf die Industrieländer ausgerichtet. Sie investieren ihr Vermögen nicht im eigenen Land, sondern nutzen es zum Konsum und sie vertreten aus Gründen der Einkommenserzielung die Kapitalinteressen der Industrieländer. Entsprechend dieser Ursacheninterpretation werden eine Abkoppelung vom Weltmarkt, eine interne Nutzung der Ressourcen und die Entwicklung eigenständiger Wirtschaftskreisläufe sowie tiefgreifende politische Veränderungen (Partizipation der Massen an Entscheidungsprozesse, Entscheidungen „von unten") als Entwicklungsstrategie empfohlen.

Beide Theoriekomplexe lassen sich empirisch nicht eindeutig belegen. Einen regelhaften Entwicklungspfad, wie es die Modernisierungstheorien annehmen, verzeichneten bisher nur wenige erfolgreiche Schwellenländer. Dagegen ist in vielen Staaten eine reale Verschlechterung der ökonomischen und sozialen Situation zu beobachten. Dies lässt sich aber nicht nur, wie es die Dependenziatheorien formulieren, auf Abhängigkeiten von den Industrieländern zurückführen. Vielmehr sind häufig auch interne Faktoren (z. B. wirtschaftspolitische Fehlentscheidungen, Wertvorstellungen, Bürgerkriege, Bereicherungsdiktaturen) dafür verantwortlich.

Angesichts der vielfältigen Unterschiede zwischen den Entwicklungsländern ist zweifelhaft, ob überhaupt eine Theorie in der Lage ist die Ursachen der Entwicklungsunterschiede zu erklären und damit zugleich ein geeignetes Instrumentarium für ihren Abbau zu liefern.

40 m lang und 5 m hoch ist die Kontrolltafel der neuen Netzleitwarte von Seattle im Bundesstaat Washington. Mit Hilfe dieser Anlage aus einer deutschen Firma überwacht das Stromversorgungsunternehmen Seattle City Light die 700 000 Einwohner-Metropole.

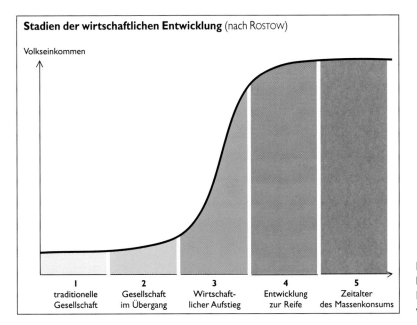

Stadien der wirtschaftlichen Entwicklung (nach ROSTOW)

Volkseinkommen

1	2	3	4	5
traditionelle Gesellschaft	Gesellschaft im Übergang	Wirtschaftlicher Aufstieg	Entwicklung zur Reife	Zeitalter des Massenkonsums

?

Beschreiben Sie behindernde und begünstigende Wirkungen externer Faktoren auf die wirtschaftliche Entwicklung eines Staates.

Internationale Mobilitätsprozesse

Definitionen

Der Entwicklungsstand und die Wachstumsdynamik von Raumeinheiten ergeben sich aufgrund der innerhalb dieser Gebiete vorhandenen internen Wachstumsdeterminanten und der Austauschbeziehungen zu anderen Regionen. Letztere werden auch als externe Wachstumsdeterminanten, interregionale Interaktionen oder räumliche Mobilitätsprozesse bezeichnet.

Die makroökonomische Theorie definiert als interne Wachstumsdeterminanten den Umfang der Nachfrage und des Angebots. Die Nachfrage ist abhängig von der Einkommenssituation; das Angebot an Gütern und Dienstleistungen wird bestimmt durch die Qualität und Quantität der vorhandenen Produktionsfaktoren. Wesentliche Produktionsfaktoren sind Arbeit (Anzahl und Ausbildung der Arbeitskräfte), Kapital (Sachkapital wie Maschinen/Geräte und Geldkapital), Boden (z. B. Fläche, Bodenschätze) und technisches Wissen. Wichtige Rahmenbedingungen zur Nutzung der internen Determinanten bilden das politische System, die Raumstruktur, die Infrastruktur und die Wirtschaftsstruktur. Jede Veränderung einer Wachstumsdeterminante – z. B. die Entdeckung neuer Bodenschätze, der Verbrauch vorhandener Ressourcen, die Entwicklung neuen technischen Wissens, politische Umstrukturierungen – führt zu internen Wachstums- oder Schrumpfungsprozessen.

Die interregionalen Interaktionen, d. h. Mobilitätsprozesse zwischen Raumeinheiten, erstrecken sich auf den Austausch von Gütern und von mobilen Produktionsfaktoren. Von den Produktionsfaktoren sind nur Arbeit (Zu- oder Abwanderung von Arbeitskräften), Kapital (z. B. Direktinvestitionen im Ausland) und technisches Wissen (z. B. Vergabe von Patenten und Lizenzen) mobil. Boden gilt als immobil, der Transport von Rohstoffen zählt zum Austausch von Gütern.

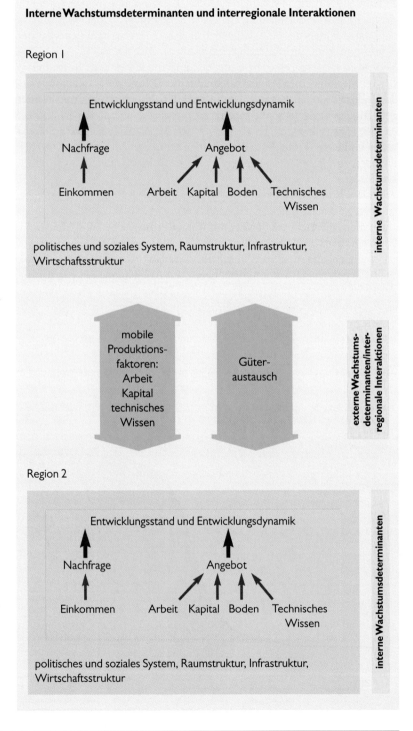

Interne Wachstumsdeterminanten und interregionale Interaktionen

Region 1

Entwicklungsstand und Entwicklungsdynamik

Nachfrage — Angebot

Einkommen — Arbeit Kapital Boden Technisches Wissen

politisches und soziales System, Raumstruktur, Infrastruktur, Wirtschaftsstruktur

interne Wachstumsdeterminanten

mobile Produktionsfaktoren: Arbeit Kapital technisches Wissen

Güteraustausch

externe Wachstumsdeterminanten/interregionale Interaktionen

Region 2

Entwicklungsstand und Entwicklungsdynamik

Nachfrage — Angebot

Einkommen — Arbeit Kapital Boden Technisches Wissen

politisches und soziales System, Raumstruktur, Infrastruktur, Wirtschaftsstruktur

interne Wachstumsdeterminanten

Warenhandel

Bestimmungsfaktoren des Welthandels. Grundsätzlich lassen sich drei Ursachen des internationalen Handels identifizieren. Das Fehlen von Gütern, für die ein Bedarf besteht, die sogenannte Nicht-Verfügbarkeit, bildet seit Jahrtausenden einen Grund für den Warenaustausch. Lieferungen von tropischen Früchten nach Europa (z. B. Bananen), die Einfuhr von Rohstoffen in die Industrieländer (z. B. Erdöl, Erze) oder der Verkauf von Industriegütern in Entwicklungsländern (z. B. Fahrzeuge, Maschinen) lassen sich durch die Nicht-Verfügbarkeit dieser Güter in den Zielländern erklären.

Eine weitere wichtige Ursache des Warenhandels sind Kostendifferenzen bei der Herstellung von Gütern. In der jüngeren Vergangenheit, im Zusammenhang mit der Verbesserung der internationalen Verkehrsverbindungen und der damit verbundenen Senkung der Transportkosten, hat dieser Grund an Bedeutung gewonnen. So können arbeitsintensive Güter, z. B. Textilien, in Entwicklungsländern aufgrund niedrigerer Lohnkosten billiger hergestellt werden als in Industriestaaten mit hohem Lohnniveau. Dafür verfügen Industriestaaten bei technologieintensiven Produkten, für deren Herstellung eine hochwertige Infrastruktur, moderne Produktionsanlagen und hochqualifiziertes Personal erforderlich sind, über Kostenvorteile.

Der dritte Grund wird in jüngster Zeit für den Handel zwischen Industriestaaten immer wichtiger. Dort erfolgt aufgrund gestiegener Einkommen eine immer stärkere Differenzierung der Verbraucherwünsche. Zugleich bieten die Produzenten ein immer vielfältigeres Warenangebot. Diese Entwicklungen führen zu internationalen Marktüberschneidungen für ähnliche Produkte. So ist z. B. der Verkauf von französischen oder italienischen Autos in Deutschland nicht auf die Nicht-Verfügbarkeit vergleichbarer Produkte oder auf gravierende Preisdifferenzen zurückzuführen, sondern vor allem auf die Vielfältigkeit der Verbraucherwünsche und auf eine starke Differenzierung des Angebots.

Mobilitätshemmnisse wirken sich begrenzend auf den Umfang des internationalen Warenhandels aus. Dies können zum einen staatlich festgelegte Zölle und nicht-tarifäre Handelshemmnisse sein. Zölle sind festgesetzte Abgaben, welche beim Import bzw. Export von Waren zu zahlen sind. Zu den nicht-tarifären Handelshemmnissen zählen Verbote (z. B. für Waffen, Drogen, geschützte Tiere), Kontingente (maximal zugelassene Mengen), Sicherheitsbestimmungen (z. B. müssen alle in Deutschland angebotenen Maschinen, Geräte, Fahrzeuge TÜV-geprüft sein), Formalitäten (z. B. umständliche Genehmigungs- und Abwicklungsverfahren) und auch „freiwillige" Selbstbeschränkungen. Bei den freiwilligen Selbstbeschränkungen wird politischer Druck auf die Lieferanten ausgeübt, bestimmte Mengen nicht zu überschreiten. So verpflichtete sich Japan in der jüngeren Vergangenheit mehrfach zu freiwilligen Selbstbeschränkungen, um einschneidendere Maßnahmen (z. B. Kontingentierungen) zu verhindern. In Deutschland regelt das Außenwirtschaftsgesetz den internationalen Warenhandel.

Zum anderen schränken Transportkosten und Transaktionskosten den Güteraustausch ein. Abhängig von den verfügbaren Verkehrsmitteln und den Entfernungen entstehen Kosten für den Transport der Waren. Ebenso sind Aufwendungen für die Organisation, Bestellung, Terminabstimmung, Lieferung und Annahme der Güter zu leisten, welche als Transaktionskosten bezeichnet werden.

Definitionen

In der Leistungsbilanz werden drei Rechnungen zusammengefasst:
Die **Handelsbilanz** stellt die Gegenüberstellung der Warenexporte und Warenimporte dar.
Die **Dienstleistungsbilanz** umfasst den internationalen Austausch beispielsweise im Reiseverkehr und Transport sowie von Kapitalerträgen.
In die **Übertragungsbilanz** gehen alle grenzüberschreitenden unentgeltlichen Leistungen ein wie z. B. Schenkungen, Beiträge an supranationale Organisationen oder Überweisungen von Gastarbeitern in ihre Heimat.

USA kündigen Strafzoll an – Amerikaner wollen Marktöffnung in Japan erzwingen

Die USA wollen Japan mit einer Klage bei der Welthandelsorganisation (WTO) dazu zwingen, seinen Markt für amerikanische Produkte zu öffnen. Daneben wird eine Liste japanischer Waren veröffentlicht, die mit Strafzöllen belegt werden. Die Zwangsmaßnahmen sollen die Regierung in Tokio unter Druck setzen, das Ungleichgewicht im Handel mit den USA abzubauen. Das Handelsbilanzdefizit betrug 1994 ca. 66 Md. Dollar, 60 % davon entfallen auf den Handel mit Autos. Sollte Japan innerhalb von 30 Tagen seinen Markt nicht öffnen, würde für japanische Autos über 35 000 Dollar in den USA ein bis zu 100-prozentiger Einfuhrzoll in Kraft treten. Betroffen sind die Nobelmarken Lexus (Toyota), Infinit (Nissan) und Acura (Honda). Die USA will sich auf eine Sonderklausel des GATT-Abkommens berufen. Demnach verhält sich ein Land wie Japan GATT-widrig, wenn protektionistische Maßnahmen in einer Industrie die vom Welthandelsabkommen vorgeschriebenen Tarif- und Zollsenkungen aufheben.

(nach „Der Tagesspiegel" vom 11. 5. 1995)

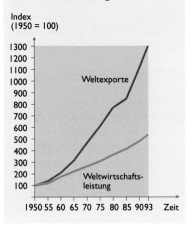
Umfang und räumliche Verteilung des Welthandels. In den vergangenen Jahrzehnten fand ein ständiger Anstieg des internationalen Warenhandels statt. Im Jahr 1992 betrugen die Weltexporte 3 575 Md. US$ und die Weltimporte 3 786 Md. US$ (Weltbank 1994). Die einzelnen Länder und Ländergruppen sind jedoch ungleich an den Warenströmen beteiligt. Auf die Industrieländer mit einem Bevölkerungsanteil von 15,2 % entfielen über 78 % des Handelsvolumens. Der Anteil der Entwicklungsländer hat sich zwar in den letzten drei Jahrzehnten kontinuierlich erhöht (1970 noch 18,4 %), sie sind gegenwärtig aber nur mit ca. 22 % am internationalen Güteraustausch beteiligt.

Allein die drei führenden Exportnationen Deutschland, USA und Japan trugen zu etwa einem Drittel zum Welthandel bei. Größte weltwirtschaftliche Bedeutung besitzt die sogenannte Triade, die Raumeinheiten West- und Mitteleuropa, Nordamerika (USA, Kanada) und Japan. Den intensivsten gegenseitigen Austausch verzeichnen die Staaten West- und Mitteleuropas. Die Integration der Europäischen Union erlaubt eine kostengünstige Arbeitsteilung und es kommt zu immer stärkeren Marktüberschneidungen. Der Welthandelsanteil der afrikanischen und südasiatischen Länder bleibt demgegenüber verschwindend gering.

Ein zeitlicher Vergleich der Werte ist problematisch, da sie jeweils als Dollarwerte zu laufenden Preisen und Wechselkursen gemessen werden. Dementsprechend können strukturelle Wandlungen auch auf Veränderungen der Wechselkurse zurückzuführen sein. So erfuhr z. B. Europa zu Beginn der achtziger Jahre aufgrund eines starken Dollars einen rechnerischen Rückgang des Anteils am Welthandel, während in der zweiten Hälfte der achtziger Jahre aufgrund des Kursverfalls des Dollars ein Anstieg erfolgte. Beide Entwicklungen waren vor allem auf den Wechselkurseffekt zurückzuführen.

Es lassen sich jedoch gewisse langfristige Trends beobachten. So verzeichneten die ost-/südostasiatischen Länder den stärksten Zuwachs. Die dort

Warenhandel nach Ländergruppen (in %)

	Bevölkerungs-anteil 1992	Export-anteil 1992	Import-anteil 1992	Durchschnittliche Wachstumsrate 1980–1992 Exporte	Importe
Länder mit niedrigem und mittlerem Einkommen	84,8	21,3	21,9	4,4	2,3
– Afrika südlich der Sahara	10,0	1,8	1,6	2,4	-2,7
– Nordafrika und Naher Osten	4,6	3,3	3,0	0,8	-2,9
– Südasien	21,7	0,9	1,0	6,8	2,1
– Ostasien und Pazifik	31,1	7,9	7,7	10,5	8,8
– Lateinamerika	8,3	3,6	3,9	2,9	0,6
– Osteuropa und Zentralasien	9,1	4,0	4,7	–	–
Länder mit hohem Einkommen davon z. B.	15,2	78,7	78,1	4,9	5,8
– Deutschland	1,5	12,0	10,8	4,6	5,7
– USA	4,7	11,8	14,6	3,8	6,1
– Japan	2,3	9,5	6,1	4,6	6,6
gesamte Welt	100,0	100,0	100,0	4,9	4,9

(nach Weltbank 1994)

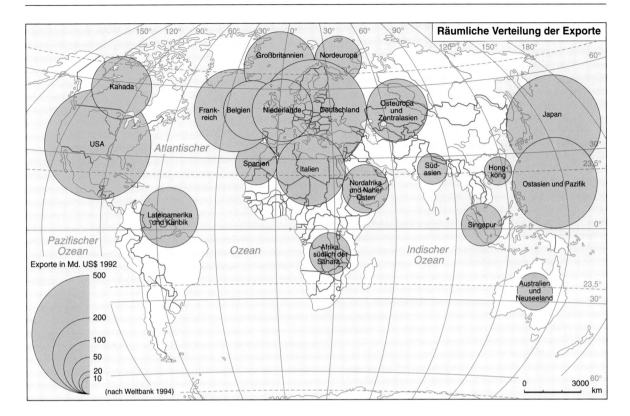

Räumliche Verteilung der Exporte

Exporte in Md. US$ 1992
500
200
100
50
20
10

(nach Weltbank 1994)

entstehenden „Newly Industrializing Countries" verfolgen eine exportorientierte Entwicklungsstrategie. Sie verkaufen ihre konkurrenzfähigen
Industrieprodukte weltweit. Fahrzeuge oder Geräte der Unterhaltungselektronik aus Südkorea, Taiwan oder Hongkong besitzen in West- und
Mitteleuropa ebenso wie Computer-Bauteile aus Malaysia oder Bekleidung
aus Thailand große Marktanteile.

Auch Europa erreichte einen überdurchschnittlichen Anstieg. Hier verstärkte sich der gegenseitige Warenaustausch sowohl innerhalb der EU als
auch mit den ehemaligen EFTA-Ländern und den Transformationsstaaten
Europas.

Dagegen erfuhren afrikanische Länder und auch Teile Südamerikas einen
Rückgang ihrer Exportanteile. Diese Länder konnten keine zusätzlichen
Produkte auf dem Weltmarkt absetzen. Teilweise verringerten sich die Weltmarktpreise der von ihnen exportierten Rohstoffe. Zudem sind ihre gegenseitigen Austauschverflechtungen aufgrund ähnlicher Produkte und fehlender Integrationsbestrebungen gering. Daneben verringerten sich die
Exporterlöse der Erdöl exportierenden Staaten aufgrund des Preisverfalls
bei Rohöl.

Güterstrukturen des Welthandels. Die klassische weltwirtschaftliche
Arbeitsteilung dokumentiert sich nach wie vor in den internationalen
Güterströmen. Die ärmeren Entwicklungsländer exportieren vorwiegend
Primärgüter, d. h. Rohstoffe und landwirtschaftliche Produkte. So lag 1992
der Anteil von Primärgütern in den Ländern südlich der Sahara bei 76 %
und in den lateinamerikanischen Staaten bei 62 %. Eine besonders starke
Abhängigkeit von Primärgüterexporten (90 %) besteht in Nordafrika und
im Nahen Osten; dort befinden sich die meisten der Erdöl exportierenden
Staaten. Dagegen exportieren die Länder mit hohem Einkommen vor allem

Dorfbrunnen von Mondi, etwa 250 km
von der Atlantikküste im Inneren des
Senegal gelegen. Bis Ende 1995 wurden
für das „Programmé Solaire" (PRS) –
Projekt 330 Wasserpumpen,
63 Kühlsysteme und 240 Beleuchtungs-
anlagen installiert.

41

Kraftfahrzeugherstellung mit Robotern in Japan

Industriegüter (z. B. Maschinen, Elektrotechnik, Fahrzeuge). Auf die Ausfuhr von Primärgütern entfallen dort im Durchschnitt nur 18 % (1992), Japan verkauft auf dem Weltmarkt sogar zu 98 % Industriegüter. Auch die Schwellenländer in Ost-/Südostasien konnten den Anteil von verarbeiteten Produkten in den letzten Jahrzehnten deutlich erhöhen. In einer ersten Industrialisierungsphase spezialisierten sie sich aufgrund ihrer niedrigen Arbeitskosten auf arbeitsintensive Produkte, vor allem Textilien/Bekleidung. Gegenwärtig vollziehen die weiter entwickelten Länder dieses Raumes (z. B. Taiwan, Südkorea, Malaysia) eine zweite Industrialisierungsphase, in welcher die Herstellung höherwertiger Industriegüter (z. B. Elektro-/Elektronikgeräte, Fahrzeuge) immer wichtiger wird.

Gerade in Entwicklungsländern mit einem niedrigen Pro-Kopf-Einkommen besteht sehr häufig eine einseitige Abhängigkeit vom Export nur eines Primärgutes. Kommt es zu einem Preisverfall auf dem Weltmarkt, so hat dies gravierende Effekte auf die Exporterlöse des Landes und kann dessen gesamte Volkswirtschaft destabilisieren. In den letzten Jahrzehnten bestand aufgrund eines Nachfragerückganges in Industrieländern und eines Angebotsüberschusses in Entwicklungsländern die Tendenz einer Preisreduzierung für Primärgüter. Durch moderne Technologien wird versucht, Güter rohstoffsparender herzustellen, und teilweise ersetzen synthetische Produkte Rohstoffe. Einige Industriestaaten sind außerdem bestrebt durch Importbeschränkungen ihre einheimischen Produzenten zu schützen. So erschwert die Europäische Union nicht nur die Importe von Bananen aus Entwicklungsländern, sondern verabschiedete auch für viele andere Produkte (z. B. Futtermittel aus Tapioka) Importbeschränkungen. Die im Juli

Struktur der Warenausfuhr nach Ländergruppen 1992 (in %)

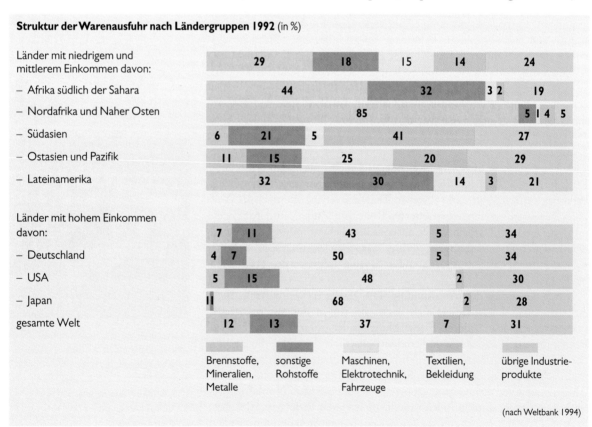

	Brennstoffe, Mineralien, Metalle	sonstige Rohstoffe	Maschinen, Elektrotechnik, Fahrzeuge	Textilien, Bekleidung	übrige Industrieprodukte
Länder mit niedrigem und mittlerem Einkommen davon:	29	18	15	14	24
– Afrika südlich der Sahara	44	32	3	2	19
– Nordafrika und Naher Osten	85	5	1	4	5
– Südasien	6	21	5	41	27
– Ostasien und Pazifik	11	15	25	20	29
– Lateinamerika	32	30	14	3	21
Länder mit hohem Einkommen davon:	7	11	43	5	34
– Deutschland	4	7	50	5	34
– USA	5	15	48	2	30
– Japan	1	1	68	2	28
gesamte Welt	12	13	37	7	31

(nach Weltbank 1994)

1993 in Kraft getretene Bananenmarktordnung der EU hat zu einem erheblichen Preisanstieg (1989: 2,36 DM je Kilo, Ende 1994: 3,21 DM je Kilo) und damit Nachfragerückgang (zwischen 15 % und 30 %) geführt und die Exporterlöse der Lieferländer in Mittelamerika (z. B. Costa Rica, Guatemala, Panama, Honduras) deutlich verringert. Schließlich trugen die Prospektion von Rohstoffen und die Anpflanzung gleicher landwirtschaftlicher Exportgüter (z. B. Kautschuk, Ölpalmen) in Entwicklungsländern zu einem Überangebot und damit zum Preisverfall bei.

Fruchtstände der Ölpalme

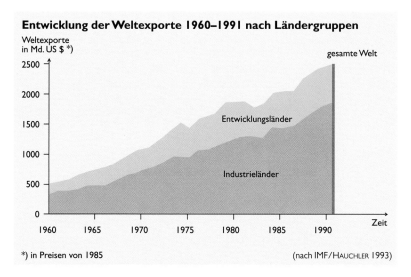

Entwicklung der Weltexporte 1960–1991 nach Ländergruppen

Weltexporte in Md. US $ *)

gesamte Welt

Entwicklungsländer

Industrieländer

*) in Preisen von 1985   (nach IMF/HAUCHLER 1993)

Ausgewählte Staaten[1] mit über 50 % Exportanteil eines Primärgutes

Anteil an dem Exporterlös (in %)

Äquatorialguinea	Kakao
Äthiopien	Kaffee
Bangladesch	Jute und Juteprodukte
Burundi	Kaffee
Chile	Kupfer
Gambia	Erdnüsse und Erdnusserzeugnisse
Ghana	Kakao
Jamaika	Bauxit
Kuba	Zucker
Malawi	Tabak
Mauretanien	Eisenerz
Ruanda	Kaffee
Suriname	Bauxit
Tschad	Baumwolle
Zaire	Kupfer

[1] ohne Erdöl exportierende Staaten
(nach FISCHER Weltalmanach 1994, Stand 1991)

Kautschukbaum (Malaysia)

?

1. Fassen Sie die in der Graphik dokumentierten Staaten entsprechend ihrer Exportstruktur in Gruppen zusammen.
2. Erörtern Sie Ursachen und Probleme der Abhängigkeit von einem Gut oder wenigen Gütern.

43

Weltbank verbreitet Optimismus
für die 3. Welt

Die zunehmende Integration der
Entwicklungsländer in den internationalen Handel kann nach Auffassung der Weltbank Wachstum und
Wohlstand sowohl im Norden als
auch im Süden stärker fördern als in
der Vergangenheit.

„Die Ausdehnung des Welthandels
und der Kapitalmärkte wird voraussichtlich eine Periode mit nachhal-
tigem Wirtschaftswachstum bringen,
die den Lebensstandard in den Entwicklungsländern stärker anheben,
als dies in den letzten 20 Jahren
gelang", schreibt die Weltbank in dem
Bericht „Globale Wirtschaftsaussich-
ten und Entwicklungsländer 1995".

Während die Weltwirtschaft bis
2004 jährlich um 3,3 Prozent wachsen
werde, gebe es in der Dritten Welt
ein Plus von 5,2 Prozent pro Jahr.

In den Industrieländern werde die
Wirtschaft bis 2004 um 2,8 Prozent
wachsen ... Das stärkste Wachstum
erreicht der Studie zufolge Ostasien
mit 7,7 Prozent, den schwächsten
Zuwachs der Nahe Osten und Nordafrika mit 3,2 Prozent.

(nach „Der Tagesspiegel" vom 19. 4. 1995)

?

Welche Grenzen der Aussagefähigkeit
bestehen bei dem Theorem der
komparativen Kostenvorteile?

Auswirkungen des Welthandels. Generell wird angenommen, dass der internationale Warenhandel Wohlfahrtsgewinne ermöglicht. Der Güteraustausch erlaubt die Nutzung von Kostenvorteilen in den beteiligten Raumeinheiten und dient zur optimalen Nutzung der vorhandenen Ressourcen. Dementsprechend können die Produktionskosten gesenkt und/oder die produzierten Mengen vergrößert werden.

Die grundsätzlichen Vorteile von gegenseitigem Austausch gegenüber einer Autarkiesituation, in der jede Raumeinheit alle benötigten Güter selbst herstellt, konnte bereits D. RICARDO (1817) nachweisen. Sein Modell der

Theorem der komparativen Kostenvorteile (nach RICARDO)

Beispiel 1: absolute Kostenvorteile

		Gut A	Gut B	Gesamt
Autarkiesituation	Land 1	120	80	200
	Land 2	100	120	220
				420
Außenhandel (Arbeitsteilung)	Land 1	–	160	160
	Land 2	200	–	200
				360

Beispiel 2: komparative Kostenvorteile

		Gut A	Gut B	Gesamt
Autarkiesituation	Land 1	90	80	170
	Land 2	110	120	230
				400
Außenhandel (Arbeitsteilung)	Land 1	–	160	160
	Land 2	220	–	220
				380

komparativen Kostenvorteile gilt noch heute als eine der wichtigsten Grundlagen der Außenwirtschaftslehre. Das RICARDO-Modell zeigt, dass Kostensenkungen entstehen, sofern sich die Raumeinheiten auf jene Güter spezialisieren, für welche ihre Produktionskosten im Vergleich zu anderen Regionen günstiger sind. In Beispiel 1 ist dieser Zusammenhang für absolute Kostenunterschiede bei der Herstellung von zwei Gütern in zwei Ländern ausgewiesen. In der Autarkiesituation produzieren beide Länder beide Güter und es entstehen Kosten von 420 Einheiten; spezialisieren sie sich auf jenes Gut, welches sie kostengünstiger als das andere Land herstellen können, sinken die Gesamt-Produktionskosten bei gleicher Gütermenge auf 360 Einheiten. Beispiel 2 zeigt die Situation bei komparativen Kostenvorteilen. In diesem Fall besitzt Land 1 für die Herstellung beider Güter Kostenvorteile. Unter Annahme, dass Land 1 keine ausreichenden Produktionskapazitäten zur Herstellung aller Güter besitzt, ist auch dann eine Spezialisierung Kosten sparend. Land 1 spezialisiert sich auf jenes Gut, bei dem es die komparativ größeren Vorteile hat, Land 2 auf jenes Gut, bei dem die komparativ kleineren Nachteile bestehen. Die Gesamtkosten können auch so von 400 Einheiten auf 380 Einheiten gesenkt werden.

Diese Theorieüberlegung kann die Arbeitsteilung zwischen Industrie- und Entwicklungsländern erklären und bildet eine wichtige Argumentationsgrundlage des von internationalen Organisationen (z. B. Weltbank,

GATT) geforderten freien Handels. Unberücksichtigt bleiben in diesem Modell jedoch die entstehenden Transportkosten und die Verteilung der Vorteile.

Gerade die Verteilung der Vorteile des internationalen Warenhandels wird unterschiedlich bewertet. Die meisten internationalen Organisationen und Vertreter der neoklassischen Wirtschaftstheorie gehen davon aus, dass alle Beteiligten, d. h. auch die Entwicklungsländer, vom internationalen Warenaustausch profitieren. Entwicklungsländer können durch die Einbindung in den internationalen Warenhandel und eine Spezialisierung ihre Produktionspotenziale effizienter nutzen, dadurch die hergestellten Mengen vergrößern und ihr Volkseinkommen erhöhen.

Vertreter der Dependenziatheorien nehmen dagegen an, dass die Entwicklungsländer im internationalen Warenhandel benachteiligt werden. Ihre Argumentation basiert auf der von R. PREBISCH aufgestellten These der säkularen Verschlechterung der „terms of trade". Die „terms of trade" messen für ein Land die Entwicklung der Exportgüterpreise im Verhältnis zur Entwicklung der Importgüterpreise. Liegen die terms of trade unter 100 (bzw. 1), entwickelten sich die Exportgüterpreise schlechter als die Importgüterpreise; ein Land erzielt bei gleicher Exportmenge weniger Erlöse und kann dementsprechend weniger importieren.

PREBISCH zeigt anhand langfristiger Vergleiche, dass sich die Preise von Primärgütern gegenüber denen von Industriegütern ungünstig entwickelt haben. Damit müssen die von Primärgütern abhängigen Entwicklungsländer mehr Rohstoffe exportieren, um die gleiche Menge von Industriegütern importieren zu können bzw. ihre Exporterlöse verringern sich. Verantwortlich für diese Veränderungen ist zum einen die mit dem Einkommensanstieg verbundene Erhöhung der Nachfrage nach Industriegütern. Zugleich trägt der technische Fortschritt in den Industrieländern zu Produktivitätsverbesserungen in der Güterherstellung bei gleichzeitig steigendem Lohnniveau bei. Zum andern sinkt die Nachfrage nach Primärgütern der Ent-

Definition der „terms of trade"

$$tot = \frac{P_x}{P_m}$$

tot = terms of trade

P_x = Entwicklung der Exportpreise (Index)

P_m = Entwicklung der Importpreise (Index)

Modernste Ölraffinerie in Kuwait

	Anteil von Primärgüterexporten[1] 1992 (in %)	Terms of Trade (1987 = 100)	
		1985	1992
Länder mit niedrigem und mittlerem Einkommen	47	108	95
davon			
– Afrika südlich der Sahara	76	107	88
– Nordafrika und Naher Osten	90	129	93
– Südasien	27	97	91
– Ostasien und Pazifik	26	96	103
– Lateinamerika	62	114	95
Länder mit hohem Einkommen	18	98	99
davon z. B.			
– Deutschland	11	82	99
– USA	20	100	104
– Japan	2	71	109

Anteil von Primärgüterexporten und Entwicklung der Terms of Trade

[1] Brennstoffe, Mineralien, Metalle und sonstige Rohstoffe

(nach Weltbank 1994)

?

Welche Einflussfaktoren können zum Preisverfall von Primärgütern beitragen?

Preisentwicklung ausgewählter Primärgüter

	Preis je 100 kg in DM		
	Kaffee [1]	Kakao [2]	Natur-kautschuk [3]
1985	982	707	–
1988	612	331	217
1991	340	194	156
1993	287	197	156

1 kolumbianischer Rohkaffee, cif Hamburg
2 ivorischer Rohkakao, cif Hamburg
3 malaysisch, Ribbed smoked sheets, Kai
Hamburg (cif = Cost-insurance-freight)

(nach Statistisches Jahrbuch der
Bundesrepublik Deutschland 1994)

Osteuropa wartet auf Investoren

Niedriger als erwartet bleiben die Investitionen westlicher Firmen im alten Ostblock, wie die UNO-Kommisssion (ECE) in Genf in einer Studie feststellt. 1994 haben die Oststaaten wieder nur 6 Md. Dollar (rund 8,1 Md. DM) erhalten, davon 2 Md. in Russland. Die Gründe des Zögerns sieht man in der rasanten Inflation und der Währungsschwäche dieser Länder, aber auch in der Rechtsunsicherheit und den unklaren politischen Aussichten.

Auch das Engagement deutscher Unternehmen hält sich mit 7,2 Md. DM in Grenzen(Gesamtinvestitionen seit 1989). Davon wurden 3 Md. in Ungarn, 2,6 Md. in Tschechien, 880 Mio. DM in Polen investiert, wie das Institut der deutschen Wirtschaft (IW) in Köln berichtet. Niedrige Kosten machen den Osten zum günstigen Standort. Dem stehen aber große Nachteile gegenüber: schlechte Infrastruktur, geringe Computerausstattung, mangelnde Qualität, Schwächen im Marketing.

Die Verlagerung der Produktion in den Osten lohnt sich nur in der Massenfertigung, bei Vorprodukten und Lohnveredlung, schreibt das IW. Bevorzugte Branchen sind: Nahrungsmittel, Automobile, Bekleidung und Holzverarbeitung.

(nach „Die Welt" vom 21. 4. 1995)

---

wicklungsländer (z. B. durch Substitution der Rohstoffe), und das Überangebot an Arbeitskräften führt dort zu einem sinkenden Lohnniveau. Damit bewirkt der Verfall der „terms of trade" einen Realeinkommenstransfer aus den Entwicklungsländern in die Industrieländer. Die zu beobachtenden Probleme der Entwicklungsländer, wie z. B. der Devisenmangel, die Verschuldung, das Zahlungsbilanzdefizit, werden in ursächlichen Zusammenhang mit der Verschlechterung der „terms of trade" gebracht.

Daten der Weltbank zeigen, dass sich in der jüngeren Vergangenheit tendenziell die „terms of trade" der besonders stark vom Primärgüterexport abhängigen Entwicklungsländer verschlechterten. Auch für zahlreiche Rohstoffe lässt sich ein Preisverfall beobachten. Dennoch ist die Allgemeingültigkeit der These der säkularen Verschlechterung der „terms of trade" nicht eindeutig zu belegen. So wird zum einen die statistische Basis (Methode des Preisvergleichs, Wechselkursungenauigkeiten) kritisiert. Zum anderen wird angeführt, dass die Entwicklungsländer nicht nur Primärgüter exportieren und dass auch einige hochentwickelte Länder hohe Einkommen trotz einer starken Abhängigkeit von Primärgüterexporten erzielen (z. B. Australien, Dänemark, Neuseeland).

Internationale Direktinvestitionen

Direktinvestitionen bilden ein Element der internationalen Kapitalmobilität. Dazu gehören Investitionen im Ausland, bei welchen der Investor unmittelbaren Einfluss auf die Geschäftstätigkeit einer ökonomischen Aktivität im Ausland nimmt. Es kann sich dabei um den Erwerb von Immobilien oder Unternehmen, den Kauf von Geschäftsanteilen oder die Errichtung von Betriebsstätten, Tochterunternehmen oder Auslandsniederlassungen handeln. Vollzogen werden sie durch monetäre Transaktionen (Geldtransfer und Kauf der Betriebsmittel im Ausland), reale Transfers (z. B. Transport von Maschinen und Betriebsmitteln vom Quell- in das Zielland) oder immaterielle Transaktionen (z. B. Einsatz von technischem Wissen im Zielland). Internationale Direktinvestitionen sind von Portfolioinvestitionen zu unterscheiden, welche nur aus Ertragsgründen ohne Einfluss auf die Geschäftstätigkeit erfolgen.

Umfang der Direktinvestitionen. In den vergangenen Jahrzehnten verzeichneten internationale Direktinvestitionen einen starken Zuwachs. Der gesamte weltweite Bestand wird auf ca. 1,6–1,7 Billionen US$ geschätzt (HAUCHLER 1993, S. 211). Wichtigste Quellgebiete der internationalen Direktinvestitionen sind die Industrieländer. Vom Gesamtbestand kommen ca. 80 % aus den sieben wichtigsten direktinvestierenden Ländern USA, Japan, Großbritannien, Deutschland, Niederlande, Frankreich und Kanada. Der Wert der Direktinvestitionen dieser Länder stieg von 239 Md. US$ im Jahr 1976 auf 1395 Md. US$ in 1990. Die übrigen Direktinvestitionen stammen aus den Erdöl exportierenden Staaten und aus sogenannten Finanzholdingländern (z. B. Antillen, Panama, Bermuda). Dagegen weisen die Entwicklungsländer und die Transformationsstaaten Europas einen Anteil von nur ca. 1 % auf.

Als Zielgebiete besitzen ebenfalls die Industriestaaten größte Bedeutung. Etwa 80 % aller internationalen Direktinvestitionen werden in den Industrieländern getätigt. So entfallen z. B. von den deutschen Direktinvestitionen ca. 85 % auf Industrieländer, ca. 8 % auf Entwicklungsländer,

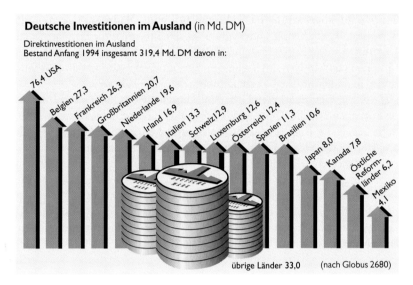

Deutsche Investitionen im Ausland (in Md. DM)

Direktinvestitionen im Ausland
Bestand Anfang 1994 insgesamt 319,4 Md. DM davon in:

76,4 USA
Belgien 27,3
Frankreich 26,3
Großbritannien 20,7
Niederlande 19,6
Irland 16,9
Italien 13,3
Schweiz 12,9
Luxemburg 12,6
Österreich 12,4
Spanien 11,3
Brasilien 10,6
Japan 8,0
Kanada 7,8
Östliche Reformländer 6,2
Mexiko 4,1

übrige Länder 33,0 (nach Globus 2680)

Deutsche Direktinvestition in Portugal
(Autoherstellung)

ca. 1 % auf die OPEC-Staaten und ca. 1 % auf die Transformationsstaaten in Europa. Die übrigen Anteile lassen sich räumlich nicht eindeutig zuordnen.

Die Daten zeigen, dass gegenseitige Direktinvestitionen zwischen Industrieländern die größte Bedeutung besitzen. In Entwicklungsländern werden nur ca. 15 % aller Direktinvestitionen getätigt; innerhalb dieser Gruppe ist auch keine gleichmäßige Verteilung auf alle Staaten zu beobachten. Vielmehr besteht eine starke Konzentration auf Länder, die über einen großen Binnenmarkt verfügen, und auf die Schwellenländer. Auf 10 Staaten entfallen über 50 % der Direktinvestitionen in Entwicklungsländern. In Lateinamerika sind dies Brasilien, Mexiko, Argentinien und Venezuela, in Afrika Nigeria und in Asien Singapur, Hongkong, Malaysia, Indonesien und Indien. Die Quellländer bevorzugen zudem aufgrund kultureller, räumlicher oder traditioneller Bindungen bestimmte Regionen. So orientieren sich die westeuropäischen Staaten auf Lateinamerika, die Vereinigten Staaten auf Mittelamerika und Ostasien und Japan auf den ost-/südostasiatischen Raum.

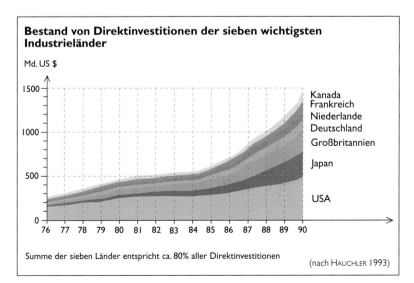

Bestand von Direktinvestitionen der sieben wichtigsten Industrieländer

Md. US $

Kanada
Frankreich
Niederlande
Deutschland
Großbritannien

Japan

USA

76 77 78 79 80 81 82 83 84 85 86 87 88 89 90

Summe der sieben Länder entspricht ca. 80% aller Direktinvestitionen

(nach HAUCHLER 1993)

?

Erörtern Sie, welche Einflussfaktoren dazu führen, dass die Quellländer von Direktinvestitionen typische Zielräume aufweisen.

?

1. Überlegen Sie, welche Ländertypen Vorteile für Direktinvestitionen aufweisen.
2. Welche Arten von Industrieinvestitionen (Art der Produkte, technologischer Stand) erfolgen in den verschiedenen Zielregionen?

Motive für internationale Direktinvestitionen. Die makroökonomische Theorie nimmt an, dass Unterschiede in der Profitrate die entscheidende Determinante für Kapitalmobilität bilden. Im Detail lassen sich jedoch zwei Gruppen von Motiven unterscheiden, zum einen absatzorientierte Gründe und zum anderen kosten-/beschaffungsorientierte Faktoren.

Zu den absatzorientierten Gründen gehören die Umgehung von Importrestriktionen und die Konkurrenzvorteile durch Marktnähe. In vielen Ländern liegen die Einfuhrzölle für Fertigprodukte deutlich über denen für Rohstoffe oder Vorprodukte. Damit versuchen diese Staaten, den Aufbau einer inländischen Produktion zu unterstützen. Durch die Investition in dem Land, in welchem die Produkte verkauft werden sollen, können die Produzenten diese Einfuhrhemmnisse umgehen. Die räumliche Verteilung der Direktinvestitionen zeigt, dass Länder mit einem großen Binnenmarkt (Einwohnerzahl, Einkommen) für ausländische Produzenten eine hohe Attraktivität besitzen. Die Güterherstellung im Land des Güterabsatzes ergibt auch Konkurrenzvorteile aufgrund der Marktnähe. Auf regional unterschiedliche Käuferpräferenzen kann durch Produktmodifikationen besser eingegangen werden und absatzpsychologische Faktoren (hergestellt im „eigenen" Land) begünstigen den Verkauf. So wird der Aufbau eines Automobilwerkes von BMW in Spartanburg/USA vor allem auf diese absatzorientierten Faktoren zurückgeführt. Daneben erlaubt die Herstellung im Zielland u. U. eine Verringerung der Transportkosten und reduziert die Probleme bei Wechselkursschwankungen.

Als kosten-/beschaffungsorientierte Gründe gelten die Nutzung niedrigerer Arbeitskosten (z. B. Lohnniveau, Arbeitszeiten), die bessere Verfügbarkeit von Rohstoffen oder Vorprodukten, günstige Produktions-/ Standortkosten (z. B. aufgrund von Subventionen, Investitionszuschüssen, Steuersätzen) und niedrigere Transportkosten (z. B. bei Gewichtsverlust durch Rohstoffverarbeitung). Der Faktor Arbeitskosten besaß in der jüngeren Vergangenheit bei Standortverlagerungen arbeitsintensiver Industriebranchen (z. B. Bekleidungsindustrie) aus Industrieländern in Schwellenländer große Bedeutung.

Neben diesen Gründen müssen Mindestvoraussetzungen im Zielland gegeben sein, damit dort Direktinvestitionen erfolgen. So wählen Unter-

Näharbeiten in Thailand

nehmen nur Länder, die bereits über eine Basisinfrastruktur (internationale Verkehrs- und Kommunikationsverbindungen, Ver- und Entsorgung) verfügen. Zudem müssen rechtliche Voraussetzungen, wie z. B. Rechtssicherheit vor Verstaatlichungen, Gewinntransfermöglichkeit, Doppelbesteuerungsabkommen, für Investoren vorhanden sein. Einen klaren Ausschlussfaktor stellt die politische Instabilität eines Landes dar. Kein Investor wählt Zielländer, die durch Bürgerkriege, politischen Extremismus oder unsichere Rahmenbedingungen gekennzeichnet sind.

Befragungen zeigen, dass bei Investitionen in Industrieländern absatzorientierte Faktoren einen dominierenden Einfluss besitzen. Auch für Direktinvestitionen in Entwicklungsländern ist der Faktor Absatzmarkt am wichtigsten, daneben räumen die befragten Unternehmen den dort niedrigeren Produktionskosten (Arbeitskosten, Förderpolitik) große Bedeutung ein.

Wirkungen internationaler Direktinvestitionen. Allgemein wird angenommen, dass Direktinvestitionen Expansionseffekte im Zielland auslösen. Durch Verdrängungsprozesse oder hohe staatliche Vorleistungen können jedoch auch negative Wirkungen auftreten.

Als wichtigste positive Effekte gelten der Beschäftigungseffekt (d. h. neue zusätzliche Arbeitsplätze), der Technologieeffekt (d. h. Transfer von technischem Wissen in das Zielland), der Kapitaleffekt (d. h. Erhöhung des Kapitalbestandes) und der Deviseneffekt (d. h. Ersparnis von Devisen). Auch tragen ausländische Investitionen zur Diversifikation der Wirtschaftsstruktur bei. Daneben können noch vielfältige sekundäre Multiplikatorwirkungen auftreten. Denn der neu errichtete Betrieb löst durch seine externen Verflechtungen in Zulieferbetrieben, bei Dienstleistern oder in weiterverarbeitenden Einheiten Wachstumsimpulse aus. Die Beschäftigten nutzen ihr Einkommen für Konsumausgaben oder fragen Dienstleistungen nach. Dadurch entstehen weit über die Investition hinausgehende Wachstumseffekte.

Vor allem in Entwicklungsländern können sich negative Wirkungen ergeben, wenn ein moderner ausländischer Betrieb aufgrund seiner hohen Konkurrenzfähigkeit inländische kleinbetriebliche Produzenten verdrängt. Die Zahl der verlorenen Arbeitsplätze in kleinen Einheiten kann dann wesentlich größer sein als die Beschäftigtenzahl in dem neuen Betrieb. Auch können die Kosten für Vorleistungen (z. B. Investitionszuschüsse, Infrastrukturausbau) den Staatshaushalt belasten. Gerade in kleineren Ländern mit einem niedrigen Entwicklungsstand kann auch politische Abhängigkeit von multinationalen Konzernen entstehen. Schließlich besteht bei manchen multinationalen Unternehmen die Neigung, umweltbelastende Produktionen, für die in Industrieländern immer stärkere Auflagen gelten, in Entwicklungsländer zu verlagern. Dort wird zumeist dem erwarteten wirtschaftlichen Wachstumseffekt größere Bedeutung zugemessen als möglichen Beeinträchtigungen der Umwelt.

Generell versuchen die meisten Länder der Erde, ausländische Investoren zu gewinnen, denn die positiven Effekte werden zumeist als wichtiger angesehen als mögliche negative Wirkungen. Entwicklungsländer unterstützen in jüngerer Vergangenheit vorzugsweise „Joint Ventures"; bei dieser Unternehmensform sind Anteilseigner aus dem Ausland und dem Zielland beteiligt. Erwartet werden eine bessere inländische Kontrolle und eine stärkere nationale Einbindung.

Bestimmungsgründe für die Standortwahl in Entwicklungsländern

Reihenfolge der Gründe	gewichtete Zusammenfassung der Bewertungen (in %)
1. Markt des Entwicklungslandes	73,8
2. Produktionskosten	56,5
3. Politik gegenüber Importen	55,8
4. stabile politische Verhältnisse	53,6
5. Politik gegenüber Investoren	45,7

(nach IFO-Studien zur Entwicklungsforschung 1983)

Entwicklungspolitische Wirkungen ausländischer Direktinvestitionen in Entwicklungsländern

positiv	negativ
• Beschäftigungseffekt	• Verdrängung lokaler Klein- und Mittelbetriebe
• Technologietransfer	
• Kapitalbildung	• Vorkosten für Staat
• Devisenersparnis	• ökonomische und politische Abhängigkeit von multinationalen Unternehmen
• Diversifizierung der Wirtschaftsstruktur	
• Wachstumseffekt und Multiplikatorwirkungen	• Umweltbelastungen
	• Gewinnabzug

(nach SCHRADER 1989)

?
Welche staatlichen Maßnahmen können die negativen Effekte begrenzen ohne Direktinvestitionen zu behindern?

Elemente der internationalen Wirtschaftspolitik

Eine ausgereifte, alles umfassende weltweite gemeinsame Wirtschaftspolitik gibt es noch nicht. Bisher bestehen nur für Teilbereiche internationale Vereinbarungen, die Einfluss auf die weltweiten Mobilitätsprozesse von Produktionsfaktoren und Gütern nehmen. Wichtige Basis einer Weltwirtschaftsordnung sind die 1944 in Bretton Woods erstmals vereinbarte Weltwährungsordnung und die 1948 in Kraft getretene und danach laufend überarbeitete Welthandelsordnung (GATT = General Agreement on Tariffs and Trade). Ergänzend zu diesen Grundlagen wurde auf internationalen Konferenzen eine Reihe von einzelnen Instrumenten zur Gestaltung der internationalen Wirtschaftsbeziehungen – z. B. Stabilisierung der Rohstoffpreise, Entwicklungshilfe – vereinbart.

Große Bedeutung besitzen die zwischen einzelnen Ländern in zunehmendem Maße abgesprochenen staatenübergreifenden wirtschaftlichen Zusammenschlüsse, wie z. B. die EU (Europäische Union) oder die NAFTA (North American Free Trade Association). Daneben hat für jedes Land die Gestaltung der eigenen internationalen Wirtschaftsbeziehungen großes Gewicht.

Grundlagen der Weltwirtschaftsordnung

Weltwährungs- und Welthandelsordnung. Im Juli 1944 wurden in Bretton Woods die Gründung der Weltbank (IBRD = International Bank for Reconstruction and Development) und des Weltwährungsfonds (IMF = International Monetary Fund) vereinbart. Aufgabe der Weltbank ist es, die wirtschaftliche Entwicklung der Mitgliedsländer zu fördern. Sie erhält ihre Finanzmittel aus Kreditaufnahmen, Beiträgen der Mitgliedsländer und Darlehensrückzahlungen. Die Weltbank gewährt langfristige Kredite für wirtschaftspolitisch wichtige Projekte und führt unter Einsatz von Experten Beratungs- und Gutachtertätigkeiten durch. In jüngerer Vergangenheit unterstützt sie vor allem Projekte in Ländern der Dritten Welt.

Der Internationale Währungsfonds (IMF) erhielt 1944 die Aufgabe die internationalen Handelsbeziehungen durch die Gewährleistung kalkulierbarer Umtauschkurse zwischen den einzelnen Währungen zu erleichtern (Wechselkurse). Die Mitgliedsstaaten vereinbarten dazu die freie Konvertibilität ihrer Währungen (d. h. freie Austauschbarkeit ohne Mengenbeschränkungen und ohne festgesetzte Wechselkurse) in einem System stabilisierter Wechselkurse. Große Schwankungen der Wechselkurse zwischen Währungen werden durch Interventionen am Devisenmarkt, d.h. durch Käufe bzw. Verkäufe von Währungen, verhindert. Im Falle vorübergehender Zahlungsbilanzdefizite eines Mitgliedslandes gewährt der IMF Überbrückungskredite.

Größte Bedeutung für den internationalen Warenhandel besitzen die im Rahmen der multilateralen GATT-Konferenzen geschlossenen Vereinbarungen. Sie setzen sich das Ziel den internationalen Warenhandel durch den Abbau bestehender Handelshemmnisse zu erleichtern. Wesentliche Ele-

---

Vereinbarungen des GATT (General Agreement on Tariffs and Trade)

1. Gründung einer multilateralen Handelsorganisation (WTO)
Schlichtung von Streitfällen, Prüfung der Konformität von Gesetzgebungen der Mitgliedsländer mit den GATT-Vereinbarungen

2. Anti-Dumping-Maßnahmen
Strafzölle gegen Produkte, die auf Exportmärkten billiger als im Heimmarkt verkauft werden.

3. Erleichterung von Agrargüterexporten
Umwandlung aller Mengenbegrenzungen in Zölle, Kürzung der Importzölle zwischen Industrieländern um 36 %

4. Marktzugang für Industrieprodukte
Senkung der Zölle der Industrieländer um ein Drittel

5. Zollsenkung für Textilien / Bekleidung
Abbau hoher Zölle

6. Internationale Dienstleistungen
Gewährung der Meistbegünstigung, Marktzugang und Inländerbehandlung für Dienstleistungen (ausgeklammert: Bankenwesen, Telekommunikation, Seeverkehr, Kino / Fernsehfilme)

7. Schutz geistigen Eigentums
Schutz von Patenten, Marken, Urheberrechten von Designern oder Software

mente sind die langfristige Senkung der Zölle, das Verbot von mengenmäßigen Handelsbeschränkungen (Zölle) und die Meistbegünstigtenklausel; sie besagt, dass die günstigste Zollabsprache zwischen zwei Ländern auch für alle anderen Länder im Warenverkehr mit diesen beiden gilt. Die GATT-Vereinbarungen wurden laufend überarbeitet und Ende 1993 wesentlich erweitert. Seitdem erfolgte die Gründung einer multilateralen Handelsorganisation, WTO = World Trade Organisation, mit Befugnissen zur Kontrolle sowie zu Schiedssprüchen in strittigen Fragen und es gelten einige konkrete Vorgaben zur Erleichterung und Regelung des Handels- und Dienstleistungsverkehrs.

Insgesamt trugen Weltbank, IWF und GATT zum deutlichen Anstieg der internationalen Austauschbeziehungen und zum Wachstum der Weltwirtschaft bei. Die sozioökonomischen Disparitäten zwischen Industrie- und Entwicklungsländern wurden jedoch nicht wesentlich verringert. Alle drei Einrichtungen orientieren sich am Prinzip der Marktwirtschaft und verfolgen das Ziel, das Wirtschaftswachstum durch die Ausweitung der internationalen Arbeitsteilung zu verstärken. Größten Einfluss auf diese wirtschaftspolitische Orientierung besitzen die westlichen Industrieländer. Andere, von einem Teil der Entwicklungsländer diskutierte Strategiekonzepte – z. B. basierend auf den Dependenziaansätzen – finden keine Berücksichtigung.

Einzelinstrumente zur Gestaltung der internationalen Wirtschaftsbeziehungen. Für Entwicklungsländer, die stark vom Export eines oder weniger Rohstoffe abhängig sind, stellen Preisschwankungen ein erhebliches Problem dar. Ihre Exporteinnahmen sind unkalkulierbar und mittelfristige Projektplanungen werden erschwert. Deshalb wurde nach langen Verhandlungen im Jahr 1980 bei den Vereinten Nationen ein Abkommen zur Gründung eines gemeinsamen Fonds für Rohstoffe geschlossen. Die UNCTAD (United Nations Conference on Trade and Development) soll mit den Mitteln des Fonds Warenausgleichslager (buffer-stocks) anlegen um die Preise für Rohstoffe innerhalb einer definierten Bandbreite zu stabilisieren. Sinkt der Preis für einen Rohstoff unter den festgelegten unteren Interventionspreis, kauft das Warenausgleichslager diesen Rohstoff auf, lagert ihn ein und verhindert damit ein weiteres Absinken des Preises. Falls der Rohstoffpreis über den oberen Interventionspreis steigt, werden aus dem Warenausgleichslager Güter verkauft und es erfolgt kein weiterer Preisanstieg mehr. Daneben finanziert der Fonds auch zusätzliche rohstoffbezogene Maßnahmen, wie z. B. Beratung, Ausbildung oder Forschungsprojekte.

An dem Fonds beteiligen sich bisher 105 Staaten mit einem Kapital von 470 Mio. Dollar. Seit dem Jahr 1989 sollten für 18 Rohstoffe (z. B. Kaffee, Kakao, Tee, Kupfer, Zinn) Ausgleichslager angelegt werden, jedoch wurde bisher nur eines für Naturkautschuk realisiert. Probleme des buffer-stocks sind die nur begrenzte Lagerfähigkeit vieler landwirtschaftlicher Rohstoffe (z. B. Kaffee, Tee), die mit zunehmender Dauer der Lagerung auftretenden Qualitätsverluste und die hohen Lagerkosten (z. B. Kühlung). Auch bestehen hinsichtlich der Festsetzung der Preisspanne aufgrund von Interessenunterschieden (Lieferanten wollen hohe Preise, Abnehmer niedrige) Differenzen zwischen den Beteiligten. Schließlich kann aufgrund der begrenzten Finanzmittel des Fonds bei langfristigen Niedrigpreisen (Erschöpfung der Geldmittel) oder bei Hochpreisen (erschöpfte Lagerbestände) die Funktion des Ausgleichslagers außer Kraft gesetzt werden.

Funktionsweise von Warenausgleichslagern („buffer-stocks")

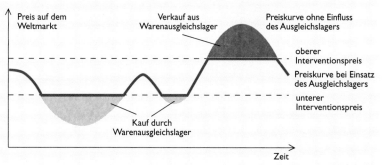

?

Welche Güter sind für Warenausgleichslager geeignet?

51

Internationale Entwicklungshilfe

Große Bedeutung für die Beziehungen zwischen den Industrie- und Entwicklungsländern besitzt die internationale Entwicklungshilfe. Darunter werden Transferleistungen an Entwicklungsländer verstanden, die geeignet sind, dort den Lebensstandard zu heben und die wirtschaftliche Entwicklung zu fördern. Sie werden über multilaterale Organisationen (z. B. UN-Organisationen wie UNESCO, FAO, UNIDO, ILO, UNCTAD; Weltbank) oder durch direkte bilaterale Beziehungen zwischen zwei Ländern abgewickelt. Vorteile der multilateralen Organisationen sind, dass sie unabhängiger von politischen oder wirtschaftlichen Eigeninteressen der Geberländer Maßnahmen durchführen können. Nachteile bestehen bei ihnen durch die wesentlich höheren Verwaltungskosten und z. T. langwierige Entscheidungsprozesse. Der Anteil der multilateralen Entwicklungshilfe beträgt gegenwärtig etwa ein Viertel der gesamten erbrachten Leistungen.

Hinsichtlich der Art der Entwicklungshilfe ist zwischen Kapitalhilfe, Nahrungsmittelhilfe, technischer Hilfe und Projekt-/Programmhilfe zu unterscheiden.

Bei der Kapitalhilfe gewährt das Geberland dem Entwicklungsland verbilligte Kredite oder direkte Zuschüsse. Der Wert dieser Zahlungen für die Zielländer wird teilweise dadurch gemindert, dass Lieferbedingungen (Kauf der Güter im Geberland) damit verbunden sind. Nahrungsmittelhilfe besteht aus der Lieferung von kostenlosen Grundnahrungsmitteln bei Versorgungsengpässen (z. B. Missernte, Hungersnot) im Zielland. Beide Arten besaßen früher große Bedeutung, heute werden sie seltener eingesetzt. Seit den achtziger Jahren sind Maßnahmen der technischen Hilfe und der Projekt-/Programmhilfe wesentlich wichtiger. Die technische Hilfe

Öffentliche Entwicklungshilfe der OPEC-Staaten (1990)

	in Mio. US$		in % des BSP
	absolut	in %	
Algerien	7	0,1	0,03
Iran	2	0,0	–
Irak	55	0,9	–
Katar	1	0,0	0,02
Kuwait	1 666	26,3	–
Libyen	4	0,1	0,01
Nigeria	13	0,2	0,06
Saudi-Arabien	3 692	58,2	3,9
Venezuela	15	0,2	0,03
Vereinigte Arabische Emirate	888	14,0	2,65
gesamt	6 341	100,0	

(nach Weltbank 1994)

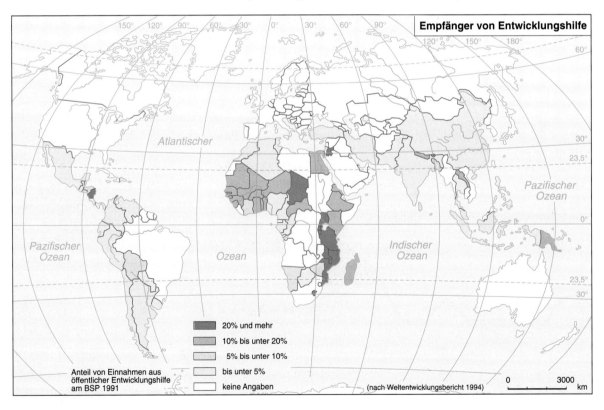

Empfänger von Entwicklungshilfe

- 20% und mehr
- 10% bis unter 20%
- 5% bis unter 10%
- bis unter 5%
- keine Angaben

Anteil von Einnahmen aus öffentlicher Entwicklungshilfe am BSP 1991

(nach Weltentwicklungsbericht 1994)

0   3000 km

Hilfe für die Dritte Welt

Anteil der Entwicklungshilfe am BSP (in %) 1993

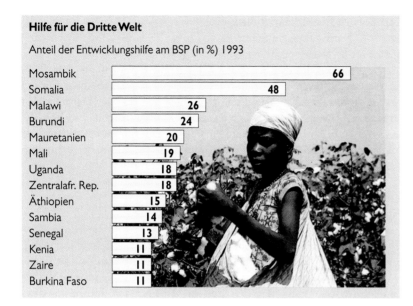

Land	%
Mosambik	66
Somalia	48
Malawi	26
Burundi	24
Mauretanien	20
Mali	19
Uganda	18
Zentralafr. Rep.	18
Äthiopien	15
Sambia	14
Senegal	13
Kenia	11
Zaire	11
Burkina Faso	11

Öffentliche Entwicklungshilfe der OECD-Staaten [1] (1991)

	in Mio. US$		in % des BSP
	absolut	in %	
Australien	1 050	1,8	0,38
Belgien	831	1,5	0,42
Dänemark	1 200	2,1	0,96
Deutschland[2]	6 890	12,0	0,41
Finnland	930	1,6	0,76
Frankreich	7 484	13,1	0,62
Großbritannien	3 248	5,7	0,32
Italien	3 352	5,9	0,30
Irland	72	0,1	0,19
Japan	10 952	19,1	0,32
Kanada	2 604	4,6	0,45
Niederlande	2 517	4,4	0,88
Neuseeland	100	0,2	0,25
Norwegen	1 178	2,1	1,14
Österreich	548	1,0	0,34
Schweden	2 116	3,7	0,92
Schweiz	863	1,5	0,36
USA	11 262	19,7	0,20
gesamt	57 197	100	0,34

1 Zuschüsse, Kredite, Wert technischer Zusammenarbeit und Hilfe öffentlicher Stellen; ohne militärische Hilfe; Zahlung an Entwicklungsländer und an multilaterale Institutionen
2 nur alte Länder Deutschlands

(nach Weltbank 1994)

dient zum Transfer von technischem Wissen aus den Industrie- in die Entwicklungsländer; sie kann die Ausbildung von Experten, die Einrichtung von Schulen und Ausbildungsstätten und auch das Anlernen von Fertigkeiten im Verlauf von Projekten umfassen. Bei der Projekthilfe werden vom Geber- und Nehmerland gemeinsam konkret definierte Einzelmaßnahmen durchgeführt. Die Geber sind bei der Auswahl, Durchführung und laufenden Überprüfung (Monitoring and Evaluation) des Projektes beteiligt; später soll das Projekt in Eigenregie von dem Entwicklungsland weitergeführt werden. Von der technischen Hilfe und der Projekt-/ Programmhilfe werden langfristige positive Effekte für das Zielland erwartet. Die Maßnahmen sollen mittel- bzw. langfristig als „Hilfe zur Selbsthilfe" dienen und einen nachhaltigen Entwicklungsprozess hervorrufen.

Auf mehreren Konferenzen der Vereinten Nationen wurde als Ziel definiert, dass die Industrieländer Hilfe im Umfang von 0,7 % ihres Bruttosozialproduktes leisten sollen. Nur wenige Länder (Dänemark, Finnland, Niederlande, Norwegen, Schweden) realisierten diese Vorgabe bisher. In der jüngsten Vergangenheit hat sich die Durchschnittsquote aller Industrieländer aufgrund der angespannten Wirtschaftslage verringert; 1991 lag sie noch bei 0,34 %, 1994 erreichte sie nur 0,29 %.

Insgesamt wurden 1994 rund 57,8 Md. US-Dollar an öffentlicher Entwicklungshilfe geleistet. Die größten Geberländer sind die Vereinigten Staaten, Japan, Frankreich und Deutschland. In begrenztem Umfang leisten auch einige der Erdöl exportierenden Staaten mit hohen Einnahmen Transferzahlungen; diese sind jedoch zumeist auf Nachbarstaaten mit ähnlicher kulturell-religiöser Prägung ausgerichtet.

Neben der öffentlichen Entwicklungshilfe gewinnen Aktivitäten der sogenannten NGOs (Non-Governmental-Organisations) immer mehr Aufmerksamkeit. Dabei handelt es sich um private – häufig karitative – Einrichtungen, die zumeist konkrete Einzelprojekte (Bau eines Brunnens, Errichtung einer Schule) in Entwicklungsländern unterstützen. Vonseiten der NGOs werden die bürokratischen Hürden, ökonomischen Prägungen und nicht den Bedürfnissen der Zielländer angepassten Maßnahmen der

Entwicklungshilfe wird real immer weniger

Die Entwicklungshilfe der Industrieländer ist vor dem Hintergrund der angespannten Wirtschaftslage im vergangenen Jahr um real 1,8 % zurückgegangen. Nur vier der 21 Mitgliedsländer der OECD-Kommission für Entwicklungshilfe haben im vergangenen Jahr das UNO-Ziel erreicht, Hilfe in Höhe von 0,7 % ihres BSP zu gewähren. Die Durchschnittsqoute lag bei 0,29 % des BSP und erreichte damit ihren niedrigsten Stand seit 21 Jahren.

(nach „Der Tagesspiegel" vom 29. 6. 1995)

Entwicklung der Weltmarkt-Preise (ausgewählte Güter)

Kaffee

Zucker

Sojaöl

Palmöl

Preis 1981 = 100

(nach Weltbank 1994)

?

1. Welche Vor- und Nachteile sind mit Kapital- und Nahrungsmittelhilfe verbunden?
2. Entwicklungshilfe wird auch als „tödliche Hilfe" bezeichnet. – Begründen Sie.

öffentlichen Entwicklungshilfe kritisiert. Gegenwärtig beträgt in Deutschland die Entwicklungshilfe durch NGOs ca. 15 % der öffentlichen Ausgaben für Entwicklungshilfe.

Die Empfängerländer der Entwicklungshilfe befinden sich vor allem in Afrika, Südasien und Südamerika. In einigen afrikanischen Staaten tragen die Transferleistungen zu mehr als 20 % zum BSP bei. Dabei handelt es sich um besonders bedürftige Länder; jedoch werden die im Verhältnis zum BSP sehr hohen Zahlungen an diese Länder häufig kritisiert, da sie Eigeninitiativen und selbständige Wachstumsprozesse behindern können.

Staatenübergreifende Wirtschaftsgemeinschaften

In den letzten Jahrzehnten gewinnen regionale Wirtschaftsgemeinschaften, denen mehrere Staaten angehören, immer größere Bedeutung. Die Europäische Union besitzt bei diesen länderübergreifenden Zusammenschlüssen eine Vorreiterfunktion und hat den bisher höchsten Integrationsgrad erreicht. Andere wichtige Wirtschaftsgemeinschaften wurden in den letzten Jahren vereinbart.

Multilaterale Vereinbarungen regeln bei diesen Gemeinschaften die zwischen den Mitgliedsländern stattfindenden Mobilitätsprozesse. Sie können alle internationalen Interaktionen, d. h. den Warenhandel und die Mobilität von Produktionsfaktoren (Arbeitskräfte, Kapital, technisches Wissen), betreffen. Wichtigstes Ziel der Zusammenschlüsse ist es, durch die Erleichterung der Austauschbeziehungen eine optimale Nutzung der vorhandenen Ressourcen zu erreichen, damit Kosten zu sparen und das Wirtschaftswachstum zu maximieren. Zum Erreichen dieses Zieles werden die bestehenden Mobilitätshemmnisse schrittweise verringert. Im Bereich des

MERCOSUR als große Chance

Aus einer jetzt veröffentlichten Studie des IFO-Instituts für Wirtschaftsforschung in München geht hervor, dass der Handelspakt MERCOSUR zur wichtigsten Antriebskraft für eine den ganzen lateinamerikanischen Kontinent umfassende Freihandelszone werden könnte. Derzeit besteht MERCOSUR aus den Riesen Brasilien und Argentinien sowie den Zwergen Uruguay und Paraguay. Seit Anfang Januar bilden die vier Länder eine noch nicht vollendete Zollunion. MERCOSUR umfasst einen Markt mit 204 Mio. Verbrauchern und wird von Brasilien dominiert. Das Bruttoinlandsprodukt (BIP) der Region betrug 1994 823 Md. US-Dollar, was etwa der Hälfte des BIP von ganz Lateinamerika entspricht.

Noch bestehende Handelsbeschränkungen innerhalb von MERCOSUR sollen durch einen Stufenplan abgebaut werden. Außerdem hätten alle beteiligten Länder Binnenreformen eingeleitet, die ein Marschieren im Gleichschritt ermöglichen. Gleichzeitig habe sich das Handelsvolumen innerhalb der MERCOSUR-Länder, von den ehrgeizigen Zielen gefördert, binnen vier Jahren verdoppelt.

Während der Handel der MERCOSUR-Länder untereinander im Schnitt um jährlich knapp 30 Prozent zugenommen habe, seien auch die Importe aus Drittländern in diesem Sog um zehn Prozent gewachsen. Außerdem würden Direktinvestitionen ausländischer Unternehmen im MERCOSUR-Raum und grenzüberschreitende Kooperationen täglich zunehmen.

(nach „Der Tagesspiegel" vom 7. 7. 1995)

Warenhandels erfolgt ein Abbau der vorhandenen Zölle und nicht-tarifären Handelshemmnisse. Bei den Produktionsfaktoren werden bestehende Beschränkungen im Kapitalverkehr aufgehoben, die freie Arbeitsplatzwahl in allen Mitgliedsländern angestrebt und gemeinsame Vereinbarungen zum Austausch und Schutz (z. B. durch gegenseitige Anerkennung von Patenten) technischen Wissens vorgenommen. Die Erleichterungen gelten nur zwischen den Mitgliedsstaaten, gegenüber Drittländern werden dagegen häufig die Austauschbeziehungen erschwert.

Eine vollständige Freiheit des Warenhandels und des Austausches von Produktionsfaktoren lässt sich nicht gleich zu Beginn des Zusammenschlusses vereinbaren. Um Nachteile für weniger entwickelte Mitgliedsstaaten zu vermeiden muss ein längerfristiger Integrationsprozess erfolgen. Es lassen sich fünf aufeinander folgende Stufen der Integration unterscheiden:

– Als **Präferenzzone** bezeichnet man die erste Stufe; in ihr erfolgen nur für ausgewählte Güter Zollsenkungen zwischen den Mitgliedsländern.
– Die **Freihandelszone** ermöglicht für alle aus den Mitgliedsländern stammenden Güter einen freien Warenaustausch, d. h. bestehende tarifäre und nicht-tarifäre Handelshemmnisse werden aufgehoben. Ausgeschlossen von diesem freien Güterverkehr bleiben Waren aus Drittländern, die in einen der Mitgliedsstaaten importiert wurden.
– In der Stufe der **Zollunion** gelten zusätzlich zum freien Handel untereinander gemeinsame gleiche Zollvereinbarungen gegenüber allen nicht der Gemeinschaft angehörenden Staaten.
– Die vierte Stufe, der **gemeinsame Markt**, betrifft zusätzlich zu den Handelserleichterungen die Mobilität von Produktionsfaktoren. Es gilt ein freier Verkehr von Kapital und technischem Wissen; Arbeitnehmer können selbständig und ohne Beschränkungen in jedem der Mitgliedsländer Beschäftigungen aufnehmen.
– In der **Wirtschaftsunion,** der am weitesten fortgeschrittenen Stufe, geben die Mitgliedsstaaten zusätzlich zur freien Güter- und Faktormobilität Teile ihrer nationalen Wirtschaftspolitik an supranationale Einrichtungen ab. Diese erhalten Entscheidungsbefugnisse in den Bereichen der Geld-, Konjunktur-, Sektoral-, Regional- und Sozialpolitik. Die einzelnen Staaten sind an die Beschlüsse gebunden und müssen diese realisieren.

Die Staaten der Erde rücken wirtschaftlich zusammen

Die Welt befindet sich in einem „Freihandelsrausch", sagt ein Mitarbeiter der Welthandelsorganisation GATT. Plötzlich schießen Freihandelszonen und regionale Vorhaben wie Pilze aus dem Boden.

Eine Liste des GATT umfasst über 100 Verträge mit Zoll- und Handelspräferenzen. Alles deutet darauf hin, dass der Trend zum Regionalismus andauern und sich verstärken wird. Man befürchtet, dass diese Regionalabkommen die Disziplin im Welthandel mehr und mehr untergraben könnten.

Freihandelszonen sind in Mode gekommen, um Konjunktur und Wachstum zu stärken. Sicherlich tragen dazu die wirtschaftlichen Erfolge und das wachsende politische Gewicht der Europäischen Union bei. Manche Länder hoffen offenbar, ihre Verhandlungsposition gegenüber den großen Blöcken, besonders der EU und Amerika, zu verbessern. Sie sehen zudem Vorteile, die sich leichter auf regionaler Ebene verwirklichen lassen.

Die Gefahr besteht, dass sich drei „feindliche" Blöcke – Groß-Europa, Amerika und Asien – bilden und bekämpfen.

(nach „Die Welt" vom 28. 12. 1995)

Formen internationaler Integration

Präferenzzone	Freihandelszone	Zollunion	Gemeinsamer Markt	Wirtschaftsunion
Zollsenkung für ausgewählte Güter zwischen den Mitgliedsländern	freier Warenhandel (ohne tarifäre und nicht-tarifäre Handelshemmnisse) zwischen den Mitgliedern	Freihandel untereinander und gemeinsame Handelshemmnisse gegenüber Drittländern	Freihandel und freie Mobilität von Arbeit, Kapital, technischem Wissen	Freihandel, freie Mobilität und eine gemeinsame Wirtschaftspolitik durch supranationale Organisationen

G = Güter; F = Produktionsfaktoren (Arbeit, Kapital, technisches Wissen)

Wirtschaftspolitik

Die EU hat den gemeinsamen Markt verwirklicht und strebt auf der Basis der Vereinbarung von Maastricht die Einrichtung einer Wirtschaftsunion an.

Alle übrigen in der Welt bestehenden Zusammenschlüsse beschränken sich auf die drei ersten Stufen. Relativ günstige Wachstumsperspektiven besitzen die NAFTA (North American Free Trade Association), bestehend aus Kanada, den USA und Mexiko, der MERCOSUR (Argentinien, Brasilien, Paraguay, Uruguay) und die AFTA (Asia Free Trade Association: Brunei, Indonesien, Malaysia, Philippinen, Singapur, Thailand). Die ehemalige EFTA (European Free Trade Association: Norwegen, Österreich, Schweden, Schweiz, Island) war eine Freihandelszone, bei der AFTA handelt es sich gegenwärtig noch um eine Präferenzzone, die NAFTA stellt eine Freihandelszone für ca. 20 000 Güter dar und der MERCOSUR ist seit 1. 1. 95 eine Zollunion. Daneben wurden in der Vergangenheit zahlreiche andere supranationale Zusammenschlüsse vereinbart (z. B. Andengruppe, CEAO = Westafrikanische Wirtschaftsgemeinschaft), jedoch nur teilweise realisiert; sie erreichten zumeist nur die Stufe einer Präferenzzone.

Besonders schwierig stellen sich die Integrationsbemühungen zwischen Entwicklungsländern dar. Vielfach verfügen sie aufgrund ähnlicher Außenhandelsstrukturen (z. B. Export der gleichen Primärgüter) nur über wenige gegenseitige Austauschmöglichkeiten. Bei Ländern mit erheblich unterschiedlichem Entwicklungsstand (z. B. Schwellen- und Entwicklungsländer) ergeben sich aufgrund differierender Interessen Probleme. Die Schwellenländer versuchen, sich durch die Integration neue Märkte für ihre Industriegüterexporte zu erschließen; die Entwicklungsländer wollen dagegen eine eigene Industriegüterproduktion aufbauen und sind bestrebt, diese durch Handelshemmnisse vor ausländischer Konkurrenz zu schützen.

?

1. Welche Vor- und Nachteile bieten länderübergreifende Wirtschaftsgemeinschaften für die Beteiligten?
2. Diskutieren Sie Probleme der Realisierung von Wirtschaftsgemeinschaften.

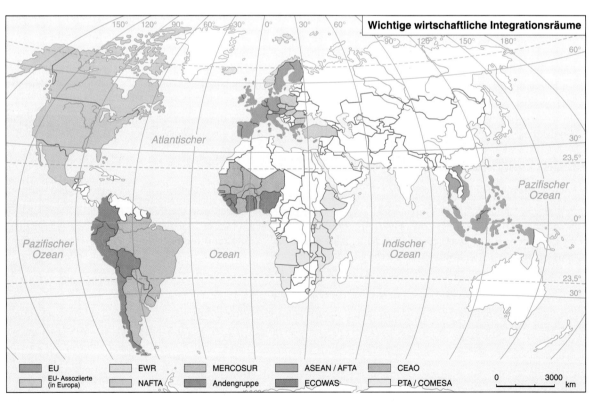

Wichtige wirtschaftliche Integrationsräume

| | EU | | EWR | | MERCOSUR | | ASEAN / AFTA | | CEAO |
| | EU- Assoziierte (in Europa) | | NAFTA | | Andengruppe | | ECOWAS | | PTA / COMESA |

Möglichkeiten der internationalen Wirtschaftsbeziehungen eines Staates

Einem einzelnen Staat stehen zwei grundsätzlich verschiedene Möglichkeiten der Gestaltung der Außenwirtschaftsbeziehungen zur Verfügung. Bei der Integrationsstrategie erlaubt der Staat einen weitgehend freien internationalen Austausch von Gütern und Produktionsfaktoren, bei der Dissoziations- bzw. Abkopplungsstrategie unterbindet er die internationalen Wirtschaftsbeziehungen weitgehend. Teile der Grundsatzalternativen finden sich in den am häufigsten eingesetzten Strategien der Importsubstitution und der Exportdiversifikation.

Die Strategie der internationalen Integration orientiert sich an den Modernisierungstheorien. Sie nehmen an, dass unter marktwirtschaftlichen Bedingungen Mobilitätsprozesse von Gütern und Dienstleistungen räumliche Entwicklungsunterschiede ausgleichen. Das wirtschaftliche Wachstum gering entwickelter Länder wird durch den Zufluss mobiler Produktionsfaktoren – z. B. durch ausländische Direktinvestitionen – gestärkt, und der internationale Absatz der heimischen Güter ermöglicht eine optimale Ausnutzung des inländischen Produktionspotenzials. Dementsprechend ist es Aufgabe der nationalen Wirtschaftspolitik, die bestehenden internationalen Mobilitätshemmnisse (z. B. Zölle) abzubauen. Vorteile dieser Strategie sind, dass die vorhandenen Ressourcen optimal ausgenutzt werden können und dass eine der Weltmarktkonkurrenz gewachsene nationale Produktion aufgebaut werden muss. Nachteile entstehen dadurch, dass inländische Produzenten der teilweise übermächtigen internationalen Konkurrenz ausgesetzt sind und schließen müssen, dass durch ausländische Direktinvestitionen eine starke Einflussnahme erfolgen kann und dass negative soziale Effekte (z. B. Einkommenspolarisierung) auftreten können. Eine vollständige Integration haben bisher nur wenige Staaten mit kleinem Binnenmarkt vollzogen – z. B. Singapur, Hongkong – ; jedoch gilt die Integration als wichtiges Leitbild der internationalen Wirtschaftspolitik.

Die Strategie der Dissoziation bzw. Abkopplung beruht auf der Dependenziatheorie. Sie geht davon aus, dass internationale Interaktionen die ärmeren Länder benachteiligen und zu weiterem Wachstum in den reicheren Staaten beitragen. Der Export von unverarbeiteten Rohstoffen und einfachen Gütern mit geringer Wertschöpfung schwächt die Entwicklungsländer. Die Einfuhr von Industriegütern führt zur Verdrängung lokaler Produzenten. Es gehen Arbeitsplätze und Einkommen verloren oder die Betriebe müssen, um konkurrenzfähig zu bleiben, moderne Techniken einsetzen, die nicht zur Entlastung des Arbeitsmarktes beitragen. Empfohlen wird dementsprechend, die Außenwirtschaftsbeziehungen einzuschränken (z. B. durch Zölle und Mobilitätsverbote) und stattdessen eigene Produktionen zur Versorgung des Binnenmarktes aufzubauen. Problematisch ist bei dieser Strategie, dass für den Aufbau einer vollständigen Selbstversorgung vielfach geeignete Ressourcen fehlen und es deshalb zu Fehlnutzungen und damit hohen Kosten kommt. Auch entzieht sich eine geschützte inländische Produktion der internationalen Konkurrenz; der Zwang zur Entwicklung neuer Technologien fehlt; es werden langfristig nicht überlebensfähige Produktionsverfahren eingesetzt und veraltete Produkte hergestellt. Die Abkopplungsstrategie wurde in der Vergangenheit von einer Reihe von Ländern verfolgt (z. B. Myanmar, Kuba, Vietnam). Nach Anfangserfolgen

Protektionistische Wirkung von Zollsatzdifferenzen zwischen Fertigprodukten und Vorprodukten

	Beispiel 1 Produktion im Ausland, Import des Fertigproduktes	Beispiel 2 Import der Vorprodukte, Produktion im Zielland
Materialkosten zur Herstellung eines Produkts	80	80
Produktionskosten	20	–
Gesamtkosten	100	–
Einfuhrzoll Vorprodukte/Zulieferteile 5 %	–	4
Einfuhrzoll für Fertigprodukte 15 %	15	–
Produktionskosten im Zielland	–	20
Verkaufspreis im Zielland	115	104

?

1. Stellen Sie Instrumente der Bundesrepublik Deutschland zur Gestaltung ihrer Außenwirtschaftsbeziehungen zusammen.

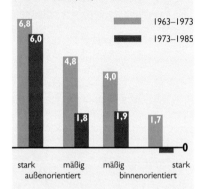
erfuhren diese Staaten jedoch erhebliche Strukturprobleme, sodass alle Länder gegenwärtig ihre Wirtschaftspolitik auf eine stärkere Integration umstellen.

Größte wirtschaftspolitische Bedeutung besitzen die Importsubstitution und die Exportdiversifikation.

Bei der Importsubstitution versucht ein Land, den Import von Gütern durch den Aufbau einer inländischen Produktion zu ersetzen. Das wichtigste Instrument stellt die Differenzierung der Zollsätze für Fertigprodukte und Vorprodukte dar. Werden für Fertigprodukte höhere Zölle als für Vorprodukte verlangt, ist es billiger die Güter im Zielland herzustellen. Inländische Produzenten können expandieren oder ausländische Hersteller verlagern ihre Produktion in das Zielland. Diese Strategie lässt sich jedoch nur in Ländern mit einem ausreichend großen Binnenmarkt realisieren; außerdem darf die Zollsatzdifferenzierung nur für einen begrenzten Zeitraum ausgelegt werden, sonst ergeben sich ähnlich veraltete Produktionsstrukturen wie bei der Abkopplungsstrategie. Viele Industrie- und Entwicklungsländer setzen diese Strategie zeitlich befristet und auf einzelne Güter ausgerichtet ein.

Bei der Exportdiversifikationsstrategie unterstützt der Staat neue zusätzliche Exportaktivitäten. Eine horizontale Diversifikation liegt vor, wenn zusätzlich bisher noch nicht exportierte Produkte auf dem Weltmarkt angeboten werden (z. B. weitere Primärgüter). Dadurch kann die Abhängigkeit von den Preisschwankungen nur eines Primärgutes verringert werden. Bei der vertikalen Diversifikation wird versucht, die Produktionstiefe zu vergrößern, d. h. Primärgüter einer Weiterverarbeitung zu unterziehen, und dadurch eine höhere Wertschöpfung im Land zu erzielen. So kann durch Weiterverarbeitung z. B. der Export von Rundholz durch den Export von Furnier oder Möbeln ersetzt werden.

Einige ost-/südostasiatische Länder erzielten mit einer exportorientierten Entwicklungsstrategie und paralleler Importsubstitution große wirtschaftliche Erfolge. So erreichte z. B. Malaysia in den letzten 20 Jahre ständig jährliche Wachstumsraten des Pro-Kopf-Einkommens zwischen 6 % und 10 %. Zum Zeitpunkt der Unabhängigkeit (1957) war das Land einseitig vom Export von Zinn und Kautschuk abhängig. Zuerst realisierte Malaysia eine horizontale Diversifikation durch zusätzliche Produkte wie Palmöl, Holz, tropische Früchte und Erdöl. Später wurden immer mehr weiterverarbeitete Produkte (z. B. Textilien/Bekleidung, Fahrzeuge, Microchips) ausgeführt. Südkorea stellte viele Industriegüter zuerst für den Binnenmarkt her und schützte den Aufbau dieser Produktionen durch hohe Zollschranken. Nach einer Phase von ca. 4–8 Jahren, in welcher die Hersteller ihre technischen Fähigkeiten verbessern, ihre Konkurrenzfähigkeit steigern und das Produkt verfeinern konnten, wurde der Export dieser Güter auf dem Weltmarkt unterstützt. Diese Entwicklungsstrategie hat Südkorea zu einem der weltweit größten Anbieter von Frachtschiffen, Fahrzeugen und Geräten der Unterhaltungselektronik gemacht.

Ein internationaler Vergleich des Zusammenhangs zwischen dem Grad der Weltmarktorientierung und den nationalen Wachstumsraten zeigt, dass in den letzten Jahrzehnten vor allem jene Länder wirtschaftlich erfolgreicher waren, die eine integrationsorientierte Politik verfolgten. Diese Integrationspolitik wurde jedoch zumeist durch den parallelen Schutz einzelner Branchen des Binnenmarktes – z. B. der inländischen Landwirtschaft und neuer wichtiger Industriezweige – verfolgt.

?

1. Erörtern Sie Grenzen der Importsubstitutionspolitik.
2. Welche Faktoren begrenzen die Möglichkeiten einer Exportdiversifikationsstrategie?

Fallstudien zur internationalen wirtschaftlichen Integration

Die weltwirtschaftliche Entwicklung und die internationalen Verflechtungen werden in immer stärkerem Maße durch Staatengemeinschaften, die ihre gegenseitigen Austauschbeziehungen erleichtern, geprägt. Besonders wichtig ist dabei der sogenannte „Kampf der Triade", d. h. der ökonomische Wettbewerb zwischen Westeuropa, Nordamerika und Ost-/Südostasien. Das folgende Kapitel stellt zwei Fallstudien dazu vor; es werden die weltwirtschaftliche Bedeutung, die Verflechtungen und Disparitäten der Integrationsräume Europäische Union (EU) und Association of Southeast Asian Nations (ASEAN/AFTA) behandelt.

Fallstudie Europäische Union

In einem weltweit bisher einmaligen Integrationsprozess ist in Europa in den vergangenen vier Jahrzehnten ein gegenwärtig aus 15 selbstständigen Nationen bestehender Wirtschaftsraum entstanden. In diesem „gemeinsamen Markt" leben nur etwa 6,2 % der Weltbevölkerung, aber es entfallen fast ein Drittel des Bruttoinlandsprodukts der Welt und über 44 % der Weltexporte auf ihn. Seit dem Beginn des Integrationsprozesses im Jahr 1952 haben sich parallel eine Verstärkung der gegenseitigen Wirtschaftsbeziehungen und eine räumliche Expansion durch den Beitritt neuer Mitglieder vollzogen.

Stufen der Integration. Nach dem Zweiten Weltkrieg verfolgten viele gesellschaftliche und politische Gruppen die Idee eines freiwilligen Zusammenschlusses der europäischen Staaten zu einem vereinten Europa. Zu einer politischen Vereinigung waren die mehr als zwei Dutzend Nationalstaaten nicht bereit, jedoch begann ein Teil von ihnen mit der Zusammenarbeit auf wirtschaftlichem Gebiet. Im Mai 1950 verkündete der französische Außenminister Schuman den Plan seiner Regierung eine deutsch-französische Gemeinschaft für Kohle und Stahl zu gründen. Dieser Plan führte im Jahr 1951 zum Abschluss des Vertrages über die Europäische Gemeinschaft für Kohle und Stahl (EGKS) zwischen Frankreich, Deutschland, Italien, Belgien, den Niederlanden und Luxemburg. Auf einem vertraglich genau definierten Gebiet wurden nationale wirtschaftspolitische Rechte an supranationale Einrichtungen abgegeben.

Mit der 1957 in Rom („Römische Verträge") vereinbarten Europäischen Wirtschaftsgemeinschaft (EWG) und der Europäischen Atomgemeinschaft (EURATOM) wurde die gemeinsame Politik auf weitere Bereiche der Wirtschaft, unter anderem auch auf die Landwirtschaft ausgedehnt. Bis 1968 erfolgte die Einrichtung einer Zollunion mit einem gemeinsamen Außenzoll und der weitgehenden Reduzierung der Binnenzölle. In den 70er Jahren realisierte die Gemeinschaft mit dem Beitritt von Dänemark, Großbritannien und Irland die „Norderweiterung" und in den 80er Jahren erfolgte durch den Beitritt von Griechenland, Portugal und Spanien die „Süderweiterung".

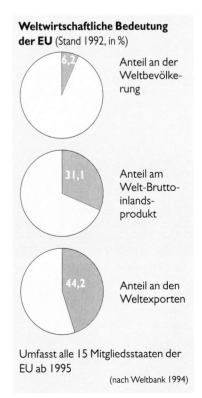

Merkmale der Mitgliedsländer der EU (Stand 1992)

	Fläche (in 1000 km^2)	Bevölkerung (in Mio.)	BSP pro Kopf (in US\$)
Belgien	31	10,0	20 880
Deutschland	357	80,6	23 030
Frankreich	552	57,4	22 260
Italien	301	57,8	20 460
Luxemburg	3	0,4	35 160
Niederlande	37	15,2	20 480
Dänemark	43	5,2	26 000
Großbritannien	245	57,8	17 790
Irland	70	3,5	12 210
Griechenland	132	10,3	7 290
Portugal	92	9,8	7 450
Spanien	505	39,1	13 970
Finnland	338	5,0	21 970
Österreich	84	7,9	22 380
Schweden	450	8,7	27 010

(nach Weltbank 1994)

Weltwirtschaftliche Bedeutung der EU (Stand 1992, in %)

6,2 — Anteil an der Weltbevölkerung

31,1 — Anteil am Welt-Bruttoinlandsprodukt

44,2 — Anteil an den Weltexporten

Umfasst alle 15 Mitgliedsstaaten der EU ab 1995

(nach Weltbank 1994)

Stufen der Integration der EU

23.7.1952 Der am 18. 4. 1951 zwischen Deutschland, Frankreich, Italien und den BeNeLux-Staaten geschlossene EGKS (Europäische Gemeinschaft für Kohle und Stahl)-Vertrag tritt in Kraft.

1. 1. 1958 Die am 25. 3. 1957 geschlossenen Verträge zur Gründung der EWG (Europäische Wirtschaftsgemeinschaft) und EURATOM (Europäische Atomgemeinschaft) treten in Kraft (Präferenzzone).

1. 1. 1959 Zollsenkungen zwischen den Mitgliedsstaaten (Beginn einer Freihandelszone)

1. 7. 1968 Binnenzölle abgeschafft und gemeinsamer Außenzoll (Zollunion)

1. 1. 1970 Beginn der gemeinsamen Außenhandelspolitik

1. 1. 1973 Norderweiterung durch den am 22. 1. 1972 vereinbarten Beitritt von Dänemark, Großbritannien und Irland

1. 1. 1979 Einführung des EWS (Europäisches Währungssystem)

1. 1. 1981 Beitritt von Griechenland

1. 1. 1986 Beitritt von Portugal und Spanien

1. 7. 1987 Einheitliche Europäische Akte zur Schaffung der Voraussetzungen eines gemeinsamen Marktes; bis 1992 in Kraft getreten

1. 1. 1993 Verwirklichung der vier Grundfreiheiten: Freiheit des Waren-, Dienstleistungs- und Kapitalverkehrs, Freizügigkeit der Arbeitnehmer (gemeinsamer Markt)

1. 1. 1995 Beitritt von Finnland, Österreich und Schweden

Perspektive
Nach der am 10. 12. 1991 in Maastricht geschlossenen Vereinbarung soll bis 1. 1. 1999 eine Wirtschafts- und Währungsunion realisiert werden.

Trotz verschiedener Absichtserklärungen und Pläne (z. B. TINDEMANS-Bericht 1975) vollzogen die Mitgliedsstaaten bis in die 80er Jahre keine politischen Schritte zur Weiterentwicklung der Wirtschaftsgemeinschaft durch die Verwirklichung einer gemeinsamen Außenhandels-, Wirtschafts- und Währungspolitik. Erst die 1986 vereinbarte und zum 1. Juli 1987 in Kraft getretene Einheitliche Europäische Akte setzte das Ziel den freien Binnenmarkt bis Ende 1992 einzurichten.

Am 1. 1. 1993 traten vier Grundfreiheiten in Kraft, welche die Vollendung des gemeinsamen Binnenmarktes bedeuten. Sie gewähren prinzipiell die unbeschränkte Mobilität von Gütern und Produktionsfaktoren. Grundsätzlich gelten für alle EU-Angehörigen ein freier gegenseitiger Austausch von Waren, die Möglichkeit Geld- oder Sachkapital (z. B. Industrieinvestitionen) an jedem Standort der EU einzusetzen, sowie die unbeschränkte Freiheit, den Wohnort oder Arbeitsplatz in jedem Land der EU zu wählen und Dienstleistungen in der gesamten EU anzubieten oder nachzufragen. In der Realität behindern jedoch noch nationale Hemmnisse – die innerhalb der nächsten Jahre abgebaut werden sollen – den vollständigen Vollzug dieser Freiheiten. So muss beim Güteraustausch aufgrund unterschiedlicher Mehrwertsteuersätze in den Mitgliedsländern ein Steuerausgleich zwischen dem Quell- und Zielland von Waren erfolgen. In den einzelnen Ländern gelten noch differierende technische Vorschriften für Waren (z. B. Sicherheits- und Gesundheitsstandards wie TÜV-Prüfung, Reinheitsgebot für Bier). Zwar kann jeder EU-Bürger in Deutschland wohnen, jedoch sind für bestimmte Berufstätigkeiten spezielle Voraussetzungen zu erbringen; in Deutschland kann nur ein EU-Bürger deutscher Nationalität Beamter werden, freiberuflicher Architekt nur, wer Mitglied einer deutschen Architektenkammer ist, selbstständiger Arzt nur, wer eine deutsche Approbation aufweist.

Im Dezember 1991 vereinbarten die Staats- und Regierungschefs in Maastricht die Weiterentwicklung der EU zu einer Wirtschafts- und Währungsunion. Wesentliche Elemente sind eine gemeinsame Geld- und Währungspolitik mit einer unabhängigen europäischen Zentralbank und einer einheitlichen Währung, eine größere Entscheidungskompetenz der EU in der Außen- und Sicherheitspolitik sowie eine Zusammenarbeit in der Innen- und Rechtspolitik (z. B. Asylrecht, Visapolitik, Einwanderungspolitik). Gerade die Realisierung einer gemeinsamen Geld- und Währungspolitik auf der Grundlage der geschlossenen Vereinbarung wird immer mehr in Zweifel gezogen. Kritiker (u. a. zahlreiche Wirtschaftswissenschaftler)

Die vier Freiheiten des Binnenmarktes

freier Personenverkehr	freier Dienstleistungsverkehr	freier Warenverkehr	freier Kapitalverkehr
Wegfall von Grenzkontrollen	Liberalisierung der Finanzdienste	Wegfall von Grenzkontrollen	größere Freizügigkeit für Geld- und Kapitalbewegungen
Harmonisierung der Einreise-, Asyl-, Waffen-, Drogengesetze	Harmonisierung der Banken- und Versicherungsaufsicht	Harmonisierung oder gegenseitige Anerkennung von Normen und Vorschriften	Schritte zu einem gemeinsamen Markt für Finanzleistungen
Niederlassungs- und Beschäftigungsfreiheit für EG-Bürger	Öffnung der Transport- und Telekommunikationsmärkte	Steuerharmonisierung	Liberalisierung des Wertpapierverkehrs
verstärkte Außenkontrollen			

(Zahlenbilder 715 320)

befürchten, dass eine stabile Währung nicht zu erreichen ist, da die wirtschaftspolitischen Entscheidungen (z. B. Haushaltsdefizit, Konjunkturpolitik) weiter bei den Staaten liegen ohne Einflussmöglichkeiten der EU. Auch besteht die Gefahr, dass bei einer gemeinsamen Währung die ökonomisch schwächeren Staaten (mit geringerer Produktivität und niedrigerer industrieller Wettbewerbsfähigkeit) starkem Konkurrenzdruck ausgesetzt sind, der zu Problemen (z. B. Arbeitslosigkeit) führt.

Nach außen vollzog die EU in den 90er Jahren Erweiterungen: 1995 traten Finnland, Österreich und Schweden bei. Die EU bildet mit den übrigen EFTA-Staaten (Island, Liechtenstein, Norwegen) den Europäischen Wirtschaftsraum; damit sind binnenmarktähnliche Beziehungen verbunden. Mit einigen Staaten in Ost-Mitteleuropa gelten Assoziierungsabkommen (z. B. Polen, Tschechien, Ungarn), welche den Warenaustausch erleichtern.

Insgesamt hatte der europäische Integrationsprozess einen nachhaltig positiven Einfluss auf die Wirtschaftsentwicklung des Raumes. Komparative Vorteile der Länder können durch eine großräumige Arbeitsteilung genutzt werden. Produzenten können aufnahmefähige Märkte versorgen und damit durch Großserienproduktion ihre Entwicklungs- und Produktionskosten pro hergestellter Einheit senken („economies of scale"). Der gegenseitige Wettbewerb zwingt zur Produktivitätssteigerung und Erhöhung der Konkurrenzfähigkeit. Die Position im globalen Wettbewerb wird verbessert.

Entscheidungsebenen und Aufgaben

Die wichtigsten Organe der EU sind der Europäische Rat/Ministerrat, die Europäische Kommission und das Europäische Parlament. Der Europäische Rat setzt sich aus den Regierungschefs der 15 Mitgliedsstaaten zusammen; grundlegende Entscheidungen zur Weiterentwicklung und Ausgestaltung der Gemeinschaft werden von ihnen getroffen. Für fachspezifische Entscheidungen, z. B. zur Landwirtschaft, zum Verkehrsbereich, zum Umweltschutz, ist ergänzend der Ministerrat zuständig, welcher aus den jeweils zuständigen Fachministern der Mitgliedsländer besteht. Jedes Mitgliedsland hat im Europäischen Rat/Ministerrat eine Stimme, sofern grundlegende Angelegenheiten der EU betroffen sind (z. B. Angleichung von Steuersätzen); in diesen Fällen ist Einstimmigkeit erforderlich. Für viele weniger grundsätzliche Entscheidungen genügt eine qualifizierte Mehrheit (62 von 87 Stimmen); jedes Land hat dabei – abhängig von seiner Größe – eine unterschiedliche Stimmenzahl (z. B. D, F, UK, I je 10; E 8; B, GR, NL, P je 5; A, S je 4; DK, SF, IRL je 3; LUX 2). Aufgrund der Zusammensetzung des Europäischen Rates/Ministerrates aus Ländervertretern besitzen bei den Abstimmungen häufig nationale Interessen größere Bedeutung.

Bei der Europäischen Kommission und dem Europäischen Parlament handelt es sich dagegen um supranationale Einrichtungen, die unabhängig von den nationalen Regierungen arbeiten. Die Kommission setzt sich aus 20 Kommissaren zusammen, die jeweils für verschiedene Bereiche zuständig sind (z. B. Landwirtschaft, Verkehr, Binnenmarkt). Die Kommission hat primär organisatorische und ausführende Aufgaben; sie besitzt Exekutiv-, Kontroll- und Initiativrechte. So erarbeitet sie Durchführungsbestimmungen für EU-weit gültige Gesetze und kann in einzelnen Bereichen deren Realisierung erwirken (z. B. durch Bußgelder). Daneben besitzt sie das Recht zum Einbringen von Gesetzentwürfen.

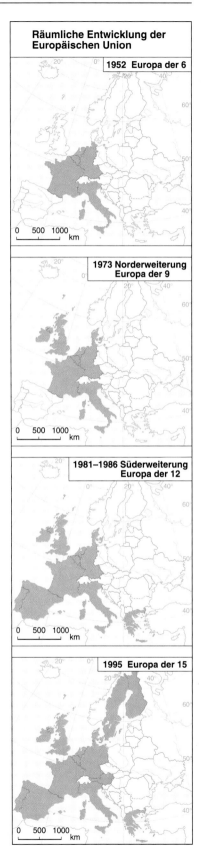

Räumliche Entwicklung der Europäischen Union

1952 Europa der 6

1973 Norderweiterung Europa der 9

1981–1986 Süderweiterung Europa der 12

1995 Europa der 15

**Einnahmen und Ausgaben des
EU-Haushalts** (in %)

Einnahmen 1994	
Mehrwertsteuer-Einnahmen	51,7
Mitgliedsländer-Beiträge	27,2
Zölle des gemeinsamen Zolltarifs	18,2
Agrarabschöpfung, Zucker- und Isoglucoseabgabe	2,9
Ausgaben 1995	
Agrarpolitik	47,5
Struktur- und Kohäsionsfonds	32,9
Interne Politik / Forschung und Entwicklung	5,9
Externe Politik (z. B. Entwicklungspolitik)	6,3
Verwaltung	5,0
Reserven	2,3

(nach Europa 2000)

**Mehrwertsteuersätze der
EU-Mitgliedsstaaten** (in % 1995)

Belgien	19,5
Dänemark	25,0
Deutschland	15,0
Frankreich	18,6
Großbritannien	17,5
Griechenland	18,0
Irland	21,0
Italien	19,0
Luxemburg	15,0
Niederlande	18,5
Portugal	17,0

Die 626 Abgeordneten des Europäischen Parlaments werden alle 5 Jahre von den Bürgern der EU gewählt. Jedes Land entsendet eine festgelegte Zahl von Abgeordneten (D 99; F, UK, I je 87; E 64; NL 31; B, GR, P je 25; S 22; A 21; DK, SF je 16; IRL 15; LUX 6). Bis in die achtziger Jahre verfügte das Europäische Parlament nur über beratende Aufgaben, jetzt wird es an der Gesetzgebung beteiligt und besitzt Haushalts- und Kontrollrechte. Darüber hinaus entscheidet es über nicht-obligatorische Ausgaben, d. h. jene, die nicht durch EU-Verträge vorgeschrieben sind. Zudem muss es der Ernennung der Kommission zustimmen und deren Tätigkeit kontrollieren.

Die Finanzierung der EU-Aufgaben erfolgt vor allem durch einen Anteil an der Mehrwertsteuer der Mitgliedsländer, durch Beiträge der Staaten (entsprechend ihrer Wirtschaftsleistung) sowie durch Zölle und Abschöpfungen, die im Warenverkehr mit Nicht-EU-Staaten erhoben werden.

Nach wie vor dominiert bei den Ausgaben die Agrarpolitik. Der Europäische Ausrichtungs- und Garantie-Fonds für die Landwirtschaft (EAGFL) versucht ein einheitliches Preisniveau für Agrarprodukte zu erreichen und unterstützt Strukturverbesserungen in landwirtschaftlichen Betrieben. Für einige Produkte werden zu Beginn jedes Wirtschaftsjahres Preise festgelgt. Zu diesen unteren Interventionspreisen kauft die EU die Produkte auf (z. B. Getreide, Butter, Milch). Gleichzeitig wird der Nahrungsmittelhandel mit Nicht-EU-Staaten kontrolliert; hohe Zölle/Abschöpfungen verteuern und begrenzen den Import jener Nahrungsmittel, welche auch Betriebe in der EU herstellen. Durch diese Maßnahmen sollen ein Mindesteinkommen in der Landwirtschaft gesichert werden und ein hoher Selbstversorgungsgrad in der EU erhalten bleiben. Die EU-Agrarpolitik mit ihrer vielfältigen Regelungsdichte ist stark umstritten, da einige negative Effekte mit ihr verbunden sind. Die Agrarpolitik bindet hohe Anteile der EU-Ausgaben; für andere wichtige Aufgaben fehlen die notwendigen Mittel. In vielen Bereichen liegen die EU-Nahrungsmittelpreise über den Weltmarktpreisen, sodass die Verbraucher mehr zahlen müssen. Die hohen Importschranken für Nahrungsmittelimporte in die EU benachteiligen Entwicklungsländer, da diese ihre Primärprodukte nicht in der EU verkaufen können („Festung Europa"). Auch führt das System zu Überproduktionen, die teuer gelagert werden müssen (z. B. Milchsee, Butterberg). Schließlich profitieren nicht alle Landwirte gleichermaßen von den Mindestpreisen; gerade die hochproduktiven Agrarbetriebe in den Zentren werden begünstigt, während Kleinbauern im Mittelmeerraum aufgrund geringer Produktionsmengen nur wenige Transferzahlungen erhalten.

Daneben gewannen in jüngerer Zeit die Strukturfonds (Europäischer Fonds für regionale Entwicklung, Europäischer Sozialfonds) an Bedeutung. Sie sollen schwerpunktmäßig zur Verringerung der Entwicklungsunterschiede zwischen den Teilregionen der EU beitragen.

Raumentwicklung und regionale Wirtschaftspolitik

Zwischen den Ländern und Regionen der EU bestehen noch immer tiefgreifende Unterschiede im sozioökonomischen Entwicklungsstand und in den Wirtschaftsstrukturen. Das höchste Pro-Kopf-Einkommen und einen guten sozialen Entwicklungsstand weisen die Kerngebiete in Europa (BeNeLux, Westdeutschland, Nordfrankreich, Österreich, Norditalien) auf. Gravierende Rückstände sind kennzeichnend für die Peripherieregionen

(Irland, Portugal, Spanien, Süditalien, Griechenland); so beträgt z. B. das Pro-Kopf-Einkommen Griechenlands nur ein Fünftel des Wertes von Luxemburg. Auch weisen diese Gebiete erhebliche soziale Defizite, z. B. in der medizinischen Versorgung, der Haushaltsausstattung und im Bildungsbereich, auf. Die geringe wirtschaftliche Leistungsfähigkeit drückt sich ebenfalls in hohen Arbeitslosenquoten (z. B. Irland, Spanien, Süditalien) aus. Die niedrigeren Werte Portugals und Griechenlands ergeben sich nur aufgrund versteckter Arbeitslosigkeit, vor allem in der Landwirtschaft und im Dienstleistungsbereich (z. B. kleine Läden, einfache Dienste). Dort sind noch immer viele Personen in Kleinstbetrieben tätig, die kaum ausreichende Einnahmen zum Überleben erwirtschaften.

Die sektorale Gliederung zeigt einen hohen Anteil der Landwirtschaft in der Peripherie (über 20 % der Beschäftigten). Sie ist zudem mit erheblichen Nachteilen gegenüber den Zentren belastet. Die Betriebe erzielen aufgrund traditioneller Arbeitsmethoden (viel Handarbeit, geringe Mechanisierung), einer starken Besitzzersplitterung (Realerbteilung), einer extrem kleinbetrieblichen Struktur und naturräumlicher Belastungen (z. B. Relief, Aridität) nur sehr geringe Hektarerträge (z. B. in Portugal bei Getreide nur 36 % und bei Kartoffeln 30 % des EU-Mittelwertes).

Der Anteil der Industrie ist relativ gering und sie weist erhebliche strukturelle Defizite auf. Es dominieren arbeitsintensive Branchen, die mit einfachen Produktionsverfahren Güter niedrigen technologischen Standards herstellen (z. B. Nahrungsmittelindustrie, Textilien/Bekleidung). Dagegen ist die Produktion von modernen, technologisch hochwertigen Gütern des Investitionsgüterbereichs wenig ausgeprägt (z. B. Maschinen-/Fahrzeugbau, Elektrotechnik, Mikroelektronik). Auch bei den Dienstleistungen fehlen die modernen unternehmensorientierten Servicebereiche, während auf eine wenig effiziente, personell übersetzte Verwaltung und den saisonabhängigen Tourismus hohe Anteile entfallen.

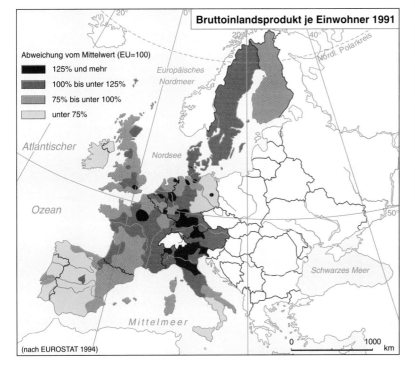

Bruttoinlandsprodukt je Einwohner 1991

Abweichung vom Mittelwert (EU=100)

- 125% und mehr
- 100% bis unter 125%
- 75% bis unter 100%
- unter 75%

Europäisches Nordmeer

Atlantischer

Nordsee

Ozean

Schwarzes Meer

Mittelmeer

(nach EUROSTAT 1994)

0 — 1000 km

Wie man Zölle umgeht und Subventionen beantragt

Der Hamburger Fruchtimporteur T. Port will mit einer ungewöhnlichen Idee die europäische Bananenmarktordnung ad absurdum führen: Das Handelshaus möchte auf der Ostseeinsel Rügen Bananen in Treibhäusern anbauen und dafür Subventionen beantragen.

Das Handelshaus stützt sich bei seinem Antrag auf die gleichen Argumente, mit denen Frankreich die Bananenmarktordnung zum Schutz seiner ehemaligen Kolonien in Übersee durchgesetzt hat. Bei Rügen wie in der Karibik handelt es sich um eine insulare Lage. Auch in anderen Punkten steht die Insel den Karibikstaaten in nichts nach: Das Gebiet ist „klimatisch und topographisch" benachteiligt. Der Bananenverzehr auf der Insel ist von großer Bedeutung, während eine Versorgung durch Eigenanbau fehlt. Angesichts der hohen Arbeitslosigkeit sind sogar „soziale Unruhen" nicht auszuschließen.

Angesichts der hohen Heizkosten für den Treibhausanbau sei die Idee eigentlich Irrsinn, weiß auch das Handelshaus. Das ganze Bananenproblem sei nur sinnvoll lösbar, wenn die „unsinnige" EU-Marktordnung vom Tisch käme. „Die Zölle sind zum Teil dreimal so hoch wie der eigentliche Warenwert", sagt das Handelshaus. Auch nach Auffassung des Hamburger Gerichts verstößt die EU-Bananenmarktordnung gegen mehrere Bestimmungen des GATT-Vertrages, der Vorrang vor EU-Regelungen habe.

(nach „Der Tagesspiegel" vom 8. 7. 1995)

?

Erklären Sie die räumlichen Unterschiede des BIP je Einwohner der EU.

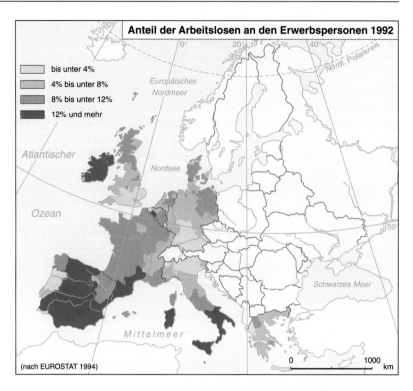

Anteil der Arbeitslosen an den Erwerbspersonen 1992

bis unter 4%
4% bis unter 8%
8% bis unter 12%
12% und mehr

(nach EUROSTAT 1994)

0 1000 km

?

1. Überlegen Sie , welche Ursachen (naturräumliche, historische, kulturelle, wirtschaftliche) für die räumlichen Entwicklungsunterschiede in Europa verantwortlich sind.
2. Welche Auswirkungen können die räumlichen Entwicklungsunterschiede auf den europäischen Integrationsprozess haben?

Die raumstrukturellen Disparitäten blieben in der jüngeren Vergangenheit im Wesentlichen konstant. Berechnungen der Kommission der EG zeigen, dass sich zwischen 1980 und 1990 die Einkommensunterschiede – gemessen mit der gewogenen Standardabweichung des Pro-Kopf-Einkommens der 174 NUTS II-Raumeinheiten (1980: 26,1, 1990: 27,5) – kaum veränderten. Kleinräumig lassen sich jedoch Unterschiede beobachten. Die Zentralregionen Mitteleuropas verzeichneten einen günstigeren Entwicklungsverlauf. Einige Peripheriezentren (z. B. Lissabon, Madrid, Barcelona, Dublin) erzielten weit überdurchschnittliche Wachstumsraten. Dagegen vergrößerte sich der Abstand zu den gering entwickelten ländlichen Gebie-

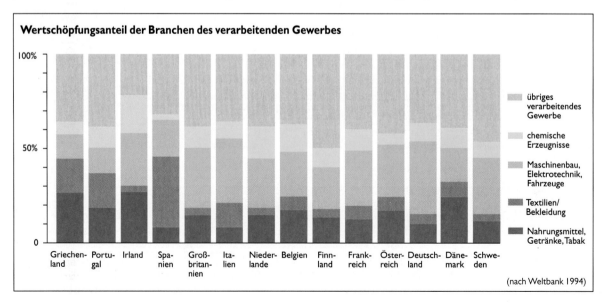

Wertschöpfungsanteil der Branchen des verarbeitenden Gewerbes

übriges verarbeitendes Gewerbe

chemische Erzeugnisse

Maschinenbau, Elektrotechnik, Fahrzeuge

Textilien/ Bekleidung

Nahrungsmittel, Getränke, Tabak

Griechenland · Portugal · Irland · Spanien · Großbritannien · Italien · Niederlande · Belgien · Finnland · Frankreich · Österreich · Deutschland · Dänemark · Schweden

(nach Weltbank 1994)

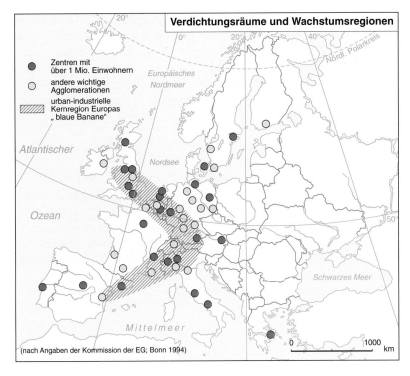

Verdichtungsräume und Wachstumsregionen

● Zentren mit über 1 Mio. Einwohnern

○ andere wichtige Agglomerationen

▨ urban-industrielle Kernregion Europas „blaue Banane"

Europäisches Nordmeer

Atlantischer

Nordsee

Ozean

Schwarzes Meer

Mittelmeer

0　1000 km

(nach Angaben der Kommission der EG; Bonn 1994)

Peripherieregion – Portugal

ten und den Peripherieregionen mit politisch-ökonomischen Instabilitäten (z. B. Sizilien, Korsika, Griechenland).

Bisher sind die zu erwartenden räumlichen Auswirkungen der Realisierung des EU-Binnenmarktes umstritten. Die freie Güter- und Faktormobilität kann zu einer weiteren räumlichen Konzentration führen oder räumliche Ausbreitungsprozesse ökonomischer Aktivitäten begünstigen. Die Peripheriegebiete können Wachstumsimpulse durch kostenbedingte (niedriges Lohnniveau) Verlagerungen von Industriebetrieben und durch Expansionsprozesse vorhandener Einheiten erfahren. Zugleich besteht jedoch die Gefahr, dass die leistungsfähigen Industriebetriebe der Zentralregion den ganzen europäischen Markt versorgen und traditionelle Gewerbebetriebe der Peripherie, die mit ihnen nicht konkurrieren können, verdrängen.

Allgemein wird angenommen, dass die Erleichterung der Mobilitätsprozesse zu einer stärkeren räumlichen Arbeitsteilung führt. Günstige Wachstumsprognosen gelten für die von Südengland über die Rheinschiene und Norditalien bis Südfrankreich reichende europäische Zentralregion, die sogenannte „blaue Banane". Aufgrund dort vorhandener Agglomerationsvorteile – z. B. hochwertige Infrastruktur, Forschung und Entwicklung, qualifizierte Arbeitskräfte, diversifizierte Wirtschaftsstruktur, hohes Einkommensniveau der Nachfrager – konzentrieren sich hochwertige Dienstleistungs- und Industriebetriebe, die neue Produkte herstellen (z. B. Mikroelektronik), in diesem Raum. Eine moderne Industrieproduktion benötigt die dort gegebenen Rahmenbedingungen um die laufenden Änderungen der Produkte und Produktionsverfahren zu realisieren.

Verdichtungsraum – Hannover

Dagegen können aus der Zentralregion in die Peripherie Verlagerungen von Industriebetrieben erfolgen, die ihre Konkurrenzfähigkeit nur durch Kostenreduzierung erhalten können. Hier handelt es sich vor allem um ältere Produkte mit standardisierten Herstellungsverfahren (z. B. Bekleidungs-

Ziel 1:
Regionen mit Entwicklungsrückstand
– BIP pro Kopf unter 75 % des
  Gemeinschaftsdurchschnitts

Ziel 2:
Industrieregionen mit rückläufiger
Entwicklung
– Durchschnittliche Arbeitslosenquote während der letzten 3 Jahre
  über dem Gemeinschaftsdurch-
  schnitt
– Anteil der Industriebeschäftigten
  an den Erwerbstätigen in einem
  Jahr seit 1975 über dem Gemein-
  schaftsdurchschnitt
– Rückgang der Zahl der Industriebeschäftigten

Ziel 5b:
Ländliche Gebiete
– geringe Bevölkerungsdichte
– beschränkte verkehrstechnische
  Erschließung
– Abwanderung der Bevölkerung
  während der letzten 25 Jahre
– Überproportionale Bedeutung
  des Agrarsektors

industrie, Elektromontage, z. T. auch Straßenfahrzeugbau). Für sie bieten die Großstadtregionen der Peripherie gute Standortvoraussetzungen; sie verfügen über eine ausreichende Basisinfrastruktur mit guten internationalen Verbindungen und bieten zugleich niedrigere Arbeits- und Standortkosten. Ungünstige Perspektiven besitzen die ländlichen Räume der Peripherie. Die handwerkliche Produktion und die Landwirtschaft sind nur begrenzt konkurrenzfähig und besitzen kein Expansionspotenzial.

Neuansiedlungen von Industriebetrieben von außerhalb sind aufgrund gravierender Standortnachteile – z. B. schlechte Erreichbarkeit, Infrastrukturdefizite, geringes Qualifikationsniveau der Arbeitskräfte – nicht zu erwarten. Hohe Arbeitslosenquoten und Abwanderungen können auftreten. Die EU versucht, die bestehenden räumlichen Disparitäten durch den Einsatz regionalpolitischer Instrumente zu verringern. In ausgewiesenen Gebieten werden der Ausbau der Infrastruktur, Neuansiedlungen von Betrieben, Modernisierungen in vorhandenen Einheiten und Maßnahmen zur Qualifikation von Arbeitskräften unterstützt. Drei Typen von Fördergebieten finden dabei Berücksichtigung.

Die Ziel-1-Regionen weisen ein besonders niedriges Einkommensniveau auf; sie liegen in den Peripheriegebieten (Irland, Portugal, Spanien, Süditalien, Griechenland). Ein Sonderprogramm gilt für die neuen Länder Deutschlands.

Bei Ziel-2-Regionen handelt es sich um sogenannte „Altindustriegebiete", in denen Industriebranchen (z. B. Eisen- und Stahlindustrie), die starke Schrumpfungstendenzen verzeichnen, dominieren; sie befinden sich in den Kerngebieten der EU (z. B. Ruhrgebiet).

Der dritte Typ, die Ziel-5 b-Regionen, sind durch eine starke landwirtschaftliche Prägung und Abwanderungstendenzen der Bevölkerung gekennzeichnet; hierbei handelt es sich vorwiegend um ländliche Bereiche (z. B. Bayerischer Wald, Ostfriesland) Zentraleuropas.

?

1. Warum setzt die EU regionalpolitische Instrumente ein?
2. Welche spezifischen Probleme sind
kennzeichnend für die Gebietstypen der
EU- Regionalpolitik?

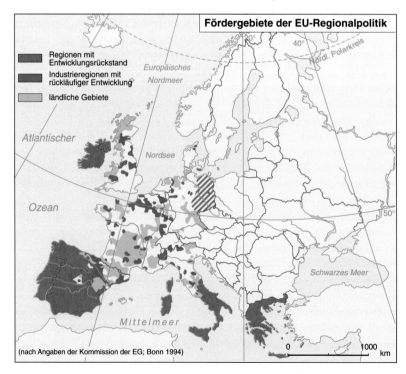

Fördergebiete der EU-Regionalpolitik

■ Regionen mit Entwicklungsrückstand
■ Industrieregionen mit rückläufiger Entwicklung
■ ländliche Gebiete

(nach Angaben der Kommission der EG; Bonn 1994)

0 _____ 1000 km

Bei dem Instrumenteeinsatz besitzen Ausbaumaßnahmen der Infrastruktur dominierende Bedeutung. Durch sie sollen die Voraussetzungen für eine selbsttragende Entwicklung geschaffen werden. Ein niedrigerer Anteil entfällt auf Investitionszuschüsse für Betriebe. Begrenzend auf die Wirksamkeit der Regionalpolitik wirkt sich ihr geringerer Stellenwert gegenüber der Agrarpolitik der EU aus. Auch wird kritisiert, dass im Verhältnis zu den verfügbaren Mitteln zu viele Gebietseinheiten (60 % der Fläche mit 43 % der Bevölkerung) Fördermittel erhalten und damit eine sinnvolle Konzentration auf konkurrenzfähige Standorte ausbleibt. Dennoch bilden in einzelnen Teilgebieten die EU-Mittel eine wichtige Voraussetzung der Entwicklung. So wird das dynamische Wachstum im Großraum Lissabon auf eine Kombination vorhandener Standortvorteile mit EU-Transferzahlungen (bis zu 4 % des portugiesischen BIP) zurückgeführt.

Insgesamt bewirkt die Integration der EU eine Intensivierung der räumlichen Austauschbeziehungen, eine Internationalisierung der Unternehmensaktivitäten, eine fortschreitende räumliche Arbeitsteilung und eine regionale Differenzierung. Dynamischen Wachstumsräumen mit modernen Industrie- und Dienstleistungsaktivitäten in Zentraleuropa sowie urban-industriellen Großstadträumen in der Peripherie stehen Problemregionen mit ungünstigen landwirtschaftlichen Prägungen und Abwanderungstendenzen gegenüber.

Fallstudie Association of Southeast Asian Nations

Die wirtschaftliche Bedeutung der ASEAN ist noch wesentlich geringer als jene der EU, jedoch verzeichneten die Mitgliedsstaaten in den letzten Jahren ein rasantes wirtschaftliches Wachstum. Innerhalb weniger Jahrzehnte entstanden aus abhängigen Kolonien und armen Entwicklungsländern sogenannte „Newly Industrialized Countries" bzw. Schwellenländer mit einer hohen ökonomischen Leistungsfähigkeit. Sie konnten ihren Anteil am Bruttoinlandsprodukt der Welt (1970: 1,05 %, 1992: 1,71 %) und am internationalen Warenhandel wesentlich steigern. Ihre Erfolge beruhen, wie der überproportional hohe Anteil und die großen Zuwachsraten an den Weltexporten dokumentieren (Anteil 1978: 2,89 %, 1992: 5,04 %), vor allem auf einer Exportdiversifikation. Alle Länder realisierten eine horizontale und vertikale Diversifizierung mit besonderer Betonung des Aufbaus einer exportorientierten Industrie. Die nationale Wirtschaftspolitik der einzelnen Staaten hatte erheblich größere Bedeutung für diese Entwicklungen als die ASEAN-Politik; erst in jüngster Vergangenheit wurden die Bemühungen zur regionalen wirtschaftlichen Integration verstärkt.

Stufen der Integration

Die Gründung der ASEAN erfolgte vor allem aus politischen Gründen. Die Eskalation des Vietnam-Krieges und die Furcht vor der Ausbreitung des Kommunismus in Südostasien führten 1967 zum Zusammenschluss der Staaten Indonesien, Malaysia, Philippinen, Singapur und Thailand. Einigend waren für sie ein strikter Antikommunismus und eine starke Anlehnung an den Westen. Als gemeinsames Ziel wurden 1971 in der Kuala-Lumpur-Deklaration die Schaffung einer Zone des Friedens, der Freiheit und der Neutralität definiert.

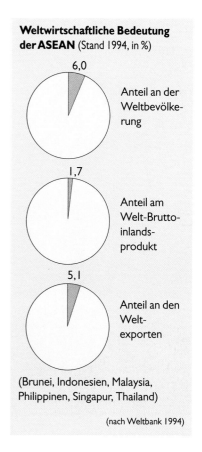

Weltwirtschaftliche Bedeutung der ASEAN (Stand 1994, in %)

6,0 — Anteil an der Weltbevölkerung

1,7 — Anteil am Welt-Bruttoinlandsprodukt

5,1 — Anteil an den Weltexporten

(Brunei, Indonesien, Malaysia, Philippinen, Singapur, Thailand)

(nach Weltbank 1994)

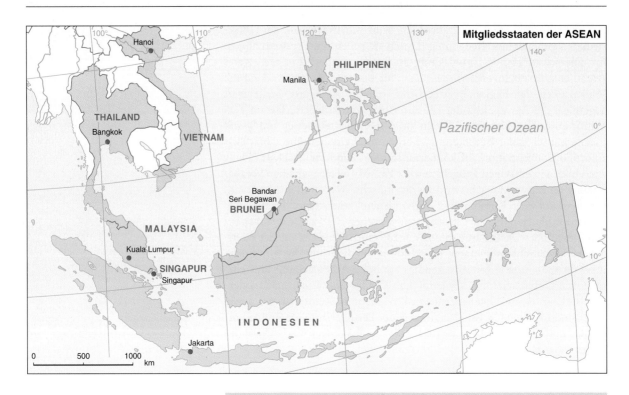

Mitgliedsstaaten der ASEAN

Hanoi

PHILIPPINEN

Manila

THAILAND
Bangkok

VIETNAM

Pazifischer Ozean

Bandar
Seri Begawan
BRUNEI

MALAYSIA

Kuala Lumpur

SINGAPUR
Singapur

INDONESIEN

Jakarta

0   500   1000
km

Stufen der Integration der ASEAN

1967 Gründung der ASEAN (Association of Southeast Asian Nations) durch Indonesien, Malaysia, Philippinen, Singapur und Thailand
Politisches Ziel: Schaffung einer Zone des Friedens, der Freiheit und der Neutralität in Südostasien

1976 Harmonisierung der Außen- und Sicherheitspolitik, Einrichtung eines Generalsekretariats in Jakarta

1977 Handelsabkommen zum produktbezogenen Abbau von Handelshemmnissen (Präferenzzone)
Idee zur Durchführung gemeinsamer industrieller Investitionsvorhaben (joint-ventures)

1984 Beitritt des Sultanats Brunei

1992 Vereinbarung zur Gründung einer ASEAN-Freihandelszone (AFTA) bis zum Jahr 2008

1993 Vereinbarung über Beginn des Zollabbaus zum 1. Januar 1994 und Verkürzung der Periode auf 10 Jahre

1995 Beitritt Vietnams zur ASEAN (ohne AFTA-Mitgliedschaft)

Bankenviertel von Singapur

Ab 1976 trat die ASEAN in eine zweite Phase der Integration ein, in der gemeinsame Einrichtungen entstanden und eine wirtschaftliche Zusammenarbeit begann. Es erfolgte 1976 die Gründung eines Generalsekretariats, welches Verwaltungs-, Koordinierungs- und Beratungsfunktionen erfüllt. Seit 1990 ist es zusätzlich mit der Erstellung jährlicher Wirtschaftsprognosen und -analysen betraut. Auch wurden ständige Fachausschüsse (1992: 8 Ausschüsse, z. B. für Industrie, Handel/Tourismus, Ernährung, Transport/Verkehr, Wissenschaft/Technologie sowie ein Haushaltsausschuss) mit beratenden Aufgaben eingerichtet. Supranationale Organe mit Entscheidungskompetenzen gibt es jedoch nicht. Diese werden nur in den jährlichen Gipfelkonferenzen der Staats-/Regierungschefs und den Zusammenkünften der Fachminister der Mitgliedsstaaten getroffen. Dem entsprechend waren die Abstimmungsprozesse bisher langwierig und Entscheidungen erfolgten nur auf der Basis des kleinsten gemeinsamen Nenners.

Die wirtschaftliche Zusammenarbeit begann 1977 mit der Einführung produktbezogener Zollpräferenzen und mit Plänen zur Durchführung gemeinsamer Investitionsvorhaben (joint ventures). Das Zollprogramm umfasste Anfang der neuziger Jahre ca. 20 000 Produkte, die jedoch wertmäßig nur etwa 5 % des innerregionalen Handels repräsentierten. Güter, bei denen Konkurrenzbeziehungen zwischen den Ländern bestanden, und Waren von nationaler wirtschaftspolitischer Bedeutung (z. B. landwirtschaftliche Produkte) waren ausgenommen. Von den ursprünglich geplanten fünf gemeinsamen Industrieinvestitionsvorhaben der ASEAN-Staaten wurden nur zwei tatsächlich realisiert. Insgesamt besaßen die Integrationsansätze bis zu Beginn der 90er Jahre geringe wirtschaftliche Bedeutung. Bestehende Hemmnisse der Güter- und Faktormobilität wurden kaum beseitigt; der ASEAN-interne Handel lag 1992 mit einem Anteil von etwa 20 % noch auf dem gleichen Niveau wie zum Ende der 60er Jahre. Die hohen nationalen Wachstumsraten der Mitgliedsstaaten waren nicht das Ergebnis der ASEAN-Integration; die Staatengemeinschaft hat die wirtschaftliche Entwicklung der einzelnen Staaten nur indirekt durch die Schaffung eines Raumes mit politischer Stabilität begünstigt.

Im Jahr 1992 wurden bei der Gipfelkonferenz in Singapur Schritte zur Weiterentwicklung der Gemeinschaft durch die Schaffung einer Freihandelszone (AFTA = ASEAN Free Trade Association) vollzogen. Die Pläne sahen vor, die Zölle für Industriegüter zunächst auf 20 % und bis zum Jahr 2008 auf 0-5 % zu senken sowie die nicht-tarifären Handelshemmnisse zu beseitigen. Agrarprodukte, Dienstleistungen und konkurrenzanfällige Produkte blieben ausgenommen. Die politische Bereitschaft zur Realisierung dieser Vorhaben war jedoch anfangs gering. Erst die bevorstehende Gründung konkurrierender Staatengemeinschaften (vor allem NAFTA und MERCOSUR) führte 1993 zum Umschwung. Es wurde beschlossen zum 1. Januar 1994 mit dem Zollabbau zu beginnen, fast 80 % aller in der ASEAN gehandelten Güter einzubeziehen und die Zollabbauperiode auf zehn Jahre zu verkürzen.

Am 28. Juli 1995 trat Vietnam der ASEAN-Staatengemeinschaft bei. Es ist jedoch aufgrund gravierender wirtschaftlicher und gesellschaftlicher Unterschiede noch kein Mitglied der AFTA, deshalb bleibt es bei den folgenden Betrachtungen unberücksichtigt.

Raumentwicklung und regionale Wirtschaftspolitik

Zwischen den ASEAN-Staaten bestehen noch tiefgreifende Unterschiede im sozioökonomischen Entwicklungsstand und in den Wirtschaftsstrukturen. So ist das Pro-Kopf-Einkommen im höchstentwickelten Staat Singapur 21-mal so hoch wie in Indonesien. In vielen Bereichen der Gesellschaft – z. B. der medizinischen Versorgung, der Ausbildung, der Haushaltsausstattung – bestehen in den geringer entwickelten Ländern gravierende Defizite.

Singapur und Malaysia verfügen über eine hoch entwickelte Industrie (z. B. Mikroelektronik, Fahrzeugbau, Maschinenbau) und moderne Dienstleistungsbetriebe. Dagegen besitzen die Landwirtschaft, einfache hand-

Veränderung der weltwirtschaftlichen Bedeutung der ASEAN-Staaten (Anteil in %)

	Anteil am Welt-Bruttoinlandprodukt		Anteil an den Weltexporten	
	1970	1992	1978	1992
Indonesien	0,34	0,55	0,91	0,94
Malaysia	0,15	0,25	0,58	1,13
Philippinen	0,23	0,22	0,27	0,27
Singapur	0,06	0,20	0,79	1,77
Thailand	0,25	0,47	0,32	0,90
Gesamt	1,05	1,70	2,89	5,04

(nach Weltbank, verschiedene Jahre)

Strukturdaten der Mitgliedsländer der ASEAN (Stand 1994)

	Fläche (in T km²)	Bevölkerung (in Mio.)	BSP pro Kopf zu Marktpreisen (in US$)
Brunei	6	0,3	11 898
Indonesien	1 905	189,7	661
Malaysia	330	19,5	3 406
Philippinen	300	65,6	692
Singapur	1	2,9	13 848
Thailand	514	58,6	1 780

(nach Economic Report Malaysia 1994/95)

?

Nennen Sie Gründe, die bisher einer intensiveren wirtschaftlichen Zusammenarbeit der ASEAN-Staaten entgegen standen.

Wirtschaftsstrukturen der ASEAN-Staaten

Anteil der Wirtschaftssektoren am BIP 1992

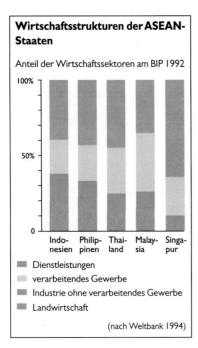

- ▓ Dienstleistungen
- ▓ verarbeitendes Gewerbe
- ▓ Industrie ohne verarbeitendes Gewerbe
- ▓ Landwirtschaft

(nach Weltbank 1994)

Anteil der Branchen an der Wertschöpfung im verarbeitenden Gewerbe (1991)

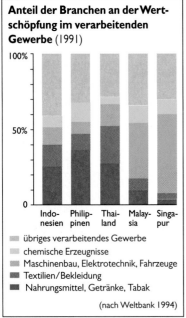

- ▓ übriges verarbeitendes Gewerbe
- ▓ chemische Erzeugnisse
- ▓ Maschinenbau, Elektrotechnik, Fahrzeuge
- ▓ Textilien/Bekleidung
- ▓ Nahrungsmittel, Getränke, Tabak

(nach Weltbank 1994)

?

1. Vergleichen Sie die Entwicklungsunterschiede der ASEAN- Staaten mit jenen der EU- Staaten.
2. Zu welchen politischen und wirtschaftlichen Auswirkungen führen die Strukturunterschiede zwischen den ASEAN-Staaten?

Soziale Indikatoren der ASEAN-Staaten

	Lebenserwartung bei der Geburt in %	Alphabetenrate der Erwachsenen in %	Haushalte mit Elektrizität in %	Telefonanschlüsse je 1000 Einwohner	Bevölkerung mit Zugang zur öffentl. Wasserversorgung in %
	1992	1990	1984	1990	1990
Brunei	74	86	–	263	–
Indonesien	60	77	14	6	51
Malaysia	71	78	64	89	78
Philippinen	65	90	46	10	81
Singapur	75	92	98	385	100
Thailand	69	93	43	24	77

(nach Weltbank 1994)

werkliche Güterproduktion, arbeitsintensive Industriebetriebe (z. B. Bekleidung) und kleine kundenorientierte Dienstleistungen (auch informeller Sektor) in Indonesien und Philippinen noch dominierende Bedeutung. Diese gravierenden internationalen Disparitäten stellen ein erhebliches Hemmnis für die Integrationsbestrebungen dar, denn durch sie unterscheiden sich die wirtschaftlichen Interessen der Länder erheblich. Die höher entwickelten Staaten sind bestrebt, durch den Zusammenschluss zusätzliche Märkte für ihre Industriegüterproduktion zu erschließen. Sie können damit in den anderen Ländern kleine einheimische Betriebe verdrängen oder deren Entwicklung hemmen. Dagegen versuchen die geringer entwickelten Länder, eine eigene Produktion, die zuerst durch Importbeschränkungen geschützt wird, aufzubauen.

Innerhalb der Staaten verteilt sich das hohe nationale Wirtschaftswachstum nicht gleichmäßig über die Fläche. Die modernen Industrie- und Dienstleistungsbetriebe konzentrieren sich aufgrund von Agglomerationsvorteilen in wenigen größeren Städten – z. B. Bangkok, Kuala Lumpur, Jakarta – mit internationalen Verkehrsverbindungen, guter Infrastrukturausstattung, hochrangigen Verwaltungseinrichtungen und anderen Betrieben. Dort kommt es zu starken Zuwanderungen der Bevölkerung und zur Herausbildung einer Primatstadt. So besitzt z. B. Bangkok über 50-mal so viel Einwohner wie die zweitgrößte Stadt Thailands. Mit fortschreitender Verdichtung treten jedoch in den Zentren Agglomerationsnachteile – z. B. Überlastung der Infrastruktur, hohe Bodenpreise, Zusammenbruch des Verkehrs – auf, die zu Ausbreitungsprozessen der wirtschaftlichen Aktivitäten in das Umland der Großstadt und später in die Zentren der Peripherie führen. In der Eastern Seaboard Region in der Nähe Bangkoks oder im Klang Valley im Umland Kuala Lumpurs zeigen sich diese Ausbreitungsprozesse bereits sehr deutlich. Auch einige weiter entfernte Städte in Malaysia – z. B. Penang, Johor Baru – erreichen bereits überdurchschnittliche Wachstumsraten.

Diesen räumlichen Entwicklungspfad beschreibt die Polarisation-Reversal-Hypothese allgemein für Entwicklungs- und Schwellenländer. Sie geht davon aus, dass zu Beginn des wirtschaftlichen Wachstums von Ländern eine räumliche Konzentration in einem Zentrum mit Agglomerationsvorteilen erfolgt. Mit fortschreitendem Wirtschaftswachstum kommt es dort zu einer starken Verdichtung und dem Auftreten von Agglomerationsnachteilen. Dadurch setzt in der zweiten Phase eine intraregionale Dezentrali-

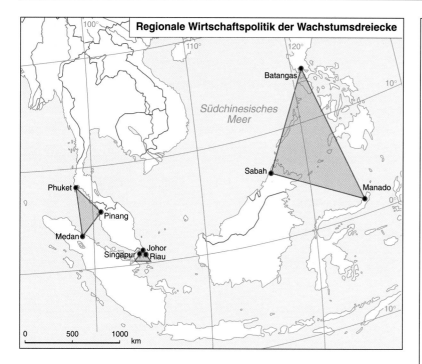

Regionale Wirtschaftspolitik der Wachstumsdreiecke

Raumentwicklung nach der Polarisation-Reversal- Hypothese

1. räumliche Konzentration

2. intraregionale Dezentralisierung

3. interregionale Dezentralisierung

▬ Urban-industrielle Zentren
▬ Umland der Zentren
░ Peripheriegebiete
➔ Mobilität von Produktionsfaktoren (Kapital, Arbeit, technisches Wissen)

sierung in das Umland ein. Nachdem sich bei weiterem Wachstum Agglomerationsnachteile auch im Umland zeigen, ergibt sich in der dritten Phase eine interregionale Dezentralisierung in die weiter entfernten Peripheriezentren. Die regionale Wirtschaftspolitik der einzelnen ASEAN-Staaten versucht, diese Ausbreitungsprozesse zu unterstützen. So werden im Umland Entlastungsorte – bestehend aus Industriegebieten und Wohnbauflächen – errichtet. Ansiedlungen von Industriebetrieben in der Peripherie unterstützen die Staaten durch den Aufbau von Industrieparks und standortbezogene Steuererleichterungen für Investoren. Die Regionalpolitik besitzt jedoch gegenüber der nationalen Wachstumspolitik geringere Bedeutung.

Auch die regionale Wirtschaftspolitik der ASEAN orientiert sich primär am Wachstumsziel und weniger am räumlichen Ausgleich. Die Strategie der Wachstumsdreiecke soll dazu beitragen, grenzüberschreitende Schwerpunkte zu entwickeln. Durch die Beteiligung von Staaten unterschiedlichen Entwicklungsstandes ist eine Kombination von sich ergänzenden Wachstumsfaktoren möglich. Am weitesten sind die Integrationsbemühungen im Umland Singapurs fortgeschritten. Dort bietet Singapur eine hochwertige Infrastruktur und moderne Industrie, Malaysia (Johor) und Indonesien (Riau) verfügen über vielfältige natürliche Ressourcen, billige Arbeitskräfte und ausreichende Flächen. Inwieweit auch die anderen Wachstumsdreiecke mit räumlich weit auseinander liegenden Teilgebieten eine Realisierungschance besitzen, lässt sich gegenwärtig noch nicht beurteilen.

Insgesamt nimmt die ASEAN bisher wenig Einfluss auf die räumlichen Entwicklungen innerhalb der Mitgliedsstaaten. Die vorgesehene Freihandelszone kann zu nationalem Wachstum der Mitgliedsstaaten beitragen, sie wird jedoch nur in begrenztem Maße auf den räumlichen Differenzierungsprozess innerhalb der Länder einwirken.

?

1. Erörtern Sie raumwirtschaftspolitische Strategien zum Abbau der räumlichen Disparitäten innerhalb der Länder.

2. Bewerten Sie die Realisierungschancen der Politik der Wachstumsdreiecke.

Arbeitsanregungen zum Lehrbuchkapitel „Globale Disparitäten und Verflechtungen"

1. Merkmale von Industrie-, Schwellen- und Entwicklungsländern

1.1 Charakterisieren Sie die drei Typen von Ländern mit Hilfe geeigneter Indikatoren.

1.2 Bewerten Sie die Kriterien zur Abgrenzung der Ländertypen.

1.3 Nehmen Sie eine Differenzierung zwischen den Ländern einer Gruppe vor.

1.4 Vergleichen Sie die Art der Einbindung der drei Typen von Ländern in den internationalen Warenhandel.

1.5 Vergleichen Sie Produktionsstrukturen und Standortvorteile von Ländern der drei Typen.

2. Internationale raumwirtschaftspolitische Strategien

2.1 Erläutern Sie Grundzüge der Weltwirtschaftspolitik.

2.2 Bewerten Sie Alternativen der internationalen wirtschaftlichen Einbindung eines Staates.

2.3 Beschreiben Sie die Stufen länderübergreifender Wirtschaftsgemeinschaften und suchen Sie Beispiele dafür.

2.4 Überlegen Sie, welche Instrumente die Ländergemeinschaften im internationalen wirtschaftlichen Wettbewerb einsetzen.

3. Räumliche Entwicklungen in länderübergreifenden Staatengemeinschaften

3.1 Charakterisieren Sie die wirtschaftsräumlichen Einheiten der Europäischen Union.

3.2 Bewerten Sie die EU-Regionalpolitik und überlegen Sie sich Alternativen.

3.3 Diskutieren Sie die Perspektiven der regionalen Wirtschaftsentwicklung der EU im Kontext der internationalen Wirtschaftsbeziehungen, der EU-Politik und regionaler Standortfaktoren.

3.4 Bewerten Sie Probleme und Perspektiven einer weiteren wirtschaftlichen Integration der ASEAN-Staaten.

3.5 Charakterisieren Sie die wirtschaftsräumlichen Strukturen innerhalb der ASEAN-Staaten und überlegen Sie, welche Chancen einer länderübergreifenden Regionalpolitik bestehen.

3.6 Vergleichen Sie Raumstrukturen der EU und ASEAN mit jenen anderer Integrationsräume (z. B. NAFTA, MERCOSUR).

4. Referieren Sie über:

4.1 Trends der Bevölkerungsentwicklung bis zum Jahr 2020 in ausgewählten Industrie- und Entwicklungsländern

4.2 Träger, Ziele und Formen der regionalen Entwicklungspolitik der Bundesrepublik Deutschland

4.3 Ausgewählte regionale Entwicklungsprojekte der Bundesrepublik Deutschland

4.4 Struktur und Reichweite des Außenhandels der Bundesrepublik Deutschland

4.5 Geschichte, Organisation und Zielsetzungen staatenübergreifender wirtschaftlicher Zusammenschlüsse (z. B. EU, NAFTA, ASEAN)

Regionale Disparitäten und Verflechtungen

Die Raumbezogenheit des Menschen prägt dessen Lebenswirklichkeit. Statt eines Lebensraumes während des ganzen Lebens beanspruchen immer mehr Menschen unterschiedliche Aktionsräume des privaten, beruflichen und Freizeitverhaltens und die Grenzen zwischen räumlicher Nähe und Ferne verwischen. Territoriale Identität erfüllt sich somit für die Bürger Deutschlands in Europa zunächst in der Dimension der Heimatregion und des Heimatbundeslandes, sodann in der Dimension der Nation, also der Bundesrepublik Deutschland und nicht zuletzt in der Dimension Europa. Der Prozess der Vereinigung Deutschlands und der Transformationsprozess in Mittel- und Osteuropa stellen eingefahrene Denkgewohnheiten und Verhaltensweisen in Frage.

Grundlage der Standortentscheidungen

Soziale Marktwirtschaft in der Bundesrepublik Deutschland

Seit der Währungsreform (1948) wurde in den westlichen Besatzungszonen in Übereinstimmung mit dem Grundgesetz der Bundesrepublik Deutschland (1949) eine neue Wirtschaftsordnung, die Soziale Marktwirtschaft, angestrebt. In ihr sollen einerseits Elemente der Marktwirtschaft ein entscheidendes Ordnungselement sein, andererseits soll soziale Gerechtigkeit verwirklicht werden. Daraus ergeben sich Rahmenbedingungen und Zielsetzungen:

– Die Gewährleistung eines Wettbewerbs der echten wirtschaftlichen Leistung, der nicht zum gezielten Schädigungs- und Vernichtungswettbewerb entarten darf. Leistungswettbewerb bewirkt ein Höchstmaß an Produktivität, ein faires Zusammenwirken der wirtschaftlichen Kräfte und erschwert die Bildung von privater wirtschaftlicher und politischer Macht.

– Die Grundlage muss ein stabiler Geldwert und ein von größeren Schwankungen freier, hoher allgemeiner Beschäftigungsgrad sein. Dadurch werden der Wille und die Fähigkeit breiter Schichten zur Eigentumsbildung gefördert. Eine Sozialversicherung trägt zur sozialen Sicherheit bei.

– Der Staat muss große strukturelle Anpassungen nötigenfalls durch geeignete vorübergehende Maßnahmen erleichtern, glätten und beschleunigen. Dazu zählen auch die Bereiche des Sozialen, der Raumordnung und der Erziehung. Dieser genau umrissene Zweck bestimmt zugleich das Höchstmaß staatlicher Eingriffe.

(nach „Die Grundideen der Sozialen Marktwirtschaft". Heidelberg, o. J.)

Konjunkturen und Krisen

In der Marktwirtschaft ist die wirtschaftliche Entwicklung oftmals starken Schwankungen, dem Konjunkturverlauf unterworfen. Er hat seine Ursachen einerseits in den vielen Einzelentscheidungen der Haushalte und Unternehmungen, die zu wechselndem Verbrauch, zu großer oder geringer Spartätigkeit oder zu überhöhter Produktion (endogene Faktoren) führen können. Andererseits beeinflussen Naturkatastrophen, Kriege, Bevölkerungsbewegungen, neue Märkte, Erfindungen sowie staatliche Aus- und Einfuhrverbote (exogene Faktoren) das wirtschaftliche Gleichgewicht.

Konjunkturbewegung in der Marktwirtschaft

Der Mensch braucht dauernd die Hilfe seiner Mitmenschen, und er würde sie vergebens von ihrem Wohlwollen allein erwarten. Er wird viel eher zum Ziel kommen, wenn er ihren Egoismus zu seinen Gunsten interessieren und ihnen zeigen kann, dass sie ihren eigenen Nutzen davon haben, wenn sie für ihn tun, was er von ihnen haben will … Nicht von dem Wollen des Fleischers erwarten wir unsere Mahlzeit, sondern von seiner Bedachtnahme auf sein eigenes Interesse. Wir wenden uns nicht an seine Humanität, sondern an seinen Egoismus …

Im Leistungswettstreit setzen sich die besten Güter und Produktionsmethoden durch, die freie Preisbildung nach Angebot und Nachfrage sorgt für den bestmöglichen Ausgleich zwischen den unterschiedlichen Interessen der Produzenten und Konsumenten, und die Nutzung der Arbeitsteilung in Verbindung mit Freihandel erhöht den Wohlstand der Nationen …

Räumt man alle Begünstigungs- und Beschränkungsmaßnahmen aus dem Wege, so stellt sich von selbst das klare und einfache System der natürlichen Freiheit her. In ihm hat jeder Mensch, solange er nicht die rechtlichen Schranken überschreitet, die Freiheit, seine eigenen Interessen so, wie er will, zu verfolgen und seine Arbeit sowie sein Kapital mit der Arbeit und den Kapitalien anderer Menschen oder anderer sozialer Schichten in Wettbewerb zu bringen …

Der staatliche Eingriff beschränkt sich auf die Erfüllung dreier Funktionen.
1. Die Nation gegen Gewalttätigkeiten anderer Nationen zu schützen;
2. jeden einzelnen Vertreter der eigenen Nation vor den rechtlichen Übergriffen aller anderen soweit wie möglich zu bewahren, d.h. Rechtspflege zu üben;
3. bestimmte öffentliche Einrichtungen zu schaffen, deren Errichtung und Unterhalt der privaten Initiative nicht überlassen werden kann.

(nach ADAM SMITH, „Natur und Ursache des Volkswohlstandes". 1776)

„Das Recht auf Eigentum bildet in der Tat eine Stütze und zugleich einen Ansporn für die Ausübung der Freiheit."
(Aus der päpstlichen Enzyklika „Mater et Magistra", 1961)

„Das Recht der Menschen, über irdische Dinge zu verfügen, ist eine Gabe Gottes, die den Menschen hilft, in Verantwortung und Freiheit miteinander zu leben."
(Aus einer Denkschrift der Evangelischen Kirche, 1962)

Eigentum und Wettbewerb im 19. Jh.
Die wirtschaftliche Entwicklung führte im Frühkapitalismus schnell zu krassen sozialen Unterschieden zwischen Eigentümern an Produktionsmitteln („Kapitalisten", K. MARX) und Besitzlosen („Proletarier"). Die Eigentümer konnten den Gewinn aus dem Kapitaleinsatz immer wieder Gewinn bringend einsetzen und so Geld- und Sachkapital vermehren („Kapitalakkumulation"). Die Arbeitnehmer konnten nur ihre Arbeitskraft verkaufen. Diese Abhängigkeit wurde von den Eigentümern der Produktionsmittel häufig missbraucht.

Soziale Marktwirtschaft

Vorgaben aus dem Grundgesetz (GG) der Bundesrepublik Deutschland

privates Eigentum (Art. 14.1 GG) durch Art. 14.2, 3 und Art. 15 GG eingeschränkt	freie Berufswahl (Art. 12) Gewerbefreiheit (Art. 22 GG) bestimmend ist die Gewerbeordnung	freier Wettbewerb durch das Gesetz gegen Wettbewerbsbeschränkung (Kartellgesetz) garantiert und teilweise eingeschränkt	Vertragsfreiheit innerhalb der Schranken, die das Sozialstaatsprinzip (Art. 20.1 GG) setzt

Nachfrage nach Arbeit, Kapital und Boden   Angebot von Arbeit, Kapital und Boden

Märkte
für Arbeit, Kapital, Boden (Produktionsfaktoren)

Ausgaben für Arbeit, Kapital und Boden

Einkommen als Lohn, Zins, Miete, Gewinn

in Anspruch genommen

Ausgaben

Bürger
wirtschaftliche Handlungsfreiheit – Selbstverantwortung (Art. 1, 2, 9, 11 GG) an die Gemeinschaft gebunden (Art. 2; Art. 14.2, 3; Art. 15; Art. 18 GG)

Unternehmen
(privat oder staatlich) Güter und Dienstleistungen

als Produzent

als Konsument

Haushalte

Steuern – Gebühren
Sozialabgaben
öffentliche Dienste

Steuern – Gebühren
Sozialabgaben
öffentliche Dienste

Staat (Bund – Länder – Gemeinden)
Aufgabenbereiche: Wirtschaftspolitik, Sozialpolitik, Bildungspolitik, Raumordnung
Zielsetzung der sozialen Marktwirtschaft: Vollbeschäftigung – soziale Gerechtigkeit und Sicherheit – Preisstabilität – außenwirtschaftliches Gleichgewicht

Subventionen

Erlös

Unterstützungen: Renten, Kinder-, Wohnungs-, Arbeitslosengeld, Ausbildungsförderung

Ausgaben

in Anspruch genommen   Ausgaben

Märkte
für Güter und Dienstleistungen

Angebot von Gütern und Dienstleistungen

Nachfrage nach Gütern und Dienstleistungen

Güterstrom   Geldstrom   individuelles Handeln

Faktoren industrieller Standortwahl

Das **ökonomische Prinzip** als Hauptleitsatz des Wirtschaftens folgt vernünftigerweise aus der Knappheit der Güter. Der Mensch handelt vernünftig, wenn er mit den Gütern sparsam umgeht. Es gilt dann:

1. Mit gegebenen Einsatzmitteln (Produktionsfaktoren) ein größtmögliches Produktionsergebnis zu erzielen, das heißt einen möglichst hohen Bedarf zu befriedigen (Maximalprinzip).
2. Ein bestimmtes Produktionsergebnis, das heißt einen bestimmten Bedarf mit dem geringsten Einsatz an Produktionsfaktoren zu erreichen (Minimalprinzip).

Als **Kosten** der Produktion bezeichnet man den durch Geld (Preis) bewerteten Verbrauch an Produktionsfaktoren. Die Kosten ergeben sich demnach einerseits aus der Menge der eingesetzten Faktoren (Arbeitskräfte, Betriebsmittel, Werkstoffe, Bodenfläche) und andererseits aus den für diese Produktionsfaktoren zu bezahlenden Preisen (Löhne + Gehälter = Personalkosten, Benutzung und Abnutzung der Betriebsmittel = Abschreibungs- und Reparaturkosten, auch Pacht und Zinsen, Preise für eingekaufte Werkstoffe).

Der **Betrieb** ist eine planvoll organisierte Wirtschaftseinheit. Durch die Verknüpfung von Produktionsfaktoren (dispositive und ausführende Arbeit, Betriebsmittel, Werkstoffe) werden Sachgüter produziert oder Dienstleistungen bereitgestellt.

Betriebsgrößen im produzierenden Gewerbe

Betriebsart	Beschäftigte
Handwerksbetriebe	unter 10
Industriebetriebe	
Kleinbetrieb	10–19
kleiner Mittelbetrieb	20–49
großer Mittelbetrieb	50–99
kleiner Großbetrieb	100–199
mittlerer Großbetrieb	200–999
Großbetrieb	1000 und mehr

Die Standortfrage eines Betriebes

Die wirtschaftlichen Tätigkeiten im sekundären und tertiären Sektor werden in Betrieben vollzogen, die sich im Unterschied zum primären Sektor wegen ihres verhältnismäßig geringen Flächenbedarfs durch eine hohe Arbeitsintensität je Flächeneinheit auszeichnen. Weil jeder Betrieb aber eine Fläche beansprucht, bedarf er seines Standorts in der Geosphäre. Aus der Notwendigkeit zur Standortwahl erwachsen insbesondere in der modernen arbeitsteiligen Wirtschaft Standortprobleme.

Die Betriebe stehen durch Verflechtungen mit anderen Standorten der Produktion und mit den Standorten der Konsumtion, den Haushalten, untereinander in vielfältigen räumlichen Beziehungen. Derartige räumliche Zusammenhänge entstehen durch den Bedarf an Rohstoffen, Halb- und Fertigprodukten, Hilfs- und Betriebsstoffen sowie Arbeitskräften einerseits und den Absatz der Erzeugnisse andererseits. Die Standortfrage eines Betriebes lässt sich somit auf zwei Sachverhalte zurückführen:

1. Die Überwindung der räumlichen Distanzen verursacht Transportkosten und beansprucht Zeit.
2. Qualitative Standortvorteile von Betrieben bewirken gegenüber standortmäßig benachteiligten Betrieben bei gleicher Marktentfernung durch kostengünstigere Produktion einen höheren Gewinn.

Bestimmungsgründe des gewerblichen Standortes

In der Marktwirtschaft können Unternehmungen und Haushalte ihren Standort im Rahmen der Gesetze grundsätzlich frei bestimmen. Der Wettbewerb reguliert auf lange Sicht die Beständigkeit einer Standortentscheidung. Deshalb wird man bei der Standortwahl die Standortfaktoren als Einflussgrößen berücksichtigen.

Da in der Regel Beschaffungs- und Absatzmärkte räumlich voneinander getrennt sind, ergeben sich die Kosten verursachenden Situationen des Angebots, Absatzes und Transports. Dementsprechend muss man zwischen Beschaffungs-, Absatz- und Transportorientierung eines Betriebes unterscheiden. Der ökonomisch richtige Standort liegt nach diesen Überlegungen dort, wo der Unterschied zwischen den standortabhängigen Kosten und den standortabhängigen Verkaufserlösen am größten ist, das heißt der höchstmögliche Gewinn erzielt wird.

Bei der Standortwahl ist eine räumliche Hierarchie von Standortentscheidungen zu beachten. Zu berücksichtigen sind die internationale (in welchem Staat), die regionale (der Makrostandort) und die lokale (der Mikrostandort oder Standplatz) Dimension. Es darf nicht übersehen werden, dass der Willensentscheid der Akteure zur Standortwahl nicht immer aus rational-ökonomischem Motiv zu erfolgen braucht. Es können auch gesellschaftspolitische oder psychisch-emotionale Motive im Spiel sein.

Die Frage nach dem optimalen Standort ist schwer zu beantworten. Da Kosten und Verkaufserlöse schwanken, kann der Standort mit höchstem Gewinn zumeist nur annähernd gefunden werden. Außerdem bildet die Gesamtheit der Einflussgrößen ein komplexes Faktorengefüge.

Motive der Standortwahl

Motive	rational-ökonomisch	gesellschaftspolitisch	psychisch-emotional
Orientierung	Kostenvorteile Gewinnchancen	sozial (Industrie auf dem Lande) strategisch (Bauern im Grenzland) militärisch (Rüstungsbetrieb im Berg)	Heimatliebe Tradition Freizeitwert Willkür

Standortfaktoren für Betriebe des produzierenden Gewerbes

Theoretische Grundlagen der Standortwahl

Standortfaktoren

nach der Kostenwirksamkeit
1. harte (kostenwirksame) Faktoren: betriebliche Produktionsfaktoren (Arbeit, Betriebsmittel, Werkstoffe)
2. weiche (kostenneutrale) Faktoren
   - naturräumliches Potenzial
   - soziales Umfeld
   - kulturelles Angebot

nach den Außenbeziehungen
1. Inputfaktoren (Leistungserstellung)
   - Rohstoffe, Vorprodukte, Halbfabrikate
   - quantitative und qualitative Bedingungen des regionalen und lokalen Arbeitsmarktes (Bevölkerungsstruktur, unternehmerische und handwerkliche Fähigkeiten)
   - Arbeitskosten im interregionalen Vergleich
2. Infrastrukturfaktoren
   materielle Infrastruktur:
   - Energie- und Wasserversorgung
   - Verfügbarkeit von Gelände
   - technische Ausstattung des Betriebsgeländes
   - Entsorgungsmöglichkeiten
   - Verkehrsverbindungen
   - Erreichbarkeit von Informationssystemen und Dienstleistungen (Kommunikations-, Bildungs-, Forschungs-, Gesundheits- und Fürsorgewesen, Verwaltung, Wohnungsbau, Freizeiteinrichtungen)
   institutionelle Infrastruktur
   - Rechts-, Finanz-, Zoll- und Steuersystem
   - gesetzliche Rahmenbedingungen (umweltbedingte Auflagen, zugelassene Produktionsrichtungen, Vorgaben für bauliche Ausgestaltung, Dauer von Genehmigungsverfahren)
3. Agglomerationsfaktoren
   - positive (oder negative) interne Ersparnisse als Folge sinkender (oder steigender) Stückkosten bei Kapazitätsausdehnung
   - positive (oder negative) externe Ersparnisse: Beschaffungs-, Produktions-und Absatzkosten sinken (oder steigen)

Deduktive Modelle zur Standortwahl. Deduktive Modelle zur Bestimmung des optimalen Standorts für einen Industriebetrieb gelten nur unter vereinfachenden Bedingungen. Sie reduzieren die Gesamtzahl möglicher Einflussfaktoren und setzen rational-ökonomisches Verhalten der Akteure voraus. Die grundlegende Industriestandorttheorie formuliert A. WEBER 1909. Sie wird in den 60er Jahren von D. M. SMITH weiterentwickelt. Weber führt den Begriff des Standortfaktors ein und versteht darunter „einen in seiner Art scharf abgegrenzten Vorteil, der für eine wirtschaftliche Tätigkeit dann eintritt, wenn sie sich an einem bestimmten Ort oder auch generell an Plätzen bestimmter Art vollzieht".

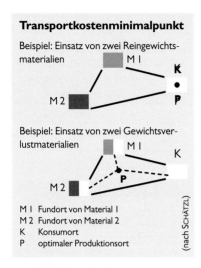

Transportkostenminimalpunkt

Beispiel: Einsatz von zwei Reingewichts-
materialien

Beispiel: Einsatz von zwei Gewichtsver-
lustmaterialien

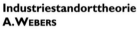

M I Fundort von Material I
M 2 Fundort von Material 2
K   Konsumort
P   optimaler Produktionsort

(nach SCHÄTZL)

Modell der variablen Kosten

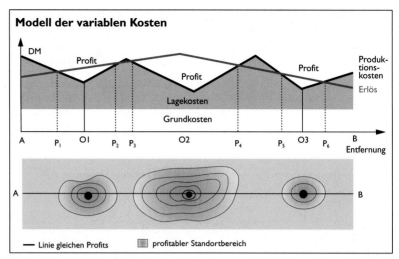

— Linie gleichen Profits   ▦ profitabler Standortbereich

Industriestandorttheorie A. WEBERS

Weber begrenzt seine Untersuchungen auf Kostenvorteile und schließt den Einfluss der Absatzlage aus. Bestimmende Faktoren sind für ihn neben den Arbeitskosten die Transportkosten, welche die Materialkosten enthalten. Der vorläufige Standort liegt dort, wo die Transportkostenbelastung am niedrigsten ist. Das ist der Transportkostenminimalpunkt.

Regel für rohstoff- und absatzorientierte Industrien: Je höher der Gewichtsverlust der Rohstoffe beim Veredlungsprozess, desto näher liegt der Produktionsort am Fundort des Rohstoffs.

Je geringer der Gewichtsverlust der Rohstoffe beim Veredlungsprozess, desto näher liegt der Produktionsort am Absatzort.

Erweitertes Modell von D. M. SMITH

SMITH erkennt die Bedeutung des WEBERschen Modells für die Erklärung räumlicher Verteilungsmuster der Industrie. Er berücksichtigt deshalb für sein Modell nicht nur räumliche Kostenunterschiede, sondern auch regional abweichende Erlöse. Das erweiterte standorttheoretische Modell macht gewinnträchtige Standortbereiche sichtbar.

Außerdem kann durch Einbeziehung zusätzlicher Einflussfaktoren die Realität von Entscheidungen besser abgebildet werden. So können unternehmerische Qualifikationen und regionalpolitische Einflüsse (Subventionen, Steuern) oder Agglomerationsvorteile in die Kostenkalkulation einfließen.

Verhaltenswissenschaftliche Ansätze. Willensentscheide der Akteure, also der Eigentümerunternehmer und Manager, die über rational-ökonomische Motive hinausgreifen, können durch verhaltenswissenschaftliche Ansätze in standorttheoretische Überlegungen einbezogen werden. Sie berücksichtigen, dass subjektive Wertvorstellungen oder der Zufall eine Standortwahl entscheiden können. In aller Regel verfügen die Akteure bei Standortentscheidungen nur begrenzt über zuverlässige Informationen zu den prägenden Einflussgrößen. Außerdem verursachen die Erfassung und Bearbeitung des notwendigen Datenmaterials Kosten, und sie beansprucht Zeit. Die Kenntnisse beziehen sich fast immer auf einen begrenzten Standortsuchraum, der den Entscheidungsträgern aufgrund persönlicher Erfahrungen psychisch-emotional nahe liegt. Oftmals handelt es sich um ihren Aktionsraum, der nicht immer allein der Nahraum sein muss. Dabei führen die begrenzten intellektuellen Fähigkeiten der Akteure zu einer unzureichenden Verarbeitung aller zur Verfügung stehenden Informationen.

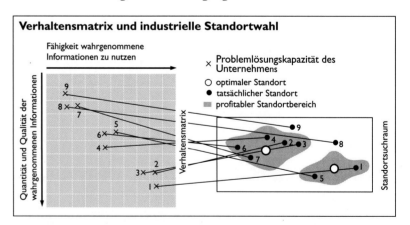

Einfluss der Betriebsgröße. Zwischen der Größe einer Unternehmung und dem Standortwahlverhalten bei Betriebsneugründungen und -verlagerungen oder der Einrichtung von Zweigbetrieben besteht ein ursächlicher Zusammenhang. Klein- und Mittelbetriebe führen in der Regel keine umfassenden Analysen bei der Standortwahl durch und beschränken ihre Suche auf mehr oder weniger bekannte Räume. Es erfolgt die Wahl von

Standorten, die ein gewünschtes Anspruchsniveau erfüllen und persönliche Bedürfnisse und Kontakte befriedigen. Klein- und Mittelbetriebe sind deshalb mit ihrem Aktionsraum stark verflochten. Dementsprechend gehen von ihnen höhere regionale Multiplikatoreffekte aus als von Großbetrieben. Größere Betriebe verlassen sich häufiger auf rational-ökonomisch begründete Entscheidungen. Sie führen deshalb detaillierte Standortanalysen durch. Bei Produktionsengpässen werden Zweigbetriebe errichtet. Sie liegen zunächst in der Nähe des Stammwerkes. In weiteren Expansionsphasen finden zunächst Ansiedlungen im Inland, später im Ausland statt.

Produktzyklenhypothese und Raumentwicklung. Die Produktzyklenhypothese besagt, dass materielle Güter im Laufe der Zeit hinsichtlich der Gestaltung, der Produktionsbedingungen und der Absatzbedingungen eine zyklische Entwicklung durchlaufen. Zugleich verändern sich die Anforderungen an den Produktionsstandort, was zu räumlichen Verlagerungen führt. Auf internationaler Ebene dient die Hypothese zur Erklärung der Arbeitsteilung zwischen Ländern verschiedenen Entwicklungsstandes und auf nationaler Ebene zwischen Zentren und Peripherie.

Automobilwerk in Mosel

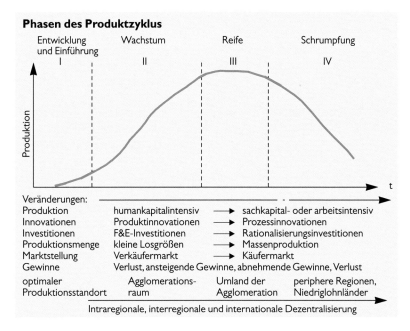

Phasen des Produktzyklus

Entwicklung und Einführung I — Wachstum II — Reife III — Schrumpfung IV

Produktion / t

Veränderungen:

Produktion	humankapitalintensiv	→	sachkapital- oder arbeitsintensiv
Innovationen	Produktinnovationen	→	Prozessinnovationen
Investitionen	F&E-Investitionen	→	Rationalisierungsinvestitionen
Produktionsmenge	kleine Losgrößen	→	Massenproduktion
Marktstellung	Verkäufermarkt	→	Käufermarkt
Gewinne	Verlust, ansteigende Gewinne, abnehmende Gewinne, Verlust		
optimaler Produktionsstandort	Agglomerationsraum	Umland der Agglomeration	periphere Regionen, Niedriglohnländer

Intraregionale, interregionale und internationale Dezentralisierung

Produktlebenszyklus und regionale Schwerpunkte der Produktion.

I Entwicklungs- und Einführungsphase
Innovationen und Produktion in den Zentren von Industrieländern, da Bedarf an:
– Humankapital
– Kommunikation Forschung/Entwicklung und Produktion
– Marktnähe
– Kaufkraft der Abnehmer besteht.

II Reifephase
Verlagerung der standardisierten Produktion in die Peripherien von Industrieländern und in Entwicklungsländer („verlängerte Werkbänke"), denn es genügen:
– billige und weniger qualifizierte Arbeitskräfte (kostengünstigere Standorte)
– schwächere Infrastruktur.

Bedeutung ausgewählter Standortfaktoren im Verlauf des Produktlebenszyklus

	Entwicklungs- und Einführungsphase	Wachstums-phase	Reife-phase	Schrump-fungs-phase
qualifizierte Arbeitskräfte	++	+	0	0
hochwertige Infrastruktur	++	+	0	0
Agglomerationsvorteile (Zulieferer, Dienste)	+	++	0	0
Marktnähe	+	++	+	0
billige Arbeitskräfte	0	0	++	++
niedrige Standortkosten (Betriebsgelände, Abgaben)	0	0	++	++

++ sehr wichtig; + wichtig; 0 weniger wichtig

?
Untersuchen Sie Standortfaktoren am Beispiel des Automobilwerkes in Mosel.

Wirtschaftliche Entwicklung ist nach J. A. SCHUMPETER (1939) ein Prozess permanenter schöpferischer Zerstörung. Da mit neuen und besseren Produkten und Produktionsverfahren höhere Gewinne erzielt werden können, verdrängen sie die alten und schlechteren. Zerstörung sei daher ein Wesensmerkmal der Marktwirtschaft. Die technischen und kommerziellen Neuerungen (Innovationen) sowie der dynamische Unternehmer sind die Triebfedern.

SCHUMPETER greift das von dem russischen Agronomen N. D. KONDRATIEFF (1926) entwickelte Modell der „langen Wellen der Weltkonjunktur" (KONDRATIEFF-Zyklen) auf.

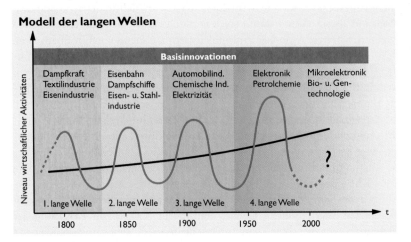

Modell der langen Wellen

Einfluss der räumlichen Maßstabsebene. Das Gewicht der einzelnen Standortfaktoren differiert erheblich zwischen den räumlichen Entscheidungsebenen. Bei Neugründungen, Verlagerungen oder Errichtung von Zweigbetrieben im Nahbereich besitzen andere Einflussgrößen Bedeutung als auf nationaler oder internationaler Ebene.

Im Nahbereich dominieren Standortverlagerungen aus den Kernen in Stadtrandgebiete oder das Umland. Entscheidende Ursachen der Abwanderung sind ungünstige Bedingungen im Kerngebiet (Flächenkonkurrenz, veraltete Betriebsanlagen). Auf nationaler Ebene erfolgen Totalverlagerungen überwiegend im Nahbereich (Flächenkonkurrenz), während für Zweigbetriebe auch weiter entfernte Standorte (Arbeitskräfte, Verkehrslage, öffentliche Förderung) gewählt werden. Entscheidende Motive von Direktinvestitionen auf internationaler Ebene sind die Marktnähe und Umgehung von Importrestriktionen durch die Herstellung der Güter im Zielland. Daneben besitzen auch niedrige Kosten (Arbeits- und Transportkosten, Verfügbarkeit von Rohstoffen) nennenswerten Einfluss.

Gründe der Standortwahl

Nahbereich[1] (Bsp. München)		Nationale Ebene[2] (Bsp. Bundesrepublik Deutschland)		Internationale Ebene[3] (Bsp. Direktinvestitionen der Bundesrepublik Deutschland in Entwicklungsländern)	
1. Bodenpreis	50 %	1. Verfügbarkeit von Flächen	48 %	1. Markt des Entwicklungslandes	74 %
2. großes Flächenangebot	31 %	2. Arbeitskräfteangebot	27 %	2. Produktionskosten	57 %
3. gute Straßenanbindung	10 %	3. günstige Absatz- und		3. Politik gegenüber Importen	56 %
4. persönliche Gründe	10 %	Transportsituation	10 %	4. stabile politische Verhältnisse	54 %
5. Nähe zu früherem Standort		4. öffentliche Förderung	6 %	5. Politik gegenüber Investoren	46 %
bzw. zum Hauptsitz	9 %	5. günstige Rohstoffgewinnung	2 %	6. Infrastruktur	41 %
6. günstige Miete und Pacht	9 %	6. sonstige Faktoren	8 %	7. Exporte aus dem Entwicklungsland	34 %
7. gute Verbindungen mit				8. Förderpolitik in der BR Deutschland	20 %
öffentlichen Verkehrsmitteln	9 %			9. Rohstoffsicherung	12 %
8. Arbeitskräfteangebot	8 %				
9. erschlossenes Gewerbegebiet	7 %				
10. niedriger Gewerbesteuersatz	5 %				

Erläuterungen: [1] Nennungen in % aller Betriebe; [2] Anteil an der Gesamtzahl aller Nennungen in %; [3] gewichtete Zusammenfassung von Bewertungen in %
(nach [1] DECKER 1984; [2] SCHLIEBE 1982; [3] IFO-Studien 1983)

Einzelwirtschaftliche Standortwahl

Stromproduktion (Kraftwerke)

Standortfaktoren der Stromproduktion

Absatzorientierung:		Beschaffungsorientierung	
Transportverluste bei Energie, Kosten für den Leitungsbau	Transportkosten am geringsten Standort am Abbauort	werden so gering wie möglich gehalten Standort an der Wasserstraße, am Fluss, an der Küste	Standort in Raffinerienähe, an der Pipeline
Standort im Verdichtungsraum: Kosten nehmen ab	Steinkohle: Ruhr, Aachen, Saar, Ibbenbühren, Braunkohle: Rheinisches und Mitteldeutsches Revier	Steinkohle: Bremen, Salzgitter, Berlin, Aschaffenburg, Karlsruhe, Mittlerer Neckar Kernkraft: Unterelbe, Ruhr	Heizöl, Erdgas: Hamburg, Bremen, Berlin, Rhein-Ruhr, Rhein-Main, Rhein-Neckar, Mittlerer Neckar, Nürnberg
Standortkosten im ländlichen Raum wachsen an	Braunkohle: Niederlausitz	Steinkohle: Kiel, Lübeck Kernkraft: z. B. Schweinfurt	Heizöl, Erdgas: Ingolstadt

Die **Standorte der Stromproduktion**, die Kraftwerke, sind durch folgende Einflussgrößen bestimmt:
– Nähe zu den Verbraucherschwerpunkten, um Transportverluste an elektrischer Energie und Kosten für aufwendigen Leitungsbau zu senken.
– Die Verfügbarkeit der Einsatzenergie (Primär- und Sekundärenergie) wird bestimmt durch das Verhältnis der Transportkosten für Strom und der Transportkosten für den Energieträger.
– Verfügbarkeit von Kühlwasser.
– Lage zu den Haupttransportleitungen im europäischen Stromverbund.

Eisen schaffende Industrie

Betriebe der Eisen schaffenden Industrie stellen spezifische Ansprüche an den Standort, denn die Beschaffungssituation ist geprägt durch den kontinuierlichen Bedarf großer Rohstoffmengen. Da die Produktionsanlagen aber durch hohe Kapitalinvestitionen gekennzeichnet sind, besteht die Neigung zur Beharrung auf ehemals optimalen Standorten. Das führt zu erhöhten Produktionskosten und erfordert Rationalisierungen. Durch Ansiedlung von Raffinerien verbunden mit dem Pipelinebau, Werftindustrie und Betrieben des Fahrzeugbaus entstehen auch Stahlmärkte an der Küste.

Technische Neuerungen in der Eisen- und Stahlindustrie

BESSEMER-Verfahren
(HENRY BESSEMER, 1855 in England)
THOMAS-GILCHRIST-Verfahren
(THOMAS und GILCHRIST, 1878 in England)
SIEMENS-MARTIN-Verfahren
(1864 von dem Deutschen FRIEDRICH SIEMENS und den Franzosen EMILE und PIERRE MARTIN entwickelt)
Elektrostahlofen (1880)
Sauerstoffblasverfahren
(1953 in Österreich), auch LD-Verfahren (nach LINZ und DONAWITZ)

Eisen schaffende Industrie

Binnenstandort A

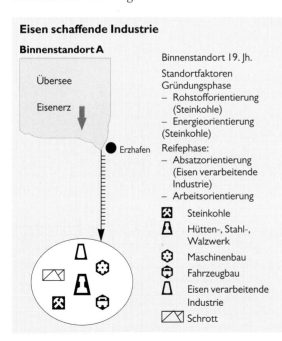

Binnenstandort 19. Jh.
Standortfaktoren
Gründungsphase
– Rohstofforientierung (Steinkohle)
– Energieorientierung (Steinkohle)
Reifephase:
– Absatzorientierung (Eisen verarbeitende Industrie)
– Arbeitsorientierung

⊠ Steinkohle
⌂ Hütten-, Stahl-, Walzwerk
⬡ Maschinenbau
⬡ Fahrzeugbau
⌂ Eisen verarbeitende Industrie
⊡ Schrott

Eisen schaffende Industrie

Binnenstandort B

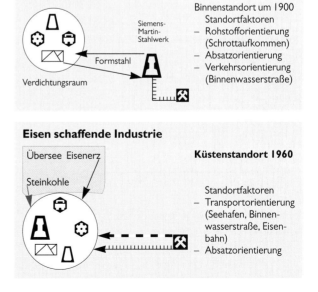

Binnenstandort um 1900
Standortfaktoren
– Rohstofforientierung (Schrottaufkommen)
– Absatzorientierung
– Verkehrsorientierung (Binnenwasserstraße)

Eisen schaffende Industrie

Küstenstandort 1960

Standortfaktoren
– Transportorientierung (Seehafen, Binnenwasserstraße, Eisenbahn)
– Absatzorientierung

Produktionslinie der Aluminiumindustrie

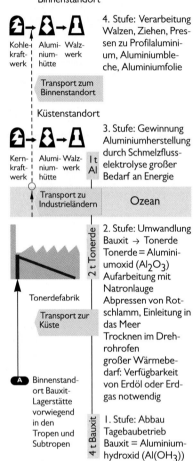

Produktionsstandort   Produktionsstufen

Binnenstandort

4. Stufe: Verarbeitung
Walzen, Ziehen, Pressen zu Profilaluminium, Aluminiumbleche, Aluminiumfolie

Kohle-
kraft-
werk   Alumi-
nium-
hütte   Walz-
werk

Transport zum
Binnenstandort

Küstenstandort

3. Stufe: Gewinnung
Aluminiumherstellung
durch Schmelzfluss-
elektrolyse großer
Bedarf an Energie

Kern-
kraft-
werk   Alumi-
nium-
hütte   Walz-
werk   1 t
Al

Transport zu
Industrieländern   Ozean

2. Stufe: Umwandlung
Bauxit → Tonerde
Tonerde = Aluminiumoxid (Al_2O_3)
Aufarbeitung mit
Natronlauge
Abpressen von Rotschlamm, Einleitung in
das Meer
Trocknen im Drehrohrofen
großer Wärmebedarf: Verfügbarkeit
von Erdöl oder Erdgas notwendig

2 t Tonerde

Tonerdefabrik

Transport zur
Küste

A Binnenstandort Bauxit-
Lagerstätte
vorwiegend
in den
Tropen und
Subtropen

1. Stufe: Abbau
Tagebaubetrieb
Bauxit = Aluminiumhydroxid ($Al(OH)_3$)

4 t Bauxit

Branchen der chemischen Industrie

Grundstoff- und Produktionsgüterindustrie:
Anorganische Grundchemie:
Schwefelsäurefabrikation, Elektrochemische Industrie, Ammoniakfabrikation, Kalk- und Zementindustrie
Organische Grundchemie:
Karbochemie, Erdölchemie einschließlich der Petrolchemie
Verbrauchsgüterindustrie:
Pharmazeutische Industrie, Kunststoffindustrie, Chemiefaserindustrie, Kosmetik- und Waschmittelindustrie, Farbenindustrie, Filmindustrie, Feinkeramikindustrie, Glasindustrie

Aluminiumindustrie

Die Aluminiumindustrie ist ein bedeutender Industriezweig der Nichteisen-Metallerzeugung. Ihre Produktionslinie gliedert sich in vier Stufen. Die Standorte der einzelnen Stufen sind in der Regel räumlich voneinander getrennt, denn die Industrieländer ziehen die Verhüttung der Tonerde aus verschiedenen Gründen an sich:

– Eine Kopplung von Aluminiumhütte und Walzwerk senkt die Produktionskosten.
Der Transport der verhältnismäßig leichten, aber umfänglichen Aluminiumzwischenprodukte steigert die Kosten.
– Die Investitionen für die Verhüttung und Verarbeitung liegen deutlich über den für den Bauxitbergbau und die Tonerdefabrikation.
– Aluminium hat für die Rüstungsindustrie eine große Bedeutung.

Chemische Industrie

Die chemische Industrie umfasst einen äußerst vielschichtigen Industriezweig. Sie produziert in zumeist kapitalintensiven und umfangreichen Fabrikationsanlagen aus einfachen Ausgangsstoffen in chemisch-technischen Verfahren Zwischen- und Endprodukte. Hohe Beträge fließen in die Entwicklung neuer Produkte, auf welche die chemische Industrie wegen des internationalen Konkurrenzdrucks wie kaum ein anderer Industriezweig angewiesen ist. Allgemein wird die chemische Industrie der Grundstoff- und Produktionsgüterindustrie zugeordnet. Hierbei handelt es sich um die Schwerchemie mit den Zweigen der anorganischen Grundchemie, der Karbochemie und der Erdölchemie einschließlich der Petrolchemie. Außerdem produzieren eine Vielzahl von Klein- und Mittelbetrieben der Leichtchemie als Zweige der Verbrauchsgüterindustrie eine nahezu unüberschaubare Menge von Konsumartikeln.

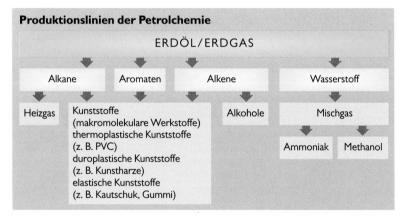

Produktionslinien der Petrolchemie

ERDÖL/ERDGAS

Alkane   Aromaten   Alkene   Wasserstoff

Heizgas   Kunststoffe
(makromolekulare Werkstoffe)
thermoplastische Kunststoffe
(z. B. PVC)
duroplastische Kunststoffe
(z. B. Kunstharze)
elastische Kunststoffe
(z. B. Kautschuk, Gummi)   Alkohole   Mischgas

Ammoniak   Methanol

Verbrauchsgüterindustrie (Leichtindustrie)

Einfluss von Betriebsmerkmalen auf die Standortwahl. Zwischen den Branchen, in Abhängigkeit von den hergestellten Gütern, bestehen Unterschiede in der räumlichen Verteilung der Standorte von Industriebetrieben und der Gewichtung von Standortfaktoren bei der Wahl. Funktionale Unterschiede bei Betrieben werden definiert durch ihre Anteile von Beschäftigten im operativen (produktionsorientierten) und im dispositiven (verwaltungs-, forschungs- und entwicklungsorientierten) Bereich.

Schlüsselindustrie

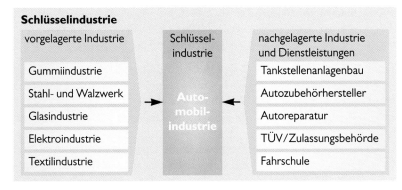

vorgelagerte Industrie	Schlüssel-industrie	nachgelagerte Industrie und Dienstleistungen
Gummiindustrie		Tankstellenanlagenbau
Stahl- und Walzwerk	Auto-mobil-industrie	Autozubehörhersteller
Glasindustrie		Autoreparatur
Elektroindustrie		TÜV/Zulassungsbehörde
Textilindustrie		Fahrschule

Die Standorte der Verbrauchsgüter-industrie sind in den Industrieländern breit gestreut, denn ihre Standort-faktoren sind ubiquitär. Industrieländer verfügen über Flächen deckende Strom-versorgungsnetze und Transport-systeme sowie über qualifizierte Arbeitskräfte. Außerdem herrschen in der Leichtindustrie Klein- und Mittel-betriebe vor, die auch in Kleinstädten des ländlichen Raumes ihren Arbeits-kräftebedarf decken können.

Standorttypen des produzierenden Gewerbes

Standortfaktoren	Orientierung von Standorten des produzierenden Gewerbes	
	Zusammenhang	Beispiele
Rohstofforientierung Standort auf oder nahe dem Roh-stoffvorkommen	Bergbaubetriebe	Kohlegrube, Erzbergwerk, Stein-bruchbetriebe, Ton-, Kies- und Sandgruben
	Betriebe, die Gewichts-verlustmaterial verarbeiten	Braunkohlekraftwerk, Braun-kohlechemie, Rübenzucker-industrie
	Betriebe mit hohem Rohstoffbedarf	Steinkohlekraftwerk, Steinkohle-chemie, Hüttenwerke, Kalk- und Zementindustrie
Energieorientierung Standort nahe der preisgünstigsten Energiequelle	Betriebe mit sehr hohem Bedarf an Elektroenergie	Aluminiumhütte, Schwerchemie (Elektrochemie)
	Betriebe mit sehr hohem Bedarf an Wärmeenergie	Eisen schaffende Industrie
Arbeitsorientierung Standort nahe dem Arbeitskräfte-potenzial	Betriebe, die viele Ar-beitskräfte benötigen	Textilindustrie, Bekleidungsindus-trie, elektrotechnische Industrie,
	Betriebe, die qualifizier-te und hochqualifizierte Arbeitskräfte benötigen	Feinmechanik, Optik, Uhren, Datenverarbeitung, Leichtchemie
Transportorientierung Standort am Verkehrsweg: Überseehafen, Bin-nenwasserstraße	Betriebe mit Bedarf an gewichtskonstanten Massengütern	Steinkohlekraftwerk, Hütten-werk
Pipeline	Betriebe mit Bedarf an Erdöl/Erdgas	Raffinerie, Petrolchemie
Autobahn- und Eisenbahnknoten	Betriebe mit Bedarf an kleinteiligen Zwischen-produkten	Verbrauchsgüterindustrie
Absatzorientierung Standort nahe dem Verbrauch	Betriebe mit Massen-produktion für den Verbrauch	Betriebe der Verbrauchsgüter- sowie Nahrungs- und Genuss-mittelindustrie

Mittelenglisches Industriegebiet (Ferrybridge Power Station)

?

Suchen und ordnen Sie unter Verwen-dung von Atlaskarten Beispiele für Standorttypen des produzierenden Gewerbes.

Wirtschaftsregionen Europas

Wirtschaftsregionen und Entwicklungszonen in Europa und Deutschland

In Europa bestehen gegenwärtig (1996) 43 Länder. Zwischen ihnen und innnerhalb ihrer Landesgrenzen bestehen aufgrund ihrer Größe, ihrer geographischen Lage, ihrer natürlichen Gegebenheiten und ihrer historischen Entwicklung Unterschiede im erreichten Stand der Wirtschaft und der Gesellschaft.

Sind also schon räumliche und zweigliche Disparitäten innerhalb eines Landes typisch, die sich in Form von wirtschaftsstarken, dynamischen Räumen einerseits und strukturschwachen Gebieten andererseits äußern, so trifft das erst recht für den gesamten europäischen Raum zu. Der allmähliche Abbau solcher Disparitäten ist für die Zukunft Europas von großer Wichtigkeit.

Günstige Möglichkeiten zur Verbesserung der Raumstrukturen sind besonders im Bereich der 15 EU-Länder gegeben. Allerdings stellen die in den einzelnen Ländern existierenden, meist kleinen administrativen Einheiten noch ein Hindernis dar. Mit der Bildung von Regionen konnten bessere Bedingungen für die bestmögliche Entwicklung eines Raumes geschaffen werden. Gegenwärtig existieren in der EU insgesamt 117 Regionen; allerdings bestehen die nationalen administrativen Gliederungen auch weiterhin. Über die Regionen hinaus bedürfen Grenzräume mit grenzüberschreitenden Verflechtungsbereichen auch einer grenzüberschreitenden Raumordnung. Das trifft für dynamische Grenzräume ebenso zu wie für weniger entwickelte, für grenznahe Räume zwischen EU-Ländern ebenso wie für Räume an den EU-Außengrenzen.

Beispielhaft konnte eine solche Zusammenarbeit u.a. in der Saar-Lor-Lux-Region (Saarland-Lothringen-Luxemburg), in der Region Oberrhein sowie im deutsch-niederländischen Grenzgebiet erreicht werden.

Ballungsgebiet von Hamburg

Agrarraum westlich von Bruchsal

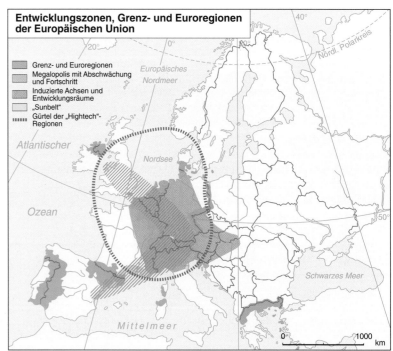

Entwicklungszonen, Grenz- und Euroregionen der Europäischen Union

- Grenz- und Euroregionen
- Megalopolis mit Abschwächung und Fortschritt
- Induzierte Achsen und Entwicklungsräume
- „Sunbelt"
- Gürtel der „Hightech"-Regionen

Ähnliches wird an den EU-Außengrenzen angestrebt. Durch die Bildung von 8 Euroregionen allein an den deutschen Außengrenzen zu Polen und Tschechien konnten zahlreiche Maßnahmen in den Bereichen Bildung, Wirtschaft, Kultur, Umwelt, Tourismus und Verwaltung eingeleitet werden. Im Zeitraum zwischen 1996 und 2000 stellen die EU und Deutschland für die grenzüberschreitende Zusammenarbeit mit den östlichen Nachbarn etwa 600 Mio. DM zur Verfügung. Gefördert werden damit die deutsch-polnischen Euroregionen Pomerania, Pro Europa Viadrina, Spree–Neiße–Bober sowie Neiße und die deutsch-tschechischen Euroregionen Elbe–Labe, Erzgebirge, Egrensis und Bayerischer Wald–Böhmerwald.

Für Staaten, die nicht Mitglied der EU sind, ist gegenwärtig der Abbau räumlicher und zweiglicher Disparitäten sehr kompliziert, da Fördermaßnahmen fast ausschließlich nur auf nationaler Basis erfolgen können. Besonders in den ehemaligen RGW-Ländern (Ostblockländer) fehlen die Mittel, strukturschwachen und armen Regionen zu helfen. Es besteht die Gefahr, dass statt allmählicher Angleichung dieser Gebiete die räumlichen Disproportionen größer werden.

Regionale Disparitäten bestehen auch in Deutschland, besonders zwischen den alten und den neuen Ländern. In der alten Bundesrepublik werden traditionell 9 Ballungsgebiete (Rhein–Ruhr, Rhein–Main, Hamburg, München, Stuttgart, Rhein–Neckar, Nürnberg, Hannover und Bremen), in der ehemaligen DDR 4 (Halle–Leipzig, Berlin, Dresden und Chemnitz–Zwickau) ausgegliedert. Seit der Wiedervereinigung haben sich die Rahmenbedingungen der Raumentwicklung in Deutschland grundlegend verändert. Im „Raumordnungspolitischen Orientierungsrahmen", der Leitvorstellungen für eine ausgewogene dezentrale Raumentwicklung und zur Herstellung gleichwertiger Lebensverhältnisse in allen Teilen des Bundesgebietes entwirft, heißt es, dass eine schematische Gegenüberstellung von Verdichtungsräumen und ländlichen Regionen der heutigen und künftigen Raumstruktur nicht gerecht wird. „Geboten ist vielmehr eine integrative Sichtweise, die die speziellen räumlichen Funktionen sowie die Verflechtungen und Abhängigkeiten der Räume untereinander hervorhebt." Da der raumstrukturelle Wandel der letzten Jahrzehnte zu einer vielfältigen Differenzierung der ländlichen Räume geführt hat, können diese Regionen nicht generell als strukturschwach eingestuft werden.

Im Raumordnungsbericht 1993 wird deshalb zwischen verschiedenen Typen ländlich geprägter Regionen unterschieden: u. a. zentrennahe Räume, Räume mit relativ günstigen Bedingungen für die Landwirtschaft, attraktive Räume für überregionalen Fremdenverkehr und ländliche Räume mit Wachstumstendenzen. Erhebliche Strukturprobleme weisen insbesondere die zentrenfernen, peripher gelegenen und überwiegend ländlich geprägten Regionen auf. Zu letzteren gehören in den neuen Bundesländern der Norden und Nordosten sowie die Grenzregionen zu Polen und der Tschechischen Republik, in den alten Ländern u. a. Teile des Nordwestens, der Eifel und der Oberpfalz.

Angesichts eines verschärften internationalen Wettbewerbs und wachsender Standortkonkurrenz müssen die wirtschaftsstarken Regionen und Zentren als Leistungsträger der räumlichen Entwicklung in ihrer Funktionsfähigkeit gesichert und weiter entwickelt werden. Erforderlich ist der Abbau von Überlastungstendenzen, die sich u. a. in Ver- und Entsorgungsproblemen, im Mangel an Bauland, in Wohnungsengpässen und Beeinträchtigungen der Umweltqualität zeigen.

Raumkategorien:

- Ballungsräume (Agglomerationen)
- Industrieräume mit stärkerem Verstädterungsgrad
- ländlich geprägte Gebiete

Mittleres Industriegebiet Rybnik (Kohlebergbaugebiet)

?

1. Welche konkreten Möglichkeiten der Zusammenarbeit sehen Sie in der Ihrem Heimatgebiet am nächsten liegenden Euroregion? Welche Probleme sind zu erwarten?
2. Erläutern Sie die Ursachen der Strukturprobleme agrarischer Regionen in Deutschland.

Das Rhein-Main-Gebiet –
ein europäisches Finanz- und Dienstleistungszentrum

Römer und Bankenviertel von
Frankfurt am Main

Mit einer Fläche von etwa 5 000 km², mehr als 3 Mio. Einwohnern und einem Anteil von etwa 9% an der Bruttowertschöpfung der alten Bundesländer ist der polyzentrische Verdichtungsraum Rhein–Main einer der bedeutendsten Wirtschaftsräume Deutschlands. Aufgrund seiner günstigen Lage und seiner modernen Wirtschaftsstruktur wird der Region innerhalb der sogenannten „Blauen Banane" eine „Scharnier- oder Transmissionsfunktion" zugewiesen; sie gehört zu den europäischen Wohlstands- und Gewinnerregionen.

Die Wirtschaftskraft der Region, das Image und das Stadtbild Frankfurts werden wesentlich durch hochrangige Dienstleistungen, insbesondere im Finanzsektor, geprägt. Mehr als 50 000 Menschen, fast 10 % aller Beschäftigten der Stadt, sind in Banken und Versicherungen tätig.

Die Entwicklung der Stadt zum bedeutendsten Finanzzentrum der Bundesrepublik und zu einem der wichtigsten internationalen Finanzplätze ist historisch begründet, resultiert aber weitgehend aus den Besonderheiten der Nachkriegsentwicklung. Der Industrialisierungsprozess in der Rhein-Main-Region setzte aufgrund des Fehlens von Rohstoffen deutlich später ein als im Ruhrgebiet, in Sachsen und Berlin. Von den „großen Vier" der hessischen Industrie entwickelten sich seit den Gründerjahren der Maschinenbau und die chemische Industrie, seit den 20er Jahren der Fahrzeugbau und die elektrotechnische Industrie in der Region.

Die dynamische Entwicklung des Gebietes nach 1945 erfolgte vor allem aus den veränderten wirtschaftsräumlichen Rahmenbedingungen (Sitz des Hauptquartiers der US-amerikanischen Streitkräfte, der Bizonenverwaltung und der „Bank deutscher Länder"). Auch Hauptstadtspekulationen führten dazu, dass große Unternehmen, Wirtschaftsverbände und Gewerkschaften ihre Hauptsitze nach Frankfurt am Main verlegten. 1957 wurde die Deutsche Bundesbank eingerichtet, wählten die dominierenden Großbanken (Deutsche Bank, Dresdner Bank, Commerzbank) Frankfurt als Hauptstandort. In den Folgejahren entwickelte sich die Stadt auch zum führenden Börsenplatz in Deutschland. Von den Funktionsverlagerungen aus Berlin und Leipzig im Zuge der Währungsreform 1948 und den neuen föderalen Strukturen profitierten auch andere Städte der Region: Mainz und Wies-

Kreditinstitute in Frankfurt am Main		
Art	Anzahl	
	1960	1993
Deutsche Institute		
Hauptsitze	90	71
Niederlassungen	21	51
Auslandsbanken	3	84
Filialen ausl. Banken	9	43
Repräsentanzen	13	128
Summe	136	377

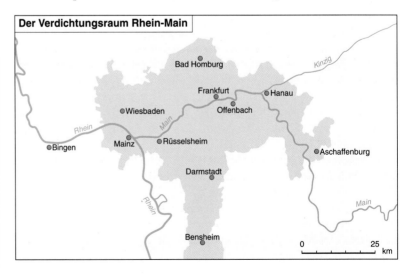

Der Verdichtungsraum Rhein-Main

baden wurden Landeshauptstädte, in Darmstadt siedelten sich neue Industrien, Verlage und Dienstleistungseinrichtungen an, Wiesbaden entwickelte sich zu einem Versicherungszentrum. Insgesamt profitierte die Region Rhein-Main am stärksten von der dezentralen Lokalisation gesamtstaatlicher Einrichtungen.

Die Spezialisierung des Gebietes auf die nationale und internationale Steuerung von Geld-, Waren- und Informationsströmen spiegelt sich in den Beschäftigtenanteilen wider. Gegenwärtig sind von den etwa 1,9 Mio. Beschäftigten etwa zwei Drittel im Dienstleistungssektor, über 25 % im verarbeitenden Gewerbe und nur 0,5 % im primären Wirtschaftssektor tätig. Die Zahl der Arbeitsplätze im sekundären Sektor verringerte sich seit Anfang der 70er Jahre um etwa 15 0000; im tertiären Sektor nahm sie um mehr als 350 000 zu. Nach der Forschungs- und Entwicklungsintensität, gemessen am Anteil des FuE-Personals an den Industriebeschäftigten, belegt die Region einen vorderen Platz in der Bundesrepublik.

Zu den Gunstfaktoren der Region gehört die hervorragende Verkehrssituation. Neben London und Paris, die jeweils über zwei große Flughäfen verfügen, nimmt Rhein-Main eine Spitzenstellung unter den europäischen Luftkreuzen ein (Heathrow über 40 Mio., Frankfurt über 30 Mio. Passagiere). Mit einem Frachtaufkommen von mehr als 1 Mio. t nimmt Frankfurt weltweit hinter New York Platz zwei ein. Zugleich ist der Rhein-Main-Flughafen größter hessischer und drittgrößter nationaler Arbeitgeber (mehr als 50 000 Arbeitsplätze). Zu den regionalen Effekten des Luftkreuzes und des Eisenbahnknotenpunktes gehört auch die Ansiedlung großer Reiseveranstalter, zahlreicher ausländischer Fremdenverkehrsämter und internationaler Hotelketten. Aufgrund der Lagevorteile der Region organisieren von hier aus bekannte Weltfirmen (u. a. der Auto- und Computerbranche) ihre Deutschland- und Europageschäfte. Mit Frankfurt, Offenbach und Wiesbaden rangiert das Rhein-Main-Gebiet unter den bedeutendsten nationalen und internationalen Messeplätzen. Auch in der Medien- und Werbewirtschaft, auf dem Gebiet der Markt- und Meinungsforschung sowie im Bereich der unternehmensbezogenen Dienstleistungen nimmt die Region eine führende Stellung ein.

Neben dem hohen Grad der Internationalisierung von Wirtschaft und Bevölkerung (Ausländeranteil in Frankfurt über 25 %) ist für das Gebiet auch eine hohe Mobilität seiner Menschen und Betriebe charakteristisch. Mit etwa 300 000 Berufspendlern gilt Frankfurt als das größte Einpendlerzentrum Deutschlands. Intensive Arbeitspendelbeziehungen kennzeichnen insbesondere das Städtedreieck Mainz – Rüsselsheim – Wiesbaden.

Aufgrund seiner modernen Wirtschafts- und Verkehrsinfrastruktur, des hohen Tertiärisierungsgrades und seiner attraktiven weichen Standortfaktoren hat das Rhein-Main-Gebiet beste Chancen, auch zukünftig erfolgreich im sich verschärfenden Wettbewerb der Regionen zu bestehen. Als hemmende Faktoren sehen Fachleute neben Engpässen auf dem Wohnungsmarkt, Problemen der Müllbeseitigung und Kapazitätsgrenzen der Verkehrsinfrastruktur die institutionelle Zersplitterung an. Während die Regionalplanung von vier Institutionen vorgenommen wird, ist der Wirtschaftsraum in neun Industrie- und Handelskammern aufgegliedert. Mit der Gründung des „Verkehrsverbundes Rhein-Main" 1994 kann der öffentliche Nahverkehr künftig effektiver integriert werden. Der Umlandverband Frankfurt koordiniert nur Flächennutzung und Abfallbeseitigung. Einen wünschenswerten übergreifenden Regionalverband gibt es noch nicht.

Die größten deutschen Banken mit Hauptsitz in Frankfurt am Main

	Bilanzsumme 1994 in Md. DM
Deutsche Bank	573
Dresdner Bank	400
Commerzbank	342
Hypo-Bank	275
Kreditanstalt für Wiederaufbau	256
DG Bank	249

Nach den Börsenumsätzen gehört Frankfurt am Main neben Tokio, London und New York zu den wichtigsten internationalen Finanzzentren. An der Frankfurter Börse werden mehr als 50 % der deutschen Umsätze getätigt. Etwa drei Viertel aller Beschäftigten bei Banken und Versicherungen der Stadt sind im „Bankenviertel" tätig – Ausdruck der enormen räumlichen Konzentration. Gegenwärtig wird dieser Teil der Frankfurter City „nachverdichtet", d. h. weitere Hochhäuser mit Höhen bis zu 180 m sind im Bau bzw. geplant. Durch die Ansiedlung des Europäischen Währungsinstitutes, des Vorläufers der Europäischen Zentralbank, erfährt die Stadt weiteren Bedeutungszuwachs.

?

Welche Faktoren begünstigten die dynamische Entwicklung des Rhein-Main-Gebietes?

Meidericher Hüttenwerk

Der Verlauf des Strukturwandels und die Perspektiven des Ruhrgebietes werden vor allem davon abhängen, inwieweit es gelingt, die Attraktivität der Region für Investoren aus dem In- und Ausland zu erhöhen. Zu den Standortfaktoren, die das Revier leistungs- und konkurrenzfähig machen, gehören:

1. Seine günstige Lage, das dichte Verkehrsnetz und der große Absatzmarkt.
2. Ein dichtes Netz von Forschungs- und Transfereinrichtungen sowie das Qualifikationsniveau der Beschäftigten.
3. Ein relativ günstiger Immobilienmarkt.
4. „Weiche" Standortfaktoren, insbesondere das vielfältige Angebot an Sport-, Kultur- und Freizeiteinrichtungen.

Da auch andere Industrieregionen in Deutschland, Europa, Japan und Nordamerika vor ähnlichen Problemen wie das Ruhrgebiet stehen, sollen mit der Internationalen Bauausstellung auch Erfahrungen gesammelt und ausgetauscht werden, wie man den Umbau industrieller Ballungsräume gestalten, organisieren und finanzieren kann; deshalb auch der Untertitel „Werkstatt für die Zukunft alter Industrieregionen".

Das Ruhrgebiet – Aufsteiger- oder Krisenregion?

Unter dem Slogan „Das Ruhrgebiet. Ein starkes Stück Deutschland" startete 1986 der Kommunalverband Ruhrgebiet (KVR) seine erfolgreiche Imagekampagne. Damit soll dem überkommenen „Image von der Landschaft aus Bergwerken und Eisenhütten, vom zerstörten Naturraum mit hoher Umweltbelastung, von Bildungs- und Kulturnotstand und fehlender Lebensqualität" entgegengewirkt, sollen Leistungen und Leistungsfähigkeit des Reviers dokumentiert werden.

Mit Begriffen wie „Krisenregion" oder „Aufsteigerregion der 90er Jahre" zeichnen Unternehmer, Politiker und Wissenschaftler auch heute noch ein sehr unterschiedliches Bild vom Ruhrgebiet. Die Region – mit 4 432 km² und über 5,4 Mio. Bewohnern der größte europäische Wirtschaftsraum – ist weder landschaftlich noch historisch-politisch eine Einheit. Die heutige Bezeichnung „Ruhrgebiet" für die elf kreisfreien Städte und 42 Gemeinden des KVR setzte sich erst seit den 30er Jahren durch.

Mit beachtlichen Anteilen an der Stahlerzeugung und der Steinkohleförderung ist das Revier innerhalb der EU das wichtigste montanindustrielle Zentrum. Die überdurchschnittlich hohe Arbeitslosigkeit und Modernisierungsdefizite, die vor allem in einem unterdurchschnittlichen Anteil von Arbeitsplätzen in den produktionsorientierten Dienstleistungen sichtbar werden, kennzeichnen das Ruhrgebiet im Vergleich mit anderen westdeutschen Verdichtungsräumen als benachteiligt. Aber die Wirtschaftsstruktur der Region ist nicht einheitlich, innerregionale Disparitäten sind zu beachten. Während die Emscher-Zone durch einen hohen Industrialisierungsgrad und Dominanz des Montansektors geprägt wird, weist das südliche Ruhrgebiet, die Hellwegzone, bei den o. g. Indikatoren keine Rückstände gegenüber anderen Regionen in den alten Bundesländern auf.

In den letzten drei Jahrzehnten hat sich im Ruhrgebiet ein deutlicher Wandel zur Dienstleistungsregion vollzogen. Einen erheblichen Anteil an dieser Entwicklung haben die 6 neuen Universitäten sowie die sonstigen Forschungs- und Transfereinrichtungen.

Die Euphorie, durch Großprojekte den strukturellen Wandel zu bewältigen, ist verflogen – die Opel-Werke in Bochum blieben die einzige große Industrieansiedlung der Gegenwart. In den 80er Jahren erhöhte sich die Zahl der Arbeitsplätze im Tertiärsektor um rund 200 000. Im produzierenden Gewerbe hingegen verringerte sie sich um etwa 150 000.

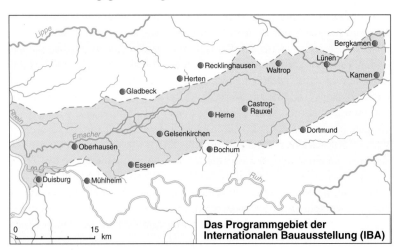

Das Programmgebiet der Internationalen Bauausstellung (IBA)

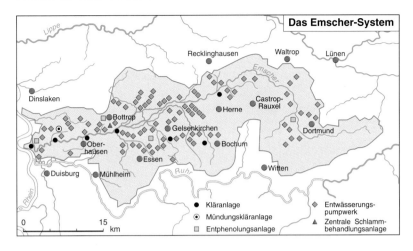

Das Emscher-System

Lippe · Recklinghausen · Waltrop · Lünen · Emscher · Dinslaken · Bottrop · Castrop-Rauxel · Herne · Ober-hausen · Gelsenkirchen · Essen · Bochum · Dortmund · Duisburg · Mühlheim · Witten · Ruhr · Rhein

● Kläranlage
◉ Mündungskläranlage
□ Entphenolungsanlage
◆ Entwässerungs-pumpwerk
▲ Zentrale Schlamm-behandlungsanlage

0 — 15 km

Die Wasserqualität der Emscher, die seit Anfang des 20. Jh. zu einem offenen Abwassersystem, zur „Kloake des Reviers" umfunktioniert wurde, und ihrer Zuflüsse soll langfristig deutlich verbessert werden. Dazu gehören u. a. der Bau moderner Großkläranlagen, die Verrohrung der Abwasserzuleitungen sowie die Erprobung von Möglichkeiten der Bodenentsiegelung.

Wesentlicher Bestandteil aller Bauausstellungen ist die Entwicklung und Umsetzung sozial und ökologisch vorbildlicher Formen des Wohnungs- und Siedlungsbaus. Die für die Emscher-Zone typischen Werks- und Zechensiedlungen werden modernisiert.

Die fortschreitende Diversifikation im verarbeitenden Gewerbe zeigt sich nicht nur in der unterschiedlichen Entwicklung der Beschäftigtenanteile – sondern auch durch wachsende Anteile im Investitions- und Verbrauchsgütergewerbe. Sie dokumentiert sich vor allem in modernen Technologiefeldern wie Fertigungs- und Energietechnik, Werkstoff- und Umwelttechnik. Trotz aller Erfolge, wachstumsintensive Branchen – Mikroelektronikindustrie, Informations- und Kommunikationstechnologie, Flugzeug- und Raumfahrtindustrie – sind mit Ausnahme der chemischen Industrie nach wie vor unterrepräsentiert. Ein wichtiger Motor der Regionalentwicklung ist die „Internationale Bauausstellung (IBA) Emscher Park". Die IBA, deren Hauptaufgabe in der Beseitigung städtebaulicher und ökologischer Defizite als Grundlage für eine neue ökonomische Entwicklung im „Hinterhof des Reviers" besteht, symbolisiert die veränderte Regionalpolitik für das Ruhrgebiet.

Das Programmgebiet der IBA umfasst eine Fläche von rund 800 km² mit etwa zwei Mio. Einwohnern. Mit den ersten Arbeiten an den rund 90 Investitionsprojekten wurde 1989 begonnen und 1999 sollen die Ergebnisse vorgelegt werden. Die einzelnen Maßnahmen können in fünf Arbeitsbereichen mit den Stichworten „Emscher Landschaftspark", „Ökologischer Umbau des Emscher-Systems", „Arbeiten im Park", „Neue Wohnungen und Siedlungen" und „Neue Nutzung für industrielle Bauten" zusammengefasst werden.

Das Leitprojekt „Emscher-Park" sieht den Ausbau der 7 von Nord nach Süd verlaufenden Grünzüge und deren Verbindung mit einem neuen „Ost-West-Grünzug" vor. Mit diesem Projekt wird die vielfach belastete und zerschnittene Industrielandschaft in eine attraktive, ökologisch funktionsfähige Stadtlandschaft umgewandelt – eine Aufgabe, deren Realisierung zwei bis drei Jahrzehnte in Anspruch nimmt. Zu den großen Einzelprojekten gehören u. a. der „Landschaftspark Duisburg-Nord" (200 ha) und der „Nordstern-Park" mit der BUGA 1997 in Gelsenkirchen. „Arbeiten im Park" fasst 17 Projekte zusammen, die der Errichtung hochwertiger Gewerbe-, Dienstleistungs-, Technologie- und Wissenschaftsparks dienen.

Aufgabe der IBA ist es nicht zuletzt, wichtige Industriedenkmäler – Hütten- und Kraftwerke, Fördertürme – des Reviers zu erhalten und neuer Nutzung zuzuführen.

Die meisten Projekte der IBA umfassen in der Regel mehrere der kurz skizzierten Arbeitsbereiche.

Kläranlage Bottrop

Ruhrkohle AG

	1969	1994
Zahl der Bergwerke	52	14
Steinkohleförderung (in Mio.t)	85	40
Beschäftigte (in 1 000)	183	75

?

1. Welche Standortfaktoren begünstigen den Strukturwandel im Ruhrgebiet ?
2. Bewerten Sie Maßnahmen und Bedeutung der IBA .

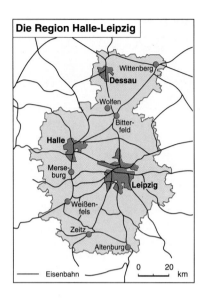

Die Region Halle-Leipzig

Wittenberg
Dessau
Wolfen
Bitter-
feld
Halle
Merse-
burg
Leipzig
Weißen-
fels
Zeitz
Altenburg

—— Eisenbahn

0   20
km

Das Mitteldeutsche Braunkohlerevier

	1989	1994
Zahl der Tagebaue	20	4
Fördermenge (Mio. t)	106	22
Beschäftigte (in 1000)	60	9

Das ehemalige Reichsgericht in Leipzig,
ab 2003 Sitz des Bundesverwaltungsgerichtes

Die Region Halle – Leipzig im Um- und Aufbruch

Das Ballungsgebiet Halle-Leipzig-Dessau, der Kern des traditionellen mitteldeutschen Wirtschaftsraumes, umfasst eine Fläche von rund 6 000 km². Mehr als die Hälfte der etwa 1,9 Mio. Einwohner konzentriert sich in den drei Stadtregionen. Die früh einsetzende Industrialisierung und die Entwicklung des Gebietes zu einem der führenden Wirtschaftsräume im Deutschen Reich wurde durch folgende Faktoren begünstigt:

1. Die zentrale Lage und die gute verkehrstechnische Erschließung, Lage im Schnittpunkt der beiden bedeutendsten europäischen Handelswege, der Via Regia und der Via Imperii, und das kaiserliche Reichsmessepriviteg (1497/1507) machten Leipzig zum bevorzugten Handels- und Messeplatz. 1839 wurde der Bahnbetrieb auf der ersten deutschen Fernstrecke von Leipzig nach Dresden aufgenommen, 1915 der Leipziger Hauptbahnhof – einer der schönsten und der größte in Europa – eingeweiht.

2. Die fruchtbaren Lössböden mit Ackerzahlen zwischen 50 und 80, die den Anbau anspruchsvoller Kulturen, insbesondere von Weizen, Gerste und Zuckerrüben erlaubten. Der Bau von Zuckerfabriken und deren Brennstoffbedarf waren wichtige Impulse für den Industrialisierungsprozess.

3. Die umfangreichen und hochwertigen Braunkohlevorkommen des Weiße-Elster-Beckens, auf deren Grundlage sich zahlreiche Braunkohleveredlungsbetriebe (Brikettfabriken seit 1858, Kraftwerke seit 1910, Chemiebetriebe seit 1917) ansiedelten. Insgesamt wurden in der Region etwa 8,5 Md. t Rohbraunkohle gefördert.

4. Die bereits Anfang des 19.Jh. relativ großen Städte Leipzig, Halle und Dessau mit ihrer Konzentration von Bevölkerung und Kapital.

Bis 1990 war die Region mit etwa 20 % der Industrieproduktion das bedeutendste Industriegebiet der DDR. Große Chemiebetriebe mit insgesamt mehr als 150 000 Beschäftigten, 20 Großtagebaue, Kraftwerke und 27 Brikettfabriken prägten neben einem vielseitigen Maschinenbau, anderen Industriezweigen und einer intensiven Landwirtschaft die regionale Wirtschaftsstruktur. Aufgrund der Dominanz von Problembranchen, der vielfältigen ökonomischen, sozialen und ökologischen Probleme sowie der ungünstigen Ausstattung mit weichen Standortfaktoren besaß dieses Gebiet

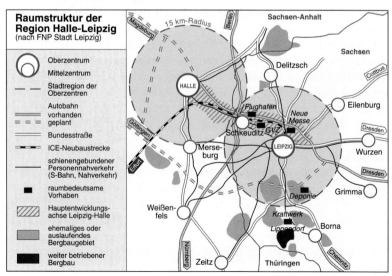

ein negatives Image. Es gehört dennoch zu den Regionen in der ehemaligen DDR, die die stärkste Entwicklungsdynamik aufweisen. Von 1990 bis 1995 sind über 50 Md. DM in diesen Verdichtungsraum investiert worden.

Die mitteldeutsche Braunkohleindustrie hat seit 1990 erheblich an Bedeutung verloren. Angesichts des massiven Arbeitsplatzabbaus, der hohen Sanierungskosten, der technischen Möglichkeiten und politischer Grundsatzentscheidungen in Sachsen und Sachsen-Anhalt werden der Braunkohlewirtschaft trotz vieler Unwägbarkeiten Perspektiven eingeräumt. Anfang 1994 hat ein angloamerikanisches Konsortium Teile der MIBRAG übernommen, Investitionen in Höhe von 1,3 Md. DM bis 2004 angekündigt und etwa 2 000 Arbeitsplätze bis Ende 1999 garantiert.

Das im Bau befindliche moderne Braunkohlekraftwerk Lippendorf (zwei 800-MW-Blöcke) stellt aufgrund seiner regionalwirtschaftlichen Bedeutung eine Art Leuchtturm für den Raum südlich von Leipzig dar. Die VEAG und drei süddeutsche Stromversorger investieren fast fünf Md. DM in das Werk, das ab Inbetriebnahme 1999/2000 mit Kohle aus dem (zur Zeit stillgelegten) Tagebau Schleenhain (10 bis 11 Mio. t pro Jahr) versorgt wird. Der Neubau trägt wesentlich zur Entspannung der Arbeitsmarktsituation und zur Verringerung der Emissionen von SO_2, CO_2 und Staub bei, da die Altkraftwerke Thierbach und Lippendorf (zusammen 1 440 MW) ersetzt werden.

Die VEBA KRAFTWERKE RUHR AG (VKR) begann 1993 mit dem Bau eines Kraftwerkes (870 MW) in Schkopau. Ab 1996 sollen hier jährlich vier bis fünf Mio. t Kohle aus dem Tagebau Profen eingesetzt werden. Angesichts vieler veralteter und verschlissener Anlagen sowie der starken Umweltbelastung stand die chemische Industrie im „mitteldeutschen Dreieck" vor einer besonders kritischen Situation. Das politische Versprechen, die Region und damit auch die Chemie am Leben zu halten, nimmt mittlerweile praktische Gestalt an. Von großer Bedeutung sind u. a. die Investitionen der BAYER AG in Bitterfeld (drei Produktionsanlagen mit etwa 500 Arbeitsplätzen), der Bau der Erdölraffinerie „LEUNA 2000" (geplante Kapazität 9 Mio. t pro Jahr; rund 550 Beschäftigte) durch ein Konsortium unter Führung von ELF AQUITAINE S. A. sowie die Übernahme der BSL Olefinverbund GmbH – bestehend aus der BUNA GmbH, den Sächsischen Olefinwerken Böhlen und der LEUNA POLYOLEFINE GmbH – durch den US-amerikanischen Konzern DOW CHEMICAL Mitte 1995. Bis 2000 wird die BSL restrukturiert, werden rund vier Md. DM investiert und 3 000 von ehemals 25 000 Arbeitsplätzen erhalten.

Die Stadt Leipzig entwickelt sich seit der Vereinigung dynamisch und widersprüchlich zugleich zu einem überregionalen Dienstleistungs- und Handelszentrum.

Dramatischer Rückgang der Arbeitsplätze im verarbeitenden Gewerbe von rund 100 000 auf etwa 12 000, hohe Arbeitslosenzahlen und anhaltende Bevölkerungsverluste kennzeichnen den tief greifenden Strukturwandel ebenso wie Bauboom und Aufschwung im tertiären Sektor.

Die nationale und internationale Bedeutung Leipzigs wurde wesentlich durch die Messe geprägt, die in ihrer mehr als 800-jährigen Geschichte drei große Sprünge erlebte:
1. Übergang von der Verkaufs- zur Mustermesse, der 1895 vollzogen wurde und das Messewesen weltweit revolutionierte.
2. Mit dem Aufbau der Technischen Messe im Jahr 1920 festigte Leipzig seinen Ruf als Weltleitmesse.

Neue Leipziger Messe – Blick auf die Glashalle.

EU billigt Milliarden-Hilfe für Buna

… „Im teuersten Privatisierungsfall Ostdeutschlands hat der Chemiekonzern Buna eine entscheidende Hürde genommen. Die Europäische Kommission genehmigte … Subventionen in Höhe von 9,556 Md. DM für den Schkopauer Chemieverbund.

Es ist die zweitgrößte Beihilfe, die von der Brüsseler Behörde je gebilligt wurde. … Zusammen mit den früher gezahlten Beihilfen werden Steuergelder in Höhe von 12 bis 15 Md. DM in den Chemiekomplex fließen. Insgesamt wird jeder der 3000 Arbeitsplätze mit rund 4 Mio. DM öffentlicher Mittel gesichert."

(nach „Der Tagesspiegel" vom 9. II. 1995)

?

1. Bewerten Sie die Standortfaktoren der Region Halle – Leipzig.
2. Erörtern Sie Vor- und Nachteile weiterer Braunkohleförderung und -veredlung in der Region Halle – Leipzig.

Sanierungsgebiet in der Leipziger City

?

1. Welche Gründe sprechen für eine
positive Entwicklung Leipzigs?
2. Vergleichen Sie die Vor- und Nachkriegsentwicklung der Städte Leipzig
und Frankfurt am Main.
3. Vergleichen Sie die Entwicklungsprobleme und -chancen des Ruhrgebietes
mit denen der Region Halle-Leipzig.

Nach dem Ende der europäischen Teilung sah die „Mutter aller Messen" plötzlich ganz schön alt aus. Ihre Universalschauen, zuvor im Frühjahr und Herbst zentrale Treffpunkte für Geschäfte zwischen Sozialisten und Kapitalisten, verloren an Zuspruch.

Andere Messethemen waren von den „Töchtern" in Hannover, Düsseldorf, Köln, München, Berlin und Frankfurt bereits besetzt. Im wiedervereinten Ausstellungsgewerbe war Leipzig auf einmal entbehrlich. Die Teilung durch Teilen überwinden, etwas vom eigenen Programm abtreten, das wollte keiner der westdeutschen Konkurrenten. Auch die Deutsche Messe AG nicht, die im Jahr 1947 in Hannover ausdrücklich als Provisorium gegründet worden war: „Bis Leipzig wieder zur Verfügung steht."

3. 1990 endete in Leipzig die Ära der Universalmessen. Mit der Eröffnung der neuen Messe im April 1996 drängt die Stadt wieder an die Spitze. Das in der Rekordzeit von fünf Jahren geplante und gebaute neue Gelände im Norden Leipzigs gilt als eines der modernsten Messezentren der Welt.

Zu den Großprojekten, die ebenfalls im Norden der Stadt realisiert werden, gehören:

– Das QUELLE-Versandzentrum (etwa 1 Md. DM investiert; ca. 3 000 Beschäftigte).
– Das Mitteldeutsche Dienstleistungszentrum (MDZ) in Schkeuditz (u. a. mit dem Technischen Zentrum der Deutschen Bank und einem Modezentrum; insgesamt rund 6 000 Arbeitsplätze; 1 Md. DM Investitionen).
– Der Ausbau des Flughafens Leipzig–Halle für 3,5 Mio. Passagiere.
– Das Güterverkehrszentrum Wahren und mehrere Einkaufszentren.

Im Zusammenhang damit stehen umfangreiche Verkehrsbauten wie der Ausbau der A 14 und die Verlegung von vier Bundesstraßen.

Zur Stärkung der Dienstleistungsfunktion Leipzigs tragen außerdem bei:

– Die Ansiedlung des Sächsischen Verfassungs- und Finanzgerichtes sowie des Rechnungshofes.
– Die Verlegung des Bundesverwaltungsgerichtes von Berlin nach Leipzig.
– Der Bau eines der modernsten europäischen Informations- und Kommunikationsknotenpunkte.
– Die Ansiedlung von zahlreichen Banken.
– Die umfangreichen Bau- und Sanierungsmaßnahmen in der City.
– Die Umwandlung des Hauptbahnhofs in einen „Reise-, Kultur- und Kommunikationstreffpunkt" 1996/97.

Nicht gelungen sind die Etablierung einer Regionalbörse und die Ansiedlung von größeren gewerblichen Investoren. Auch die Entwicklung zu einer internationalen Medienstadt vollzieht sich sehr problematisch.

Von großer Bedeutung für die Zukunftschancen der Stadt und für die Verkehrsentlastung sind die Bildung eines regionalen Verkehrsverbundes, die geplante Autobahn-Südtangente, der Anschluss an das Hochgeschwindigkeitsnetz der Deutschen Bahn AG und die Erweiterung des S-Bahn- und des Straßenbahnnetzes. Nicht nur die Stadt Leipzig, das „mitteldeutsche Chemiedreieck" und der Südraum von Leipzig, der gesamte Verdichtungsraum befindet sich in einem tief greifenden Strukturwandel, steht unter einem ungeheuren Handlungsdruck.

Die problematische Länder- und Kreisneugliederung, das Fehlen einer abgestimmten länderübergreifenden Regionalplanung u. a. in der ersten Hälfte der neunziger Jahre lassen langfristig irreparable Schäden für die Region befürchten.

Raumentwicklungsziele für Europa - eine Diskussionsgrundlage

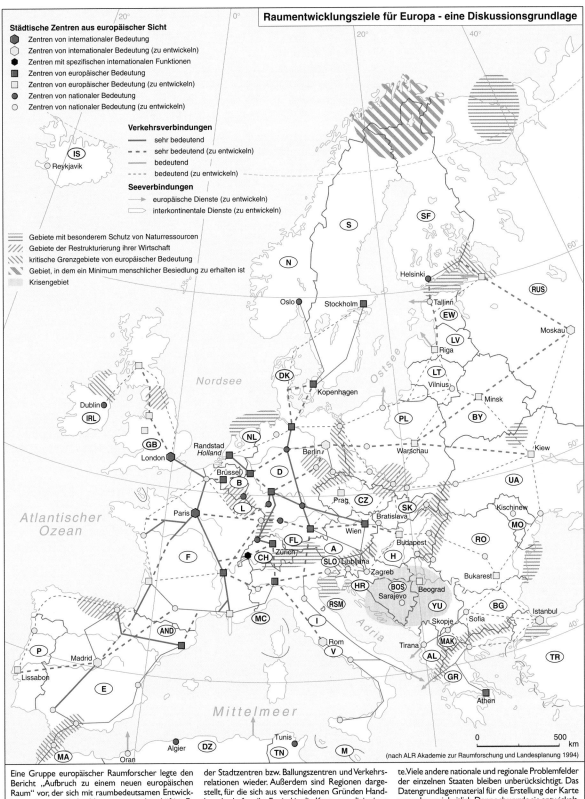

Städtische Zentren aus europäischer Sicht

- ⬣ Zentren von internationaler Bedeutung
- ⬡ Zentren von internationaler Bedeutung (zu entwickeln)
- ⬢ Zentren mit spezifischen internationalen Funktionen
- ◼ Zentren von europäischer Bedeutung
- ◻ Zentren von europäischer Bedeutung (zu entwickeln)
- ● Zentren von nationaler Bedeutung
- ○ Zentren von nationaler Bedeutung (zu entwickeln)

Verkehrsverbindungen

- —— sehr bedeutend
- ---- sehr bedeutend (zu entwickeln)
- —— bedeutend
- ---- bedeutend (zu entwickeln)

Seeverbindungen

- → europäische Dienste (zu entwickeln)
- ⇨ interkontinentale Dienste (zu entwickeln)

- ▤ Gebiete mit besonderem Schutz von Naturressourcen
- ▨ Gebiete der Restrukturierung ihrer Wirtschaft
- ▧ kritische Grenzgebiete von europäischer Bedeutung
- ◤ Gebiet, in dem ein Minimum menschlicher Besiedlung zu erhalten ist
- ▦ Krisengebiet

(nach ALR Akademie zur Raumforschung und Landesplanung 1994)

Eine Gruppe europäischer Raumforscher legte den Bericht „Aufbruch zu einem neuen europäischen Raum" vor, der sich mit raumbedeutsamen Entwicklungen in europäischer Verantwortung beschäftigt. Es entstand dabei eine Karte europäischer Raumentwicklungsziele. Sie gibt aus europäischer Sicht das Netz der Stadtzentren bzw. Ballungszentren und Verkehrsrelationen wieder. Außerdem sind Regionen dargestellt, für die sich aus verschiedenen Gründen Handlungsbedarf ergibt. Es sind in die Karte nur diejenigen Probleme und Ziele aufgenommen, bei deren Lösung die europäische Ebene mit einbezogen werden müsste. Viele andere nationale und regionale Problemfelder der einzelnen Staaten bleiben unberücksichtigt. Das Datengrundlagenmaterial für die Erstellung der Karte war sehr uneinheitlich. Dennoch wurde sie entwickelt, um die Diskussion über die europäischen Raumentwicklungsprobleme voranzubringen.

Die „Drei Italien"

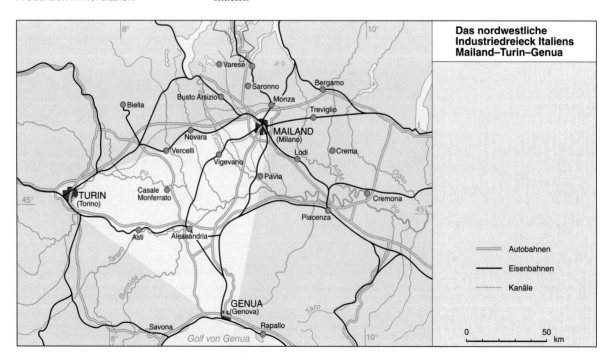

(Karte: Italien mit Regionen)

Aostatal, Trentin-Südtirol, Friaul-Jul.-Venetien, Lombardei, Venetien, Piemont, Emilia-Romagna, Ligurien, Toskana, Marche, Umbrien, Abruzzen, Latium, Kampanien, Apulien, Sardinien, Basilicata, Kalabrien, Sizilien

Adria, Mittel-meer

0   200   km

- Das „Erste" Italien
- Das „Zweite" Italien (Mezzogiorno)
- Das „Dritte" Italien (Terza Italia)

?

Ermitteln Sie anhand des Atlas die Energieversorgung und die industrielle Produktion in Norditalien.

Der Nordwesten Italiens – das „Erste Italien"?

Im nordwestlichen Teil Italiens liegen die Regionen Lombardei, Piemont (einschließlich Aosta) und Ligurien. Obwohl in ihrer physisch-geographischen Ausstattung sehr unterschiedlich, stellen sie doch einen Raum dar, der sich in seiner wirtschaftlichen Stärke, im Modernisierungsgrad und in seiner Zugehörigkeit zum Kerngebiet der Europäischen Union deutlich von allen anderen Regionen Italiens unterscheidet:

Landesanteile (in %)

Region	Fläche	Einwohner	BIP
Lombardei	7,9	15,5	20,61
Piemont (und Aosta)	9,5	7,7	10,33
Ligurien	1,7	3,0	4,16
Zusammen	19,1	26,2	35,10

Über ein Drittel des Bruttoinlandproduktes Italiens wird allein von den nordwestlichen Regionen erwirtschaftet. Deshalb bezeichnet man diesen Landesteil als das „Erste Italien". Innerhalb dieser Region bestehen große Disparitäten. Beachtliche Teile sind durch Gebirge (Piemont und Lombardei in ihren nördlichen Teilen durch die Alpen, Ligurien außerhalb des schmalen Küstengürtels durch die Apenninen) in ihren wirtschaftlichen Entwicklungsmöglichkeiten räumlich eingeengt. In jeder dieser Regionen gibt es ein herausragendes Zentrum: Mailand in der Lombardei, Turin in Piemont und Genua in Ligurien.

Obwohl diese Städte einschließlich ihrem Umfeld noch keinen zusammenhängenden Ballungsraum bilden, so stellen sie doch ein Städtedreieck dar, das diesen Raum zu einem der großen europäischen Wirtschaftszentren macht.

Das nordwestliche Industriedreieck Italiens Mailand–Turin–Genua

(Karte mit Städten: Varese, Saronno, Bergamo, Biella, Busto Arsizio, Monza, Treviglio, Novara, MAILAND (Milano), Vercelli, Vigevano, Lodi, Crema, Pavia, TURIN (Torino), Casale Monferrato, Cremona, Piacenza, Asti, Alessandria, Savona, GENUA (Genova), Rapallo; Flüsse: Ticino, Po, Adda, Oglio, Tanaro, Bormida, Taro; Golf von Genua)

- Autobahnen
- Eisenbahnen
- Kanäle

0   50   km

Die Herausbildung des großen nordwestitalienischen Wirtschaftsdreieckes Mailand-Turin-Genua birgt jedoch zahlreiche Probleme in sich. Dazu gehört die übergroße Konzentration der Produktion in Großbetrieben sowie die räumliche Ballungsentwicklung. Erscheinungen einer Dezentralisation sind erkennbar, z. B. Wanderungsverluste der Region und Betriebsverlagerungen.

Für das übrige Italien sind mit der nordwestlichen Ballungsentwicklung zwei Probleme verbunden:

1. Der „klassische" Nord-Süd-Konflikt verstärkte sich, weil der Versuch, den Süden (Mezzogiorno) wirtschaftlich besser zu erschließen und die Disparitäten zum Norden zu verringern, fehlschlug. Im Ergebnis stehen sich im Land zwei extreme Regionstypen gegenüber: der Typ Lombardei (20,61 % BIP), der Typ Kalabrien (2,29 % BIP). Dadurch steigen die politischen und sozio-ökonomischen Spannungen im Land.

2. Disparitäten bestehen auch zwischen den nördlichen Regionen. So bildete sich eine dritte Großregion heraus, als Drittes Italien bezeichnet, die in ihrer wirtschaftlichen Leistungsstärke und den Möglichkeiten des weiteren Ausbaus progressiver Strukturen zwischen den beiden „klassischen" Typen liegt, z. B. Typ „Toscana" (6,90 % BIP). Sie umfasst 7 Regionen, von denen Venetien, Emilia-Romagna und Toscana die Zentren bilden.

Wirtschaftsreformen sollen zur allmählichen Abschwächung der räumlichen Unterschiede, der Polarisierungen zwischen Nord und Süd führen. Annäherungen zwischen dem „Ersten" und dem „Dritten" Italien sind zu erwarten.

Standortvorteile der 3 Nord-West-Regionen Italiens

- Lage Mailands und Turins in der landwirtschaftlich intensiv genutzten Po-Ebene;
- hervorragende Verkehrserschließung des Raumes (Straßen, Bahnen, Wasserstraßen, Flugplätze, Pipelines);
- Nachbarschaft zu den energetischen Ressourcen der Alpen;
- Lage Genuas am Meer;
- historische Vorleistungen (Genua als mittelalterlicher Stadtstaat, Zugehörigkeit zu Österreich, Turin als zeitweilige Königsstadt im 19. Jh. und Mailand als politisches Zentrum);
- großes und gut ausgebildetes Arbeitskräftepotenzial, Verflechtung von Wissenschaft und Wirtschaft;
- Lage des Städtedreiecks am Südende der europäischen Wirtschaftsachse und damit Anbindung an Mitteleuropa

?

Erfassen Sie die Folgen der Herausbildung des „Ersten" Italiens auf die regionale Bevölkerungsentwicklung in Italien.

Mailand ist die bedeutendste Stadt im Städtedreieck. Sie ist das absolut dominierende Wirtschafts- und Finanzzentrum Italiens, die „Kapitale des Kapitals", der „Wirtschaftsmotor des Landes". Aber auch international gilt die Stadt als eines der großen europäischen Industrie-, Handels-, Finanz-, Mode- und Verkehrszentren. Etwa 1,4 Mio. Menschen leben in Mailand, mehrere hunderttausend in der Umgebung.

Diese Stellung verdankt Mailand vor allem der industriellen Entwicklung. Von allen etwa 700 000 Betrieben der Lombardei befinden sich die leistungsfähigsten, modernsten und größten in Mailand und der Umgebung. Über 20 wichtige Industrieorte befinden sich in einem Umkreis bis zu 50 km, so u. a. Monza, Como, Bergamo, Varese, Lecco und Novara. Ebenso wie Mailand selbst bestimmt dort eine eng verflochtene, flexible Mischform von Groß-, Mittel- und Kleinbetrieben das Bild der Produktion, wobei Fahrzeugbau, Maschinenbau, Elektrotechnik, Textil- und Nahrungsmittelindustrie dominieren.

Gefördert wird die Entwicklung der Stadt durch einen umfangreichen Tourismus. Berühmte Sehenswürdigkeiten – wie der Dom, das Opernhaus Scala, das Kastell Sforzesco – machen Mailand zu einem viel besuchten Zentrum des Tourismus.

Turin liegt etwa 120 km westlich von Mailand. Die Stadt, zweitgrößtes Wirtschaftszentrum Norditaliens, hat gegenwärtig 950 000, mit Vororten über 1,1 Mio. Einwohner. Fast halbkreisförmig im Westen und Norden von den Westalpen eingerahmt, zur Po-Ebene nach dem Süden und Osten hin offen, verfügt die Stadt über eine ausgezeichnete Verkehrslage. So treffen sich in Turin wichtige Alpenstraßen und -bahnen, die über die Pässe Mt. Cenis, St. Bernhard, Tenda, Cadibona u. a. führen und damit auch an mitteleuropäische Wirtschaftszentren anbinden.

Seit der Industrialisierung ist Turin eine der bedeutendsten Industriestädte Italiens. Vor allem die Autoindustrie fasste hier Fuß. So begann 1899 die Firma FIAT mit 50 Arbeitern. Heute ist FIAT einer der größten Auto-Konzerne der Welt. Auch LANCIA hat seinen Standort in Turin. Daneben tragen Maschinenbau, Textil- und Nahrungsmittelindustrie dazu bei, dass die Stadt von einem breiten Gürtel mit Industrieanlagen umgeben ist.

Turins Bedeutung als große Metropole Norditaliens beruht jedoch auch auf Funktionen als Kunststadt, als Handels- und Verkehrszentrum.

Genua ist der südliche Eckpfeiler des großen Wirtschaftsdreieckes, im Mittelalter einer der reichsten Stadtstaaten der Welt, heute wichtigster Hafen Italiens. Die auf einem schmalen Küstensaum am gleichnamigen Golf gelegene Stadt (660 000 Einwohner) ist als Hafenstadt für das Wirtschaftsdreieck eine ideale Ergänzung zu Mailand und Turin. Sie verfügt aber auch selbst über eine umfangreiche Industrie, insbesondere über Schiffbau und andere „hafengebundene" Industrien. Das Problem der Stadt ist die geringe Ausdehnungsmöglichkeit aufgrund des gebirgigen Hinterlandes.

Paris und die Region Île de France – Wachstum ohne Ende?

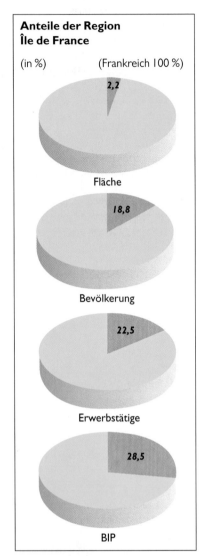

Anteile der Region Île de France

(in %) (Frankreich 100 %)

2,2
Fläche

18,8
Bevölkerung

22,5
Erwerbstätige

28,5
BIP

Einwohnerzahl vom Stadtgebiet und Ballungsraum von Paris

	Stadtgebiet	Ballungsraum
1950	2 853 000	5 008 000
1960	2 790 000	7 369 000
1970	2 507 000	9 566 000
1980	2 317 000	9 566 000
1990	2 152 000	9 320 000
1995	2 3000 000	≈ 10 Mio.

Der innere Teil des Pariser Beckens wird von der Region Île de France eingenommen. Diese Region ist zwar flächenmäßig eine der kleinsten, aber die bevölkerungsreichste und wirtschaftlich stärkste Region des Landes sowie eine der bedeutendsten der EU überhaupt. Sie ist ein Kernraum der bevölkerungsgeographischen und wirtschaftlichen Entwicklung Frankreichs und damit ein Beispiel extremer Zentralität geworden. Diese Entwicklung verdankt die Île de France der in ihrem Zentrum liegenden Hauptstadt Paris. Diese Stadt mit ihren 2,3 Mio. Einwohnern wird mit Recht als das „Herz Frankreichs" bezeichnet, besitzt sie doch als politisches, administratives, wirtschaftliches und kulturelles Zentrum eine überragende Bedeutung. Hier konzentrieren sich die Verwaltungen, Banken, Versicherungen sowie die für die Wirtschaft heraus ragenden Zweige der Industrie (Fahrzeugbau, Elektrotechnik/Elektronik, Maschinenbau, Textilindustrie, Kosmetikproduktion) sowie der Handel. Allein in der City nördlich der Seine und im Regierungsviertel südlich davon liegen im Bereich von nur etwa 10 km² die meisten Entscheidungszentren Frankreichs. Darüber hinaus ist Paris ein internationaler Schwerpunkt von Politik, Wirtschaft, Kultur, Finanzen, Mode, des Handels und Transportes sowie des Tourismus.

Die wohl wesentlichste Ursache dieser Entwicklung liegt im französischen Zentralismus. Schon im Mittelalter, verstärkt im Absolutismus, wurde die Erschließung des Landes auf Paris ausgerichtet, konzentrierten sich dort Macht, Wirtschaft, Kultur und Bevölkerung. Dieser Prozess verstärkte sich unter dem Einfluss der Industrialisierung im 19. und 20. Jh. Er war stets mit einer regen Bautätigkeit verbunden. Dieser Trend hält bis in die Gegenwart an. Er führte zu einem Verdichtungsprozess, der der Stadt die Bezeichnung „hypercapitale Hauptstadt" einbrachte. In der 2. Hälfte des 20. Jh. eskalierten allerdings auch die durch übergroße Zentralität und die damit verbundene Ungleichgewichtigkeit zwischen Zentrale und Peripherie entstandenen Probleme.

Im letzten Drittel des 20. Jh. verstärkten sich regionalistische Bewegungen mit dem Ziel, Paris zu entlasten und andere Regionen verstärkt zu fördern. Der Staat selbst hat diesbezügliche Grundsätze und Gesetze einer Dezentralisierungspolitik geschaffen und mit der Realisierung begonnen. Bereits heute sind Ergebnisse erkennbar:

Blick auf Paris

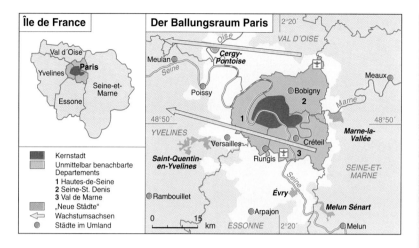

Aktuelle Probleme der Hauptstadt:

- Wachstum und Verdichtung führen zu überdimensionalen Kosten, die Paris und die Region allein nicht tragen können. Paris sei – so sagt PINCHEMEL – eine gigantische Geldpumpe, die die Ersparnisse der Provinz saugt.
- Die Umweltbelastung ist hoch, wobei die Luftverunreinigung, die Müll- und die Abwasserentsorgung die Stadt vor fast unlösbare Probleme stellt.
- Paris erstickt im Verkehr. Jährlich stehen Autos über 1 Milliarde Stunden im Stau. Die öffentlichen Verkehrsmittel sind den ständig steigenden Anforderungen kaum gewachsen.
- Das Leben in Paris ist teuer. Mieten für Wohnungen, Büros und Geschäfte in der City sind fast unbezahlbar geworden. Es findet ein ständiger Verdrängungsprozess statt. Der Polarisierungsprozess zwischen Arm und Reich verstärkt durch ethnische Konflikte spitzt sich zu.

1. Es verlagerten sich Teile der Wirtschaft und der Bevölkerung aus innerstädtischen Kernbereichen an den Rand der Stadt, der somit eine Verdichtung erfuhr. Bestes Beispiel ist die völlige Umgestaltung des stadtrandnahen Viertels La Défense im Westen der Stadt. Hier entstand Europas größtes Büro- und Dienstleistungszentrum mit etwa 80 000 Beschäftigten. Allein über 40 Hochhäuser gehören zu dieser fast utopisch wirkenden „Stadtlandschaft".

2. Eine starke Ausweitung der Ballung Paris wurde durch Aktivierung der an die Stadt angrenzenden Departements Hautes-de-Seine, Seine-St. Denis und Val de Marne erreicht. Seit Mitte der 70er Jahre wuchs das Ergänzungsgebiet dann in die Departements Seine-et-Marne, Yvelines und Val d'Oise hinein. Ausdruck dieser Entwicklung sind fünf „Neue Städte" (Villes Nouvelles), die zwischen 20 und 50 km vom Stadtzentrum entfernt angelegt wurden und sowohl Wohn- als auch Wirtschaftsfunktionen besitzen: Evry und Melun-Sénart im Süden, Marne-la-Vallée im Osten, Cergy-Pontoise im Norden und Saint-Quentin-en-Yvelines im Westen von Paris. Es sind große Trabantenstädte, vergleichbar mit den englischen New Towns, in denen – zusammengenommen – einmal 800 000 bis 1 Mio. Menschen leben werden.

Ähnliche Verdichtungsprozesse spielen sich auch in anderen Städten der Île de France ab. Vor allem werden weitere Dezentralisierungspläne der Hauptstadt zu einer starken Aktivierung von Wachstumsachsen nördlich und südlich der Seine in westliche Richtung in den Departements Val d'Oise und Yvelines führen.

3. Dezentralisierung erfolgte durch Weggang von Wirtschaft und Bevölkerung aus Paris und der Region Île de France. Insbesondere Industriebetriebe gingen in andere Regionen um finanzielle Anreize und gewisse Standortvorteile der gewählten Region (niedrigere Bodenpreise, Ausdehnungsmöglichkeiten, billigere Arbeitskräfte usw.) ausnutzen zu können. Industriezentren wie Grenoble, Nizza, Montpellier, Toulouse, Bordeaux, Nantes, Brest, Le Havre und Rennes profitierten davon. Insgesamt hielten sich bisher die Erfolge einer solchen echten Dezentralisierung in Grenzen. Zweifellos haben die Maßnahmen zur Dezentralisierung Erfolge gebracht und die Hauptstadt in verschiedener Weise entlastet. Das Wachstumstempo von Paris hat sich verlangsamt aber Zentralisierungstendenzen halten an. Die Hauptstadt selbst ist hierbei Motor und Resultat dieses Wachstums.

?

1. Welche anderen europäischen Städte weisen ähnliche Zentralitätsmerkmale auf wie Paris? Begründen Sie Ihre Aussage.
2. Interpretieren Sie eine Karte der Bevölkerungsdichte Frankreichs.
3. Stellen Sie anhand von Wirtschaftskarten die Produktionsschwerpunkte der Île de France zusammen und erklären Sie die Branchenstruktur.

Steinkohleproduktion Polens
(in Mio. t)

1800	< 1	1960	104
1860	3	1970	140
1880	10	1980	193
1900	25	1990	147
1925	45	1993	130
1950	78		

Polnische Hüttenproduktion
(1993 in Mio. t)

Roheisen	6,100	(7. Stelle in Europa)
Rohstahl	9,900	(9. Stelle in Europa)
Zink	0,151	(5. Stelle in Europa)
Blei	0,049	(3. Stelle in Europa)
Kupfer	0,382	(2. Stelle in Europa)

Entwicklung der Eisenmetallurgie im Oberschlesischen Industriegebiet (GOP):

1796	erste Hütte auf europäischem Festland in Gleiwitz (Ruhrgebiet 1846)
1802	Hütte Königshütte
19. Jh.	zeitweilig bis 40 Hütten
1976	neue Großhütte Huta Katowice
1980	20 Eisenhütten im GOP in Betrieb

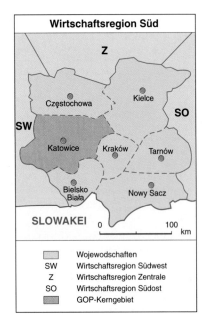

Wirtschaftsregion Süd

▨	Wojewodschaften
SW	Wirtschaftsregion Südwest
Z	Wirtschaftsregion Zentrale
SO	Wirtschaftsregion Südost
▨	GOP-Kerngebiet

Das Oberschlesische Industriegebiet – ältestes Montanrevier Europas

Im südlichen Polen liegt in der Wirtschaftsregion Süd das Oberschlesische Industriegebiet. Es wird in Polen GOP (Górnoslaśki Okreg Przemyslowy) genannt und ist weitgehend der Wojewodschaft Katowice (Kattowitz) zuzuordnen, die nur 2,1 % des polnischen Staatsgebietes einnimmt, aber 16,6 % des BIP erwirtschaftet. Das Industriegebiet ist aber nicht nur das größte im Land, sondern gleichzeitig eines der ältesten und wirtschaftlich bedeutendsten Ballungsgebiete in Europa. Auf engem Raum reihen sich fast übergangslos Siedlungs-, Industrie- und Verkehrsanlagen aneinander.

Das Kerngebiet des GOP erstreckt sich von Gliwice (Gleiwitz) im Westen bis Dabrowa–Górnicza im Osten sowie von Tarnowskie Góry (Tarnowitz) bis Tichy (Tichau) im Süden. Innerhalb dieses Kernraumes liegen so bedeutende Städte wie Katowice (Kattowitz), Sosnowiec (Sosnowitz), Zabrze (Hindenburg), Ruda Ślaska (Ruda), Chorzów (Königshütte) und Bytom (Beuthen). Etwa 3,5 Mio. Menschen leben hier.

Auch das nähere und weitere Ballungsumfeld weist schon eine hohe Industrieverdichtung auf. Insbesondere nach dem Süden bis Rybnik und nach dem Südosten bis Oswiecim (Auschwitz) bzw. Chrzanów bildeten sich Wachstumsachsen heraus.

Grundlage und Motor der industriellen Entwicklung des GOP sind die reichen Vorkommen an Steinkohle, Blei- und Zinkerzen sowie früher auch von Eisenerzen.

Vor allem der Abbau der Steinkohle wurde schon im 18. Jh. wichtigste Entwicklungsgrundlage des Gebietes. Er erfolgt seit fast 200 Jahren und erstreckt sich über das gesamte Revier sowie den südlichen Teil des Ballungsfeldes. Oft befinden sich die Schachtanlagen inmitten der Städte. Etwa 97 % der polnischen Steinkohleproduktion erfolgt im GOP. Da Polen Europas wichtigstes Exportland von Steinkohle ist, führen große „Kohlenmagistralen" in die Exporthäfen Szczecin (Stettin) und Gdynia (Gdingen).

Auf der Basis der Kohle und weiterer Bergbauprodukte – vor allem Blei und Zink – entwickelte sich eine vielseitige Montanindustrie, aus der die Eisen- und Buntmetallurgie, die Gas- und Elektroenergiegewinnung, die chemische Industrie und die Baustoffproduktion herausragen. Durch den Bau riesiger Betriebe (Neue Hütte Katowice, 14 Großschachtanlagen des Steinkohlebergbaues, neue Buntmetallhütten und neue Großkraftwerke) verstärkte sich der einseitige Struktureffekt. Andere Zweige der Industrie haben geringere Bedeutung und befinden sich mehr am Rande der Ballung, so u. a. die Metallverarbeitung, die Textil- und die Holzindustrie. Eine Ausnahme bildet der wichtige Produktionsstandort für PKW in Tichy.

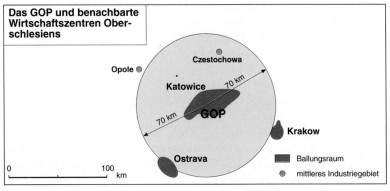

Das GOP und benachbarte Wirtschaftszentren Oberschlesiens

▬	Ballungsraum
●	mittleres Industriegebiet

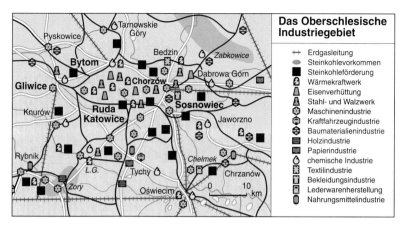

Das Oberschlesische Industriegebiet

↔	Erdgasleitung
●	Steinkohlevorkommen
■	Steinkohleförderung
▣	Wärmekraftwerk
▲	Eisenverhüttung
▲	Stahl- und Walzwerk
⊕	Maschinenindustrie
⊖	Kraftfahrzeugindustrie
⊕	Baumaterialindustrie
▮	Holzindustrie
▬	Papierindustrie
◊	chemische Industrie
▨	Textilindustrie
▤	Bekleidungsindustrie
▣	Lederwarenherstellung
▮	Nahrungsmittelindustrie

Polnische Behörden haben einen Index zur Bewertung des Umweltzustandes und ökologischer Gefährdungen entwickelt, der Luftverschmutzung, Wald- und Bodenzerstörung, Industrieabfälle und -abwässer berücksichtigt. Oberschlesien und Kraków liegen mit 194 291 bzw. 33 894 Punkten bei weitem an der Spitze. Den günstigsten Wert haben Tomaszów mit 171 und Jelenia Góra (Hirschberg) mit 185 Punkten.

Die übergroße Konzentration von Bergbau und Schwerindustrie machte das Oberschlesische Industriegebiet zu einem der von Umweltschäden am meisten belasteten Gebiete Europas. Von der Polnischen Akademie der Wissenschaften wurde es deshalb 1986 zum ökologischen Katastrophengebiet erklärt, wozu vor allem folgende Umweltbelastungen beitragen:

- Lufthygienische Belastungen durch Abgase und Staub, insbesondere CO, CO_2, SO_2, NOx, Kohlenwasserstoffe
- Wasserverunreinigungen und Müllprobleme
- Bergbaufolgeschäden (Absenkungen, Restlöcher des Bergbaues, Bergbauschäden an Häusern, Fahrbahnen)
- Zunahme der nicht rekultivierten Flächen.

So wurde das GOP zu einem Beispiel rigoroser Ausnutzung der Rohstoffressourcen ohne Rücksicht auf die im Revier lebenden Menschen.

Das GOP hat etwas Düsteres, Bedrückendes an sich und ist mit den schwerindustriellen Zentren des Ruhrgebietes, Mittelenglands oder des südwestlichen Belgien in der 1. Hälfte des 20. Jh. zu vergleichen. Während dort aber beträchtliche Strukturwandlungen erfolgten, die diesen Räumen ein neues Gesicht gaben, steht das GOP erst am Anfang einer solchen Entwicklung.

Um u. a. die hierfür notwendigen Raumordnungsmaßnahmen durchsetzen zu können, wurden für das gesamte Land insgesamt 7 Wirtschaftsregionen geschaffen. Das GOP ist Teil der Südregion. Dort sind speziell für den Ballungsbereich Strukturveränderungen und damit Flächenumwidmungen vorgesehen (Rückgang des Kohle- und Erzbergbaues sowie der Eisenproduktion). Auch die Städtesanierung wird mit weiteren Maßnahmen der Verbesserung der Umweltqualität (weitere Anlage von Stauseen für die Naherholung usw.) im Vordergrund stehen.

Durch die Schaffung der Wirtschaftsregion Süd werden auch Möglichkeiten der Entwicklung übergeordneter Raumentwicklungsstrategien, so z.B. zwischen dem GOP und der nur jeweils etwa 70 km entfernten Ballung Kraków (Krakau) bzw. dem Industriegebiet Częstochowa (Tschenstochau) erleichtert. Unter dem Aspekt der Ballungsentlastung bietet sich auch eine Aktivierung der südlichen bzw. östlichen Peripheriegebiete (Wojewodschaften Bielsko Biała, Nowy Sacz, Tarnów und Kielce) an. Da sich ebenfalls nur 70 km südlich des GOP auf tschechischem Gebiet die Ballung Ostrava mit ähnlicher Struktur befindet, werden zukünftig länderübergreifende Maßnahmen der Raumplanung, insbesondere auf dem Gebiet der Ökologie und Wirtschaftsentwicklung, von besonderer Bedeutung sein.

Bergwerk „Siersza" in Trzebinia

?

1. Welche Standortvorteile, welche Nachteile weist die Region GOP für die Industrie auf?
2. Warum wird das GOP oft als das „Ruhrgebiet Polens" bezeichnet? Ist ein solcher Vergleich stichhaltig?

Nord- und Westböhmen – unterschiedliche Chancen im Grenzraum zur Europäischen Union?

Anteile an Tschechien (1994)			
	Fläche	Bevöl-kerung	BIP*
Nordböhmen	9,9	11,4	15,2
Westböhmen	13,8	8,3	9,0
Südböhmen	14,4	6,8	5,8

* Schätzung

Braunkohlegewinnung im NBBR und in Tschechien

NBBR/Tschechien (in Mio.)

1950	18	26	1990	61	81
1960	28	58	1995	58	71
1970	45	82	2000*	49	60
1980	62	95	2010*	41	50

* Schätzung

Karlsbader Sprudelquelle

Wie Polen ist auch die Tschechische Republik (Kurzform: Tschechien) östlicher Nachbar Deutschlands an der Außengrenze der EU. Das Land besteht aus 7 Bezirken und dem hauptstädtischen Bereich Prag. 3 Bezirke grenzen an die Bundesrepublik: Nordböhmen, Westböhmen und Südböhmen. Physisch-geographisch haben sie alle drei Anteile an Grenzgebirgen, am Gebirgsvorland und am Böhmischen Becken. Allen drei Bezirken ist auch gleich, dass Teile von ihnen bis 1945 zum Sudetenland gehörten, in denen sehr viele Menschen deutscher Abstammung lebten. Diese trugen viel zum hervorragenden Stand der damaligen Wirtschaft in diesen Gebieten bei, so u. a. in der Glas- und Porzellanindustrie, in der Bijouterieherstellung, in der Nahrungsmittelproduktion, im Kur- und Bäderwesen und in einer spezialisierten Landwirtschaft. In der Mehrzahl wurden die Deutschen nach 1945 vertrieben. Es entstand ein bevölkerungsverdünnter Raum, der allmählich mit tschechischer und slowakischer Bevölkerung aufgefüllt wurde.

Jeder der drei Bezirke weist aber auch Besonderheiten in der Zweigstruktur und räumlichen Entwicklung auf. Die zukünftige Entwicklung muss unter den Bedingungen der direkten Nachbarschaft zur EU (konkret zu Deutschland und ganz speziell zu Bayern und Sachsen), der Einbindung in grenzübergreifende Euroregionen und der Mitgliedschaft der ČR in der OECD seit 1995 hinsichtlich ihrer Entwicklungschancen unterschiedlich bewertet werden.

Der Bezirk Nordböhmen weist einen hohen Grad der Industrialisierung auf. Der größere Teil westlich der Elbe wird von der Grundstoffindustrie und dem Kohlebergbau, der östliche Teil von der Leichtindustrie geprägt. Orte wie Chomutov (Komotau), Teplice (Teplitz), Ústí n. L.(Aussig), Liberec (Reichenberg) und Jablonec (Gablonz) sind als Standorte hochspezialisierter Industrien auch international bekannt.

Das Kerngebiet der nordböhmischen Industrielandschaft wird durch das Nordböhmische Braunkohlerevier und Industriebetriebe, insbesondere der Energiegewinnung und der chemischen Industrie, gebildet. Zwischen den südlichen Ausläufern des Erzgebirges und dem Fluss Eger erstrecken sich große Braunkohle-Lagerstätten (Flözmächtigkeit 25 m), die seit etwa 100 Jahren industriell abgebaut werden. Gegenwärtig entspricht die jährliche Kohleförderung etwa der des Lausitzer Reviers, sie erfolgt aber in einem viel kleineren Gebiet. Die Kohle wird insbesondere in riesigen Kraft-

Die Bezirke der Tschechischen Republik

1 Prag
2 Mittelböhmen
3 Ostböhmen
4 Südböhmen
5 Westböhmen
6 Nordböhmen
7 Südmähren
8 Nordmähren

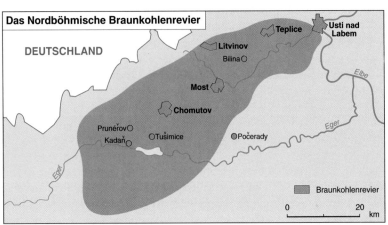

Das Nordböhmische Braunkohlenrevier

DEUTSCHLAND

Teplice · Usti nad Labem · Litvinov · Bilina · Most · Chomutov · Prunérov · Kadaň · Tušimice · Počerady · Elbe · Eger

Braunkohlenrevier

0 — 20 km

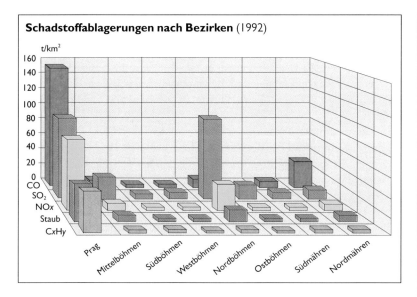

Schadstoffablagerungen nach Bezirken (1992)

t/km²

160
140
120
100
80
60
40
20
0

CO
SO₂
NOx
Staub
CxHy

Prag · Mittelböhmen · Südböhmen · Westböhmen · Nordböhmen · Ostböhmen · Südmähren · Nordmähren

werken (Tušimice I und II, Prunéřov I und II, Počerady, Ledvice u. a.) in Elektroenergie umgewandelt oder in der chemischen Industrie veredelt (Ústí n. L., Chomutov, Litvinov u. a.).

Auch im östlichen Teil sind Zweige konzentriert, die nur bei umfassender Modernisierung Aussichten auf erfolgreiches Bestehen haben (Glasindustrie, Textilindustrie). Die Entwicklungschancen können nur begrenzt positiv bewertet werden, zumal auch der nördliche Nachbar, das Land Sachsen, sich mit ähnlichen Problemen auseinander setzen muss.

Eine völlig andere Situation kennzeichnet den Bezirk Westböhmen. In diesem Bezirk sind nur zwei wirtschaftliche Zentren vorhanden. Das eine ist die Bezirkshauptstadt Plzeň (Pilsen) einschließlich ihres Umlandes. In diesem großen Industriestandort existiert eine vielseitige Zweigstruktur der Industrie. Die Bierproduktion und der Schwermaschinenbau „Škoda Plzeň" sind weltbekannt.

Das andere Zentrum ist das westböhmische Bäderdreieck Karlsbad-Marienbad-Franzensbad. Der natürliche Reichtum dieses Gebietes sind die Mineralquellen, deren Nutzung alle drei Orte zu international herausragenden Bade- und Kurorten machte. Karlovy Vary (Karlsbad) der bedeutendste, ist gleichzeitig auch ein beliebtes Fremdenverkehrszentrum.

Die anderen Gebiete des Bezirkes werden im Gebirgsbereich vorwiegend forstwirtschaftlich und für den Fremdenverkehr genutzt, das Gebirgsvorland landwirtschaftlich. Die Städte stellen meist kleinere Industrieinseln dar, so u. a. Cheb, Sokolov, Klatovy, Domažlice.

Diese insgesamt ausgewogene Wirtschaftsstruktur bietet gute Voraussetzungen für internationale Kooperation. Eine solche wird besonders durch die Zusammenarbeit mit Bayern in der Euroregion Böhmerwald/Bayerischer Wald und mit Bayern und Sachsen in der Euroregion Egrensis forciert. Schwerpunkte sind Landwirtschaft, Fremdenverkehr und Bäderwesen, Infrastruktur, Handwerk sowie Ökologie und Umweltschutz. Die Entwicklung von Gemeinschaftsunternehmen, von denen es im Bezirk Westböhmen bereits mehrere Hundert gibt, besitzt nicht zuletzt wegen des guten Arbeitskräfteangebotes gute Voraussetzungen. Die Chancen einer zukünftigen Verstärkung dieser positiven Effekte sind groß.

Die Umweltschäden durch Zerstörung der Landschaft, lufthygienische Probleme, Vegetationszerstörung bis über die Kammlagen des Erzgebirges und nach Sachsen sowie Auswirkungen auf die Bevölkerung sind unerträglich geworden. Viele Menschen verließen das NBBR (seit 1960 über 40 000 Wanderungsverlust). Weil das Revier aber eine große Bedeutung für Tschechien im Hinblick auf Energieversorgung hat, werden Kohlenbergbau und Kohlenveredlung auch zukünftig wichtigster Industriebereich in Nordböhmen bleiben.

Deshalb ist von besonderer Wichtigkeit, die Produktion zu ökologisieren und Extrembelastungen von Mensch und Natur abzubauen. Zur Zeit stehen diesbezügliche Fragen (Rekultivierung der Bergbaulandschaft, Abbau der Schadstoffbelastung der Luft, Wiederaufforstungen geschädigter und zerstörter Wälder, erhöhter Gesundheitsschutz für die Bevölkerung) im Vordergrund. Internationale Hilfe, u. a. Maßnahmen der Euroregionen Erzgebirge und Elbe/Labe, spielen hierbei eine wichtige Rolle.

Nordböhmen wird noch längere Zeit eine ökologisch gestörte Landschaft und damit ein Problemgebiet für Wirtschaft und Bevölkerung bleiben.

?

1. Vergleichen Sie das Nordböhmische Braunkohlerevier mit dem Lausitzer Revier. Stellen Sie Ähnlichkeiten und Unterschiede – auch in der Wirtschaftsstruktur – fest.
2. Ermitteln Sie die Bedeutung des Tourismus für die Wirtschaft Tschechiens. 1993 betrug die Zahl der Auslandsgäste 2,5 Mio. Die Deviseneinnahmen betrugen 1 570 Mio. US $.

101

Ländliche Räume und Landwirtschaft in Europa

Nach HENKEL (1993) ist der ländliche Raum „ein naturnaher, von der Land- und Forstwirtschaft geprägter Siedlungs- und Landschaftsraum mit geringer Bevölkerungs- und Bebauungsdichte sowie niedriger Zentralität der Orte, aber höherer Dichte der zwischenmenschlichen Bindungen.“

In Europa umfasst der ländliche Raum etwa 85% der Fläche. Mehr als die Hälfte der europäischen Bevölkerung lebt heute in ländlich geprägten Regionen, die seit Jahrzehnten von einschneidenden Veränderungen betroffen sind. Waren ländliche Räume im 19. Jh. noch vorwiegend agrarisch strukturiert, so dienen sie gegenwärtig vor allem der Erzeugung land- und forstwirtschaftlicher Produkte, aber auch der Freizeit und Erholung, der Rohstoffgewinnung und dem ökologischen Ausgleich. Aufgrund ihrer natur- und kulturräumlichen Vielfalt, ihrer unterschiedlichen Potenziale, ihrer vielfältigen Probleme und ihrer starken Differenzierung sind ländliche Räume nicht leicht zu charakterisieren.

Die einzelnen Regionen unterscheiden sich hinsichtlich ihrer Wirtschaftsstruktur, ihrer infrastrukturellen Ausstattung, ihrer Eignung für landwirtschaftliche und touristische Nutzung, ihrer ökologischen Bedeutung sowie in der Ausstattung mit zentralen Orten und der Nähe oder Ferne zu Stadtregionen.

Eine Übersicht über verschiedene Typen ländlicher Räume in Deutschland, ihre Merkmale und Potenziale gibt die Tabelle auf Seite 189.

Die starken Veränderungen in den ländlich geprägten Regionen der Mitgliedsstaaten der Europäischen Union seit Anfang der 60er Jahre standen

?

Erläutern Sie die wesentlichen naturgeographischen Strukturen Europas und leiten Sie daraus Gunst- und Ungunsträume der landwirtschaftlichen Produktion ab.

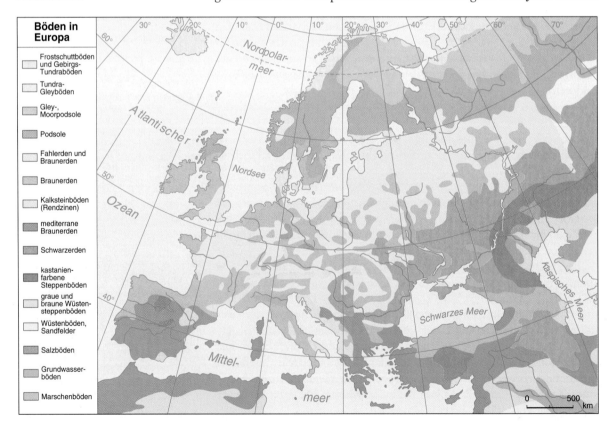

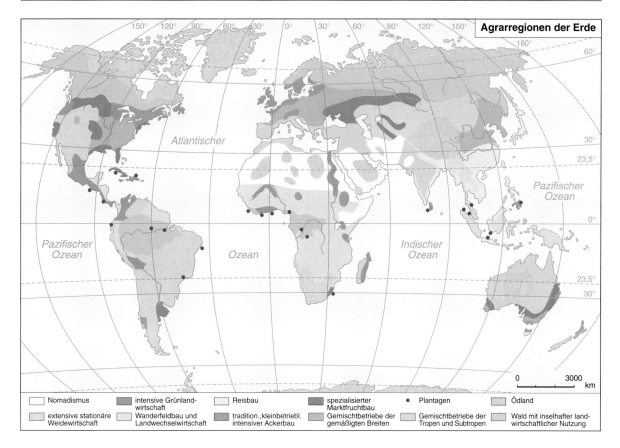

| | Nomadismus | | intensive Grünland-wirtschaft | | Reisbau | | spezialisierter Marktfruchtbau | • | Plantagen | | Ödland |
| | extensive stationäre Weidewirtschaft | | Wanderfeldbau und Landwechselwirtschaft | | tradition.,kleinbetriebl. intensiver Ackerbau | | Gemischtbetriebe der gemäßigten Breiten | | Gemischtbetriebe der Tropen und Subtropen | | Wald mit inselhafter land-wirtschaftlicher Nutzung |

im engen Zusammenhang mit der Entwicklung der Landwirtschaft, die vor allem durch die Ziele der gemeinsamen Agrarpolitik (GAP) bestimmt wurde. Angesichts der tief greifenden Wandlungen in Europa sind gegenwärtig neue Überlegungen erforderlich, wie die wirtschaftliche Entwicklung und die Standortqualität ländlicher Räume langfristig gesichert und verbessert werden können.

Die gemeinsame Agrarpolitik (GAP) der Europäischen Union

Bei ihrer Gründung verfolgte die Gemeinschaft eine für alle Landwirte einheitliche Politik. Das war möglich, weil die Gründerstaaten viele Gemeinsamkeiten aufwiesen. Mit der Erweiterung traten erhebliche Disparitäten zwischen den alten und den neuen Mitgliedsstaaten auf. In den peripher gelegenen Staaten leistet der Agrarsektor einen wesentlichen Beitrag zur nationalen Wertschöpfung, während sein Anteil am Bruttoinlandprodukt in den zentral gelegenen Staaten mit einer ausgeprägten Industriestruktur relativ gering ausfällt.

   Die gemeinsame Agrarpolitik trat in den 60er Jahren schrittweise an die Stelle der sehr unterschiedlichen nationalen Agrarpolitiken. Die Einkommensprobleme der Landwirtschaft sollten durch Anpassungen der Agrarstruktur gelöst werden, die Marktpolitik sollte für ein Minimum an Sicherheit und Stabilität der Binnenmärkte für landwirtschaftliche Erzeugnisse sorgen und die Preisstützung sollte so gehandhabt werden, dass das Gleichgewicht der Agrarmärkte gewahrt bleibt. Soziale Probleme in der Landwirtschaft, die im Rahmen einer solchen Agrarpolitik

Die alte EG-Marktordnung unterschied:
Richtpreise, die das von der Kommission angestrebte Preisniveau angaben, Interventions- oder Stützpreise, die von staatlichen Aufkaufstellen mindestens gezahlt wurden, Schwellenpreise, die den Mindestpreis für Importe bezeichnen.

> „Wir wollen einen ländlichen Raum, der sich entwickelt, der am wirtschaftlichen und sozialen Fortschritt teilhat, überall in Europa, wo immer dies möglich ist. Und ohne Landwirtschaft, ohne eine funktionierende Landwirtschaft, ohne eine Landwirtschaft, die ihre vielfältigen Funktionen im Interesse der gesamten Gesellschaft wahrnimmt, gibt es keinen ländlichen Raum. … Deshalb brauchen wir eine Entwicklungspolitik für den ländlichen Raum, eine Politik, die dem ländlichen Raum hilft, die Trümpfe, über die er verfügt, auszuspielen, die ihn aufwertet, die vor Ort die Voraussetzungen schafft, damit neue Arbeitsplätze und neue Einkommensquellen entstehen können. … Eine solche Entwicklungsstrategie muss notwendigerweise über die Landwirtschaft hinausgehen. Sie muss alle Sektoren im ländlichen Raum umfassen: Landwirtschaft, Forstwirtschaft, Handwerk, Handel, Industrie, öffentliche und private Dienstleistungen. Und sie muss regional geprägt sein. Denn es gibt keine Patentrezepte, die für jeden gut sind. Dafür ist die regionale Vielfalt in Europa viel zu groß."

(Agrarkommissär F. FISCHLER, 1995).

Als Maßnahmen sieht die Reform vor: das Einkommen der Bauern durch direkte Einkommenshilfen zu sichern, 15 % der Getreideflächen stillzulegen, den Anbau nachwachsender Rohstoffe zu fördern, durch Extensivierung von Produktionsverfahren eine Entlastung der Umwelt von Dünge- und Pflanzenschutzmitteln zu erreichen, das Ökosystem Wald durch die Aufforstung landwirtschaftlicher Flächen zu stärken.

?
Nennen Sie Gründe für die EG-Agrarreform von 1992 und beschreiben Sie Auswirkungen.

keine Lösung finden konnten, sollten im Rahmen der Sozialpolitik gelöst werden.

Bald jedoch bekamen Markt- und Preispolitik Vorrang vor der Strukturpolitik. Erst in den 80er Jahren wurde das Problem der Überschüsse landwirtschaftlicher Erzeugnisse so drückend, dass Einschränkungen der Preis- und Absatzgarantien beschlossen wurden.

Mit der 1992 beschlossenen Reform der EG Agrarpolitik kam es zu einer grundlegenden Änderung des bislang verfolgten Kurses. Die neue Agrarreform zielt darauf ab,

* das Gleichgewicht der Agrarmärkte wieder herzustellen durch Abbau der Überschussproduktion,
* das Einkommen der Landwirte für überschaubare Zeiträume zu sichern,
* die EG-Gelder so zu verteilen, dass eine größere Anzahl von Landwirten davon profitiert,
* umweltverträgliche Produktionsweisen zu fördern,
* die Rolle der Land- und Forstwirtschaft bei der Bewahrung der Umwelt zu stärken.

Die hierzu erforderlichen Mittel sind
– eine neue Agrarmarktordnung, insbesondere für Getreide, Ölsaaten und Eiweißpflanzen,
– eine ökologische Ausrichtung der Landwirtschaft, die neben der umweltverträglichen Erzeugung von Nahrungsmitteln und pflanzlichen Rohstoffen einen wichtigen Beitrag zur Landschaftspflege leistet.

Die GAP hat wesentlich zur erfolgreichen Entwicklung ländlicher Gebiete beigetragen. Seit 1988 werden die drei Strukturfonds der EU – der Europäische Ausrichtungs- und Garantiefonds für die Landwirtschaft (EAGFL), der Europäische Fonds für Regionale Entwicklung (EFRE) und der Europäische Sozialfonds (ESF) verstärkt zur Förderung ländlich geprägter Regionen genutzt. Die Mittel des EAGFL dienen insbesondere dem Erhalt der Wettbewerbsfähigkeit der Landwirtschaft und deren Anpassung an wechselnde Marktbedingungen. Der EFRE fördert u. a. wichtige Infrastrukturmaßnahmen (Straßenbau, Energie- und Wasserversorgungssysteme, Telekommunikationseinrichtungen) auch in ländlichen Räumen. Der ESF dient vor allem der Aus- und Weiterbildung und damit der besseren Integration bedürftiger Personengruppen in den Arbeitsmarkt.

Die Maßnahmen dieser drei Fonds zur Stärkung ländlicher Räume konzentrieren sich vorrangig auf zwei Gebietskategorien:
– Die „Ziel – 1 – Gebiete", d. h. Regionen mit Entwicklungsrückstand, in denen alle Entwicklungstätigkeiten, also auch im Bereich der Landwirtschaft, gefördert wurden.
  Gegenwärtig sind mehr als 25 % der europäischen Bevölkerung in die „Ziel – 1 – Förderung" einbezogen.
– Ländliche Gebiete mit Entwicklungsrückstand die sogenannten „Ziel – 5b – Gebiete".
  Gefördert werden außerdem Bergregionen und Gebiete, die aufgrund ihrer Klima- und Bodenbedingungen benachteiligt sind. Der Anteil dieser Gebiete an der landwirtschaftlichen Nutzfläche der EU beträgt mehr als 50%.

Landwirtschaft in Frankreich – ein Beispiel für eine europäische Agrarregion

Die Landwirtschaft Frankreichs trug 1993 mit 4,6 % zur Entstehung des Bruttoinlandproduktes bei; außerdem ist sie Rohstofflieferant eines umfangreichen Gewerbes. 1975 gehörten 10 % der Erwerbstätigen zur Landwirtschaft, 1993 noch 6,1 %, im Vergleich zu Deutschland und Großbritannien ein hoher Anteil. Frankreich ist Teil des gemeinsamen Agrarmarktes. Der französische Anteil an der landwirtschaftlich genutzten Fläche der EU liegt bei einem Drittel. Frankreich ist der größte Produzent und der stärkste Exporteur. Bei vielen Erzeugnissen stammt mehr als ein Drittel der gesamten EU-Produktion aus der französischen Landwirtschaft.

Frankreich ist der größte Produzent von Molkereierzeugnissen und Fleisch in Europa und zählt (neben den Niederlanden) zu den bedeutendsten Exportländern von Geflügelfleisch und Hühnereiern. Gute Böden und ein mildes Klima mit genügend Niederschlägen begünstigen die Landwirtschaft. Je nach Bodenqualität und klimatischen Bedingungen unterscheiden sich die Anbaukulturen in den einzelnen Landesteilen.

Seit Beginn der 80er Jahre wurden die durchschnittlichen Hektarerträge erheblich gesteigert, gleichzeitig die Anbauflächen verringert. So betrug die Erntemenge bei Weintrauben in den letzten Jahren konstant ca. 10 Mio. t. Es deutet sich aber an, dass innerhalb der nächsten Jahre ein erheblicher Teil der Weinanbauflächen aufgegeben wird, besonders im Gebiet Languedoc. Diese Entwicklung wird durch das EU-Rodungsprogramm für Rebflächen bewusst gefördert, um die Überproduktion von Tafelwein in der EU abzubauen.

Obwohl viele der kleinen und mittleren Landwirtschaftsbetriebe unter 20 ha aufgegeben haben und immer weniger Menschen in der Landwirtschaft arbeiten, wuchs das Volumen der Agrarproduktion an. Diese Produktionssteigerungen waren die Folge umfassender Modernisierungen und Intensivierungen. Der Prozess des Strukturwandels ist für die französische Landwirtschaft im 20. Jh. kennzeichnend. Trotzdem halten viele Eigentümer nach wie vor an dem überkommenen Besitz fest und sträuben sich gegen jede Art von strukturellen Maßnahmen, besonders im stärker parzellierten Südfrankreich mit hohen Sonderkulturanteilen.

Die land- und forstwirtschaftliche Nutzfläche Frankreichs (in %)

Nutzung als	1909	1976	1982	1994
Ackerland	47,5	34,0	34,6	34,9
Grünland	20,2	27,3	27,3	20,2
Wald	18,7	29,3	31,5	27,1
Übriges, Sonderkulturen, Rebflächen				
Ödland	13,6	9,4	6,6	17,8

Gemüse- und Obsternte in Deutschland und Frankreich (in 1000 t)

	1980	1993
Deutschland		
Gemüse	3 190	3 193
Obst	k. A.	1 167
Frankreich		
Gemüse	6 858	7 314
Obst	3 355	3 446

Anbau und Ernte von Weintrauben (1993)

Deutschland	103 000 ha
Frankreich	926 000 ha
Spanien (1992)	1 350 000 ha
Italien	897 000 ha

Erntemenge (in 1000 t)	
Deutschland	1 296
Frankreich	6 535
Spanien	4 108
Italien	8 184

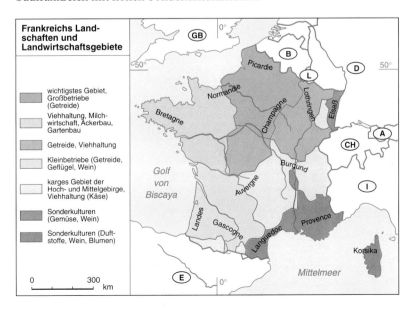

Frankreichs Landschaften und Landwirtschaftsgebiete

- wichtigstes Gebiet, Großbetriebe (Getreide)
- Viehhaltung, Milchwirtschaft, Ackerbau, Gartenbau
- Getreide, Viehhaltung
- Kleinbetriebe (Getreide, Geflügel, Wein)
- karges Gebiet der Hoch- und Mittelgebirge, Viehhaltung (Käse)
- Sonderkulturen (Gemüse, Wein)
- Sonderkulturen (Duftstoffe, Wein, Blumen)

0 300 km

?

Der Beitrag der Agrarerzeugung Frankreichs am BIP beträgt ca. 4 %; 5 % aller Erwerbstätigen arbeiten in der Landwirtschaft. Erläutern Sie diese Werte.

Der agrarstrukturelle Wandel in Deutschland und seine Auswirkungen auf ländlich geprägte Räume

Der Umgestaltungsprozess der deutschen Landwirtschaft vollzieht sich gegenwärtig und zukünftig unter komplizierten nationalen, europäischen (Agrarreform der EU) und weltweiten (GATT-Abkommen) Rahmenbedingungen.

Die Entwicklung der Landwirtschaft und der ländlichen Räume im früheren Bundesgebiet und in der DDR war durch völlig gegensätzliche gesellschafts- und agrarpolitische Leitbilder gekennzeichnet. Während die Agrarverfassung der Bundesrepublik durch das private Eigentum geprägt

> „Die Bundesregierung ist der Auffassung, dass der Agrarstandort Deutschland, unabhängig von der Unternehmens- und Erwerbsform, am ehesten durch eine leistungs- und wettbewerbsfähige, marktorientierte und umweltverträgliche Land-, Forst- und Ernährungswirtschaft gesichert werden kann. ... Die Bundesregierung geht davon aus, dass – ungeachtet der notwendigen strukturellen Veränderungen – auch weiterhin die bewährten Prinzipien bäuerlichen Wirtschaftens Bestand haben werden ..."
> heißt es im Agrarbericht 1996.

Die günstigsten Voraussetzungen bieten die Landschaften mit Braun- und Schwarzerde. Dazu gehören u. a. die Grundmoränen im glazial geformten Raum von Schleswig-Holstein und Mecklenburg-Vorpommern, das Bördeland am Nordrand der Mittelgebirge in einem 20–60 km breiten Streifen von der Soester Börde bis zur Oberlausitz und die Tal- und Beckenlandschaften. In diesen Agrarräumen herrscht Ackerbau mit hoher und mittlerer Produktionsleistung vor.

Grünlandwirtschaft überwiegt dagegen in den feuchten Gebieten Nordwestdeutschlands sowie im Alpenvorland. Im Bergland nimmt in Höhen über 300 m der Grünlandanteil zugunsten des Waldes ab. Hohen Waldanteil und Ackerbau mit geringer Produktionsleistung findet man auf den Podsolböden im Bereich des südlichen Landrückens von der Lüneburger Heide über die Letzlinger Heide und den Fläming bis zur Niederlausitz. Sonderkulturen gibt es vor allem in den sonnenreichen, geschützten Tal- und Beckenlandschaften Südwestdeutschlands sowie in der Nähe der großen Städte.

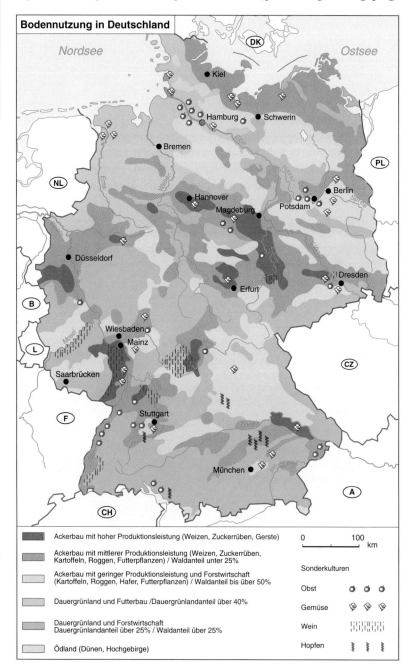

Bodennutzung in Deutschland

Ackerbau mit hoher Produktionsleistung (Weizen, Zuckerrüben, Gerste)

Ackerbau mit mittlerer Produktionsleistung (Weizen, Zuckerrüben, Kartoffeln, Roggen, Futterpflanzen) / Waldanteil unter 25%

Ackerbau mit geringer Produktionsleistung und Forstwirtschaft (Kartoffeln, Roggen, Hafer, Futterpflanzen) / Waldanteil bis über 50%

Dauergrünland und Futterbau / Dauergrünlandanteil über 40%

Dauergrünland und Forstwirtschaft Dauergrünlandanteil über 25% / Waldanteil über 25%

Ödland (Dünen, Hochgebirge)

0   100 km

Sonderkulturen

Obst

Gemüse

Wein

Hopfen

wird – sozialökonomisches Leitbild ist der existenzfähige bäuerliche Familienbetrieb, wurde in der Agrarverfassung der DDR das staatliche und genossenschaftliche Eigentum verankert – Leitbild war der landwirtschaftliche Großbetrieb mit industriemäßig organisierter Massenproduktion. Zu den agrarstrukturellen Rahmenbedingungen in Deutschland gehört neben der naturräumlichen Vielfalt und der Agrarpolitik auch der kulturhistorische Gegensatz zwischen Alt- und Neusiedelgebieten (Elbe-Saale-Linie).

Die Landwirtschaft in Ostdeutschland erlebt nach der Bodenreform 1945/46, der Kollektivierung in den 50er Jahren und der Phase der überzogenen Konzentration und Spezialisierung in den 70er Jahren seit 1990 den vierten tief greifenden Strukturwandel innerhalb eines halben Jahrhunderts. Der bruchartige Übergang von der zentralstaatlichen Planwirtschaft zur Marktwirtschaft, die Wiederherstellung des Privateigentums an Grund und Boden sowie der unternehmerischen Selbstverantwortung der Landwirte ist mit großen Problemen verbunden, deren Lösung einen längeren Zeitraum in Anspruch nehmen wird. Radikal veränderte Unternehmensstrukturen und drastischer Arbeitsplatzabbau, erhebliche Veränderungen in den Anbauverhältnissen, umfangreiche Flächenstilllegungen, dramatischer Rückgang der Tierbestände, vielfältige soziale und Entwicklungsprobleme insbesondere in strukturschwachen ländlichen Räumen kennzeichnen den Wandel.

Ende 1989 waren in den 1 164 LPG der Pflanzenproduktion, 3 515 LPG der Tierproduktion, 458 VEG und 199 Gärtnerischen Produktionsgenossenschaften fast 850 000 Personen beschäftigt (12,9 AK-Einheiten je 100 ha LF), davon etwa 175 000 im Bau-, Reparatur-, Sozial- und Kulturbereich. In den mehr als 30 000 Agrarbetrieben waren 1995 noch ca. 157 000 Beschäftigte tätig, davon fast 46 000 Familienarbeitskräfte und mehr als 111 000 familienfremde Arbeitskräfte. Mit 2,3 AKE je 100 ha LF lag der Arbeitskräftebesatz deutlich niedriger als in den alten Bundesländern (4,8 AKE). Da die ehemaligen Genossenschaften und Güter auch wichtige Funktionen in sozialen, infrastrukturellen und kulturellen Bereichen der ländlichen Gemeinden erfüllten, hat die notwendige Konzentration der neuen Betriebe auf die Agrarproduktion erhebliche Auswirkungen auf die Dörfer und Kleinstädte, insbesondere in den peripheren strukturschwachen ländlichen Räumen. Aufgrund fehlender alternativer Erwerbsquellen ist hier die Arbeitslosigkeit besonders hoch, die Gefahr der Abwanderung junger Menschen sehr groß.

Seit 1994 sind die neuen Bundesländer und der Ostteil Berlins von der EU den Ziel – 1 – Gebieten (Regionen, deren Pro- Kopf- Bruttoinlandsprodukt mehr als 25 % unter dem Durchschnittswert der EU liegt) zugeordnet worden. Von 1994 bis 1999 werden den ostdeutschen Ländern rund 26 Md. DM aus den drei Strukturfonds der EU zur Verfügung gestellt. Etwa 6 Md. DM dienen der Investitionsförderung in der Landwirtschaft, Verarbeitung und Vermarktung sowie der Dorfentwicklung und der Verbesserung der ländlichen Infrastruktur. Im Zuge der Kofinanzierung kommen für diese Maßnahmen noch ca. 2,9 Md. DM von Bund und Ländern hinzu. Mit diesem Förderprogramm können Arbeitsplätze und damit wirtschaftliche Perspektiven für die ländlichen Räume gesichert bzw. geschaffen werden. Der Umstrukturierungsprozess der Agrarwirtschaft in den neuen Ländern ist noch nicht abgeschlossen. Mit der Flächenerwerbsverordnung zum Entschädigungs- und Ausgleichsleistungsgesetz (EALG) ist dieser Prozess 1996 in eine neue Phase getreten.

Struktur der Agrarbetriebe in den neuen Ländern (1995)

Rechtsform	Anzahl (ab 1 ha)	Anteil an LF (%)	Ø Betriebsgröße (ha)
1. natürl. Personen	27 259	42,4	86
davon:			
Einzeluntern.	24 588	20,7	46
Personengesell.	2 671	21,7	449
2. jurist. Personen des privaten Rechts	2 902	57,4	1 092
davon:			
eingetr. Genoss.	1 315	34,2	1 435
GmbH	1 417	21,6	843

(nach Agrarbericht 1996)

Viehbestände in den neuen Ländern (in Mio.)

	1990	1995
Rinder insg.	5,54	2,92
darunter		
Milchkühe	1,91	1,04
Schweine	11,09	3,26
Schafe	2,29	0,82

(nach Agrarbericht 1996)

?

Stellen Sie landwirtschaftliche Gunst- und Ungunsträume Deutschlands gegenüber und begründen Sie die Zuordnung.

Arbeitskräfte in der Landwirtschaft der alten Länder (in Mio.)		
	1970	1995
Arbeitskräfte insgesamt	2,71	1,23
Familienarbeitskräfte	2,48	1,09
davon vollbeschäftigt	0,88	0,27
Betriebl. Arbeitsleistung (in AKE)	1,53	0,57
(nach Agrarbericht 1996)		

Wichtige Merkmale des ökologischen Landbaus sind:
- vielseitige Bodennutzung,
- geringer Viehbesatz,
- niedriger Düngeraufwand,
- kein Einsatz chemisch-synthetischer Pflanzenschutzmittel,
- hoher Arbeitsaufwand und Direktvermarktung.

Verbände des ökologischen Landbaus (Auswahl)

?

Vergleichen Sie die Agrarstrukturen in den alten und neuen Ländern nach den Betriebsgrößen, Rechtsformen und Arbeitskräften und Produktionsstrukturen.

Hinsichtlich der Betriebsgrößen und Produktionsstruktur, der Rechtsform der Betriebe sowie der Eigentums- und Besitzverhältnisse existieren zwischen alten und neuen Ländern beträchtliche Unterschiede. So bewirtschafteten 1993 im früheren Bundesgebiet etwa 10 000 Betriebe mit mehr als 100 ha LF (1,9 % aller Betriebe) 12,6 % der landwirtschaftlich genutzten Fläche (11,7 Mio. ha). In den neuen Ländern hingegen waren es 24 % aller Betriebe mit einem Anteil von fast 95% an der Gesamtfläche (5,5 Mio. ha). Nach dem Agrarbericht 1996 hat sich der Strukturwandel in den alten Ländern weiter verstärkt. „Während die durchschnittliche jährliche Abnahmerate zwischen 1987 und 1991 noch 3,2 % betrug, stieg sie zwischen 1991 und 1995 auf 3,3 % an. Die sogenannte Wachstumsschwelle, unterhalb derer die Zahl der Betriebe ab- und oberhalb derer die Zahl der Betriebe zunimmt, steigt im früheren Bundesgebiet kontinuierlich an. Lag sie Anfang der 80er Jahre noch bei 30 ha und 1990 bei 40 ha, so nahm 1995 erstmals nur noch die Zahl der Betriebe in der Größenklasse mit 75 ha und mehr zu."

Auch hinsichtlich der Struktur der Arbeitskräfte bestehen zwischen alten und neuen Ländern erhebliche Unterschiede, wenngleich sie sich bereits etwas verringert haben. Die deutsche Landwirtschaft wird auch in den nächsten Jahren einem starken Anpassungsdruck ausgesetzt sein. Der Trend, die Agrarproduktion auf die am besten geeigneten Flächen zu konzentrieren, wird sich weiter fortsetzen. Intensive Produktionsformen und vielfältigere extensive Formen werden sich künftig stärker abwechseln. Umweltgerechte landwirtschaftliche Produktionsverfahren einschließlich extensiver und ökologischer Anbauverfahren sowie landschaftspflegerische Maßnahmen wurden im Wirtschaftsjahr 1993/94 auf einer Fläche von etwa 4,5 Mio. ha gefördert. Positive ökologische Wirkungen gehen auch von verschiedenen Maßnahmen der EU-Agrarreform wie der Flächenstilllegung, der Förderung des Anbaus nachwachsender Rohstoffe und der Aufforstung aus. Die Regelung, dass auf stillgelegten Flächen unter Beibehaltung der vollen Prämie nachwachsende Rohstoffe angebaut werden dürfen, hat dazu geführt, dass 1995 etwa 500 000 ha für die Erzeugung von Non-food-Rohstoffen genutzt wurden (1993: ca. 300 000 ha). Auch die Ausweitung des ökologischen Landbaus hält an. In der Arbeitsgemeinschaft ökologischer Landbau (AGÖL) waren 1995 über 5 000 Betriebe mit etwa 180 000 ha LF zusammengeschlossen. Das entspricht einem Anteil von jeweils 1 % an der Zahl der Agrarbetriebe und der LF. In den neuen Ländern bewirtschaften etwa 300 Betriebe des ökologischen Landbaus ca. 45 000 ha. Mit einer durchschnittlichen Flächenausstattung von 150 ha je Betrieb sind sie wesentlich größer als in den alten Ländern (28 ha).

Ländliche Räume mit günstigen Ertrags- und Absatzbedingungen werden den agrarstrukturellen Wandel leichter bewältigen als die peripheren Räume, in denen mit weiteren Entwicklungsschwierigkeiten zu rechnen ist.

Erwerbscharakter der Agrarbetriebe in den alten Ländern				
	1985	1995	Anteil (%)	durchschn. Größe (ha LF)
Vollerwerb	356 900	253 700	48,5	36,1
Zuerwerb	70 300	41 100	7,9	22,8
Nebenerwerb	293 600	228 200	43,6	6,9
Insgesamt	720 800	523 000		(nach Agrarbericht 1996)

Das Land Mecklenburg-Vorpommern

Die Region wird in weiten Teilen landwirtschaftlich genutzt. Dies ist auf das für die agrare Nutzung relativ gute Naturraumpotenzial zurückzuführen. Nur in hafen- und küstennahen Städten ist Industrie angesiedelt.

Bis 1945 gehörten 3,4 % aller Betriebe – die Hälfte der landwirtschaftlichen Nutzfläche – zum Großgrundbesitz. Kleine, von Tagelöhnern und Häuslern bewohnte Dörfer und Ackerbürgerstädte waren ebenso charakteristisch wie erhebliche Defizite im infrastrukturellen Ausbau. Mecklenburg und Vorpommern gehörten zu den unterentwickelten Regionen des ehemaligen Deutschen Reiches.

Diese Struktur erfuhr mit der Bodenreform 1945/46 in der damaligen Sowjetischen Besatzungszone einen ersten gravierenden Umbruch. Von den insgesamt enteigneten 3,3 Mio. ha wurden 65 % (2,2 Mio. ha) an mehr als eine halbe Million Bauern, Landarbeiter und Umsiedler vergeben, die übrigen 35 % (1,1 Mio. ha) blieben als Volkseigene Güter und Forstwirtschaftsbetriebe in staatlichem Besitz. Für ein knappes Jahrzehnt wurde nun der bäuerliche Kleinbesitz strukturbestimmend. Entsprechend der sozialistischen Landwirtschaftspolitik begann der zweite Umbruch mit der Kollektivierung ab 1952.

Mit der Einführung industriemäßiger Produktionsmethoden und der Trennung in Pflanzen- und Tierproduktion sowie der Herauslösung vor-

Landwirtschaftliche Unternehmen nach Rechtsform und Größe (1994)

Landwirt. genutzte Fläche	natürliche Personen	juristische Personen
unter 1 ha	125	24
von 1–10 ha	1 308	21
von 10–100 ha	1 174	41
von 100–1 000 ha	1 130	247
1 000 ha und mehr	123	301

Landwirtschaftliche Nutzfläche in Mecklenburg-Vorpommern
(in 1 000 ha und in %)

Nutzungsart	1989 ha	1989 %	1992 ha	1992 %	1994 ha	1994 %
Landwirt. Nutzfläche	1 508,7	100,0	1 275,2	100,0	1 314,7	100,0
Ackerland	1 129,7	74,0	1 008,9	79,1	1 036,4	78,8
Dauergrünland	343,9	22,8	261,1	20,5	274,2	20,8
Obstanlagen	5,6	0,3	3,3	0,3	2,6	0,2
Sonstiges	29,5	1,9	21,5	0,1	1,5	0,1

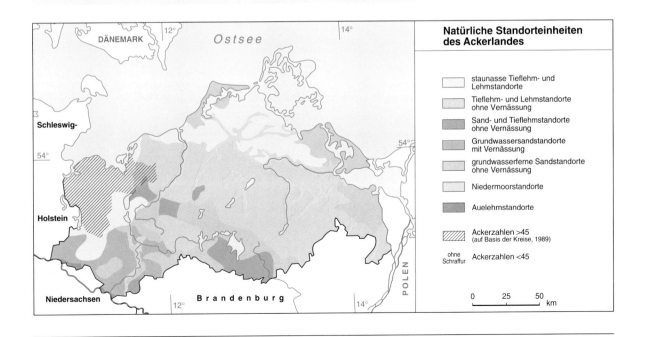

Natürliche Standorteinheiten des Ackerlandes

- staunasse Tieflehm- und Lehmstandorte
- Tieflehm- und Lehmstandorte ohne Vernässung
- Sand- und Tieflehmstandorte ohne Vernässung
- Grundwassersandstandorte mit Vernässung
- grundwasserferne Sandstandorte ohne Vernässung
- Niedermoorstandorte
- Auelehmstandorte
- Ackerzahlen >45 (auf Basis der Kreise, 1989)
- Ackerzahlen <45 (ohne Schraffur)

0 25 50 km

Agrarverhältnisse 1989 in Mecklenburg-Vorpommern

Die Agrarproduktion erfolgte in 1 055 spezialisierten Großbetrieben. Für die Erzeugung pflanzlicher Rohstoffe waren 24 spezialisierte Staatsgüter und 27 Genossenschaften der Pflanzenproduktion zuständig.
Sie bewirtschafteten Betriebe mit einer Flächengröße zwischen 4 000 und 5 000 ha.

Der Viehbesatz je 100 ha landwirtschaftlicher Nutzfläche betrug:

Rinder	84,7
Schweine	182,2
Schafe	25,4

Beschäftigte (in %)	
in der Landwirtschaft	100,0
davon Produktion	51,8
Leitung	3,4
Verwaltung	3,4
Berufsausbildung	0,5
Brigadiere	2,9
kultureller und sozialer Bereich	4,2
Pflanzenschutz, Baubetriebe, Landtechnik	30,7
Forstwirtschaft	3,1

Der Arbeitskräftebesatz in der landwirtschaftlichen Primärproduktion lag bei 9,7 je 100 ha landwirtschaftlicher Nutzfläche.

und nachgelagerter Arbeitsfelder wurden Voraussetzungen für die Durchsetzung des neuen agrarpolitischen Leitbildes geschaffen. Auf der Grundlage überwiegend genossenschaftlichen Eigentums der Produktionsmittel wuchs das Produktionsvolumen. Die spezialisierten und kooperierenden genossenschaftlichen Betriebe wirtschafteten auf durchschnittlich 5 000 ha landwirtschaftlicher Nutzfläche.

Die Wende im gesellschaftlichen System 1989 leitete in der Landwirtschaft Mecklenburg-Vorpommerns den vierten Umbruch innerhalb des letzten halben Jahrhunderts ein, der bis heute nicht abgeschlossen ist. Die Landwirtschaft musste sich in ganz kurzer Zeit von planwirtschaftlichen Strukturen mit dem Ziel maximaler Produktionsmenge auf marktwirtschaftliche Strukturen der Europäischen Gemeinschaft einstellen, deren Ziel in der Gewährleistung von Chancengleichheit unterschiedlicher Agrarstrukturen besteht.

Dieser Anpassungsprozess veränderte seit 1990 nicht nur die Agrarstruktur Mecklenburg-Vorpommerns , sondern beeinflusste darüber hinaus entsprechend der Bedeutung der Landwirtschaft im gesamten Wirtschaftsgefüge auch andere Strukturen, vor allem die Sozial- und Beschäftigungsstruktur der Bevölkerung. Seit 1990 reduzierte sich die Beschäftigtenzahl in der Landwirtschaft um 80 %. Während zwischen 1991 und 1992 jeder zweite Beschäftigte in der Landwirtschaft seinen Arbeitsplatz verlor, konnte der Rückgang bis heute verlangsamt werden. Gegenüber dem früheren Besatz von 9,7 Beschäftigten je 100 ha LF (nur Produktionsbereich der Landwirtschaft), ist der jetzt erreichte Wert von 2,1 ein Beweis dafür, dass es der Landwirtschaft Mecklenburg-Vorpommerns gelang, rationelle Organisationsstrukturen aufzubauen. Bis Mitte 1994 haben sich ca. 4 500 landwirtschaftliche Betriebe unterschiedlicher Rechtsformen herausgebildet. Der Arbeitskräfteabbau in der Landwirtschaft bringt für den stark monostrukturell geprägten ländlichen Raum Mecklenburg-Vorpommerns große Probleme mit sich. Hohe Arbeitslosenquoten sowie starker Bevölkerungsrückgang in den ländlichen Kreisen durch zunehmende Wanderverluste lassen befürchten, dass die Überalterung der Landbevölkerung zunimmt.

Anbauprodukte in Mecklenburg-Vorpommern
(Anteil an der Ackerfläche in %)

Fruchtart	1990	1992	1994
Getreide	55	53	44
Ölfrüchte	7	19	24
Hackfrüchte	12	7	5
davon Kartoffel	6	3	2
Hülsenfrüchte	2	0	1
Futterpflanzen	19	13	10
Brache	0	7	16

?
Erörtern Sie die Problematik der Rationalisierung in der Landwirtschaft.

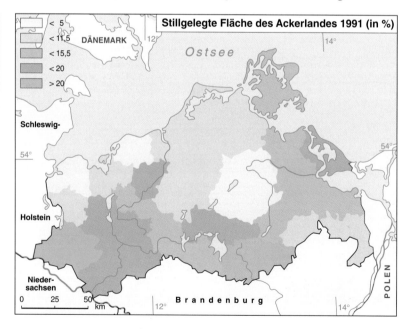

Stillgelegte Fläche des Ackerlandes 1991 (in %)

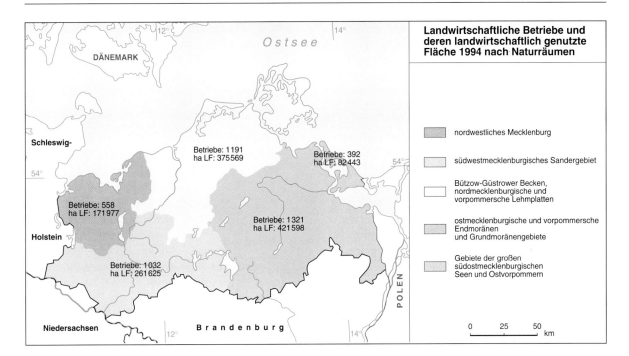

Landwirtschaftliche Betriebe und deren landwirtschaftlich genutzte Fläche 1994 nach Naturräumen

Betriebe: 1191
ha LF: 375 569

Betriebe: 392
ha LF: 82 443

Betriebe: 558
ha LF: 171 977

Betriebe: 1321
ha LF: 421 598

Betriebe: 1032
ha LF: 261 625

- nordwestliches Mecklenburg
- südwestmecklenburgisches Sandergebiet
- Bützow-Güstrower Becken, nordmecklenburgische und vorpommersche Lehmplatten
- ostmecklenburgische und vorpommersche Endmoränen und Grundmoränengebiete
- Gebiete der großen südostmecklenburgischen Seen und Ostvorpommern

0   25   50 km

Für die agrare Produktion stehen Mecklenburg-Vorpommern nach den Gebietsveränderungen von 1993 1,3 Mio.ha LF zur Verfügung.

Damit besitzt das Land das größte Flächenpotenzial unter den neuen Bundesländern und steht an 5. Stelle im Bundesgebiet. Die natürlichen Standortbedingungen für die Landwirtschaft sind in diesem relativ homogen wirkenden, jungpleistozän-holozän geprägten Raum in 5 Agrarregionen untergliedert.

Für die ackerbauliche Nutzung bieten die drei nördlich des mecklenburgischen Landrückens gelegenen Gebiete gute Bedingungen: Bodenzahlen zwischen 40 und 50 sowie einen höchstens durchschnittlichen Grünlandanteil.

In den Sandergebieten Südwestmecklenburgs, im Bereich der Seenplatte und im Uecker-Randow-Kreis/Ostvorpommern werden nur Bodenzahlen zwischen 15–30 erreicht, weshalb der Grünlandanteil über 50 % liegt. Unter marktwirtschaftlichen Bedingungen sollte man hier am ehesten eine Produktionsflächenaufgabe bzw. rigorose Beschränkung zugunsten von Aufforstung und/oder touristischer Erschließung erwarten. Entsprechend der EU-Richtlinien für Flächen mit ungünstigen Boden- und Reliefveränderungen werden Ausgleichszahlungen geleistet. In Mecklenburg-Vorpommern wurden bisher mehr als 50 % der LF als sogenannte benachteiligte Gebiete eingestuft.

Anzahl der Beschäftigten in der Landwirtschaft

1990	128 273
1992	36 400
1995	26 360

Landwirtschaftliche Unternehmen nach Rechtsformen
(Anzahl der Unternehmen in Mecklenburg-Vorpommern)

Rechtsformen:

	Personen		Betriebe
	natür-liche	juri-stische	ins gesamt
1991	2 274	902	3 176
1994	3 860	634	4 494

Viehbestand insgesamt und je 100 ha landwirtschaftlich genutzter Fläche in Mecklenburg-Vorpommern

Jahr	Rinder		davon Milchkühe		Schweine		Schafe	
1989	1 277,6	84,7	430,8	28,6	2 748,6	182,2	382,6	25,4
1990	1 105,5	73,3	345,4	22,9	1 970,5	130,6	195,4	13,0
1992	592,3	46,4	221,9	17,4	969,6	76,0	77,3	5,8
1994	629,5	47,9	226,2	17,2	609,1	46,3	63,6	4,8

?

1. Stellen Sie Vor- und Nachteile von Ausgleichszahlungen für die benachteiligten Agrargebiete zusammen.
2. Ermitteln Sie die Bedeutung des Tourismus für Mecklenburg-Vorpommern.

Brache und Stilllegung in Mecklenburg-Vorpommern (Fläche in 1 000 ha)		
	ha	%
1990	0	0
1991	114,1	11,3
1992	75,0	7,4
1993	139,0	13,4
1994	165,5	15,9

Die Getreidefläche, bis 1989/90 extrem ausgedehnt, ist deshalb seit 1991 stark rückläufig.

Hanf, Cannabis sativa = Faserhanf
Hanf ist einjährig und gedeiht besonders gut auf entwässerten moorigen und anmoorigen Böden. Die Fasern werden aus dem Stengel gewonnen, man erntet die 3–4 m hohen Pflanzen nach dem Abwerfen der vergilbenden Blätter. Hanffasern werden zu groben Stoffen, z. B. Segeltuch, Planen, Matratzenstoff, Grundgewebe für Teppiche oder Papier (Anteil insges. bis 1983 über 75 %) verarbeitet. Die Samen enthalten über 30 % Öl, das als Speiseöl oder als technisches Öl verwendet werden kann.
Cannabis indica = Drogenhanf, Basis zur Herstellung von Haschisch bzw. Marihuana.

?

1. Erörtern Sie die Ursachen und Folgen von Umweltschäden durch die Landwirtschaft.
2. Stellen Sie landschaftspflegerische Funktionen der Agrarwirtschaft zusammen und nennen Sie Beispiele.

Das Verhältnis Ackerland zu Dauergrünland hat sich bereits seit den 60er Jahren immer stärker zugunsten des Ackerlandes verschoben. Seitdem die EU-Agrarreform auch in Mecklenburg-Vorpommern wirksam wird, unterliegt dieses Verhältnis erneut einem Wandel; finanzielle Flächenbeihilfen werden für den Anbau bestimmter Kulturen sowie für die Stilllegung gezahlt.

Unter den Hauptgetreidearten wurde die Anbaufläche von Winterweizen am stärksten erweitert. Wintergerste erfuhr keine Veränderung, dagegen wird mit Roggen nur noch ein Drittel der Fläche gegenüber 1990 bestellt. Starke Einschränkungen erfuhr der Anbau von Hackfrüchten, die Fläche verringerte sich seit 1990 um die Hälfte . Der Anteil des Kartoffelanbaus an der Ackerfläche lag in den 80er Jahren noch bei 8–10 %, inzwischen ist er auf 2 % abgesunken. Seit 1989 nahezu halbiert wurde die Fläche für Feldfutter wegen des starken Rückganges der Rinder- und Schafbestände.

Im Gegensatz dazu stehen alle Ölfrüchte. Die von der EU-Agrarpolitik in den letzten Jahren gewährten Anbauprämien für Raps sowie die Ölsaatbeihilfen ließen die Anbaufläche für Ölfrüchte auf 250 000 ha, ein Viertel der Ackerfläche, ansteigen. Inzwischen orientiert aber die Agrarpolitik der Gemeinschaft auf eine empfindliche Reduzierung des Rapsanbaus und legte eine Quotierung fest. Danach sollte bereits ab 1995 die Anbaufläche verringert werden. Raps für den Non-Food-Bereich, d. h. als Rohstoff für Bio-Diesel, kann dagegen sogar auf Brachflächen angebaut werden. Neue Hoffnung verknüpfen die Bauern mit dem Hanfanbau. Seit 1991 werden auch Produktionseinschränkungen durch Flächenextensivierung, in erster Linie durch ökologischen Landbau versucht, für den in Mecklenburg-Vorpommern eine hohe Akzeptanz besteht. 1993 wurden 6,8 % der LF (70 000 ha) von 380 Bauern in dieser alternativen Form bewirtschaftet (Bundesgebiet 2,4 %). Die Tendenz ist steigend. Regionale Konzentrationen sind bisher bei den Futterbaubetrieben Südwestmecklenburgs und Ostvorpommerns zu beobachten.

Der in der DDR einst hohe Selbstversorgungsgrad mit Agrarpodukten hatte seine Ursache einerseits im chronischen Devisenmangel, der Importe veredelter Produkte nahezu ausschloss, andererseits in dem laufend gestiegenen Pro-Kopf-Verbrauch (17 % über dem der Altbundesländer) als Folge der starken Fleischsubventionierung sowie der unzureichenden Versorgung vor allem mit Gemüse.

Die Einführung der Marktwirtschaft und damit der Wegfall von Abnahmegarantien und staatlichen Subventionen in Form hoher Aufkauf- und niedriger Futtermittelpreise löste auch in der Viehwirtschaft einen erheblichen Strukturwandel aus, der in erster Linie in einer enormen Bestandsdezimierung sichtbar wird.

Die 1990 begonnene Umwandlung von planwirtschaftlich ausgerichteten Großbetrieben auf marktwirtschaftlich orientierte Unternehmen bei gleichzeitiger Anpassung an die neuen Rahmenbedingungen der Europäischen Union (Agrarreform 1992) stellt die Landbevölkerung vor große Probleme. Dass dieser Prozess innerhalb weniger Jahre ohne entsprechende Rechtskenntnisse der betroffenen Landwirte und ohne Kapitalrücklagen der Betriebe bei insgesamt gravierenden Veränderungen im gesamten politischen, wirtschaftlichen, sozialen und kulturellen Umfeld abzulaufen hatte, lässt ahnen, welchen enormen Belastungen die Landbevölkerung ausgesetzt war und noch immer ist. Der Umwandlungsprozess der Landwirtschaft setzte bereits Anfang des Jahres 1990 ein, als sich bis dahin getrennt wirtschaftende Betriebe der spezialisierten Tier- und Pflanzenproduktion in zunehmendem Maße wieder zusammenschlossen und sich dabei an ehemaligen Betriebsstrukturen orientierten. Mit der Wirtschafts-, Währungs- und Sozialunion 1990 brachen allerdings die alten Agrarverhältnisse völlig zusammen. Der Absatz landwirtschaftlicher Produkte stockte. Der plötzliche Rückgang der Erzeugerpreise hatte Erlöseinbußen zur Folge, zahlreiche Betriebe mussten deshalb in Liquidation gehen.

Auf der Basis des Landwirtschaftsanpassungsgesetzes (1990) begann die rechtliche Umstrukturierung der Betriebe.

Inzwischen ist der Viehbesatz je 100 ha LF soweit abgesunken, dass Mecklenburg-Vorpommern unter den Flächenländern bei Schweinen an vorletzter Stelle, bei Rindern sogar an letzter Stelle liegt. Neben vielen anderen Gründen war es nicht zuletzt auch der Verlust des osteuropäischen Absatzmarktes, der Mecklenburg-Vorpommern zur inzwischen tierärmsten Region Deutschlands werden ließ.

Da der privatbäuerliche Betrieb in der vom Großgrundbesitz dominierten Landwirtschaft Mecklenburg-Vorpommerns vor 1939 nur eine untergeordnete Rolle gespielt hatte, blieb das Interesse für diese Betriebsform trotz staatlicher Förderung vergleichsweise gering. Anderen Rechtsformen wurde der Vorzug gegeben. Bis 1995 hatten sich fast 4 500 landwirtschaftliche Betriebe unterschiedlicher Rechtsformen heraus gebildet. Die Mehrzahl von ihnen befindet sich in Hand „natürlicher Personen" (84 %). Sie bewirtschaften 41,6 % der LF des Landes. Unter ihnen sind inzwischen die bäuerlichen Familienbetriebe mit durchschnittlich 80 ha Land zahlenmäßig führend. Die verbliebenen 16 % der Unternehmen unterstehen „juristischen Personen", die 1993 58,4 % der LF des Landes bewirtschaften. Die Mehrzahl von ihnen sind Betriebe des privaten Rechts mit durchschnittlich 1 100 ha LF. Ihre Zahl wird in Abhängigkeit der weiteren Privatisierung ehemaliger Staatsgüter steigen. Mitte 1993 wurden insgesamt 92 % der Fläche von Betrieben mit über 200 ha bewirtschaftet – eine außerordentlich günstige Struktur im Hinblick auf die Erfordernisse einer modernen Agrarproduktion. Somit sind innerhalb eines Zeitraumes von nur 3 Jahren in der Landwirtschaft Mecklenburg-Vorpommerns Strukturen entstanden, die sich deutlich von denen der Altbundesländer unterscheiden.

Trotz dieser Probleme bleibt die Agrarwirtschaft wegen der günstigen Produktionsressourcen, reicher Produktionserfahrungen und bestehender Produktionsstrukturen wichtig für die Regionalentwicklung in Mecklenburg-Vorpommern. Wenn sie hier auch nur 4,3 % der Bruttowertschöpfung erbringt und nur 7 % der Arbeitskräfte beschäftigt, bestimmt sie doch entscheidend die Kulturlandschaft.

Landwirte schaffen neben der Produktion von Lebensmitteln neue Produktions- und Erwerbsmöglichkeiten. Um die „Ferien auf dem Bauernhof" noch attraktiver zu machen, leben traditionelles Kunsthandwerk und Handwerk auch als Beschäftigungsangebote für Gäste auf.

Nachwachsende Rohstoffe sind die Grundlagen für die Produktion in kleinen Industriebetrieben. Von der landschaftspflegerischen Leistung der Landwirte wird es vor allem abhängen, ob auch die zukünftigen Generationen noch eine lebenswerte Umwelt vorfinden.

Mecklenburg
Flächen der Landwirtschaft
Betriebe 1933

< 5 ha	44 000 =	4,3 %
5–20 ha	140 000 =	13,8 %
20–100 ha	282 000 =	27,9 %
> 100 ha	546 000 =	54,0 %

Durch die Landesforschungsanstalt Mecklenburg-Vorpommern werden Anbauversuche spezieller Kulturpflanzen als nachwachsende Rohstoffe durchgeführt. Hierzu zählen insbesondere Raps und weitere Ölfrüchte wie Sonnenblumen und Öllein. Die energetische Verwertung von Biomasse in Blockheizwerken wird geprüft, darunter Ganzpflanzen, Stroh, schnellwachsende Hölzer, Waldrestholz, Abfälle aus der Landschaftspflege, Pflanzenöle u. a.

?

Entwickeln Sie Vorschläge, wie durch landschaftspflegende Maßnahmen in Mecklenburg-Vorpommern eine lebenswerte Umwelt erhalten werden kann.

Russland

Schwierigkeiten bei der Staatenbildung. Die Sowjetunion war entgegen dem Bild ihrer monolithischen, zentralisierten Herrschaftsstruktur in regionaler und ethnographischer Hinsicht ein enorm vielfältiges Gebilde …

Nach der letzten sowjetischen Volkszählung von 1989 bestand die sowjetische Bevölkerung aus ungefähr 130 Volksgruppen. Dabei gehörte der Kaukasus zu den ethnisch am stärksten differenzierten Gebieten der Erde. Mit der ethnischen Vielfalt korrespondiert die Vielfalt der Wirtschafts- und Lebensräume, der angestammten Kulturen und religiösen Konfessionen. Neben dem Christentum in seinen konfessionellen Untergliederungen spielen der Islam in verschiedenen Erscheinungsformen, der Buddhismus, der Schamanismus, andere nicht monotheistische Glaubensformen und eine große Zahl traditioneller, aber auch moderner Sekten eine Rolle in der wiederbelebten Religiosität der heutigen GUS. Die „Sowjetisierung" hatte in sieben Jahrzehnten zwar eine weitreichende Säkularisierung, aber letztlich keine einheitliche „Sowjetkultur" bewirkt, die diese Vielfalt restlos ausgemerzt hätte. Beim Zerfall der Sowjetunion wurden „nationale", „kulturelle" und „religiöse Wiedergeburt" in vielen nationalen Gebietseinheiten der Sowjetunion zu Schlagworten.

Zu den Nachfolgestaaten wurden neben Russland die 14 Unionsrepubliken, denen von der sowjetischen Nationalitätenpolitik und dem jeweiligen Staatsaufbau eine formale „nationale Staatlichkeit" zugewiesen worden war. Die Eigenständigkeit dieser Staaten blieb in den engen Grenzen des hochgradig zentralisierten Sowjetsystems. Sie war nicht mehr als eine Fassade und beschränkte sich auf nationale Kulturinstitutionen, den Status der Nationalsprachen, die in der Praxis aber hinter dem Russischen zurücktraten oder auf die Bevorzugung der titularen Nationalität bei der Rekrutierung des Partei- und Staatspersonals der Unionsrepubliken.

(nach HALBACH U.: Informationen zur politischen Bildung. 249, 1995)

Territorium und Bevölkerung. Die Russische Sozialistische Föderative Sowjetrepublik war die politisch und wirtschaftlich dominierende Unionsrepublik in der Sowjetunion. 1991 ging aus ihr die Russische Föderation hervor. Das Zarenreich Rußland und die Sowjetunion (SU) waren Vielvölkerstaaten, in denen die Russen die Vorherrschaft hatten.

Ehemalige Unionsrepubliken der Sowjetunion (1990)

	Fläche in Tsd. km²	Einwohner in Mio.	Anteile in %: der Russen an der Bevölkerung	Anteile in %: an der Industrieproduktion der UdSSR	Anteile in %: an der Agrarproduktion der UdSSR	Religion überwiegend Christen †, überwiegend Moslems ☽
Armenien	30	3,3	1,5	1,2	0,7	†
Aserbaidschan	87	7,1	7,9	1,7	2,3	☽
Estland	45	1,5	30,3	0,7	0,7	†
Georgien	70	5,4	7,4	1,5	2,1	†
Kasachstan	2 717	16,7	38,0	2,5	6,4	☽
Kirgisistan	199	4,3	21,5	0,6	1,4	☽
Lettland	65	2,6	33,8	1,1	1,3	†
Litauen	65	3,7	8,6	1,1	2,0	†
Moldau	34	4,3	12,8	1,1	1,9	†
Russland	17 075	148,0	82,6	63,7	50,3	†
Tadschikistan	143	5,2	10,4	0,6	1,3	☽
Turkmenistan	488	3,6	12,6	0,5	1,3	☽
Ukraine	604	51,8	20,3	17,2	17,9	†
Usbekistan	447	20,3	10,8	2,4	5,5	☽
Weißrussland	208	10,2	13,2	4,2	5,1	†

Wanderungen in der Sowjetunion und in Russland

Typen	Merkmale
Landflucht bis Ende der 80er Jahre	Abwanderungsgebiete: ländliche Räume in Russland, besonders das Nichtschwarzerdegebiet
	Migranten: vor allem Jugendliche aus Militärdienst und Fachhochschulausbildung
	Folgen: starkes Wachstum der städtischen Bevölkerung, Wohnraummangel in Städten
Ende 80er bis Mitte 90er Jahre	Abnahme der Landflucht wegen ungünstiger Versorgungslage in Städten, städtische Bevölkerung nimmt kaum noch zu
Ostwanderung bis Anfang der 80er Jahre	Hauptzuwanderungsgebiete: Bergbaustandorte in Sibirien, Industriegebiete und Neulandgebiete in Südsibirien
	Ursachen: politisches Ziel der territorialen Entwicklung durch wirtschaftliche Erschließung, bedeutende Investitionen; Zweiter Weltkrieg
seit Mitte der 80er Jahre	Abwanderung aus peripheren Gebieten nach Zentralrussland und Südsibirien
	Ursache: Verteuerung der Lebenshaltung
Derussifizierung seit Anfang 90er Jahre	Abwanderung russischer Bevölkerung aus nichtrussischen Nachfolgestaaten der Sowjetunion, ethnische Entflechtung, z. T. ethnische Säuberung

(nach STADELBAUER, J.: Die Nachfolgestaaten der Sowjetunion. Wissenschaftliche Buchgesellschaft, Darmstadt 1996)

Raum und Potenzial

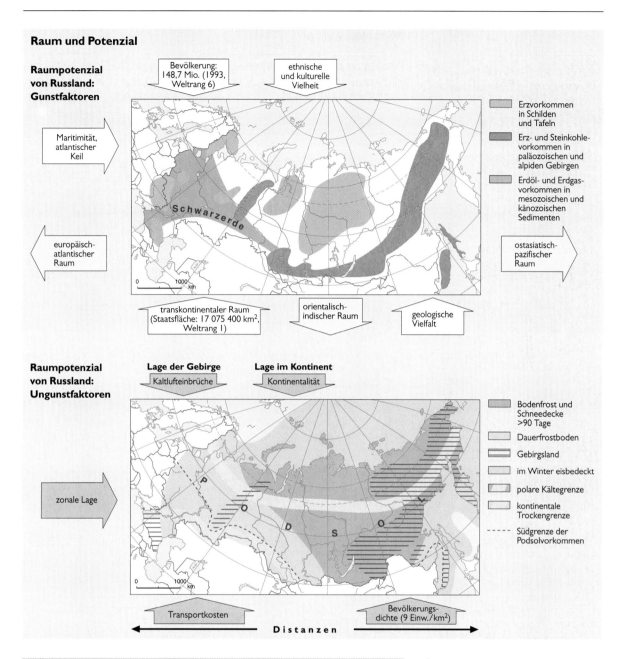

Raumpotenzial von Russland: Gunstfaktoren

Bevölkerung: 148,7 Mio. (1993, Weltrang 6)

ethnische und kulturelle Vielheit

Maritimität, atlantischer Keil

europäisch-atlantischer Raum

ostasiatisch-pazifischer Raum

Schwarzerde

Erzvorkommen in Schilden und Tafeln

Erz- und Steinkohle-vorkommen in paläozoischen und alpiden Gebirgen

Erdöl- und Erdgas-vorkommen in mesozoischen und känozoischen Sedimenten

transkontinentaler Raum (Staatsfläche: 17 075 400 km², Weltrang 1)

orientalisch-indischer Raum

geologische Vielfalt

Raumpotenzial von Russland: Ungunstfaktoren

Lage der Gebirge — Kaltlufteinbrüche

Lage im Kontinent — Kontinentalität

zonale Lage

Bodenfrost und Schneedecke >90 Tage

Dauerfrostboden

Gebirgsland

im Winter eisbedeckt

polare Kältegrenze

kontinentale Trockengrenze

Südgrenze der Podsolvorkommen

Transportkosten

Bevölkerungs-dichte (9 Einw./km²)

D i s t a n z e n

Klimadaten Russlands

Station	mittlere Temperatur (°C)			mittlerer Niederschlag (mm)		
	Jan.	Juli	Jahr	Jan.	Juli	Jahr
Murmansk	-9,9	12,8	0,1	19	54	376
Omsk	-18,9	19,5	0,4	8	72	325
Petrosawodsk	-9,7	16,6	2,6	35	77	561
Surgut	-22,2	16,8	-3,3	24	68	492
Moskau	-10,3	17,8	3,6	31	74	575
Nikolajewsk	-25,8	19,6	-1,1	19	55	503
Wolgograd	-9,6	24,2	7,5	23	33	318
Wladiwostok	-14,7	17,5	3,9	10	101	721

?

1. Vergleichen Sie die politisch-administrativen Gliederungen und ethnischen Strukturen der SU und der GUS.
2. Erläutern Sie die politische Bedeutung der „Russifizierung" im Russischen Reich und in der Sowjetunion.
3. Zeichnen Sie anhand der Angaben in nebenstehender Klimatabelle jeweils West-Ost- und Nord-Süd-Klimaprofile.
4. Erläutern Sie das Raumpotenzial von Russland nach Gunst- und Ungunstfaktoren.

Wirtschaftsregionen

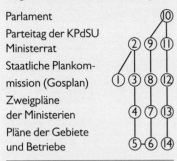
Prinzipien der industriellen Raumerschließung. In der Sowjetunion war die industrielle Entwicklung, die Inwertsetzung des Raumpotenzials, seiner reichen Rohstoff- und Energiequellen nicht den Kräften freier Märkte überlassen. Oberstes Prinzip war die planmäßige Gestaltung der Produktion. Bereits 1920 wurde von der Kommunistischen Partei Russlands ein erster gesamtstaatlicher Wirtschaftsplan ausgearbeitet und seit 1929 wurde das Instrument der Fünfjahrpläne zur Steuerung der Wirtschaft genutzt.

Da sich die Produktion nicht nur nach Industriezweigen gegliedert arbeitsteilig gestaltet, sondern auch an Standorte und territoriale Beziehungen gebunden ist, war eine Einteilung des Staatsraumes in wirtschaftliche Planungsräume eine Notwendigkeit. Obwohl die Wirtschaftsregionen im Laufe der Jahre in ihren Abgrenzungen erheblichen Veränderungen unterlagen, blieb das Anliegen unverändert: die planmäßige Gestaltung der territorialen Arbeitsteilung als gesamtstaatliches Raumordnungsprogramm.

Organisatorische Zugriffe waren das Industriekombinat und der Territoriale Produktionskomplex (TPK). Unter einem Kombinat verstanden die Planer die strukturelle und räumliche Verflechtung von sich gegenseitig ergänzenden Industriezweigen, die organisatorisch zu einem Großbetrieb zusammengeschlossen sind. Das Konzept des TPK wurde vor allem zur Inwertsetzung Sibiriens entwickelt. Im TPK waren nicht nur die industrielle Produktion und die Infrastruktur nach den Vorstellungen der Planer auf- und auszubauen, sondern auch Landwirtschaft, Städtebau und Dienstleistungen sollten in die komplexe Raumentwicklung einbezogen werden.

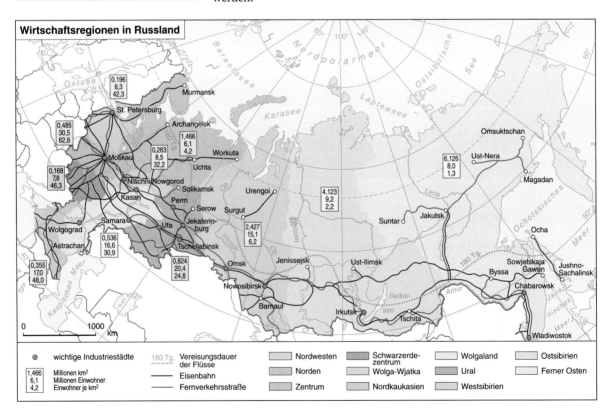

Das sowjetische Wirtschaftssystem. Gegen Ende der 80er Jahre traten wirtschaftliche Probleme immer stärker hervor. Ende 1991 fiel der Lebensstandard auf das Niveau von 1946, die ökologische Krise nahm insbesondere in den Industrie- und Bergbaugebieten dramatische Formen an.

Der beeindruckende wirtschaftliche Aufstieg der Sowjetunion, aber auch deren Niedergang, sind im Wirtschaftssystem der sowjetischen Planwirtschaft begründet. Gosplan konnte zwar bei der Inwertsetzung der Rohstoff- und Energievorkommen, der territorialen Erschließung durch Großprojekte, bei der militärischen Rüstung sowie einigen zukunftsweisenden Prestigeprojekten Erfolge ausweisen, aber die zentrale Wirtschaftslenkung, der permanente Kapitalmangel sowie die Abschottung der Bevölkerung nach außen und die Geheimniskrämerei nach innen hatten einen wachsenden Modernitätsrückstand und eine unzureichende Infrastrukturausstattung zur Folge.

Die Schwierigkeiten des Transformationsprozesses, die sich im Zeitraum der Perestrojka (1985–1991) und der Postperestrojka (seit 1992) herausgestellt haben, haben ... auch mit den Menschen zu tun, die als Macher oder Objekte der Transformation in Frage kommen. Über Jahrzehnte sollten „ein sowjetisches Volk" und „der Sowjetmensch" herausgebildet werden, die später einmal ... den Kommunismus aufbauen sollten ... Das permanente System des Mangels in allen Lebensbereichen machte viele Menschen leicht manipulierbar – sie waren zu der Ausbildung, Tätigkeit und Wohnortwahl bereit, die ihnen das System zur Verbesserung ihrer Lebenssituation anbot. Da man immer einen Platz im Produktionsprozess oder in einer „gesellschaftlichen Einrichtung" zugewiesen bekam, der in erster Linie die Erfüllung festgelegter Tagesnormen bzw. Planaufgaben vorsah, spielten Kategorien wie Eigeninitiative und persönliche Verantwortung für die Arbeitsleistung keine nennenswerte Rolle. Die fachliche Ausbildung war in der Regel auf eine ganz bestimmte Tätigkeit hin orientiert; Maßnahmen der Höherqualifizierung ... wurden zwar in den Betrieben organisiert, doch haben sie offenbar kaum zur Mobilisierung und zur besseren Adaptionsfähigkeit der Beschäftigten an neue Produktionsweisen beigetragen.

(nach KNABE, B.: Der Transformationsprozess in den Nachfolgestaaten der UdSSR. Geographie und Schule, 17. Jg., H. 93, 1995, S. 6)

Transformationsprozesse in der Wirtschaft

Sie spiegeln sich seit 1992 vorrangig in der Änderung der Eigentumsverhältnisse wider.

1. in Industrie, Handel und Verkehr
Die Privatisierung wurde zwischen 1992 und 1994 in erster Linie über Voucher bzw. Kupon realisiert. Ab 1994 erfolgte der Verkauf der vom Staat gehaltenen Kontrollpakete der Unternehmen der Großindustrie (Aktien oder Aktienpakete) auf speziellen Auktionen oder Börsen. Um größere Aktienpakete namhafter Firmen gezielt an westlichen Börsen zu veräußern, eröffnete der Russische Eigentumsfonds sogar Vertretungen im Ausland.

2. in der Landwirtschaft
1993 wurde durch einen Präsidentenerlass eine sogenannte „Umregistrierung der Betriebe" im Agrarsektor verfügt. Die Beschäftigten konnten dabei über eine neue Betriebsform (Aktiengesellschaft, GmbH, Kooperative) entscheiden oder die bisherige beibehalten.

Industrieproduktion Russlands (1930–1950 UdSSR)

	Einheit	1930	1950	1980	1990	1991	1992	1993
Strom	Md. kWh	5	91	805	1 082	1 068	1 006	956
Kohle	Mio. t	31	261	391	395	353	335	305
Stahl	Mio. t	4	27	84	90	77	67	58
PKW	1000	·	1	1 166	1 103	1 029	963	956
Schuhe	Mio. Paar	·	·	351	385	343	221	146

Wirtschaftsentwicklung in der Russischen Föderation 1985–1994
(reale Veränderung gegenüber dem Vorjahr in %)

	1985	1991	1992	1993	1994
Bruttoinlandsprodukt	+3,5	-12,9	-18,5	-12,2	-15,0
Industrieproduktion	+4,5	-8,0	-18,8	-16,2	-20,9
Inflation (Verbraucherpreise)	*	92,6	2 600	840	290
Arbeitslosenquote	*	0,1	0,8	1,2	7,1
Import	*	-45,0	-16,8	-15,6	+5,2
Export	*	-28,4	-16,7	+8,5	+8,4

* Angaben nicht verfügbar   (nach Der FISCHER Weltalmanach 1995, S. 537)

?

1. Beschreiben Sie die Prinzipien industrieller Raumerschließung zur sowjetischen Zeit.
2. Vergleichen Sie die geographische Ausstattung der Wirtschaftsregionen unter folgenden Gesichtspunkten: klimaökologischer Rahmen (Maritimität und Kontinentalität, Humidität und Aridität), Bevölkerungsdichte, Entfernungen zu Oberzentren (Millionenstädten).
3. Raumgröße ist für Russland einerseits ein Vorzug, andererseits eine Belastung. Nehmen Sie Stellung zu dieser Aussage.
4. Erörtern Sie ökonomisch-ökologische Entwicklungen, die zur Auflösung der Sowjetunion führten.

Der Aufbruch nach Europa begann in Königsberg. 45 Jahre lang war Kaliningrad als militärisches Sperrgebiet von der Außenwelt abgeschnitten. Seit 1991 wurde die Region allmählich geöffnet und schließlich zur Freien Wirtschaftszone „Jantar" (Bernstein) erklärt. Das Militär wurde gehalten, genaue Grenzen aller Sperrzonen aufzuzeichnen, sämtliche anderen Verkehrswege aber der zivilen Verwaltung zu überlassen. Im Generalstab herrscht offensichtlich Unsicherheit: Was, wenn dank der geplanten Osterweiterung der NATO die Nachbarländer Polen und Litauen zu Feinden werden sollten, was, wenn Kaliningrad etwa nur noch durch die Luft oder auf dem Seeweg zu erreichen wären? Erweist sich die dauerhafte Öffnung, von der jetzt viele begeistert reden, nicht schon bald als Traum? Stimmt es am Ende nicht einmal, dass Kaliningrad mit seinem eisfreien Ostseehafen ein Tor zur weiten Welt darstellt?
Der russische Sonderbotschafter KUSNETSOV erinnert an die Reise Zar PETER I. nach Westeuropa, die der Zar nutzte, um Waffentechniken und Schiffbau zu studieren und sein Land Europa zuzuwenden: „Nach dieser Reise hat PETER angefangen, Russland als europäischen Staat zu gestalten. Seither sind wir zumindest Halbeuropäer, und es ist äußerst wichtig zu betonen, dass der Aufbruch Russlands nach Europa in Königsberg begonnen hat."

(nach Frankfurte Allgemeine Zeitung, 23. 3. 1996)

?

1. Beschreiben Sie anhand von Atlaskarten die Ausstattung der Wirtschaftsräume im europäischen Teil Russlands mit Rohstoffen und Energieträgern sowie die landwirtschaftliche Nutzung.
2. Kennzeichnen Sie anhand von Atlaskarten die Wirtschaftsräume im europäischen Teil Russlands nach ihrer industriellen Branchenstruktur.

Überblick

Die westlichen Gebiete Russlands werden seit dem 18. Jh. als europäisches Russland bezeichnet, obgleich die Zweiteilung des Staatsraumes in einen europäischen und einen asiatischen Teil wirtschaftsgeographisch heute wenig Wert hat, da nicht entschieden ist, ob das Uralgebiet dem europäischen oder dem asiatischen Teil zugewiesen werden soll. In den Wirtschaftsräumen Nordwesten, Zentrum und Zentrales Schwarzerdegebiet, Wolga-Region und Wolga-Wjatka-Gebiet sowie Nordkaukasien und Schwarzmeerküste liegen seit Beginn der Industrialisierung im 19. Jh. die Schwerpunkte wirtschaftlicher Entwicklung. Im dichter besiedelten europäischen Russland entwickelten sich flächenhaftere Raumstrukturen; im spärlicher besiedelten, in sowjetischer Zeit rascher entwickelten Osten waren diese mehr punkthaft.

Nordwesten, Zentrum, Schwarzerdezentrum. Abgesehen von der Region Norden, die überwiegend in der borealen Nadelwaldzone liegt und bis in die subarktische Tundra hineinreicht, befinden sich die übrigen Wirtschaftsräume in der Laubmischwaldzone des atlantischen Keils und erstrecken sich nach Süden in die Wald-, Feucht- und Trockensteppenzonen. Mittel- und Südrussland profitieren also überwiegend von den klimaökologischen Gunstfaktoren der Nichtschwarzerde- und Schwarzerdegebiete. Hier leben über 30 % der Bevölkerung auf 5 % der Fläche Russlands.

Verkehrserschließung und übrige Infrastrukturausstattung, Industriedichte und Branchenstruktur sind im Vergleich zu den asiatischen Wirtschaftsräumen Russlands am besten entwickelt. Zwei Zentren dominieren nicht nur den Westen des transkontinentalen Staatsraumes: Moskau und St. Petersburg. Im Ballungsraum Moskau leben 14 Mio., in dem von St. Petersburg 5 Mio. Menschen – 45 % der Bevölkerung des Gebietes.

Das Wolgaland (die Wolga-Region und das Wolga-Wjatka-Gebiet) bildet einen rund 300 km breiten meridionalen Gebietsstreifen, der von den Regionen Wjatka, Nischni-Nowgorod und Perm im Nichtschwarzerdegebiet der Laubmischwaldzone über die Schwarzerdegebiete der Feucht- und Trockensteppenzonen zwischen Samara und Wolgograd bis in die Wüstenzone reicht, in der an der Mündung der Wolga in das Kaspische Meer Astrachan liegt. Die Wolga, auf der sich etwa zwei Drittel der russischen Binnenschifffahrt vollziehen, bildet die einigende Leitlinie des Wirtschaftsraumes. Im Süden ist das Wolgaland über das Kaspische Meer und den Wolga-Don-Kanal mit Nordkaukasien und der russischen Schwarzmeerküste verbunden. Darüber hinaus haben das Wolgaland und das Industrielle Zentrum über den Seehafen Rostow Zugang zum Weltmeer.

Nordkaukasien. Dieser Wirtschaftsraum zählt nicht nur zu den Kornkammern Russlands, er beinhaltet auch klimatisch wie orographisch die bedeutendsten Erholungslandschaften. Deshalb war der Raum seit dem 19. Jh. ein Wanderungsziel der Russen, in zaristischer Zeit wohlhabender Schichten und kosakischer Bauern, in sowjetischer Zeit von Erdölarbeitern und Angehörigen der Nomenklatura.

Das subtropische Klima der Schwarzmeerküste, die Lage zwischen dem Kaukasus und dem Schwarzen Meer sowie die Vorkommen von Mineralheilquellen waren gute Voraussetzungen für die Gründung zahlreicher Kurorte.

Moskau und das Industrielle Zentrum. Moskau (8,8 Mio. Einwohner), die Hauptstadt der Russischen Föderation, bildet den Kernraum des Industriellen Zentrums mit rund 30 Mio. Einwohnern. Auf 3 % der Fläche Russlands leben 20 % der Bevölkerung Russlands. Es handelt sich aber nicht um ein flächenhaft erschlossenes Industriegebiet, sondern um mehr oder weniger umfangreiche Standortgruppierungen in den Städten Smolensk, Brjansk, Orjol, Tula, Rjasan, Twer, Rybinsk, Jaroslawl, Kostroma, Iwanowo, Wladimir, Lipezk sowie Nischni Nowgorod, die wie Inseln in die ländliche Kulturlandschaft Russlands eingestreut sind. Trotzdem stellt der Raum, wie seit den Anfängen der Industrialisierung in Russland, auch heute noch den bedeutendsten Wirtschaftsraum des Landes dar. Nirgends in Russland ist der Verstädterungsgrad so hoch und die Infrastruktur so gut entwickelt wie hier.

Die heutige wirtschaftliche Funktion des Industriellen Zentrums hat, abgesehen von dessen Mittellage, vor allem historische Ursachen. Nachdem die russischen Fürstentümer unter Führung des Großfürsten von Moskau die vom 13. bis zum 15. Jh. während Tatarenherrschaft abschütteln konnten, setzte von Moskau aus im 16. Jh. das „Sammeln der russischen Länder" ein. Moskau entwickelt sich zum Handelszentrum des Russischen Reiches. Als im 18. Jh. Manufakturen gegründet wurden, entstand in Anlehnung an den Flachsanbau die Leineweberei und später die Textilindustrie. Nach dem Bau der Turksibirischen Eisenbahn (Turksib) kam Baumwolle zur Verarbeitung und aus der Tuchfärberei entwickelte sich eine chemische Industrie. Beide Industriezweige zogen den Maschinenbau nach sich, zumal in Tula die Verarbeitung von Raseneisenerz die spätere Eisen- und Stahlindustrie begründete. In sowjetischer Zeit wurde die Hauptstadt planmäßig zum Technologiezentrum und zur „Kaderschmiede" der Weltmacht Sowjetunion ausgebaut.

Kanäle in Russland

	Jahr der Eröffnung	Länge (in km)
Marienkanalsystem (Wolga-Ostsee-Kanal): St. Petersburg-Rybinsk	1799/ 1964	736
Moskau-Kanal: Twer-Moskau	1937	128
Weißmeerkanal: Onegasee-Belomorsk	1933	227
Wolga-Don-Kanal: Wolga-Don	1952	101

?

1. Erarbeiten Sie Stadtgeographien von Moskau und St. Petersburg.
2. Erläutern Sie das raumstrukturelle Gefüge im Industriellen Zentrum.
3. Vergleichen Sie das Raummuster im Industriellen Zentrum mit Industrieräumen in Deutschland.

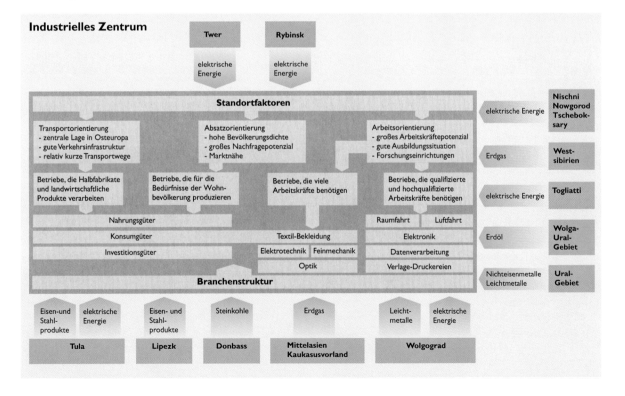

Der Ural war das erste Gebirgsland, bis zu dem das Moskauer Russland vordrang. Der Bergbau entwickelte sich bereits unter PETER I. als Russland dringend Metall für die Ausrüstung seiner Armee brauchte. Die Bodenschätze des Ural wurden dadurch erschlossen, dass man das Land in riesige Parzellen aufteilte, den Besitzern die Verpflichtung auferlegte, das Erdinnere auszubeuten und ihnen das Recht verlieh, leibeigene Bauern zur Arbeitsleistung in die Bergwerke zu holen …

Solange die Methode des Eisenschmelzens mithilfe von Steinkohle noch unbekannt war, spielte der Ural mit seinen hochwertigen Erzen, seinen ausgedehnten Wäldern und der kostenlosen Arbeitskraft eine sehr große Rolle in der Hüttenindustrie der Welt. Im 18. Jh. führte der Ural Metall ins Ausland aus. Diese Bedeutung verlor der Ural, als man am Ende des 18. Jhs. in England begann, das Erz mit Hilfe von Koks zu schmelzen.

Unter diesen Verhältnissen erwies sich der Ural als völlig machtlos im Wettstreit mit dem neuen Bergbaugebiet, das sich seit etwa 1870 im Süden Russlands entwickelt hatte.

(nach BARANSKI, N. N.:
Die ökonomische Geographie der UdSSR.
Berlin 1957, Volk und Wissen)

Das Ural-Gebiet. Der Kernraum dieser Wirtschaftsregion liegt in den Tälern und an den Flanken des mittleren und südlichen Ural. Der Ural ist eine Mittelgebirge, dessen erzreiche variskische Faltenzüge die Senke zwischen der Russischen Tafel und der Sibirischen Tafel über 2 000 km von Norden nach Süden einnehmen. Da die Gesteine bereits tief abgetragen sind, treten Erzlagerstätten zutage. Im 19. Jh. war der Ural ein wichtiger Raum des Edelmetall-, Buntmetall- und Edelsteinbergbaus, in sowjetischer Zeit wurde er zum größten Schwerindustriegebiet Russlands. Die Rüstungsindustrie spielte auch aufgrund der günstigen strategischen Lage eine bedeutende Rolle. Seit dem Ende des Ost-West-Konflikts und mit dem Zusammenbruch der Sowjetunion bestehen im Uralgebiet beträchtliche strukturelle Probleme, die auch eine hohe Arbeitslosigkeit verursachen.

Der aus kristallinen Schiefern und paläozoischen Sedimenten aufgebaute Ural ist zu einer Rumpffläche eingeebnet. In den meisten Teilen besteht er aus zwei bis sechs etwa parallel verlaufenden Ketten. Nach Westen dacht er sich ganz allmählich zum Osteuropäischen Tiefland ab, während er nach Osten in einer ziemlich steilen Stufe nach dem welligen westsibirischen Uralvorland abfällt. Der mittlere Ural ist niedriger als der nördliche Teil und zeigt die Form einer flachwelligen Rumpffläche, die nur durch die eingeschnittenen Täler und den östlichen Steilrand Gebirgscharakter erhält. Die Wasserscheide liegt stellenweise nur 300 m hoch. Damit bietet dieser Teil des Ural seit jeher die günstigsten Übergangsstellen zum Westsibirischen Tiefland. Hier queren die wichtigsten Straßen und Eisenbahnen den Ural. Gleichzeitig birgt der mittlere Ural die meisten Bodenschätze, man bezeichnet ihn daher auch als erzreichen Ural. Hier gibt es Eisen-, Kupfer-, Chrom-, Nickelerze, Platin, Gold, Asbest u. a. und hier liegen auch die alten Bergwerkssiedlungen, die heutigen Standorte der Hüttenindustrie.

Der südliche Ural, der breiteste Teil des gesamten Gebirges, ist ein landschaftlich reizvolles Waldgebirge. Er wird in mehrere durch große Längstäler getrennte Bergketten gegliedert.

Der nördliche Ural hat die größte Ausdehnung. Zahlreiche Quarzitkämme verleihen diesem Teil des Gebirges stellenweise Hochgebirgscharakter.

(nach BARTHEL, H.: Das Uralgebirge. In: NEEF, E., Das Gesicht der Erde. Leipzig 1956, Brockhaus Verlag)

Ural-Gebiet und Westsibirien um 1900

Ural-Gebiet und Westsibirien um 1940

Der mittlere Ural ist nicht erst in sowjetischer Zeit zu wirtschaftlicher Bedeutung gelangt. Aber seine sehr rasche Entwicklung zu Beginn, gleichsam als Auftakt der sowjetischen Industrialisierungsanstrengungen kommt einem neuen Anfang gleich …

In den Städten gab es einen Überfluss an Arbeitserfahrung, ein wichtiger Faktor, der zu Beginn der sowjetischen Industrialisierungsbestrebungen zu einer Neubewertung des Ural als Industriestandort führte. Ein anderer war die geographische Lage selbst, die nur nach traditionellen, von West nach Ost gerichteten Gesichtspunkten ungünstig erschien, am Rande Europas und weitab von den mittelrussischen Industrie- und Verbrauchszentren und mit einem sibirischen Hinterland, dessen natürliche Reichtümer man mehr ahnte als kannte … So konnte vor den sowjetischen Wirtschaftsplanern ein neues Bild des Ural entstehen, als Vermittler zwischen dem industriell höher entwickelten europäischen Russland und den wenig erschlossenen Rohstoffgebieten Sibiriens. Die neu zu schaffende „Zweite-Kohle-Eisen-Basis" sollte die Eisenerze des Ural mit denen von Kusnezk zusammenführen und Grundlage einer Schwermaschinenindustrie werden, die zur weiteren Entwicklung Sibiriens beitragen sollte. Rentabilitätsgesichtspunkte spielten damals eine geringe Rolle, Produktion von Eisen und Maschinen um jeden Preis gab den Ausschlag. Überdies waren die geplanten Maßstäbe so gigantisch, dass – nach sowjetischen Berechnungen – auch eine Rentabilität gewahrt bleiben sollte. Freilich war der Erfolg nur gesichert, wenn man dabei eine Technik und Arbeitsorganisation anwandte, die man in Russland bislang nur vom Hörensagen kannte, die nach amerikanischem Vorbild. Der entscheidende Hebel zur Industrialisierung der Sowjetunion lag in amerikanischen Händen. Aber trotzdem ist auch hier W. Kellers berühmte journalistische Formulierung „Ost minus West gleich Null" falsch. Sie lässt die sowjetische Eigenleistung, härteste Arbeit, einen ernsthaften Willen zum Erfolg, Entbehrungen aller Art, außer Betracht. Dass diese Leistung von den einzelnen Arbeitskräften oft nicht freiwillig (Zwangsarbeit) und unter Einwirkung einer für westliche Verhältnisse unerträglichen Propaganda erbracht wurde und mit unnötigen Härten, Opfern und wirtschaftlichen Fehlleistungen verbunden war, schmälert sie nicht.

Der Aufbau der „Zweiten-Kohle-Eisen-Basis" wurde im Mai 1930 proklamiert … Bis zum Beginn des Zweiten Weltkrieges verging kein Jahr, ohne dass ein Großbetrieb eröffnet worden wäre. Ältere Werke wurden stillgelegt oder völlig erneuert … Als während des Zweiten Weltkrieges die Eisen- und Stahlproduktion der europäischen SU weitgehend ausfiel, wuchs die Bedeutung des Ural-Wirtschaftsraumes zu kriegsentscheidender Dimension. Der Ural wurde – wie für diesen Fall vorgesehen – zur Waffenschmiede der SU, in der $2/5$ der sowjetischen Waffenproduktion konzentriert war und wo die Hälfte des Stahls sowie 26 % des Roheisens der SU produziert wurden.

(nach Karger, A.: Die Sowjetunion als Wirtschaftsmacht. Studienbücher Geographie. Diesterweg/Sauerländer. Frankfurt a. M./Aarau. 1983)

Stadtentwicklung im Ural-Gebiet (in 1 000 Einw.)

Stadt	um 1910	1930	1990	Anzahl der Städte im Uralgebiet	
Jekaterinburg (1924–1991 Swerdlowsk)	85	414	1 375	um 1900	9
Tscheljabinsk	52	264	1 148	um 1930	27
Magnitogorsk	-	35	394	um 1960 mehr als 100	

Verflechtungen der Eisen schaffenden Industrie

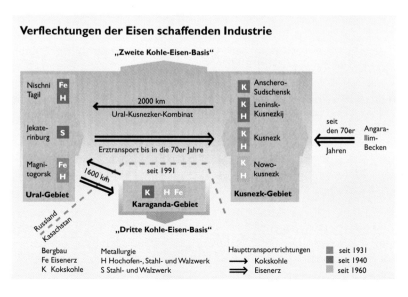

?

1. Unterscheiden Sie anhand des Textes und von Atlaskarten den nördlichen, den mittleren und den südlichen Ural nach geologisch-morphologischen und klimaökologischen Merkmalen.

2. Erläutern Sie Gunst- und Ungunstfaktoren des Ural-Gebietes.

3. Verfolgen Sie unter Berücksichtigung der Standortfaktoren und der gesellschaftlichen Verhältnisse die wirtschaftsgeographische Entwicklung des Ural-Gebietes.

4. Erklären Sie die Struktur des Ural-Kusnezker-Kombinats (UKK).

Wenn es um Sibirien ging, fehlte es weder den russischen Untertanen der Zaren noch den russischen Sowjetbürgern an Superlativen. Das ist insofern nicht verwunderlich, als die unübersehbaren Ausmaße des sibirischen Raumes und die bekannten oder vermuteten Reichtümer die Phantasie sowohl von Abenteurern als auch von Herrschern immer anzuregen vermochten, so dass im Verlauf von Jahrhunderten das größte zusammenhängende Kolonialreich der Geschichte entstand.

Allerdings ist die Zeit des schnellen und billigen Reichtums, wie er viele Jahre mit der Zobeljagd erreichbar war, seit langem vorbei. Heute sind die Reichtümer Sibiriens nur noch mit rasch steigendem Aufwand zu erschließen – wobei unter Aufwand nicht nur immer mehr Menschen, Material und Geld zu verstehen ist, sondern auch Zerstörung von Landschaft und Lebensraum der Menschen, die in der Vergangenheit die Erschließung Sibiriens getragen haben. Aber auch der rein materielle Aufwand, der wegen der riesigen Entfernungen, der schwierigen Transportbedingungen, der Ungunst der Bodenverhältnisse, der Widrigkeiten des Klimas und nicht zuletzt zum Ausgleich der schwierigen Lebensbedingungen der dort arbeitenden Menschen erforderlich ist, erreichte gewaltige Dimensionen und war im Hinblick auf die vielfältigen Probleme, denen sich die sowjetische Wirtschaft und Gesellschaft gegenübersah, immer schwerer zu rechtfertigen. Der Spielraum für derartige Rechtfertigungsversuche war groß und reichte traditionell … bis ins Irrationale …

Und wahrscheinlich gehört auch die Erschließung Sibiriens letztlich zu den Menschheitsleistungen, die mehr durch Emotionalität als durch exakte Kosten-Nutzen-Kalkulationen bewerkstelligt werden.

(nach LEPTIN, G., Hrsg.: Sibirien. Ein russisches und sowjetisches Entwicklungsproblem. Osteuropaforschung, Band 17. Berlin, Verlag Arno Spitz, 1986)

Die sibirischen Wirtschaftsräume

Sibirien, das riesige Territorium östlich des Uralgebirges, umfasst drei Viertel der Fläche Russlands. Allein die Landschaften jenseits des Jenissej stellen einen Ausschnitt der Landschaftssphäre dar, der größer als Kanada ist. Die Bevölkerungszahl ist aber, trotz über hundertjähriger russischer und sowjetischer Erschließungspolitik und obwohl beide Territorien auf derselben geographischen Breite liegen, erheblich geringer. Sibirien ist auch heute noch ein riesiges Waldgebiet in der borealen Nadelwaldzone, mit einer schmalen, sich nach Osten erweiternden Zone der subarktischen Tundra gegen die Küste des Nordpolarmeeres und einer schmalen, östlich des Ob teilweise unterbrochenen Laubmischwald- und Steppenzone im Süden.

In sowjetischer Zeit war es üblich, den asiatischen Teil Russlands in die Planungsgroßräume West-Sibirien, Ost-Sibirien und Ferner Osten einzuteilen. West-Sibirien liegt zu 80 % im Westsibirischen Tiefland, einer mit mächtigen jurassischen bis quartären Sedimenten angefüllten Mulde zwischen der Russischen und Sibirischen Tafel. Ost-Sibirien und der Ferne Osten liegen in den Berg- und Gebirgsländern sehr alter gefalteter kristalliner Massen sowie alter und junger Faltengebirge.

Die Erschließung Sibiriens. Am Ende des 16. Jhs. begann die Eroberung und Erschließung Sibiriens durch russische Kosaken. Sie war anfangs mit den Handelsinteressen einer russischen Kaufmannsdynastie, den STROGANOWS, verbunden. Deren lukrativer Pelzhandel, von dem auch der Zar profitierte, war durch tatarische Herrschaft in Sibirien gefährdet. Mit dem Privileg des Zaren versehen, rüsteten sie kleine Kosakentruppen aus, die zuerst den Steppenanteil Westsibiriens, später den Südsaum der Taiga für den Zaren in Besitz nahmen.

Am Südrand der Taiga ließen die Zaren mit Tobolsk, Jenissejsk, Bratsk und Jakutsk ihre wichtigsten Stützpunkte gründen. Den Eroberern folgten Pelztierjäger, Fallensteller, Händler und Missionare. Im 18. Jh. begann der Gold- und Buntmetallbergbau. Der wilden Eroberung unter Zar IWAN DEM SCHRECKLICHEN (1533–1584) folgte die geplante Erforschung unter Zar PETER DEM GROßEN (1682–1725). Der Däne VITUS BERING leitete 1724 das Zeitalter der geographischen Entdeckungen in Sibirien ein.

Doch die eigentliche Erschließung des riesigen Landes begann erst in der zweiten Hälfte des 19. Jhs. mit dem Bau der großen Eisenbahnlinien von Moskau ausgehend in alle Landesteile. Dabei kam der Transsibirischen Eisenbahn eine besondere Bedeutung zu. Wo die Transsib die Ströme kreuzt, entwickelten sich Brückenstädte zu Verkehrsknoten. Die meisten von ihnen haben heute weit über 100 000 Einwohner, zwei sind Millionenstädte. Die Transportkapazitäten gestatten den umfassenden Personen- und Güterverkehr und sie sichern den Besitz des Fernen Ostens, die pazifischen Gebiete Russlands.

Die Sowjetunion hatte das territoriale Erbe des Russischen Reiches übernommen. Ihre Gesellschaftsordnung und die technologische Entwicklung ermöglichten es, den Erschließungsprozess planmäßig und insgesamt wirkungsvoll voranzutreiben. Vor allem benötigte der Prozess Menschen. Bevölkerungsbewegungen wurden gesteuert: durch Zwangsarbeit und Zwangsversetzung, seit den 60er Jahren durch staatliche Arbeitskräftewerbung mit Lohn-, Urlaubs-, Wohnungs- und Rentenanreizen. Zur Steuerung dieses Erschließungsprozesses wurde die Staatliche Planungsbehörde (Gosplan) eingesetzt.

Die Erschließung Sibiriens und das Verkehrswesen. Die wirtschaftliche Erschließung der Naturlandschaften Sibiriens setzt die planmäßige Anlage von Verkehrswegen voraus.

Nach Schätzungen steigt der Anteil der Transportkosten an den Produktionskosten bis zu 60 %, wenn leistungsfähige Verkehrswege und Transportmittel fehlen. Entsprechend erhöhen sich die Erschließungskosten. Der Kostenanteil des Verkehrswesens an den Gesamtkosten der wirtschaftlichen Erschließung ist wegen der ungünstigen Geofaktorengefüge in Sibirien außerordentlich hoch. Systembedingte organisatorische Mängel zu sowjetischer Zeit wie ungenügende Abstimmung von Produktions- und Transportkapazitäten, Vernachlässigung der Kooperation bei der Planung von Verkehrsanlagen im Bereich von Verkehrsknoten, unterschiedliche Entwicklungsstände im Leistungsprofil eines Verkehrsträgers (z. B. Strecke, Stationen, Instandhaltung bei der Eisenbahn) steigern die Kosten.

Ein anderer Schwerpunkt der Industrialisierung Sibiriens war die Umgestaltung und Erweiterung der Transportverbindungen ... Damit wuchs die Rolle Sibiriens und des Fernen Ostens im ökonomischen Leben des Landes wesentlich. Bedeutende Fortschritte wurden in den 30er Jahren bei der weiteren Erschließung und Nutzung der Nordostpassage erzielt. An dem 6 500 km langen Seeweg von Archangelsk bis zur Beringstraße wurden zahlreiche Wetter- und Überwachungsstationen eingerichtet, um die Gefahren für die Schifffahrtsroute durch das Polarmeer zu verringern. Nachdem der Eisbrecher „Sibirjakow" 1932 die Durchfahrt erstmals ohne Überwinterung schaffte, wurde ab 1935 der regelmäßige Schiffsverkehr in die arktischen Regionen aufgenommen. In den Jahren 1935 bis 1937 transportierte man auf diesem Wege bereits rund 2,5 Mio. t Fracht. Neue Häfen wurden gebaut, so an der Jenissejmündung Dickson. Jakutiens Tor zum Meer wurde der neuerbaute Hafen Tiksi.

(nach Thomas, L.: Geschichte Sibiriens. Von den Anfängen bis zur Gegenwart. Berlin 1982)

Eisenbahnen in Russland
(Auswahl)

vor 1917
Nikolaus-Bahn: St. Petersburg–Moskau (älteste Bahn; 1861)
Transsibirische Bahn: Moskau–Wladiwostok
Transkaspische Bahn: Krasnowodsk-Taschkent
Orenburg-Taschkent-Bahn
1917–1945
Petschora-Bahn: Konoscha-Workuta-Chalmer-Ju
Turkestan-Sibirien-Bahn: Barnaul-Semey-Almaty
nach 1945
Südsibirische Bahn: Samara-Ufa-Magnitogorsk-Akmola-Barnaul
Baikal-Amur-Magistrale: Taischet-Bratsk-Tynda-Komsomolsk

?

1. Beschreiben Sie die „Eroberung Sibiriens" durch Russland.
2. Erläutern Sie die Entwicklung des Verkehrswegenetzes in Sibirien.
3. Die Erschließung Sibiriens – eher durch Emotionalität als durch Kosten-Nutzen-Kalkulation vorangetrieben? Erörtern Sie die Fragestellung.

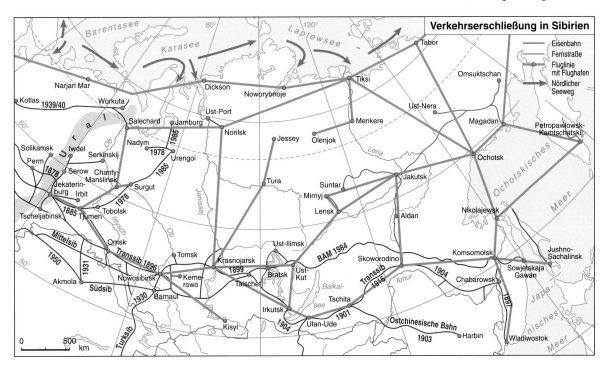

Verkehrserschließung in Sibirien

123

Erdgasförderung in Westsibirien (in Md. m³)				
1965	1975	1985	1990	1995
0,6	35,7	370,0	502,0	529,0

Novyj Urengoj: Einwohner und Migration

Jahr	Einwohner	Migration
1990	93 900	-1 800
1992	87 900	-3 500
1994	89 500	+1 000

Erdöl und Erdgas in Westsibirien. Die Erschließung bedeutender Erdöl- und Erdgasvorkommen in Westsibirien eröffnete die Inwertsetzung der sumpfigen Taiga und der Tundra durch Bergbaumonostrukturen. Allerdings ergeben sich aus der geographischen Lage hohe Kosten, so dass mit dem Übergang von der Plan- zur Marktwirtschaft die Ölförderung im Gebiet Tjumen wegen unzureichender Konkurrenzfähigkeit einen Rückgang zu verzeichnen hatte und die Region Wanderungsverluste hinnehmen musste. Nachteilig wirkte sich auch die Zerstückelung der sibirischen Erdölwirtschaft in mehrere kleinere Unternehmen aus. Dagegen konnte die Erdgaswirtschaft in den mächtigen Konzern GAZPROM überführt werden.

„Angewandt wurden hier sowohl die sogenannte ‚komplexe Erschließung' (mit dem Bau von Dauersiedlungen, versehen mit der gesamten erforderlichen Infrastruktur) wie auch die ‚Wacht- und Expeditionsmethode', bei der aus südlicheren Regionen eingeflogene Arbeitskräfte für eine bestimmte Zeit in bloßen Arbeitersiedlungen leben. Die Wachtmethode bedeutet eine Arbeitskräfterotation, da im Zweiwochen - oder (seltener) im Monatsrhythmus die Arbeitsbrigaden wechseln. Dabei wird zwar der Bau komplett ausgestatteter Städte im Fördergebiet erspart, aber verbunden ist diese Methode mit einem großen Transportaufwand. Die eigentlichen Wohngebiete der Wachtarbeiter liegen z. T. weit im Süden, von wo sie im Arbeitstakt eingeflogen und nach Ablauf der Schicht wieder zurückgeflogen werden. Diese Wachtdurchführung über mehrere Regionen (Landschaftszonen) hinweg, stößt heute immer mehr auf Kritik. Das geschieht nicht nur wegen der zu überwindenden Entfernungen, sondern auch, weil das ständige Hin- und Herspringen zwischen unterschiedlichen Klima- und Zeitzonen der Arbeitsproduktivität und auch der Gesundheit der Betroffenen nicht gerade zuträglich ist."

(aus WEIN, N.: Die westsibirische Erdgasregion. Die Erde, 127, 1996)

?

1. Beschreiben Sie die Entwicklung der westsibirischen Erdgas- und Erdölwirtschaft.
2. Erläutern Sie die mit der geographischen Lage der westsibirischen Erdgas- und Erdölfelder verbundenen Erschließungsprobleme.

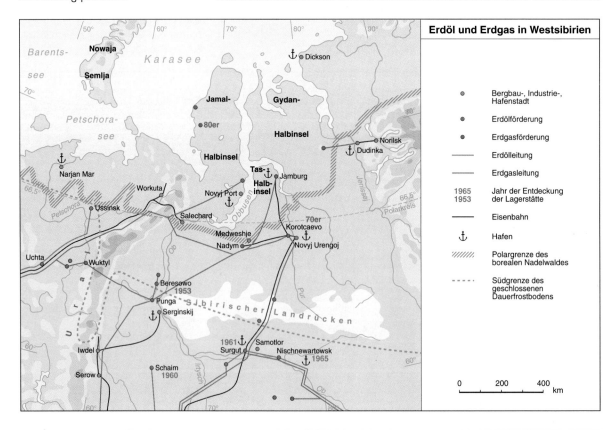

Erdöl und Erdgas in Westsibirien

Wasserkraft in Ostsibirien. Das Wasserkraftpotenzial Ostsibiriens wird seit den 50er Jahren zu einem Teil inwertgesetzt. Man begann mit dem Bau der Angara-Kaskade, um die ausgleichende Wirkung des Baikalsees auf die Wasserführung nutzen zu können. Die Wasserführung der meisten sibirischen Flüsse weist jahreszeitlich bedingte Schwankungen auf, wodurch die nutzbare Hydroenergie mehr oder weniger vermindert wird. Die Eismächtigkeit der sibirischen Flüsse wächst bis zum Frühjahr und nach Norden zunehmend auf 1,5 bis 2 m. Der Auftauvorgang setzt im Süden ein und verzögert sich nordwärts erheblich.

Die Elektrifizierung ist wie die Anlage eines Verkehrswegenetzes eine Voraussetzung der industriellen Erschließung Sibiriens. Das Wasserkraftpotenzial war ein Gunstfaktor für die Inwertsetzung des Raumes. Nachdem die Technologie des Elektroenergietransports soweit entwickelt war, dass der Strom über Hochspannungsleitungen mit 1150 kV Wechselstrom (in Deutschland 380 kV) bzw. 1500 kV Gleichstrom über die großen Entfernungen zwischen Energieerzeugung und Energieverbrauch transportiert werden konnte, wurden die Kraftwerke zum Südsibirischen Energieverbundsystem zusammengeschlossen. Es schließt auch Wärmekraftwerke im Braunkohlenrevier westlich von Krasnojarsk und Steinkohlekraftwerke bei Tscheremchowo ein.

Wasserkraftwerke in Ostsibirien

Kraftwerke	Fertigstellung	Erzeugung (in Md. kWh/a)
Krasnojarsk	1967	20,0
Sajano-Schuschenskoje	1983	23,5
Irkutsk	1956	13,2
Bratsk	1961	22,6
Ust-Ilimsk	1974	22,0
Bogutschany	1984	20,5
zum Vergleich:		
Deutschland	1993	524,5

Wasserkraftwerk Krasnojarsk

1955	Baubeginn (35 km südlich der Stadt)
1963	Abdämmung beendet
1967	Stausee gefüllt
Fläche	2130 km²
Länge	386 km
Inhalt	73,3 Md. m³

Wasserkraftwerk Bratsk

1953	Beschluß der KPdSU zum Bau
1961	Abschlußdamm an der 850 m breiten Padun-Enge fertiggestellt (Höhe 126 m)
1963	Stausee gefüllt
Tiefe	100 m
Länge	570 m

(nach: KARGER, A.: Sowjetunion. Fischer Länderkunde, 1978, S. 293)

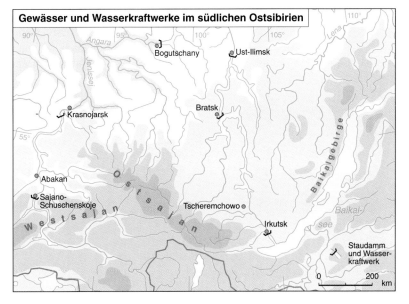

Gewässer und Wasserkraftwerke im südlichen Ostsibirien

?

1. Erläutern Sie das hydroenergetische Konzept in Ostsibirien unter den Gesichtspunkten der industriellen Erschließung, der Siedlungsentwicklung, der landwirtschaftlichen Nutzung und des Landschaftsschutzes.
2. Die sowjetische Erschließungspolitik der landschaftszonalen Potenziale Sibiriens setzte seit den 50er Jahren auf Bergbau und energieintensive Industrie. Beurteilen Sie diesen Zugriff auf den Naturraum.

Wirtschaftsregionen der USA und im asiatisch-pazifischen Raum

Der pazifische Raum

Anrainerstaaten des pazifischen Ozeans haben in den letzten zwei Jahrzehnten einen bedeutenden wirtschaftlichen Aufschwung erfahren. Zunehmend verlagern sich wichtige Welthandelsströme in diesen Raum. Es bildete sich im Rahmen der Globalisierung der Weltwirtschaft ein neuer Schwerpunkt heraus. Am Ostrand des Pazifischen Ozeans dominiert die US-amerikanische Wirtschaft. Das hochentwickelte Industrieland Japan am Westrand ist durch fast 30 % Export- und 23 % Importanteil mit den USA verbunden.

Das wirtschaftliche Wachstum der jungen Schwellenländer Südkorea, Taiwan und der Stadtstaaten Hongkong und Singapur hat weltweit Aufsehen erregt, zumal auch in ihrer Nachbarschaft ASEAN-Länder einen wachsenden Absatzmarkt sowie Produktionsraum darstellen.

Die außenwirtschaftliche Öffnung der VR China mit ihrer riesigen Bevölkerung und ihren Marktpotenzialen verstärkt das zukünftige wirtschaftliche Gewicht der Region in noch unabsehbarem Ausmaß.

Im Süden des Pazifik spielen die Rohstoffe exportierenden Länder Australien und Neuseeland eine wichtige Rolle. Der pazifische Küstenraum Russlands ist gegenwärtig noch nicht stark in Wirtschaftskooperationen einbezogen.

Traditionell bestehen enge Wirtschaftsbeziehungen zwischen den USA und Lateinamerika. Besonders intensiv sind diese zu Mexiko gewachsen.

Die Globalisierung der Weltwirtschaft wird durch den Generaldirektor der Welthandelsorganisation (WTO) beschrieben als „geopolitische Revolution der Weltwirtschaft, die nicht mehr als das Interaktionsgefüge mehrerer Wirtschaftsräume anzusehen ist, sondern von Investoren, Produzenten und Konsumenten zunehmend als einziges Marktgebiet für Beschaffung und Absatz mit angestrebtem freien Kapital-, Waren-, Dienstleistungs- und Personenverkehr aufgefasst wird ..."

Regionen in den USA

Nach dem Zweiten Weltkrieg besaßen die USA politisch, wirtschaftlich und militärisch die Führungsrolle innerhalb der westlichen weltweiten Vertrags- und Bündnissysteme und stellen heute nach dem Zusammenbruch der Sowjetunion die führende Weltmacht dar.

Diese Spitzenstellung ist primär Resultat des in den USA seit über 200 Jahren praktizierten demokratischen Systems in Verbindung mit spezifischen Formen der freien Marktwirtschaft und der weltwirtschaftlichen Aktivitäten ihrer großen Unternehmen, besonders nach dem Zweiten Weltkrieg. Die subkontinentale Größe des Landes, sein Bevölkerungsreichtum und sein riesiges Rohstoffpotenzial boten dafür günstige Bedingungen.

Zwar hat vor allem der wirtschaftliche Aufstieg der Länder der Europäischen Union und Japans die überragende weltwirtschaftliche Position der USA eingeschränkt, aber in den letzten Jahren erwirtschafteten die USA nach wie vor über ein Viertel des globalen Bruttosozialprodukts (1993 26 %).

Wie bisher befinden sich in den USA die größten Industrieunternehmen der Welt, die zumeist globale ökonomische Aktivitäten entfalten. Obgleich das Land in technologischer Hinsicht in einzelnen industriellen Produktbereichen in den letzten Jahrzehnten Einbußen hinnehmen musste, wird seine industrielle wie auch gesamtwirtschaftliche Wettbewerbsfähigkeit im internationalen Vergleich hoch bewertet.

Die amerikanische Wirtschaft unterliegt dynamischen Wandlungen, wobei nicht nur Land- und Forstwirtschaft, sondern auch das produzierende Gewerbe gegenüber dem Dienstleistungssektor im gesamtwirtschaftlichen Rahmen Anteile verloren haben. In Verbindung mit diesem wirtschaftlichen Wandel vollzieht sich ein Übergang zu einer postindustriellen Dienstleistungsgesellschaft, in der Branchen wie Banken und Versicherungen, Handel und Verkehr, Verwaltungen und andere Dienstleistungsbereiche (Services) überwiegend zur Wertschöpfung beitragen (1993 76 %).

Das Arbeitsplatzwachstum erfolgte in den 80er Jahren zu 90 % im Dienstleistungssektor.

Bruttosozialprodukt von Ländern des asiatisch-pazifischen Raumes (1993)

Land	Md. US-Dollar	US-Dollar je E.	(Weltrang)
USA	6 387	24 740	(9.)
Kanada	574	19 970	(17.)
Japan	3 926	31 490	(3.)
VR China	581	490	(143.)
Südkorea	338	7 660	(39.)
Taiwan	220	10 550	(33.)
Hongkong	90	18 060	(23.)
zum Vergleich			
Deutschland	1 902	23 560	(10.)

Die USA sind auch im Welthandel das führende Land, hier vor Deutschland. Seit den 60er Jahren hat der Außenhandel für die Wirtschaft des Landes zunehmend an Bedeutung gewonnen. Dabei stiegen die Einfuhren in der Tendenz stärker an als der Export, sodass sich in den letzten 20 Jahren ein permanent hohes Außenhandelsdefizit herausgebildet hat. Bei verschiedenen Rohstoffen (Erdöl), Automobilen und Konsumgütern anderer Art ist die Importabhängigkeit der USA stark angewachsen. Über die Hälfte des Passivsaldos resultiert gegenwärtig aus den Exportüberschüssen Japans nach den USA. Im Export der USA dominieren besonders Investitionsgüter, Flugzeuge und Agrarprodukte (Weizen).

Außenhandel der USA (1994)

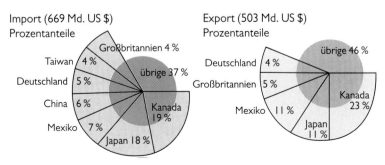

Import (669 Md. US $)
Prozentanteile

Großbritannien 4 %
Taiwan 4 %
Deutschland 5 %
China 6 %
Mexiko 7 %
Japan 18 %
Kanada 19 %
übrige 37 %

Export (503 Md. US $)
Prozentanteile

Deutschland 4 %
Großbritannien 5 %
Mexiko 11 %
Japan 11 %
Kanada 23 %
übrige 46 %

Wirtschaftlicher Wandel in den USA Beschäftigtenanteile (in %)

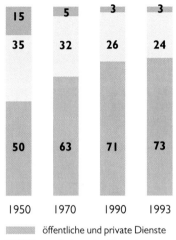

	1950	1970	1990	1993
öffentliche und private Dienste	50	63	71	73
produzierendes Gewerbe	35	32	26	24
Land-/Forstwirtschaft	15	5	3	3

(nach Statistical Abstract of USA 1994 u. a.)

Außenhandel der USA (1994)

Import 669 000 Mio. $ davon:

45 % Maschinen und Transportausrüstungen
10 % Brenn- und Schmierstoffe
5 % chemische Erzeugnisse
4 % Nahrungsmittel u. lebende Tiere
3 % industrielle Rohstoffe

Export 503 000 Mio. $ davon:

45 % Maschinen und Transportausrüstungen
10 % chemische Erzeugnisse
9 % landwirtschaftliche Erzeugnisse
7 % Nahrungsmittel und lebende Tiere
6 % industrielle Rohstoffe

(nach Der FISCHER Weltalmanach 1996)

?

Diskutieren Sie die Entwicklung der „postindustriellen Gesellschaft" in den USA. Erörtern Sie Hauptmerkmale und Beziehungen zum Wandel in der Wirtschaftsstruktur.

?

1. Erörtern Sie die Gründe, die die binnenmarktorientierten USA zu einer liberalen Außenhandelspolitik veranlassen.
2. Stellen Sie aus den Wirtschaftskarten des Atlas die Industrieregionen im Manufacturing Belt zusammen. Erörtern Sie deren Standortfaktoren und vergleichen Sie Produktionsstrukturen und Standortdichten mit denen in europäischen Industriegebieten.

So bedeutsam die Rolle des Landes im Welthandel auch ist, die Entwicklung des Binnenmarktes hat entscheidendes Gewicht im wirtschaftlichen Leben der Vereinigten Staaten. Demgegenüber steht ein lebhaftes Interesse der USA-Wirtschaft an einer weitgehenden globalen Liberalisierung des Außenhandels, besonders aber im Bereich Amerikas. In diesem Zusammenhang wurde eine Nordamerikanische Freihandelszone (NAFTA) für gewerbliche Güter, Dienstleistungen und den Kapitalverkehr zwischen den USA, Kanada und Mexiko ins Leben gerufen (1. 1. 1994). Verhandlungen über die Schaffung einer alle Staaten Amerikas (außer Kuba) umfassenden Freihandelszone (FTAA) bis zum Jahre 2005 wurden aufgenommen.

Die großen Wirtschaftsräume der USA

Schon frühzeitig bildeten sich im 18./19. Jahrhundert die historischen Wurzeln jenes wirtschafts- und sozialräumlichen Gegensatzes heraus, der sich heute noch in vielen regionalen Disparitäten zwischen dem Norden und Süden der USA äußert. Ein großer Teil der Einwanderer (1820 bis 1986 allein 53 Millionen) blieb im Norden, der schon zuvor Ansätze stärkerer gewerblicher Entwicklung als der Süden aufwies, und trug mit seinen wirtschaftlichen Erfahrungen zu einer vielfältigen Entwicklung von Handel, produzierendem Gewerbe und später auch der Großindustrie im Raum zwischen der nördlichen Atlantikküste und den Großen Seen bei. So bildete sich dort bis zum 20. Jahrhundert ein Industrieraum heraus, der gelegentlich auch als wirtschaftlicher Kernraum Nordamerikas („Heartland of America") bezeichnet wird. Er umschließt die Neu-England- und Mittelatlantik-Staaten sowie die Nordost-Zentral-Staaten (den östlichen Teil des Mittelwestens südlich der Großen Seen) und setzt sich, wirtschaftsgeographisch gesehen, auf kanadischem Gebiet in Gestalt des Industrieraumes zwischen Toronto und Montreal fort. Synonym ist für diesen Wirtschaftsraum auch der Begriff „Manufacturing Belt" im Gebrauch. Heute arbeiten

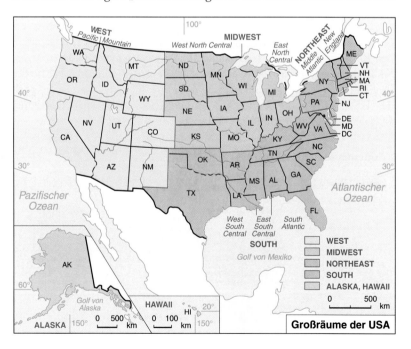

Großräume der USA

zwischen Atlantikküste, Ohiotal und oberem Mississippi noch 43 % der Industriebeschäftigten der USA (1994). In der Statistik der USA ist es darüber hinaus üblich, vier große Wirtschaftsräume zu benennen, den Nordosten, Mittelwesten, Süden und Westen. Das Industriepotenzial des Nordens ist im Vergleich zum Süden der USA größer. In allen Bundesstaaten dominiert in der Wirtschaft der Dienstleistungssektor mit Anteilen von >70 % am Bruttosozialprodukt und an den Gesamtbeschäftigten.

Die Großräume der USA (1993/94)

Region	Fläche [1] 1 000 km²	Bev. (Mio.) 1993	Anteile/USA (in %)		
			BSP 1990	Industriebesch. 1988	1994
Nordosten	469	51,4	23	22	20
Mittelwesten	2 128	61,1	23	30	31
darunter					
NO-Zentralstaaten	781	43,0	16	23	23
Süden	2 382	89,4	31	30	32
Westen	4 828	56,0	23	18	17

[1] mit Binnengewässern

(nach BFAI 1995 u. a.)

Seit dem Zweiten Weltkrieg hat der wirtschaftliche und industrielle Aufstieg des Südens zu einem zweiten politischen und wirtschaftlichen Schwerpunktraum im Lande geführt. Bis dahin gab es dort erst seit der Jahrhundertwende nur Ansätze zu einer Industrialisierung, eine rückständige Infrastruktur und ein soziales Milieu, das in besonderer Weise durch rassische Diskriminierung der afroamerikanischen Bevölkerung geprägt war. Mit dem Zweiten Weltkrieg setzte ein Wirtschaftsaufschwung im Süden ein, der mit großen Investitionen in die Rüstungsindustrie, den Flugzeugbau, später auch in die Elektronik und die Raumfahrttechnik, in Erdöl- und Erdgasgewinnung und -verarbeitung, in Tourismus sowie in Agrobusiness verbunden war.

Erklärungen für diesen Wandel werden mit dem Vorhandensein umfangreicher Ressourcen an Erdöl, Erdgas, niedrigen Energie- und Bodenpreisen, Steuervorteilen, geringer Entlohnung und mit der Begünstigung des Südens durch die Bundespolitik gegeben. Darüber hinaus wurden die attraktiven Lebens- und Wohnumfeldbedingungen des Südens zu einem Faktor für den Zuzug von Bevölkerung aus dem Norden (Anstieg der Bevölkerungszahl des Südens von 1940 40 Mio. auf 1960 55 Mio. und 1993 89 Mio. Personen). Die Bevölkerungsgewinne des Südens halten weiter an.

Trotz Abwanderung vieler Afroamerikaner in die Großstädte des Nordens ist der Süden nach wie vor Hauptsiedlungsraum der schwarzen Bevölkerung der USA (1990 53 %) geblieben. Dazu leben heute 30 % der Hispanics im Süden (Texas) und 45 % dieser Bevölkerungsgruppe im Westen, dort vor allem in Kalifornien, Arizona und New Mexico. Wie in Verdichtungsräumen des Nordens sind die Kernstädte im Süden heute vorrangig Wohnstätten der farbigen Bevölkerung, besonders ihrer Unterschichten, während ein Teil der farbigen Mittelschichten der weißen Bevölkerung in die suburbanen Siedlungsräume gefolgt ist. Trotz politischer, gesellschaftlicher und wirtschaftlicher Modernisierung ist der Süden weithin noch ein ideologisch

Stadtagglomerationen des Nordostens und Mittelwestens (1992)

Stadtagglomeration	Bevölkerung (in Mio.)	
	Agglomeration	Kernstadt
New York	19,7	(7,3)
Washington-Baltimore	6,9	(0,6; 0,7)
Philadelphia	5,9	(1,6)
Boston	5,4	(0,6)
Pittsburgh	2,4	(0,4)
Chicago	8,4	(2,8)
Detroit	5,2	(1,0)
Cleveland	2,9	(0,5)
Cincinnati	1,9	(0,9)

Stadtagglomerationen des Südens und Westens (1992)

Stadtagglomeration	Bevölkerung (in Mio.)	
	Agglomeration	Kernstadt
Miami	3,2	(0,4)
Atlanta	3,1	(0,4)
Houston	3,7	(1,7)
Dallas-Ft. Worth	4,0	(1,0; 0,5)
Denver	1,9	(0,5)
Los Angeles	14,5	(3,5)
San Francisco	6,2	(0,7)

Wanderungsbilanz zwischen den Großregionen der USA (in 1 000 Pers. 1991/92)

	Nordosten	Mittelwesten	Süden	Westen
Nordosten	–	- 26	- 174	-92
Mittelwesten	+ 26	–	- 47	- 42
Süden	+ 174	+ 47	–	+ 4
Westen	+ 92	+ 42	- 4	–

(nach Statistical Abstract of USA, 1994)

?

Warum konzentrierte sich die Industrialisierung im 19. Jh. auf den Nordosten des Landes?

Angaben der Zentralbank Chicago zufolge wuchs nach starken Rückgängen in den 80er Jahren die Wirtschaftsproduktion in den Staaten Indiana, Illinois, Iowa, Wisconsin und Michigan seit 1990 um das Zweifache des USA-Durchschnitts als Folge einer Produktivitätssteigerung in der Automobilindustrie. Sie erreichte durch Investitionen, höhere Qualifikationen der Mitarbeiter und neue Technologien hohe Zuwachsraten. Die Arbeitslosenquote ging auf 4,4 % zurück, so dass Mangel an Fachkräften herrscht. Sie werden aus anderen Regionen angeworben.

?

1. Erörtern Sie Vorteile im Wettbewerb mit der Ostküste, die sich für Kalifornien ergeben.
2. Untersuchen Sie, welche Zusammenhänge zwischen Deindustrialisierungsprozessen, weltwirtschaftlicher Entwicklung und Herausbildung der postindustriellen Gesellschaft bestehen.

konservativer Großraum geblieben, in dem noch immer traditionelle rassistische Vorbehalte stärker wirken.

Ähnlich wie der Süden hat die Region Westen (Pazifik- und Gebirgsstaaten) einen bedeutenden Investitionsschub erfahren.

Die Rolle Kaliforniens als logistische Basis der US-Streitkräfte auf dem pazifischen Kriegsschauplatz 1941 bis 1945 war Anschub für die Funktion der Pazifikanliegerstaaten als bevorzugter Standortraum der Rüstungsindustrie (Flugzeugbau, später Elektronik, Raketen- und Raumfahrttechnik).

Rüstungs- und Forschungsvorhaben der Bundesregierung kamen auch Siedlungszentren in den Gebirgsstaaten (New Mexico, Arizona, Nevada, Colorado) zugute. Kalifornien wurde zum führenden Zentrum der Hochtechnologie in den USA.

Zugleich gingen in den letzten beiden Jahrzehnten wichtige Wachstumsimpulse von der zunehmenden pazifischen Verflechtung der amerikanischen Wirtschaft aus. Als Folge verdoppelte sich die Wohnbevölkerung im Westen seit 1960 von 28 Mio. auf 1993 56 Mio. Einwohner.

Regionaler Strukturwandel im letzten Jahrzehnt

Der Entwicklungsweg der einzelnen Regionen in den USA hängt stark von ihrem innovativen Potenzial in der Wirtschaft ab, mit dem sie auf schnelle Veränderungen auf dem Binnen- und Weltmarkt mit hoher Flexibilität reagieren können. Das vergangene Jahrzehnt von 1980 bis 1990 brachte wirtschaftlichen Aufstieg wie auch Rezession für Regionen im Norden und auch im Süden. Dabei bewirkte die Bundespolitik, die unter der Präsidentschaft Reagans (1981 bis 1989) auf Förderung der Privatwirtschaft (Steuerentlastungen), Dezentralisierung von öffentlichen und Sozialaufgaben auf die Bundesstaaten und Kommunen sowie bedeutende Forschungs- und Rüstungsinvestitionen gerichtet war, im Allgemeinen wirtschaftliches Wachstum.

Jedoch verlieh diese Politik nur ausgewählten Industriezweigen und Regionen ausreichende Wachstumsimpulse. Die weltwirtschaftliche Rezession der Jahre 1989 bis 1992 setzte weitere Deindustrialisierungsprozesse in Gang.

Von 1988 bis 1994 gingen im produzierenden Gewerbe mehr als 1 Mio. Arbeitsplätze verloren, zugleich nahm das Wertvolumen der Produktion preisbereinigt um 7 % zu. Der Dienstleistungssektor verbesserte seine Position in der Wirtschaft, während der Arbeitsplatzabbau in der Industrie sektoral und regional unterschiedlich erfolgte. Beschäftigungswachstum verbuchten in den letzten Jahren auch Nahrungsmittel- und Leichtindustrie. Maschinenbau und Elektronikindustrie reduzieren Arbeitsplätze. Neu-England- und Mittelatlantik-Staaten sowie Kalifornien, in den 80er Jahren die Aufstiegsregionen, büßten am stärksten industrielle Arbeitsplätze ein, andere Gebiete stagnierten oder verzeichneten wie Teile des Mittelwestens und Südens ein geringes Wachstum an Industriearbeitsplätzen.

Im langfristigen Trend der Wirtschaftsentwicklung verstärkte sich unter Einbeziehung der Dynamik des Dienstleistungssektors der Eindruck, dass küstennahe Wirtschaftsräume auf lange Sicht prosperieren, während die Binnenregionen zurückfallen.

Traditionelle Wirtschaftsräume im Wandel

Greater Boston – eine Küstenregion mit Erfolgsimage. Die Stadt Boston wurde von englischen Einwanderern 1630 gegründet. Zu den wirtschaftlichen Säulen der Stadt gehörten Handel und Hafenwirtschaft, die durch Schiffbau, Woll-, Baumwoll- sowie Lederverarbeitung Ergänzung fanden. Ab Mitte des 19. Jh. ging die Industrialisierung der Neu-England-Staaten von Boston aus. Seit der Jahrhundertwende wanderten Leicht- und Textilindustrie in den Billiglohnraum des amerikanischen Südens ab. Zwischen 1920 und 1960 gingen in Massachusetts allein im verarbeitenden Gewerbe 150 000 Arbeitsplätze verloren. Nach dem Zweiten Weltkrieg stützte sich die Wirtschaft Greater Bostons in erster Linie auf die Funktionen der Kernstadt als Bank-, Handels- und Finanzzentrum, andererseits aber auch auf den Aufschwung der Hochtechnologie-Industrien an der Peripherie des Stadtraumes.

Zwischen den führenden Universitäten Greater Bostons (Harvard/Cambridge, Northeastern-University/Boston, Massachusetts Institute of Technology) und der Industrie wurde eine erfolgreiche Zusammenarbeit aufgebaut. Die an den heute 65 Universitäten, Hochschulen und Colleges von Greater Boston mittlerweile ausgebildeten Fachkräfte stellten einen wichtigen Standortfaktor für den Aufschwung innovativer Unternehmen in der Region dar.

Die Arbeitsplatzverluste in der traditionellen verarbeitenden Industrie konnten durch die Ansiedlung neuer Industriebereiche (Computertechnik, Bio- und Umwelttechnologie, Telekommunikation, Mess- und Kontrolltechnik), besonders aber auch durch die expansive Entwicklung der Dienstleistungen annähernd ausgeglichen werden.

Das veranlasste auch auswärtige Großunternehmen, in Neu-England zu investieren, über 200 internationale Konzerne verfügen in der Stadt über Niederlassungen. In Industrie und Bauwirtschaft, darunter auch Maschinenbau und Computerindustrie, mussten vor allem Kleinunternehmen aufgeben. (1989 bis 1992 14 % der Arbeitsplätze ~ 400 000). Im Dienstleistungsbereich entstanden dagegen zusätzlich 500 000 Arbeitsplätze.

Boston, Stadt	
Fläche:	125 km²
552 000 E (1992)	
4404 E / km²	

Greater Boston Stadtagglom. (1992)

ca. 3,0 Mio. E	5,4 Mio. E

Einwohnerzahl von Boston City (in 1000)	
1825	58
1910	670
1950	801
1970	641
1990	574
1992	552

Skyline von Boston

City von Boston – Faneuil Hall (1742)

City von Boston – sanierte Speicher

?
Erläutern Sie Konstanz und Wandel von Standortfaktoren am Beispiel Bostons.

Die Siedlungsstruktur von Greater Boston ähnelt mehr europäischen räumlichen Mustern; die Stadtregion gilt, siedlungsgeographisch gesehen, als die „englischste" in den USA. Das ist auch auf die Existenz vieler kleiner, historisch entstandener Siedlungskerne zurückzuführen, die Ausgangspunkte für relativ eigenständige Zentrenentwicklungen im Umland geworden sind. In der Innenstadt Bostons setzte nach städtebaulichem Verfall in den 80er Jahren ein Bau- und Sanierungsboom ein, der eine weitere Verdichtung in Bürotürmen im Geschäftszentrum, aber auch die Revitalisierung älterer Bausubstanz und Stadtviertel mit sich brachte. Bostons Stadtregierung hat überdies ein Konzept sozial verträglicher Stadtentwicklung erarbeitet, das wesentlich auf Sozialverträgen zwischen der Kommune und der Privatwirtschaft beruht und Erfolge auf dem Arbeitsmarktsektor, im gemeinnützigen Wohnungsbau (in den USA weithin unbekannt) und in der Erneuerung von Verfallsgebieten (Roxbury, Dorchester) mit sich gebracht hat .

Pittsburgh – von der altindustriellen Stahlstadt zum modernen Dienstleistungszentrum. Am Zusammenfluss von Allegheny und Monongahela zum Ohio River errichteten britische Truppen 1759 das Fort Pitt. Im Verlaufe des 19. Jh. bildete sich rings um die Siedlung Pittsburgh auf der Grundlage leicht abbaubarer Kohle- und Eisenerzvorkommen (später vom Oberen See herangeführt) ein mächtiges Zentrum der Kohle-, Stahl- und Glasindustrie heraus, das zeitweilig zwischen den beiden Weltkriegen über ein Viertel des US-Roh- und Walzstahls auslieferte. Diese monopolartige Stellung in der Stahlwirtschaft behielt die Stadt bis zum Zweiten Weltkrieg und auch danach blieb sie ein hervorragender Stahlstandort. Von Pittsburgh aus wurden in den Tälern des Monongahela und Allegheny Stahlwerke und Kokereien errichtet. Aus umliegenden Kohlelagern wurde die Kohle zugeliefert. Luftverschmutzung, Hochwasserschäden, Slumbildung und Kriminalität hatten schon in den 20er Jahren zu Krisen geführt. Bis 1929 wurde

Pittsburgh, Stadt

Fläche: 144 km²
367 000 E (1992)
2 549 E/km²
Stadtagglomeration 2,4 Mio. E (1992)

Einwohnerentwicklung Pittsburgh (in 1000)

Stadt		Agglom.	
1960	604	1980	2 571
1980	424	1990	2 395
1988	380	1992	2 406
1992	367	1993	2 440

?

1. Erarbeiten Sie eine Wirtschafts- und Verkehrsgeographie-Karte des Ohiobeckens.
2. Vergleichen Sie diese Region mit dem Ruhrgebiet.

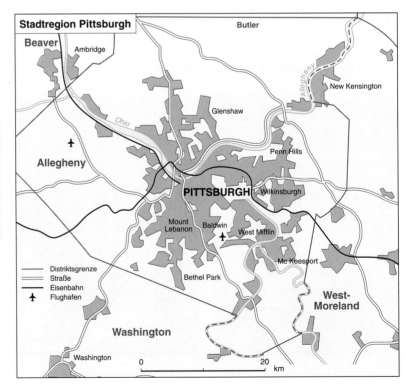

Stadtregion Pittsburgh

Distriktsgrenze
Straße
Eisenbahn
Flughafen

die Industrie der Stadt durch das Pittsburgh-Plus-System privilegiert. Stahl durfte nirgends billiger angeboten werden als zum Preis in Pittsburgh zuzüglich der Frachtkosten zum Abnehmer.

Die weltweite und nationale Stahlkrise der 70er und 80er Jahre führte im Großstadtraum Pittsburghs zur Stilllegung fast aller Kapazitäten der Stahlindustrie. Die Beschäftigtenanzahl im Stahlsektor ging von 80 000 um 1950 und 35 000 1981 auf < 4 000 im Jahre 1987 zurück. Auch der Kohlebergbau erlitt starke Einbußen und ist im Stadtgebiet erloschen. In der Region mussten zu Beginn der 80er Jahre viele kleine Bergwerke geschlossen werden. Ungeachtet der Entwicklung im Raum Pittsburgh blieb Pennsylvania ein bedeutender Produktionsraum von Kohle und Stahl.

Die Bemühungen der Stadt um strukturelle Umwandlung waren darauf gerichtet die traditionellen montanindustriellen Strukturen nicht wieder zu beleben, sondern über gemeinsame öffentliche und private Initiativen (public-private partnership) wachstumsorientierte Dienstleistungen und Hochtechnologiebranchen in die Stadt zu ziehen. Hauptakteur der Umgestaltung war eine ständige Konferenz von großen Unternehmen, Verwaltung und Universitäten der Stadt, die 1943 ins Leben gerufen worden war.

Es gelang, Pittsburghs Wirtschaftsstruktur in den 70er und 80er Jahren so zu verändern, dass 1987 der Anteil des Dienstleistungssektors an der Erwerbstätigkeit der Stadt 79 % betrug. Hauptverwaltungen großer Unternehmen (Westinghouse, Bayer/USA, US-Steel) und Großbanken in der Innenstadt, ein gut ausgebauter Universitätssektor und Hochtechnologiebereiche mit Spezialisierung auf Medizin, Informatik sowie Elektronik am Stadtrand prägen heute das funktionale Profil der Stadt.

Die seit den 50er Jahren eingeleitete Stadterneuerungspolitik fand mit der grundlegenden Umgestaltung der Innenstadt zum modernen Dienstleistungszentrum (Golden Triangle) und dem Ausbau des Forschungszentrums in Oakland in den 80er Jahren ihre Höhepunkte. Auch der Wachstumspol Pittsburgh verzeichnet degradierte Stadtviertel und Industriebranchen, ungelöste Probleme von Armut und Arbeitslosigkeit, die sich besonders auch im Umland der Großstadt zeigen. Der rasche Strukturwandel hinterließ tief gehende soziale Spuren. Die Anzahl der Erwerbstätigen in der Stadt ging von 1960 222 000 auf 1988 160 000 zurück. Massenentlassungen führten zur Abwanderung vieler Arbeitskräfte, auch über die Grenzen der Region.

Ausgehend von der Region Pittsburgh erfasste die Schwerindustrie Uferzonen der Großen Seen, später unter wechselnden Standortbedingungen u. a.

Birmingham/Alabama
(niedrige Lohnkosten und Bodenpreise, Stuervorteile)

mittlere Atlantikküste
(Importerze, Verbrauchernähe)

Los Angeles
(strategische Gründe, Frachtkostenersparnis).

Seit 1937 wird über die Hälfte der Stahlproduktion der USA aus Schrott gewonnen. Da in Gebieten hohen Stahlverbrauchs auch viel Schrott anfällt, erfolgt die Verhüttung in Verbrauchernähe. Im Gegensatz zu Massenstahlprodukten aus Schwellenländern liefern die USA (wie auch die EU) auf dem Weltmarkt vorwiegend Spezialstähle an.

Standorträume der Kohle und Stahlindustrie in den USA
(1991/92)

Kohle	Stahl
Förderung (1991) insges. 902 Mio. t	Rohstahl (1992) insges. 92 Mio. t

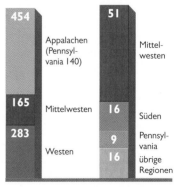

(nach THOLE 1993)

Detroit, Stadt

Fläche: 359 km²
1 010 000 E (1992)
2 817 E/km²
Stadtagglomeration 5,2 Mio. E (1992)

Einwohnerentwicklung
Detroit (in 1000)

1830	2	1950	1 849
1850	21	1960	1 670
1900	285	1980	1 203
1930	1 568	1992	1 012

Ausländische Konkurrenz und Konjunkturabhängigkeit in der Autobranche sind Hauptprobleme in der Wirtschaftsregion Detroit. Wegen der hohen Motorisierungsquote in Angloamerika ist der Binnenmarkt gesättigt. Zusätzliche Käufer lassen sich fast nur aus der nachwachsenden Generation und aus Zuwanderern rekrutieren. Deren Kaufkraft ist begrenzt. Der Hauptanteil an KfZ-Verkäufen dient der Ersatzbeschaffung, die in Rezessionsphasen hinausgezögert wird und so zu Absatzeinbrüchen führt. Seit 1994 befindet sich die US-Autoindustrie in einer Hochkonjunktur (Produktion 1994 12,2 Mio. Fahrzeuge).

Detroit – Glanz und Krise einer Stadt im altindustriellen Mittelwesten.
Im Jahre 1701 wurde die Siedlung vom französischen General CADILLAC zwischen Huron- und Erie-See gegründet. Ein erster wirtschaftlicher und städtebaulicher Aufschwung setzte nach der Eröffnung des Eriekanals (1825) ein.

Im Jahre 1890 begann der Automobilbau in Detroit, aber erst die unternehmerische Leistung von Henry FORD und die Etablierung der Autokonzerne General Motors und Chrysler in der Stadt („The Big Three") machten schon 1921 Detroit zur Millionenstadt.

Das südliche Michigan wurde zum Zentrum der Automobilindustrie in den USA. Allerdings setzte schon zwischen den Weltkriegen eine Dezentralisation der Kraftfahrzeugfertigung im Staat Michigan (Grand Rapids, Pontiac, Flint) und auch in andere Regionen der USA ein. Nach dem Zweiten Weltkrieg brachten die 50er und 60er Jahre einen erneuten großen Aufschwung des Fahrzeugbaus. In diesem Zusammenhang kamen schon zwischen 1950 und 1960 über 270 000 Zuwanderer, meist Afroamerikaner, in die Stadt, zugleich zogen mehr als 500 000 fast ausschließlich weiße Detroiter in die Vororte.

Der wirtschaftliche Abstieg der Stadt in den 70er Jahren war mit der aufkommenden Strukturkrise im Fahrzeugbau verbunden, in der die Autokonzerne große finanzielle Verluste erlitten und eine Reihe von Werken schlossen. Die sich verstärkende Konkurrenz Japans auf dem Automarkt der USA rief seit den 80er Jahren schwere Probleme für die Region hervor. Während die Hauptquartiere der Fahrzeugkonzerne in Detroit verblieben, verlor Detroit zwischen 1976 und 1986 rund 100 000 Arbeitsplätze im Produktionssektor. Der Verlagerung der Produktion in das weitere Umland (Dearborn), entferntere Teile der Region (Pontiac, Lansing, Grand Rapids) und des Mittelwestens folgten auch große Handelsunternehmen.

Städtebaulicher Verfall in Detroit wurde begleitet vom Aufstieg des suburbanen Gürtels. In einigen Vororten stiegen zwischen 1960 und 1980 die Bodenpreise auf über 1000 % an. Der vitalen Siedlungsentwicklung in den riesigen Vororten stehen Verfall und wirtschaftliche sowie soziale Degradierung in größeren Teilräumen der Innenstadt gegenüber. Die Downtown mit teilweise aufgegebenen Büro- und Warenhäusern ist von einem Kranz von Öd- und Grünflächen umgeben, der ca. 10 % der Stadtfläche ausmacht

Detroit, Skyline

(1990). Seit Ende der 60er Jahre versuchen Unternehmer zusammen mit der Stadtverwaltung, der Deurbanisierung in der Innenstadt entgegen zu wirken. Auf Initiative von HENRY FORD II wurden bis 1974 die riesigen Hochhaustürme der Renaissance (Ren Cen)- und später auch das University Cultural Center als Ansätze zur Revitalisierung der Innenstadt erbaut, ohne dass dies die erwarteten Hoffnungen für eine Wiederbelebung der Downtown erfüllte. Gegenwärtig finden über 100 000 Menschen ihren Arbeitsplatz in der Downtown. Die Kernstadt ist in stärkerem Maße als in vielen vergleichbaren Großstädten der USA zum Siedlungsraum afroamerikanischer Bevölkerung geworden, in der Stadt Detroit insgesamt zu 76 % der Wohnbevölkerung, in einigen Stadtvierteln sogar bis zu 95 %.

Die Prosperität Detroits ist extrem mit der Autoindustrie verbunden. Mitte 1995 stieg die Nachfrage nach Kraftfahrzeugen enorm an. Die Unternehmen investierten in moderne Fertigungsanlagen. Während in der voraufgegangenen Rezession z. B. bei General Motors die Zahl der Arbeitskräfte von 398 000 auf 320 000 reduziert worden war, fehlten nunmehr Mitarbeiter, so dass die verbliebenen durch Verzicht auf Urlaub und Leistung von Überstunden Jahreseinkommen zwischen 100 000 und 121 000 $ erzielen und damit als Facharbeiter bis zu zehn mal mehr verdienen als ungelernte Arbeitskräfte im Dienstleistungsbereich.

Strukturwandel in der Landwirtschaft und in Agrarwirtschaftsräumen

Die US-amerikanische Landwirtschaft kann auf ein Produktionspotenzial subkontinentalen Ausmaßes zurückgreifen und bedient einen riesigen Binnenmarkt. Nachdem seit 1870 die USA weltweit „Vorreiter" in der Mechanisierung der Landwirtschaft waren, brachten der Einsatz von Hybridsaatgut (seit 1935), umfangreiche Düngung und die weitere Expansion der Bewässerungslandwirtschaft (von 1960 13,6 Mio. ha auf 1992 20,3 Mio. ha Bewässerungsflächen) ein bedeutendes Wachstum der Produktivität im Pflanzenbau. Zugleich entwickelten sich in einigen Zweigen der Landwirtschaft vertikal organisierte agrarindustrielle Unternehmen. Bedeutende Veränderungen und Strukturanpassungsprobleme werden für Landwirtschaft und für ländliche Räume im 21. Jh. durch die bio- und gentechnische Revolution sowie neue Kommunikationstechnologien erwartet.

Farmland in Iowa

Farmhaus und Speicher

Daten zur Agrarwirtschaft (1992)

Bodennutzung in %

Ackerland	19,5
davon bewässert	10,0
Dauerkulturen	0,2
Wiesen und Weiden	25,1
Wald	30,1
Sonstige	25,1

60 % der Betriebe erzielen mehr als 50 % ihres Einkommens aus nur einem Produkt

Agraraußenhandel der USA mit dem pazifisch-asiatischen Raum (1992)

Ausfuhr nach (Auswahl)	Anteil/Agrarexport (%)
Japan	19,8
Kanada	11,3
Mexiko	8,7
Südkorea	5,2
Taiwan	4,5
Hongkong	1,9

(nach KLOHN/WINDHORST 1995)

Rückgang der Zahl der Farmen in den USA

Jahr	Farmen	Durchschnittliche Farmgröße (in ha)
1950	5 388	88
1975	2 521	170
1980	2 430	173
1987	2 173	187
1992	2 095	190

?

Erörtern Sie folgende Übersicht:
Verwendung der Maisernte in den USA (Ø 1970/90)

Tierfütterung	85 %
Industrielle Verwertung	9 %
Ernährung/Saatgut	2 %
Export	1 %
Sonstige Verwertung	3 %

Landwirtschaft in den USA:
2 % der Farmen erbringen
43 % der Marktproduktion

Wanderungssalden im ländlichen Raum der USA (in 1 000)

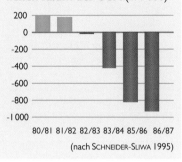

```
200
  0
-200
-400
-600
-800
-1 000
     80/81 81/82 82/83 83/84 85/86 86/87
```

(nach Schneider-Sliwa 1995)

In den 70er Jahren wurde es in der amerikanischen Öffentlichkeit üblich, einen „Sun-belt" (alle Staaten südlich des 37. Breitengrades von North Carolina bis California) als langfristig prosperierenden Wirtschaftsraum von einem „Frost-belt" nördlich dieser Linie mit Kennzeichen ökonomischer und sozialer Stagnation bzw. Niedergang zu unterscheiden. Kritiker machen darauf aufmerksam, dass der Raum des Sun-belt dennoch weithin strukturschwach geblieben und die viel gerühmte wirtschaftliche Prosperität auf ausgewählte Sektoren (Wirtschaftszweige) bzw. Zentren („Sun-spots") konzentriert sei.

?

Erörtern Sie die Faktoren, die die zukünftige wirtschaftliche Lage im ländlichen Raum der USA insgesamt beeinflussen.

Die Agrarwirtschaftsräume der USA (Auswahl)

Agrarwirtschaftsraum mit Leitproduktion	räumliche Verbreitung	Strukturmerkmale
1. Milchviehhaltung	südlich und östlich der Großen Seen, Boston-Washington-Küstenregion	begleitet von Futteranbau, Weidewirtschaft, Gartenbau
2. Soja-Maisanbau, Schweine- und Rindermast	Mittelwesten (besonders Indiana, Illinois, Iowa)	Mais und Sojabohnen als Futtergrundlage für Schweine- und Rindermast
3. Gemischte Landwirtschaft	Weite Gebiete des Südostens der USA	Getreide, Gemüse, Obst, Erdnüsse, Tabak, in der Tierproduktion Geflügelmast und Milchviehhaltung
4. Baumwollanbau	Mississippital	wieder Aufschwung durch wachsenden Baumwollmarkt
5. Rindviehhaltung und Weizen-Hirse-Anbau	Great Plains von North Dakota bis Nordtexas (ursprünglich Gemischt- und Kurzgrasprärie)	heute Schwerpunkt der Rindermast und des Weizenanbaus
6. Schaf- und Rindviehhaltung	Beckenlagen in den Gebirgsstaaten	begleitet von Getreideanbau (Norden), Milchviehhaltung punktuell (Utah, Nevada)
7. Sonderkulturen, Gartenbau	besonders Kalifornien, Florida, auch an subtropischer Atlantik- und Golfküste	Obst (subtropische Kulturen), Gemüse, in Kalifornien Rinderhaltung

Aufschwungregionen des Südens und des Westens

In den letzten Jahrzehnten hat sich mit Kalifornien ein neuer wirtschaftlicher Schwerpunktraum der USA herausgebildet, der im Vergleich der Bundesstaaten nach Bevölkerungszahl, Industrie-, Agrarpotenzial und Teilbereichen der Medienwirtschaft in den USA an erster Stelle steht. Darin äußert sich das Zusammenspiel mehrerer einzigartiger Faktoren: die starke Position der kalifornischen Kapitalgruppen, die massive Förderung der Rüstungsindustrie über Bundesprogramme, die Verknüpfung eines besonders leistungsfähigen Universitätssystems mit der Hochtechnologieforschung (Stanford University in Palo Alto, University of California in Los Angeles, San Diego, San Francisco und Berkeley), der hohe Freizeitwert und die Entwicklung des Agrobusiness im klimabegünstigten subtropischen Mittel- und Südkalifornien.

Von erheblicher Bedeutung ist die Funktion Kaliforniens und der Westküstenregion als gewichtiger Wirtschaftsfaktor im asiatisch-pazifischen Raum. Vielfältige räumliche Beziehungen bestehen zwischen Gebieten an der Westküste der USA und der asiatischen Pazifikküste (Kapitalverkehr, Außenhandelsverflechtung, Verkehrsbeziehungen, Wanderung der Bevölkerung, politische Einflüsse). So übertrifft das Volumen des transpazifischen Handels der USA seit 1992 das des transatlantischen um mehr als das Zweifache.

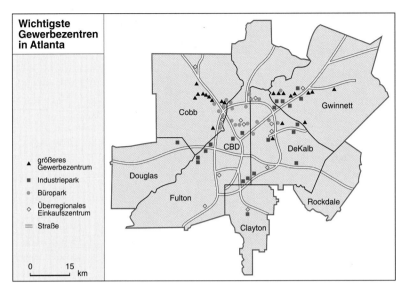

Wichtigste Gewerbezentren in Atlanta

Cobb
Gwinnett
CBD
DeKalb
Douglas
Fulton
Rockdale
Clayton

▲ größeres Gewerbezentrum
■ Industriepark
● Büropark
◇ Überregionales Einkaufszentrum
═ Straße

0   15   km

Hochhäuser in Atlanta

Die Stadt Atlanta (Georgia) – „Boomstadt" des Südostens

Die Hauptstadt des Bundesstaates Georgia ist heute das größte Dienstleistungs-, Handels- und Verkehrszentrum im Südosten der USA.

Einst als Eisenbahnendpunkt (1837) entstanden, entwickelte sich die Stadt zum Regierungssitz Georgias (1868) und zum regionalen Handelszentrum noch im 19. Jahrhundert. Ihren großen wirtschaftlichen Aufschwung erfuhr die Stadt und Metropolregion aber erst mit dem Zweiten Weltkrieg, als hier die Flugzeugindustrie (ab 1951 LOCKHEED-Konzern) einen Standort fand. Später kamen Unternehmen der Raketen-, Satelliten- und Telekommunikationstechnik hinzu.

Im Jahre 1988 arbeiteten 44 500 Beschäftigte in Hochtechnologiebranchen. Wichtige Entwicklungsimpulse für das wirtschaftliche und industrielle Wachstum gingen schon in der Vergangenheit vom Ausbau des W. B. HARTSFIELD Atlanta International Airport zu einem Großflughafen (1992 42 Mio. Fluggäste) und den Forschungsleistungen der Technischen Hochschule von Atlanta (Georgia Tech) aus.

Über 400 der 500 größten US-Industriekonzerne unterhalten heute Niederlassungen in der Stadt. Dienstleistungs- und Medienwirtschaft (Fernsehstudios von CNN), Finanzwesen und Hochtechnologiebranchen mit ihren wirtschaftlichen Verflechtungen bilden die strukturelle Mischung, auf die die Stadtverwaltung auch in ihrer Zukunftsplanung setzt.

Intensiv wird innerhalb des Hochtechnologiesektors im Computer- und Automobilbau sowie im Umweltbereich geforscht. Die Hightech-Branchen erzielen überdurchschnittliche Gewinne für Investoren, führen zur verbesserten Produktivität, hohen Gehältern und Handelsmöglichkeiten für die Wirtschaft.

Das enorme Bevölkerungswachstum des Verdichtungsraumes Atlanta von 2,2 Mio. (1980) auf 3,1 Mio. Einwohner (1992) konzentrierte sich fast ausschließlich auf den suburbanen Raum. Der Bevölkerungsanteil der Kernstadt an der Gesamtregion fiel auf 13 % (1992). Hier verblieben vorwiegend Afroamerikaner. Die einkommensstärkere weiße Bevölkerung zog in die suburbs. So beträgt der Anteil der schwarzen Bevölkerung in der Kernstadt 67 %, in der Region insgesamt nur 25 % (1990). Die wirtschaftliche Ent-

Atlanta, Stadt

Fläche: 341 km²
395 000 E (1992)
1 158 E/km²

Stadtagglomeration 3,14 Mio. E (1992)

Industriebeschäftigte (in 1000)

	1970	1992
North Carolina	718	830
Georgia	466	543
Florida	322	485
Virginia	365	402
South Carolina	240	366
Maryland	271	185
West Virginia	126	82
Delaware	71	68
Washington D. C.	19	15

Privater Verbrauch je E./Jahr Durchschn. 1986–1994		
	in 1000 $	in % des BIP/E
USA	12,0	67,4
D	7,2	61,0
J	7,3	57,0

Los Angeles, Stadt

Fläche: 1 215 km²
3,5 Mio. E. (1992)
2 881 E/km²

Stadtagglomeration 14,5 Mio. E (1990)

USA

Mindestlohn 1992	4,25 $/Std.

Bruttostundenlöhne (Durchschnitt 1990–1994, in US-$)

Industriezweig	
Tabakverarbeitung	19,86
Mineralölverarbeitung	18,98
Fahrzeugbau	16,40
…	
Textilproduktion	9,07
Lederwarenfertigung	7,98
Bekleidungsfertigung	7,27

Einkommensunterschiede der Bundesstaaten (1993 in US-Dollar)

Staat/District	Position/Rangliste u. Pro-Kopf-Einkommen
Washington (DC)	1 (24 595)
Connecticut	2 (23 776)
New Jersey	3 (23 354)
Massachusetts	4 (20 985)
New York	5 (20 948)
Maryland	6 (20 552)
…	
Louisiana	45 (14 947)
New Mexico	46 (14 587)
West Virginia	47 (14 552)
Arkansas	48 (14 424)
Utah	49 (14 066)
Mississippi	50 (13 631)

(nach Statistical Abstract of USA 1994)

wicklung der Stadt fand im letzten Jahrzehnt vor allem in den nördlichen Vororten statt. So verfügte die Kernstadt im Jahre 1988 nur noch über 30 % der Arbeitsplätze. Trotz riesiger Investitionen in der Innenstadt, darunter der Büroturmkomplex des Peachtree-Centers, sind auch in der Kernstadt soziale Disparitäten und Slumbildung nicht zu übersehen. Mit der Vorbereitung der Olympischen Sommerspiele von 1996 in Atlanta vollzog sich ein neuer Investitionsschub.

Los Angeles – Weltstadt im pazifischen Raum

Die große Stadtagglomeration im Südkalifornischen Becken gehört zu den bevölkerungsreichsten Siedlungszentren der Erde und stellt zugleich eine Wirtschaftsmetropole von Weltrang dar.

Nach New York ist Los Angeles das zweitwichtigste Bank- und Finanzzentrum der USA, zugleich nach Tokyo auch das des pazifischen Raumes. Von 5,5 Mio. abhängig Beschäftigten (ohne öffentliche Verwaltung) waren 1989 in der Agglomeration 29 % in der Industrie und in der Bauwirtschaft, 70 % im Dienstleistungssektor der Wirtschaft tätig. Das Ausmaß der Funktion als „Drehscheibe" des internationalen Informations-, Personen- und Güterverkehrs deutet sich in der Verkehrsleistung des Flugkreuzes Los Angeles (1992 47 Mio. Fluggäste) und im Güterumschlag der Seehäfen der Agglomeration (1993 141 Mio. t) an. Damit war Los Angeles im Weltvergleich der drittgrößte Flug- und viertgrößte Seehafen (Long Beach, San Pedro).

Die nahezu globale Bedeutung von Los Angeles als Medienzentrum im Bereich Film- und Fernsehproduktionen hatte ihren Ursprung schon im Jahre 1908, als im Zentrum der Stadt das erste Filmstudio erbaut wurde. Zugleich galt die Agglomeration in den 80er Jahren als bedeutendstes Zentrum der Hochtechnologieforschung und -industrie in den USA. Das Industriepotenzial der Stadt wird vorrangig von der Luft- und Raumfahrt (Mc Donnel Douglas) bzw. Mikroelektronik gestellt, steht aber aufgrund des Rückgangs von Rüstungsaufträgen heute unter erheblichem Rezessionsdruck. Im Rahmen der Globalisierungsprozesse und wachsender internationaler Mobilität zeigt sich Los Angeles auch als Modellfall ethnischer und kultureller Vielfalt im pazifischen Raum, allerdings belastet durch ein großes soziales und ethnisches Konfliktpotenzial, das sich dramatisch in gewalttätigen Ausschreitungen in Los Angeles 1992 äußerte.

Im Kernraum der Agglomeration, im Los Angeles County (9 Mio. E.), besaß die weiße Bevölkerung 1980 noch eine knappe Mehrheit, zählte 1990 jedoch nur noch 41 % (ohne Hispanics), dafür aber 38 % zur Spanisch sprechenden Volksgruppe (= Hispanics), überwiegend mexikanischer Herkunft. Ihr folgten Gruppen asiatischer Abstammung (10,8 %), in erster Linie Chinesen, Filipinos, Japaner, Koreaner und Vietnamesen.

Die schwarze Bevölkerungsgruppe stellte im Jahre 1990 10,5 % der Bevölkerung.

Los Angeles hat gegenwärtig New York als wichtigste Zielregion der Einwanderung in den USA abgelöst. Während die Einwanderer aus Lateinamerika stärker in Niedriglohnbranchen und als Hauspersonal Arbeit suchen, sind Koreaner, Japaner und Chinesen öfter als kleine Unternehmer, in Büroberufen und im Handel anzutreffen. In der Stadtlandschaft von Los Angeles leben die Volksgruppen meist in eigenen Vierteln. Die schwarze Bevölkerung, die am stärksten vom industriellen Rückgang und von

Ethnische Gliederung der Bevölkerung im Vergleich				
Region	Mio. E	Anteile in % (1990)		
		Hispanics[1]	Asiaten	Schwarze
USA	248,7	9,0	2,9	12,1
Los Angeles, Agglomeration	14,5	32,9	9,2	8,5
Los Angeles, City	3,5	39,9	9,8	14,0

[1] Sprachgruppe

Ethnische Gliederung der Bevölkerung in San Francisco (1990, in %)	
Weiße	45
Asiaten (Chinesen, Filipinos, Japaner)	29
Hispanics	14
Schwarze	11
Indianer	< 1

Arbeitslosigkeit betroffen ist, hat ihr Siedlungsgebiet von nahezu Ghetto-charakter südlich des Stadtzentrums. Der Siedlungsraum von Los Angeles besitzt eine polyzentrische Struktur und dehnt sich über 160 km in Ost-West-Richtung aus. In seiner Weltgeltung steht Los Angeles mit Abstand vor San Francisco.

San Francisco – Silicon Valley – eine legendäre Dienstleistungs-Hochtechnologie-Region

Die San Francisco-Region (CMSA San Francisco – Oakland – San José) gehört zu den wirtschaftsstärksten Regionen der USA, in der der Dienst-leistungssektor in der Wirtschaftsstruktur eindeutig dominiert (über 75 % der Beschäftigten).

Während die Stadt San Francisco der heraus ragende Standortraum hoch-wertiger Einrichtungen dieses Sektors ist (Großbanken Bank of California, Wells Fargo; Hauptverwaltungen der Industrie- und Baukonzerne Chev-ron, Levi Strauss, Bechtel), stellt das nahe Silicon Valley (Santa-Clara-Tal) das klassische, nun schon legendäre Beispiel für den Aufstieg einer High-tech-Region dar. Ihre Innovationsphase erfuhren Forschung und Indus-trie im Silicon Valley (der Name wurde von den Medien Anfang der 70er Jahre eingeführt) in Anlehnung an Forschungsleistungen an der berühmten Stanford-Universität in Palo Alto mit dem Aufbau von Entwicklungsabtei-lungen großer Elektronik- und Luftfahrtunternehmen und privater Neu-gründungen von Elektronikfirmen in einem großen Technologiepark ab 1954.

Zentrale bundesstaatliche Auftrags- und Förderprogramme (Pentagon, NASA-Weltraumforschung) boten günstige Rahmenbedingungen auch für die Reifephase in der Entwicklung der Region in den 60er bis 70er Jah-ren. Im Jahre 1985 arbeiteten in 2 660 Firmen des Tales 260 000 Beschäf-tigte in Forschung, Entwicklung, Produktion und Vertrieb von elektroni-scher Technik und Software. Ein Rückgang der Auftragslage, die Verschärfung der staatlichen Umweltschutzbestimmungen für das Santa-Clara-Tal und gestiegene Lebenshaltungskosten veranlassten inzwischen viele Chipproduzenten (Intel, Advanced Microdevices etc.) Werke in der Region aufzugeben oder teilweise nach Texas, Arizona oder New Mexico zu verlagern.

Jedoch blieb Silicon Valley das zentrale Forschungs- und Manage-mentzentrum der Elektronikindustrie, zumal die räumliche Nähe des pazi-fischen Absatz- und Verflechtungsraumes (Japan, China, Südostasien) viele Firmen zum Verbleib in Kalifornien veranlasst und weitere Konsolidierung

Wichtige Städte in der Region	
San Francisco	729 000 E
San José	801 000 E
Oakland	373 000 E

San Francisco, Stadt

Fläche: 121 km²
729 000 E (1992)
6 028 E/km²

Stadtagglomeration 6,25 Mio. E (1992)

Chinatown San Francisco

?

Erarbeiten Sie anhand geeigneter Atlas-karten Siedlungs- und Verkehrsstruktu-ren im Südkalifornischen Becken (Los Angeles).

Internationaler Tourismus in den USA im Vergleich (1992)		
Land	Einreisen (in Mio.)	Einnahmen (Md. $.)
USA	44,6	53,8
Frankreich	59,6	25,0
Spanien	55,3	20,7
Italien	50,1	21,5

Gegenwärtig entwickelt sich unter dem Namen ‚Silicon Forest' eine neue Hightech-Region, die sich zwischen Portland und dem 200 km entfernten Eugene am Willamette River erstreckt. Unter dem Eindruck eines erheblichen Beschäftigungs-rückgangs in der Holzindustrie gewährte der Staat Oregon beträchtliche Steuervorteile für Chipfabrikanten, Software-Hersteller und Zulieferer beim Aufbau entsprechender Produktionsstätten. Vor allem japanische und südkoreanische, teilweise auch europäische Elektronikkonzerne investieren hier.

In Oregon sind bereits 1,8 % der Arbeitnehmer in der Hightech-Industrie tätig. Damit steht der Staat hinter Massachusetts (3,6 %) und Kalifornien (2,3 %) an dritter Stelle in den USA. Für den Arbeitsmarkt sind die Hightech-Betriebe besonders wertvoll. Sie beschäftigen einerseits hochbezahlte Spezialisten und stärken damit Kaufkraft und Steueraufkommen in der Region. Zum anderen benötigen sie Lieferanten und Dienstleistungen aller Art, darunter auch un- oder angelernte Arbeitskräfte.

Seit Herbst 1996 hat das Zentrum Mikroelektronik Dresden mit der Gründung eines Tochterunternehmens, der ZMD America Inc. in Santa Clara, Kalifornien, auf dem amerikanischen Markt Fuß gefasst.

Die Region San Francisco–Silicon Valley

Siedlungsfläche
Forschungsuniversität
Internationaler Flughafen
Hafen
Militärisches Gelände

Berkeley
Oakland
San Francisco
Contra Costa County
San Francisco Bay
Livermore
San Joaquin County
Alameda County
Palo Alto
Milpitas
Mountain View
Los Altos
Los Altos Hills
Sunnyvale
Sta. Clara
San Jose
Cupertino
San Mateo County
Campbell
Saratoga
Monte Sereno
Los Gatos
Santa Clara County
SILICON VALLEY
Coyote Creek
DIABLO RANGE
Stanislaus County
SANTA CRUZ
Pazifischer
Santa Cruz County
Morgan Hill
Gilroy
MONTAINS
San Benito County
Ozean
Santa Cruz

0 20 km

des Hochtechnologiebereiches im Tal erwarten lässt. Das große Dienstleistungszentrum San Francisco gilt auch als Beispiel einer multikulturellen Großstadt, in der gewalttätiges Austragen von Konflikten bisher vermieden werden konnte.

Wirtschaftlichen Nutzen zieht San Francisco auch aus seinem Image als bevorzugtes Ziel des In- und Auslandstourismus. Die geographische Lage an der Westküste auf einer hügeligen Halbinsel zwischen Pazifik und der Bucht und die Sehenswürdigkeiten der Stadt (Golden Gate Bridge, Financial District, Chinatown, Cable Car, Fisherman's Wharf/Pier 39) verleihen ihr besondere touristische Attraktivität.

Blick auf die Metropole San Francisco

Regionen in Japan

Wirtschaftlicher Aufstieg. Dank seiner enormen Wirtschaftserfolge in den letzten Jahrzehnten ist Japan zu einer wirtschaftlichen Weltmacht aufgestiegen, deren Stärke auch von den USA und der EU in Rechnung gestellt werden muss.

Ab Mitte der 50er Jahre setzte ein beispielloser wirtschaftlicher Aufschwung ein, der die wirtschaftliche Struktur Japans zu einem hoch entwickelten Industrieland hin veränderte, wobei ab Mitte der 70er Jahre wie in anderen Industriestaaten die Tertiärisierung der Wirtschaft in den Vordergrund trat. Der Aufstieg Japans zwischen 1955 und 1973 unter die führenden Industrieländer der Welt ließ die internationalen Medien von einem „japanischen Wirtschaftswunder" sprechen. Dabei handelt es sich bei Japan um ein ressourcenarmes Land (Mineralressourcen), das beispielsweise bei Eisenerz, Erdöl und Erdgas (Flüssiggas), Bauxit, hochwertiger Steinkohle und Kernbrennstoffen fast ausschließlich auf Importe angewiesen ist. Seit Ende der 50er Jahre stützt sich die japanische Wirtschaft vorrangig auf die Nutzung des Energieträgers Erdöl, meist importiert aus Südwestasien (Saudi-Arabien, Vereinigte Arabische Emirate, Kuwait, zeitweilig auch Iran) sowie aus Indonesien. Der Schwerpunkt der Industrialisierung des Landes lag bis Anfang der 70er Jahre bei der Stahlindustrie und Erdölverarbeitung, dem traditionsreichen Schiffbau (Weltrang-Platz 1 seit 1956), der Unterhaltungselektronik und später bei der exportstarken Automobilindustrie.

Die weltweite Ölpreiserhöhung ab 1973 bis 1974 („Erste Ölkrise") traf Japan mit besonderer Härte und erschütterte die wirtschaftliche Stabilität des Landes. Jedoch gelang es durch verstärkte Orientierung auf Hochtechnologiefelder mit hoher Wertschöpfung und Automatisierung von Produktionsprozessen in industriellen Bereichen sogar im globalen Vergleich des Bruttosozialprodukts auf Weltrang-Platz 3 nach den USA und der Sowjetunion aufzurücken (ab 1988 auf Rang-Platz 2). Im Rahmen der besonderen Förderung von Hochtechnologien nahmen ab den 70er und 80er Jahren Branchen wie Elektronik, Roboter- und Automatisierungs- sowie Kraftfahrzeugtechnik (Toyota, Nissan, Honda) eine herausragende Entwicklung.

Territorium und Bevölkerung

Fläche: 377 750 km² (Weltrang 60)
Bevölkerung: 124,5 Mio. E (1993)
(Weltrang 7)
330 E/km²
Verwaltung: 47 Präfekturen

Wandel der Erwerbstätigkeit
1950 bis 1993 (in %)

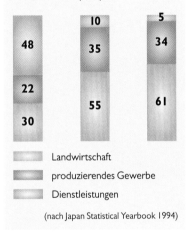

48	10	5
	35	34
22		
	55	61
30		

Landwirtschaft

produzierendes Gewerbe

Dienstleistungen

(nach Japan Statistical Yearbook 1994)

Blick auf Yokohama (Hafen-Anlage)

?
Erörtern Sie die Zusammenhänge zwischen Ressourcenarmut und den außenwirtschaftlichen Orientierungen Japans.

Faktoren für den Aufstieg Japans zur wirtschaftlichen Weltmacht

- regulierende Wirtschaftspolitik
- massive Exportförderung
- Protektionismus
- enge institutionelle und personelle Verflechtung von Politik/Verwaltung Banken/Industrie („Japan AG")
- Anpassungsfähigkeit

- duale Industriestruktur (wenige Groß- betriebe/Vielzahl von Kleinbetrieben als billige Zulieferer)
- bisher relativ niedrige Arbeitskosten, lange Jahresarbeitszeit der Beschäftigten
- differenzierte Lohnsysteme
- hohe Leistungen angewandter Forschung
- Innovationsorientierung der Produktion
- Standortvorteile in Großagglomerationen

Aus Tradition des Konfuzianismus abgeleitet:
- Verantwortungsethik
- Bildungsorientierung, Lern- und Arbeitsdiziplin
- Gruppenorientierung

Produktivitätszuwachs 1983–93 im produzierenden Gewerbe:

Japan	+ 53 %
USA	+ 29 %
Frankreich	+ 29 %
Deutschland	+ 23 %

(nach BfA 1995)

Anteile Japans am Weltexport
(1990)

Mikroelektronik	22 %
Computer	17 %
Telekommunikation	28 %
Maschinen, Roboter	22 %
Straßenfahrzeuge	27 %

(nach BfA 1995)

Importgüter Japans
(1993, in %)

Wert	274 700 Mio. $
davon	
mineralische Brennstoffe	20
Maschinen, Ausrüstungen	19
Nahrungsmittel	16
Chemikalien	8
Textilien	7

?

Vergleichen Sie Ursachen und Erschei- nungsformen der Deindustrialisierung in Japan und den USA.

Jedoch muss die Bedeutung der Exportwirtschaft für Japan relativiert wer- den: der Anteil des japanischen Exports am Bruttosozialprodukt des Lan- des beträgt nur 9 % (1993), das ist der niedrigste unter den G-7-Staaten mit Ausnahme der USA.

Bei derzeit wachsender Liberalisierung des Außenhandels seitens der japanischen Regierung verstärken sich auch die Fertigwarenimporte aus dem pazifisch-asiatischen Ausland. Abgesehen vom hohen Grad der außen- wirtschaftlichen Verflechtung mit den USA hat der asiatische Wirtschafts- raum für Japan heute Priorität.

Nachdem schon in den 70er Jahren energieintensive und umweltbelas- tende Produktionen wie die Aluminium- und Buntmetallverhüttung nach Südostasien oder Australien verlagert worden waren, nahm nach 1985 die Abwanderung arbeitsintensiver Produktionseinrichtungen (auch im Elek- troniksektor) in Billiglohnländer Asiens noch zu. Ein Anlass dafür war die seit 1985 anhaltende Aufwertung des Yen, die zur laufenden Verteuerung japanischer Exporte geführt hat. Japanische Unternehmen nutzen seither verstärkt die komparativen Vorteile (extrem niedrige Arbeitskosten, auf- nahmefähige Märkte) des südostasiatischen Raumes. Zwar produzieren japanische Industriekonzerne bisher erst ca. 9 % ihres Umsatzes im Ausland (1994), aber in Bereichen wie Audio/Videotechnik (70 %) oder Kraftfahr-

Außenhandel Japans (1993)

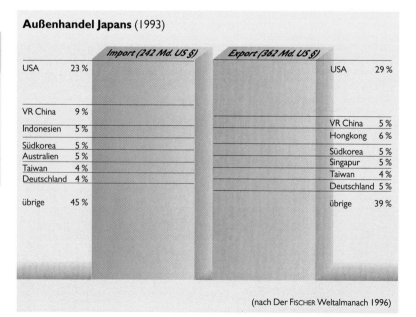

Import (242 Md. US $)		Export (362 Md. US $)	
USA	23 %	USA	29 %
VR China	9 %		
Indonesien	5 %	VR China	5 %
		Hongkong	6 %
Südkorea	5 %	Südkorea	5 %
Australien	5 %	Singapur	5 %
Taiwan	4 %	Taiwan	4 %
Deutschland	4 %	Deutschland	5 %
übrige	45 %	übrige	39 %

(nach Der FISCHER Weltalmanach 1996)

zeuge (30 %) sind schon hohe Prozentanteile erreicht. So nehmen tendenziell auch aus diesem Grund Deindustrialisierungsprozesse im Inland zu. Wirtschaftsfachleute erwarten für das nächste Jahrzehnt weiterhin eine führende Position Japans in der Weltwirtschaft, merken aber kritisch Versäumnisse in Grundlagenforschung und Positionsverluste bei Spitzentechnologien im Vergleich zu den USA sowie zu hohe Kosten von Produktion, Lebenshaltung und Infrastrukturnutzung im Inland an.

Extreme räumliche Konzentration von Wirtschaft und Siedlung
auf die pazifische Küstenregion

Standorte an der pazifischen Küste. Bereits vor 1945 lag der Schwerpunkt der japanischen Wirtschaft an der pazifischen Küste zwischen Tokyo und der Insel Kyushu, wobei die Agglomerationen von Tokyo-Yokohama, Nagoya und Osaka besondere Verdichtung aufwiesen. Nach 1955 verstärkten sich die Agglomerationstendenzen an der pazifischen Küste erheblich. Vor allem die Ballungen von Tokyo, Osaka und Nagoya wuchsen zu Metropolen mit überragender Stellung Tokyos im Siedlungsnetz heran. Zugleich entwickelte sich ein großregionales Städteband zwischen den Stadträumen von Tokyo, Nagoya und Osaka (in Anlehnung an den Namen einer histo-

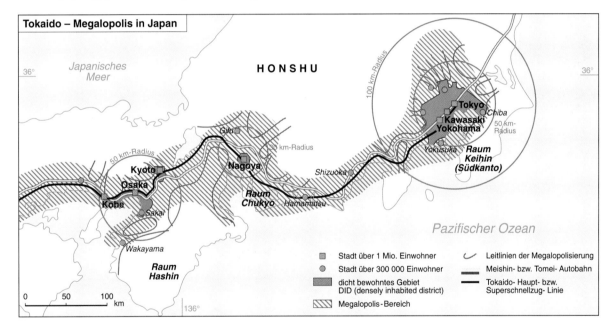

rischen Handelsstraße auch als Tokaido-Megalopolis bezeichnet), das in größerer Auflockerung sogar bis Fukuoka (Nordkyushu) besteht. Im großstädtischen Siedlungsstreifen zwischen Tokyo und Osaka-Kobe lebt heute mit nahezu 60 Mio. E (1990) fast die Hälfte der japanischen Bevölkerung. Die Expansion großstädtischer Bebauung und Nutzungsformen führte zur Verschärfung der Raumnot in den Tieflandstreifen an der Küste und zum gleichzeitigen spekulativen Anstieg der Bodenpreise auf mehrere 100 000 DM/m² in den Zentren der Kernstädte. Die Hauptstadtregion Tokyo überragt in ihrer funktionalen Bedeutung für ganz Japan alle anderen Wirtschaftsräume (1990 Anteile: 26 % der Bevölkerung, 27 % des Industrieumsatzes, >40 % des Großhandels). In den Großzentren Japans erfolgt

?

1. Interpretieren Sie eine Karte der Bevölkerungsverteilung Japans.
2. Vergleichen Sie den Grad der Verdichtung von Wirtschaft und Siedlung in Japan und den USA.

Existenzielle Bedrohungen für die Menschen und ihren Lebensraum gehen in Japan von besonderen Naturphänomenen aus: Vulkanismus und Erdbeben, Seebeben-Springfluten in der Küstenzone (Tsunami) und Taifune, deren Zugbahnen den japanischen Archipel alljährlich berühren. Jährlich werden in Japan ca. 5 000 Beben seismisch registriert, Schadbeben alle 3–5 Jahre, Katastrophenbeben nur alle 30–50 Jahre.

Ihre Entstehung wird heute plattentektonisch auf das Untertauchen ozeanischer unter kontinentale Kruste an der Subduktionszone des Japan-Tiefseegrabens zurückgeführt. Die Hafenstadt Kobe wurde jüngst (17. 1. 1995) von einem Katastrophenbeben (Stärke 7,2 auf der RICHTER-Skala, Epizentrum 30 km südlich von Kobe) betroffen, das 5 378 Menschenleben forderte und 300 000 Obdachlose sowie Schäden in Höhe von 150 Md. DM hinterließ. Schwere Verwüstungen erlitten der Überseehafen von Kobe, nahegelegene Industrie (Kobe Steel, Mitsubishi) und Stadtteile.

seit Ende der 70er Jahre eine verstärkte Modernisierung der Bausubstanz und der Infrastruktur, die meist die urbane Attraktivität der Stadtzentren weiter erhöht hat.

Die auf Überseeimporte von Rohstoffen angewiesene Schwerindustrie (Rohstahl, Erdölderivate) einschließlich der Kraftwerke fand auf künstlich aufgeschütteten Inseln in den großen Buchten relativ preisgünstige Standorte (in ganz Japan 1 000 km² Aufschüttungsinseln, davon in der Tokyobucht 280 km²). Sie sind oft mit industrieeigenen Tiefwasserhäfen verbunden, die neben den öffentlichen Häfen im Lande einen jährlichen seeseitigen Importumschlag von 600 bis 700 Mio. t bewältigen (ohne Küstenschiffumschlag).

Umweltprobleme und Naturkatastrophen. Die übermäßige Konzentration von Schwerindustrie, Bevölkerung und Siedlung an der pazifischen Küste hat in Verbindung mit zeitweiliger „ökologischer Ignoranz" im Politik- und Wirtschaftssektor gegenüber Umweltschäden erschreckende Folgen für die Lebensbedingungen der Menschen in den Großzentren gehabt.

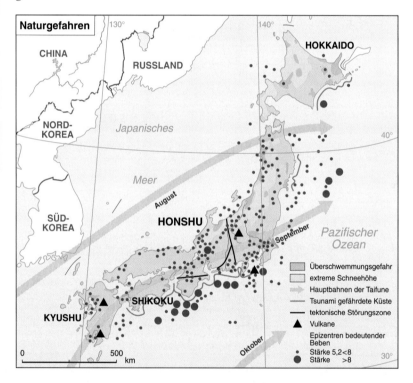

In Erkenntnis existenzieller Gefährdung der Bevölkerung sowie der Folgen für das Wirtschaftsleben und unter dem Druck des wachsenden Umweltbewusstseins der japanischen Bevölkerung wurden aber nach 1974 entschiedene umweltpolitische Maßnahmen eingeleitet. Die bisher größten Erfolge gab es bei der Bekämpfung der Luftverschmutzung (SO_2- und Staubbelastung), die weltweit Anerkennung gefunden haben. Geblieben sind bis heute Belastungen der Umwelt, die sich aus der extremen Verdichtung von Bevölkerung, Bebauung, industrieller und Verkehrsflächennutzung ergeben (No_x-Schadstoffe, Ozonbelastung, Abwasserentsorgung, Lärmbelästigung) sowie toxische Langzeitfolgen auf Industriebrachen und im Gewässergrund.

Perspektiven. Seit 1962 gibt es in Japan übergreifende „Pläne zur umfassenden Entwicklung des ganzen Landes", die von der Zentralregierung in Tokyo erarbeitet jedoch nur unverbindliche Orientierungen enthalten. Meist stand im Mittelpunkt der Konzeptionen das Problem, das dominante Übergewicht der Pazifik-Küsten-Region schrittweise durch Dezentralisation der Wirtschaft abzubauen und periphere Regionen ökonomisch zu stärken. Bis zur Gegenwart ist jedoch das strukturelle Ungleichgewicht zwischen der hochverdichteten Megalopolis an der Pazifikküste und vor allem dem peripheren Nordjapan, Küstenstreifen am Japanmeer und auf Kyushu nicht überwunden. Seit den 80er Jahren ist im Rahmen des Dritten und Vierten Gesamtplanes ein „Technopolisprogramm" (Laufzeit bis 1983 bis ca. 2000) eingeordnet, das die Entwicklung von Spitzentechnologien an geeigneten dezentralen Standorten und eine stärkere Regionalentwicklung auslösen soll. Bisher ist an 26 Standorten im Lande (Stand 1992) der Aufbau von Technologie-Forschungsstädten (Technopolis) vorgesehen, bei denen an einem Standort Forschung/Entwicklung, Produktions- und Wohnfunktion vereint sein sollen.

Die drei Metropolen und ihre Regionen	
Metropolregion (M)/ Zwischenregion (Z)	Bevölkerung (in Mio.) 1990
Tokyo (M)	31,8
Shizuoka (Z)	3,7
Nagoya (M)	10,5
Osaka (M)	18,1
Kernstädte	Bevölkerung (in 1 000) 1990
Tokyo	8 164
Yokohama	3 220
Kawasaki	1 174
Shizuoka	472
Nagoya	2 155
Osaka	2 624
Kobe	1 477
Kyoto	1 461

(nach FLÜCHTER/V. D. RUHREN 1994)

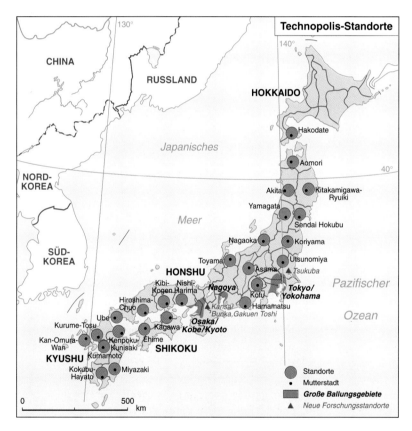

Allerdings scheinen sich ursprüngliche Erwartungen nicht in vollem Umfang zu erfüllen. Der „Vierte Plan zur umfassenden Entwicklung des ganzen Landes" (1987 bis 2000) nimmt Bezug auf die wachsende globale Verflechtung der Wirtschaft Japans und zielt auf eine umfassende Modernisierung vor allem im Infrastruktursektor, um die internationale Wettbewerbsfähigkeit Japans zu erhöhen. Das Primat der Förderung kommt dabei der Hauptstadtregion zu. Gleichzeitig sollen aber auch Wachstumspole (Großstädte) in abgelegeneren Gebieten entwickelt werden.

?
1. Beschreiben Sie die volks- und betriebswirtschaftlichen Nachteile der Bereitstellung und Nutzung von Industrieflächen auf Aufschüttungsinseln in Japan.
2. 1994 wurde der Geographieunterricht in den Oberstufen der japanischen Gymnasien erheblich verstärkt. Nennen Sie mögliche Gründe für diese Maßnahme.

Regionen in der VR China

Territorium und Bevölkerung

Fläche: 9 571 300 km² (Weltrang 3)
Bevölkerung: 1 195 Mio. E (Weltr. 1)
125 E/km²
Verwaltung: 22 Provinzen
3 Stadtprovinzen
(Peking, Tianjin,
Shanghai)
5 Autonome Regionen

Anmerkungen:
– Taiwan (Rep. China) wird von der
VR China als 23. Provinz an-
gesehen
– Hongkong wird als „besondere
Verwaltungsregion" ab 1. 7. 1997
Bestandteil der VR China
(Macao 1999)

Chinas Wirtschaft im Weltvergleich 1993

BSP	Platz 7
Kohlenbergbau	Platz 1
Rohstahl	Platz 3
Weizen	Platz 1
Reis	Platz 1
Baumwolle	Platz 1

?

1. Vergleichen Sie die Wirtschaftsstruktur hochentwickelter Industrieländer
mit der Struktur Chinas.
2. Charakterisieren Sie die Zielstellungen der „Öffnungspolitik" der Pekinger
Regierung.
3. Beurteilen Sie die Chancen und
Probleme der Wirtschaftsreformen in
China aus geographischer Sicht.
4. Erörtern Sie die Stellung der VR
China in der internationalen Arbeitsteilung und ihre weitere Entwicklung.

Unter den Ländern der Erde hat die VR China einen gewichtigen Platz inne, und zwar nicht nur wegen ihres Bevölkerungsreichtums (1994 21 % der Weltbevölkerung), sondern auch wegen ihres Wirtschaftsvolumens und Wachstums im letzten Jahrzehnt (Wachstum 1980 bis 1994: 9,5 % je Jahr).

Von Wirtschaftsfachleuten wird China als neuer „Vierter Wachstumspol" der Weltwirtschaft neben den USA, Japan und der EU charakterisiert. Gleichzeitig gehört China nach dem Bruttosozialprodukt je E zu den schwach entwickelten Ländern der Erde. Das Land ist von großen regionalen Disparitäten zwischen hochindustrialisierten und extrem zurückgebliebenen Regionen geprägt. Vorwiegend aus politisch-strategischen Gründen bezeichnete die Pekinger Regierung die Volksrepublik schon in den 60er Jahren als „Entwicklungsland" um ihren politischen Einfluss auf die anderen Länder der Dritten Welt zu erhöhen.

Wirtschaft und Außenhandel

Nach halbkolonialer Vergangenheit und Bürgerkriegen bis 1949 begann China den Aufbau seiner zurückgebliebenen Wirtschaft und stellte wirtschaftspolitisch die Industrialisierung des Landes in den Vordergrund seiner Programme. Entwicklung der Wirtschaft, Industrialisierung und Raumentwicklung standen unter dem Primat der Politik des maoistischen Regimes.

Anerkannte Erfolge beim Aufbau der Industrie und bei der Bewältigung wichtiger Probleme in der Grundversorgung der Milliardenbevölkerung waren begleitet von Missachtung demokratischer Freiheiten und Menschenrechte, zuweilen sogar von Deportationen und Militarisierung der Arbeit von Millionen Menschen (Periode des „Großen Sprungs" 1958 bis 1960, „Kulturrevolution" 1966 bis 76). Dabei wurde die Landwirtschaft gegenüber der Industrie benachteiligt und ein Wachstum von Umweltproblemen in Kauf genommen. Ab 1978 leitete die Pekinger Regierung einen pragmatischen wirtschaftspolitischen Kurs ein, dessen Kernstück in einer Reform des Wirtschaftssystems und in der wirtschaftlichen Öffnung des Landes gegenüber dem Ausland bestand.

Der seither einsetzende Transformationsprozess von der zentral geleiteten Wirtschaft zu einem System „sozialistischer Marktwirtschaft" (1992) löste die beschriebene hohe Dynamik des Wirtschaftswachstums aus. Das chinesische Konzept einer Marktwirtschaft schließt Wirtschaftsreformen, weitere Dominanz des staatlichen und genossenschaftlichen Eigentums, Beschränkung der zentralen Planung auf gesamtstaatliche Regulierungen, aber auch Beibehaltung der politischen Führung durch die KP Chinas ein.

VR China: Strukturwandel in der Wirtschaft

Jahr	Beschäftigte (in Mio.)	Anteile der Wirtschaftssektoren (in %)		
		Landwirtschaft	Industrie	Dienstleistungen
1978	402	70,5	17,4	12,1
1990	567	60,0	21,4	18,6
1993	602	56,4	22,5	21,1

(nach SCHÜLLER 1993, 1995)

Der sektorale Strukturwandel in der Wirtschaft vollzieht sich im Vergleich langsam.

Bei weiterer Vorherrschaft der Landwirtschaft in der Erwerbstätigkeit ist vor allem eine anteilige Stärkung des Dienstleistungssektors zu erkennen. Amtliche Angaben beziffern den Umfang der Arbeitslosigkeit in den Städten auf 3 %, auf dem Lande bis 10 %. Gleichzeitig wird das Ausmaß der Unterbeschäftigung auf dem Land auf 30 % geschätzt (1994).

Wirtschaftspolitisch werden im Rahmen der Reformen die Küstenprovinzen bevorzugt und damit überkommene räumliche Disparitäten in der räumlichen Struktur der Wirtschaft vertieft.

Wesentliche Impulse für die höhere wirtschaftliche Dynamik der Ostregion (Küstenprovinzen) gehen von der „Öffnungspolitik" Chinas aus. Als wesentliche Elemente der Wirtschaftsreformen wurden seit 1980 6 Sonderwirtschaftszonen (darunter Shenzhen bei Hongkong, die Insel Hainan, Pudong in Shanghai) mit Sonderbedingungen für das Auslandskapital eingerichtet. Darüber hinaus wurden nach 1984 fast alle wichtigen Küstenstädte, Provinzhauptstädte im Inneren des Landes und Grenzstädte zu Kasachstan, Kirgistan, der Mongolei und Russland für das Auslandskapital zugänglich gemacht.

VR China Gliederung des BIP und Beschäftigtenanteile
(1993, in %)

		Beschäftig-tenanteile
Landwirtschaft	27	61
Industrie	42	18
Dienstleistungen	31	21

Wirtschaftlicher Entwicklungsstand nach Großregionen in China

Großregion	Anteile am BSP			Wachstumsraten des BSP/Jahr (in %)	
	1978	1989	1993	1981/88	1990/93
Ostregion	53	54	58	12	13
Zentralregion	31	30	27	11	9
Westregion	16	16	15	11	8

(nach SCHÜLLER 1995)

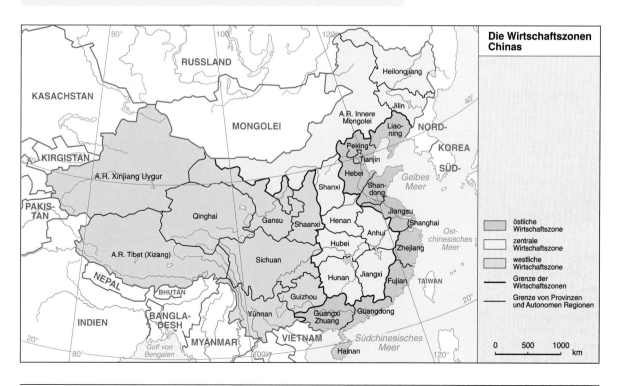

Die Wirtschaftszonen Chinas

147

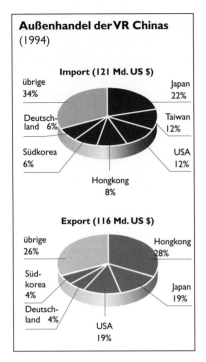

Außenhandel der VR Chinas
(1994)

Import (121 Md. US $)

übrige 34%
Japan 22%
Deutschland 6%
Taiwan 12%
Südkorea 6%
USA 12%
Hongkong 8%

Export (116 Md. US $)

übrige 26%
Hongkong 28%
Südkorea 4%
Japan 19%
Deutschland 4%
USA 19%

Vertrag von Nanjing 1842

Zwischen Großbritannien und China abgeschlossen, beendete er den 1. Opiumkrieg und leitete die Entwicklung Chinas zur Halbkolonie der Großmächte ein.

Stadt Shanghai

Fläche: 230 km²
Bevölkerung: 7,8 Mio. E (1990)
33 900 E/km²

Stadtprovinz Shanghai

Fläche: 6 187 km²
13,5 Mio. E (1993)

?

Erläutern Sie die Probleme des ländlichen Raumes in China vor dem Hintergrund der Bevölkerungsentwicklung und des Beschäftigtendrucks.

Ziel ist es in erster Linie über Kapital- und Technologietransfer aus dem Ausland regionales Wirtschaftswachstum zu fördern. Bei dem hohen Wirtschaftswachstum sind die sektoralen und raumwirtschaftlichen Probleme Chinas nicht zu übersehen. Mit der expansiven Entwicklung der Industrie hielt die Bereitstellung von Rohstoffen und Energie sowie der Ausbau des Transportwesens nicht Schritt. Etwa 25 % der Produktionskapazitäten in der Industrie konnten in den letzten Jahren zeitweilig wegen Energiemangels nicht genutzt werden. Dazu trägt auch die ungleiche räumliche Verteilung von Kohle und Erdöl bei, deren Lagerstätten vorrangig nördlich des Jangtsekiang liegen.

Trotz bedeutender Leistungen beim Ausbau des Eisenbahnnetzes (derzeit >50 000 km Betriebslänge, Erweiterung auf 70 000 km bis 2000 geplant) können die meist eingleisigen Strecken die erforderlichen Transportleistungen (Kohle, Stahl, Erze, Getreide) nicht erbringen. Auch die chinesischen Übersee- und Flusshäfen sind gegenwärtig mit ihrer Jahresumschlagskapazität (1994 550 Mio. t) überfordert. Ähnlich der Entwicklung in den südostasiatischen Schwellenländern ist in China gesamtvolkswirtschaftliches mit Exportwachstum gekoppelt. Zwischen 1980 und 1991 wuchs der Anteil des Exports am BSP von 6 auf 20 %, unter Beachtung des großen Binnenmarktes ein erstaunlich hoher Anteil.

Gegenwärtig herrschen im Export noch arbeitsintensiv produzierte Industriegüter sowie Rohstoffe vor (1994: Textilien/Bekleidung 30 %, andere Halbfertigwaren 20 %, Rohstoffe 26 % des Exports).

Einen merklichen Zuwachs bei Maschinen, Elektrotechnik strebt die Regierung bis zum Jahre 2000 an. Importseitig sind Maschinen, Fahrzeuge und Industrieausrüstungen die bedeutendsten Segmente.

Eine ausgeglichene Bilanz des Außenhandels mit noch höheren Anteilen Südostasiens, Koreas und der EU wird für das Jahr 2000 von der Pekinger Regierung erwartet.

In der Folge werden zwei Wirtschaftsregionen als Beispiele ihres Strukturtyps in China vorgestellt.

Shanghai – die Industriemetropole Chinas

Über 1000 Jahre war Shanghai nur eine unbedeutende Siedlung geblieben, bis 1842 mit dem Vertrag von Nanjing Großbritannien das Recht erwarb, ein von der Chinesenstadt getrenntes Siedlungsgebiet am Huangpu-Fluss (International Settlements) zu erwerben und für den internationalen Handel zu öffnen.

Zunächst nur Handelsstadt entwickelte sich Shanghai um die Jahrhundertwende mit dem Ausbau seiner Baumwoll- und Seidenindustrie zum herausragenden Industriezentrum und Überseehafen Chinas. In Ergänzung zur Baumwollindustrie fanden nach 1950 vorrangig Anlagen der Schwerindustrie (Stahl, Petrolchemie) und des Maschinenbaus (Schwermaschinen, Schiffe) ihren Standort in Großshanghai. Gleichzeitig wurde die Stadt zum Wissenschaftszentrum ausgebaut.

Eine überragende Bedeutung der Industrie ist für die Wirtschaft Großshanghais bis in die Gegenwart erhalten geblieben, obwohl sich der Dienstleistungssektor neben der Schattenwirtschaft stark entwickelte.

Allein zwischen 1989 und 1994 ist der Anteil der Dienstleistungen am BIP von 28 auf 39 % gestiegen, wobei Niederlassungen von Auslandsunternehmen (1994 ca. 2 700) bemerkenswerten Anteil haben.

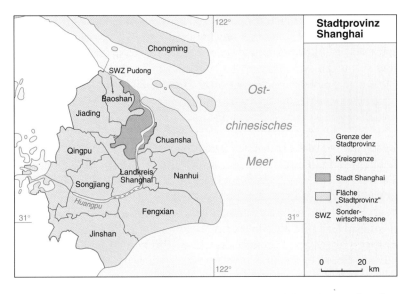

Stadtprovinz Shanghai		
	Bruttoinlands-produkt 1992 (in %)	
Landwirtschaft	3	
Industrie	61	
Dienstleistungen	36	

Chinas Haupthäfen (1990)	
	Güterumschlag (in Mio. t)
Shanghai	140
Quinhuangdao (Kohleexport)	69
Dalian	50
Kanton	42

Map legend (Stadtprovinz Shanghai):
Chongming, SWZ Pudong, Baoshan, Jiading, Chuansha, Qingpu, Landkreis Shanghai, Nanhui, Songjiang, Fengxian, Jinshan, Huangpu, Ost-chinesisches Meer

— Grenze der Stadtprovinz
— Kreisgrenze
▨ Stadt Shanghai
▢ Fläche „Stadtprovinz"
SWZ Sonder-wirtschaftszone

0 — 20 km

Auch im Rahmen der Wirtschaftsreformen ist Großshanghai größter Industriestandort und Seehafen des Landes geblieben, zumal es 1984 für das Auslandskapital geöffnet wurde.

Besonders die Textil- und Bekleidungsindustrie verzeichnete mit der Marktöffnung Verluste. Wie in ganz China steht der extrem hohe Personalbestand in den Unternehmen einer wirtschaftlichen Effizienz entgegen.

Abgesehen von der Funktion Hongkongs als Brückenkopf Chinas zum Ausland ist Shanghai nach wie vor Chinas „Tor zur Welt" geblieben. Seine günstige geographische Lage verhalf Shanghai zu dieser Sonderstellung. Fast 30 % des Hafenumschlags in China (ohne Hongkong, dort 1993 96 Mio. t) erfolgen hier, wobei die Stadt gleichzeitig Ausgangspunkt für eine lebhafte Flussschifffahrt ins Landesinnere ist. Auf dem Jangtsekiang können Schiffe bis zu 5 000 BRT bis Wuhan verkehren. Neben dem alten

links: Shanghai, Nanjing-Douglu-Straße
rechts: traditionelles Viertel

Schlüsselindustrien Shanghais
(Industrie insges.
>2 Mio. Beschäftigte)

Stahl (Baoshan)
Petrolchemie (Jinshan)
Fahrzeugbau (VW Shanghai)
Kraftwerksanlagen (Minhang)
Elektronik/Textil/Bekleidung und
Schiffbau

Einwohnerentwicklung (in Mio.)

Stadt Shanghai		Stadtprovinz Shanghai	
1952	5,1		
1965	6,4	1965	10,9
1978	5,6	1978	10,9
(„Kulturrevolution" 1965 bis 1976)			
1990	7,8	1990	13,3
		1993	13,5

Hafenumschlag in Shanghai
(in Mio. t)

1952	7	1990	140
1965	32	1992	163
1978	80		

Provinz Anhui

Fläche: 139 400 km^2
Bevölkerung: 58,9 Mio. E (1993)
423 E/km^2

Verwaltungszentrum Hefei

980 000 E (1993)

Stadthafen am Huangpu befinden sich die chinesische Altstadt mit ihren engen Gassen und hoher Wohndichte (teilweise <3 m Wohnfläche je E) sowie die benachbarten ehemaligen Konzessionsgebiete der Kolonialmächte mit zum Teil „europäischer" Architektur der Jahre 1890 bis 1940.

Heute durchsetzen mehr und mehr Büro- und Hoteltürme den Siedlungsbestand. An die ringförmig den Stadtkern umgebenden Wohnviertel schließen sich nach außen in den 10 Landkreisen der Stadtprovinz Satelliten-Großsiedlungen und Industrieanlagen an. Ein Suburbanisierungsprozess ist nur im Ansatz vorhanden. Mit dem ehrgeizigen Projekt der Pudong-Sonderwirtschaftszone am Ufer des Jangtse befindet sich ein riesiges Dienstleistungs- und Technologiezentrum im Aufbau (1991 bis 2030), das in Verbindung mit der städtebaulichen Erneuerung der Shanghaier City der Stadt eine Modernisierung internationalen Anspruchs verleihen soll. Zweifellos wird die Delta-Region des Jangtse mit dem wirtschaftlichen Potenzial ihrer Kernstadt und anderen Zentren wie Wuxi (1990; 900 000 E) und Suzhou eine der ökonomisch wichtigsten Regionen des Landes bleiben. Allein im weiteren Hinterland der Region (Provinzen Jiangsu, Anhui) leben ca. 130 Mio. Menschen in hoher Bevölkerungsdichte.

Das Hinterland Shanghais gehört zu den Räumen mit höchster ländlich-agrarischer Bevölkerungsdichte im Weltmaßstab (hier bis >1 000 E/km^2 außerhalb von Städten). Die chinesische Führung will die Stadt in Zukunft noch stärker als nationales Finanzzentrum ausbauen. Kritiker beurteilen die Attraktivität Shanghais als Produktionsstandort mit Zurückhaltung: Löhne und Bodenpreise seien im Vergleich zum weiteren Umland zu hoch gestiegen und Städte wie Wuxi oder Nanjing (Jiangsu) hätten als Investitionsstandorte bessere Chancen.

Die Provinz Anhui – Chancen und Probleme einer ostchinesischen Agrarregion im Reformprozess

Die ostchinesische Provinz Anhui gehört schon zum zentralen Großwirtschaftsraum Chinas, der im sozioökonomischen Entwicklungsstand deutlich gegenüber der Ostregion (Küstenprovinzen) abfällt. Das wirtschaftliche Profil Anhuis wird stark von der Landwirtschaft geprägt.

Da die Provinz über reiche Bodenschätze verfügt (besonders Steinkohle, Eisen, Kupfer, Kalk), konnten sich aber auch inselhaft bedeutende Industriezentren entwickeln (Steinkohlebergbau in Huainan, Eisenmetallurgie in Maanshan). Überragende Bedeutung für ganz Ostchina besitzen die Steinkohlelagerstätten von Nordanhui (Huainan) mit abbaufähigen Ressourcen von 25 Md. t.

Dennoch leben zwei Drittel der Bevölkerung von den Erträgen der Landwirtschaft. Je Einwohner stehen nur 680 m^2 Ackerfläche zur Verfügung, aber Anhui konnte bisher bei normalem Witterungsgang Getreideüberschüsse in andere Regionen Chinas liefern. Schließlich liegt das Hauptlandwirtschaftsgebiet Ostchinas zwischen dem Fluss Huang He im Norden und dem Jangtsekiang im Süden. In gleicher Richtung wechseln die sommerwarm-feuchten Verhältnisse der kühlgemäßigten Zone Nordanhuis zu sommerfeuchten subtropischen Bedingungen an der Jangtse-Linie. Gleichfalls wandeln sich die Erntemöglichkeiten von Norden nach Süden: nördlich des Flusses Huai He erlaubt das Klima 3 Ernten in 2 Jahren, südlich dieser Linie 2 Ernten je Jahr. Auf die trockenere und kühlere Nordhälfte der Provinz konzentriert sich der Weizenanbau, der Reisanbau auf die

Jangtse-Ebene. Im Ernteergebnis Chinas nimmt Anhui darüber hinaus bei Ölfrüchten (Raps) sogar den 3. Platz, bei Hanf den 1. Platz ein. Teeanbau wird in den Bergen Südanhuis betrieben.

Aufgrund der steigenden Kosten für Agrartechnik und Düngemittel wird der Getreideanbau immer weniger attraktiv. Schon im letzten Jahrzehnt hat der Anbau von Sojabohnen und Raps deutlich zugenommen. Die Erfolgschancen der Landwirtschaft in der Provinz werden von der Lösung wichtiger regionaler Probleme im gesamtnationalen Zusammenhang beeinflusst (in Auswahl: Mangel an Kapital und Technologie, Funktionsmängel bei Hochwasserschutz und Be- bzw. Entwässerung, Lösung des Beschäftigungsproblems).

Wirtschaftsstruktur Anhuis
(1993, in %)

Sektor	Beitrag zum/zur BIP	Erwerbstätigkeit
Landwirtschaft	32	65
Industrie	46	17
Dienstleistungen	22	18

(nach MÜLLER u. a. 1995)

Jahreszeitenklimate Ostasiens (nach TROLL/PAFFEN)

0   500 km

Pazifischer Ozean

Gelbes Meer

Ostchinesisches Meer

Südchinesisches Meer

Golf von Bengalen

Tropen
- trocken
- wechselfeucht
- sommerfeucht
- immerfeucht
- klimatische Höhenstufe der Gebirge

Subtropen
- kurz sommerfeucht, Steppe
- lang sommerfeucht, wintertrocken
- immerfeucht, sommerheiß

Kaltgemäßigte Borealzone
- extrem kontinental
- kontinental

Kühlgemäßigte Zone

Waldklimate
- extrem kontinental
- sommerwarm und -feucht
- sommerwarm, immerfeucht

Steppenklimate
- winterkalt, Trockensteppe
- winterkalt, sommerfeucht
- winterkalt, Halbwüste und Wüste

Ländlicher Raum im Jangtse-Delta

Kapital- und Technologiemangel
In Anhui wie in ganz China nahm die Landwirtschaft in den ersten Reformjahren einen markanten Aufschwung. Grundlage dafür waren die Abschaffung der Volkskommunen, die Einführung des „Verantwortlichkeitssystems der bäuerlichen Haushalte" und die Erhöhung der wirtschaftlichen Anreize für die Bauernfamilien. Im Ergebnis verbesserte sich die Lage der Bauern besonders im Umland der Städte enorm und die Anzahl der in absoluter Armut lebenden Menschen in China nahm von 1978 250 Mio. auf 80 Mio. im Jahre 1993 ab.

In der zweiten Hälfte der 80er Jahre verschob sich der Schwerpunkt der Investitionen und Reformen in Richtung Industrialisierung in den Städten und in den Dörfern der Küstenprovinzen (Dorfindustrie). Der ländliche Raum im Binnenland wurde wirtschaftspolitisch wieder vernachlässigt. Auch der Kostenaufwand für die Agrartechnik stieg laufend an und kann von den kleinen Bauernwirtschaften nicht erbracht werden. So wird der Bauer gegenwärtig zum Verlierer der marktwirtschaftlichen Reformen. Bei der Berücksichtigung der den Bauern auferlegten Sonderabgaben/-steuern beträgt die Einkommensschere zwischen Land und Stadt 1:4 (1992).

„Verantwortlichkeitssystem" bedeutet hier:

– Boden bleibt Genossenschaftseigentum
– vertragliche Nutzung geteilter Ackerfläche (Ø 0,7 ha) durch Bauernfamilien (Vertragsdauer 15–50 Jahre)
– Quotenverkauf des Erntegutes an Staat bzw. individuell an privaten Handel und auf Bauernmärkten

?
Erarbeiten Sie sich einen Überblick über die natürlichen Bedingungen und agrarischen Nutzungsmöglichkeiten im Vergleich von Nord- und Südchina anhand der Atlaskarten.

Jahresgang des Abflusses am Changjiang (Datong)

Einzugsgebiet 1 710 000 km²
Mittlere Abflussmenge 32 100 m³/s

(in m³/s)

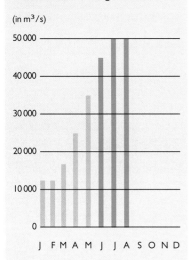

Jahresgang des Abflusses am Huai He (Bengbu)

Einzugsgebiet 121 000 km²
Mittlere Abflussmenge 855 m³/s

(in m³/s)

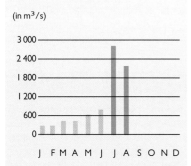

?

1. Informieren Sie sich über die Zirkulation der Atmosphäre (ostasiatischer Monsun) in China und stellen Sie den Zusammenhang zu den Katastrophenhochwassern her.
2. Wodurch werden diese Hochwasser und ihre Folgen verstärkt?

Hochwasserschutz, Be- und Entwässerung

Ein stabiler Ernteertrag kann in Anhui vor allem im Norden der Provinz nur über funktionstüchtige Bewässerungssysteme (zur Zeit auf 52 % der LN) gesichert werden. Dafür ist vor allem die Variabilität des Niederschlags von Bedeutung (am Huai He-Fluss 800 bis 860 mm Jahresniederschlag bei Abweichungen bis 25 %). Während das Wasserdargebot des abflussreichen Jangtsekiang auch in der trockeneren Jahreszeit ausreichend der Bewässerungswirtschaft zur Verfügung steht, war der Huai He in den 80er Jahren im Ergebnis von übermäßiger Wasserentnahme und Trockenjahren in seiner Wasserführung sehr eingeschränkt. Die stark agrarisch genutzte Ebene nördlich des Huai-Flusses gehört zu den Räumen mit langzeitlichem Bewässerungsbedarf, die Jangtse-Ebene im subtropischen Süden Anhuis benötigt dagegen nur ergänzende Bewässerung, aber auch Entwässerung in den Flussniederungen. Durch zunehmende Verschlickung der Vorfluter war in den letzten Jahrzehnten die Funktionstüchtigkeit der Bewässerungssysteme stark eingeschränkt worden. Dazu kommt ein verschwenderischer Umgang mit dem Bewässerungswasser, da ökonomisch begründete Wassergebühren bisher fehlen. In der Jangtse-Ebene führt eine wachsende Sedimentation und Verlandung der in den Jangtse-Lauf eingebundenen Flachseen (z. B. Poyang-See, ursprünglich 5 050 km² groß, jetzt nur noch 3 538 km², 16 m tief) zur Veränderung der Abflussverhältnisse. Besondere Bedeutung hat dieser Umstand für die wachsende Hochwassergefahr in der Tiefebene. Aufgrund historischer Erfahrungen kann am Unterlauf des Jangtse und Huai He mit Katastrophenhochwassern in Abständen von 20 bis 40 Jahren gerechnet werden, zuletzt 1931, 1933, 1951 und 1991. Hervorgerufen werden diese durch eine übermäßig lange Verweildauer der außertropischen Frontalzone über dem Einzugsgebiet des Jangtsekiang und damit verbundene langdauernde zyklonale Niederschläge. Im Jahre 1991 waren die Provinzen Anhui und Jiangsu am stärksten betroffen: 3 000 Tote, Millionen Obdachlose und der Verlust der Reisernte waren zu beklagen. Obgleich seit 1992 neue Deichbauarbeiten vor allem am Huai He angelaufen sind, verweisen Kritiker auf Funktionsmängel an Flussdeichen, Paralleldämmen und Rückhaltebecken und auf die Notwendigkeit weiteren Ausbaus.

Arbeitsplätze im ländlichen Raum und Abwanderung

Bei der hohen ländlichen Bevölkerungsdichte in Ost- und Zentralchina und verdeckter Arbeitslosigkeit von ca. einem Drittel der Erwerbstätigen ist ländliche Entwicklung allein auf der Grundlage der Agrarwirtschaft nicht möglich. Die Wirtschaftsreformen haben Mobilitätsbeschränkungen auf dem Lande aufgehoben, sodass die Dorfindustrie auf freigesetzte Arbeitskräfte zurück greifen konnte. Inzwischen sind 20 % der ländlichen Arbeitskräfte Chinas in der Dorfindustrie tätig. Für das Jahr 1993 gibt es eine Hochrechnung, dass sich 50 Millionen Wanderarbeiter und Existenzsuchende aus den ländlichen Räumen Innerchinas meist unregistriert in den Küstenregionen aufhalten, darunter allein in Shanghai 2,5, in Kanton und Peking jeweils 1,5 Millionen. Aus Anhui sollen über 5 Millionen ländliche Erwerbspersonen in die benachbarte Küstenprovinz Jiangsu abgewandert sein. Die Größe des Problems der Arbeitsbeschaffung auf dem Lande wird sichtbar, wenn bedacht wird, dass allein in den 90er Jahren >100 Mio. Arbeitskräfte in der Landwirtschaft ökonomisch überzählig sind und mit 120 bis 140 Millionen jungen Menschen, die in das Arbeitsalter bis zum Jahr 2000 eintreten, zusätzlich im ländlichen Raum gerechnet werden muss.

Die südchinesische Wachstumsregion an der Perlflussmündung –
„Brückenkopf und Schaufenster" Chinas

Im letzten Jahrzehnt hat der große Wirtschaftsraum Südchina mit seinen
„Wachstumspolen" Hongkong und Kanton (Guangzhou) weltweit ob seines Wirtschaftswachstums Aufsehen erregt.

Schon heute besteht eine wachsende wirtschaftliche Verflechtung
zwischen Hongkong, Macao und der Provinz Guangdong. Immer stärker
bahnen sich auch Wirtschaftsbeziehungen zum überseeischen Taiwan an,
sodass Beobachter zu der Einschätzung kommen, hier könne sich eine
„Großchinesische Wirtschaftsgemeinschaft" bis zur Jahrtausendwende herausbilden, die in ihrer Leistungskraft eine dominante Stellung im südostasiatischen Raum gewinnen könne. Außerdem steht die politische Einglie-
derung Hongkongs (1997) und Macaos (1999) in die Volksrepublik bevor.
Dabei besitzt Hongkong eine strategische Sonderfunktion: bis 1978 war
Hongkong die Brücke in den Außenwirtschaftsbeziehungen der VR China
mit den Industrieländern, heute setzt die Pekinger Regierung wieder verstärkt auf die besondere Rolle Hongkongs als Handels- und Dienstleistungszentrum in Ostasien.

Hongkong – als Wachstumsmotor der Wirtschaft Südchinas. Nachdem
von den europäischen Seemächten Portugal bereits 1517 mit der Inbesitz-
nahme von Macao in Südchina Fuß gefasst hatte, okkupierte Großbritannien erst im 19. Jh. im Vollzug des Nanjinger Zwangsvertrages die Insel
Hongkong (1842) und erhob sie zur Kronkolonie. Es folgten 1860 die Halbinsel Kowloon und 1898 die Pacht der sich nördlich anschließenden New
Territories (99 Jahre). Damit hatte sich Großbritannien einen hervorragenden Flottenstützpunkt im taifungeschützten Naturhafen zwischen Hongkong und Kowloon gesichert, der zugleich zu einem Handelsplatz für chinesischen Tee, Seide und Reis aufblühte. Bis nach dem Zweiten Weltkrieg
war Hongkong Handels- und Transithafen gewesen. Danach begann jedoch
nach 1950 der industriewirtschaftliche Aufstieg Hongkongs, begründet in
der politischen Stabilität der Kronkolonie, dem Zustrom von chinesischem

Hafen und Skyline von Hongkong

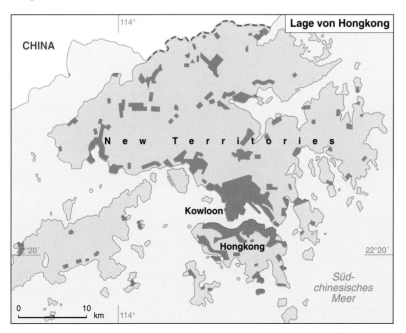

Die Perlfluss-Region Südchinas
(1993)

Hongkong	Fläche: 1 078 km²
	Bevölkerung: 5,9 Mio. E
Kernstädte:	– Victoria: 1,1 Mio. E
	(Hauptstadt)
	– Kowloon: 1,5 Mio. E
	– New Kowloon:
	0,7 Mio. E
Macao	Fläche: 18 km²
	Bevölkerung: 0,35 Mio. E
Provinz	
Guangdong	Fläche: 197 000 km²
	Bevölkerung: 62,8 Mio. E
Hauptstadt:	Kanton (Guangzhou)

Anmerkungen:
– Hongkong ist britische Kronkolonie bis
  30. 6. 1997
– Macao steht unter portugiesischer Verwaltung bis 1999

Wirtschaftssektoren
Hongkongs (Anteil BIP)

	1979	1992
Industrie	36 %	21 %
Dienstleistungen	63 %	79 %
Landwirtschaft	< 1 %	

Güterumschlag im Seehafen
Hongkong (in Mio. t)

1970	13
1981	35
1993	96

Einwohner in Hongkong (in 1 000)			
1840	7	1981	4986
1898	300	1993	5865
1950	2400		

Führende Industriezweige Hongkongs (Beschäftigte in 1 000)		
	1973	1989
Textilien	107	115
Bekleidung	181	240
Kunststoffwaren	71	87
Elektronik	70	120

Shenzhen an der Grenze zu Hongkong

Werbewand für ein neues Gewerbegebiet

?

Charakterisieren Sie die Standortbedingungen in der Sonderwirtschaftszone Shenzhen. Welche Entwicklungschancen und -risiken besitzt Shenzhen in der Zukunft?

Fluchtkapital, in der Verfügbarkeit über billigste Arbeitskräfte und den steuerlichen Vorzügen des Freihafens. In den Jahren 1950 bis 70 vollzog sich die industrielle Entwicklung erstrangig in der Leichtindustrie unter Nutzung arbeitsintensiver Produktionsverfahren. Um 1970 überholte die Bekleidungsindustrie die lange allein führende Textilindustrie und errang mit Konfektion und Wäsche aus Hongkong weltweite Exporterfolge.

Im Verlauf der 70er Jahre vollzog sich ein Übergang zu mehr sachkapitalorientierten Produktionsrichtungen (Elektrotechnik/Elektronik-Waren, Uhren, Präzisionsgeräte). Die Produktion erfolgt fast ausschließlich in Klein- und Mittelbetrieben. Nach wie vor stehen im Export auch heute Bekleidung, Textilwaren und Elektronikerzeugnisse an erster Stelle, allerdings oftmals nach Lohnveredlung von außerhalb im Reexport. Mehr als die Hälfte der Exporte nach China bestehen aus Zulieferungen für die Lohnveredlung. Seit Ende der 70er Jahre verringerte sich die Konkurrenzfähigkeit der billigen Massenwaren Hongkongs auf dem Weltmarkt. Gleichzeitig bot das chinesische Festland im Zuge der Öffnungspolitik günstige Standortbedingungen für die Ansiedlung arbeitsintensiver Industrien an. Die Provinz Guangdong wurde so ab Mitte der 80er Jahre zur verlängerten Werkbank Hongkongs. Damit veränderte sich auch die wirtschaftliche Grundstruktur Hongkongs. Nach Tokyo gilt Hongkong heute als größtes Finanz-, Handels- und Dienstleistungszentrum Ostasiens und für ausländische Investoren als attraktives marktwirtschaftliches Eingangstor nach Festlandschina. Nach Schätzungen erbringt das China-Geschäft heute für Hongkong 70 % seiner Wertschöpfung. Der umfangreiche Außen- und Transithandel spiegelt sich auch in der Entwicklung des Seehafens wider, der schon in den 70er Jahren zu einem leistungsfähigen Containerhafen entwickelt wurde und im letzten Jahrzehnt neue Umschlagzentren auf Aufschüttungsflächen erhielt. Ein bedeutender Wirtschaftsfaktor ist auch der Großstadttourismus nach Hongkong (1993 8,9 Mio. Touristen). Der Großflughafen Kai Tak bediente 1992 22 Mio. Fluggäste. Nachdem in den vergangenen Jahren angesichts der bevorstehenden verwaltungsmäßigen Vereinigung mit der VR China Kapital und Personal die Kronkolonie verlassen hatten, haben sich die Wegzüge seit 1993 spürbar verringert. Das Vertrauen in die pragmatische Politik Pekings, das marktwirtschaftlich-kapitalistische Wirtschafts- und Gesellschaftssystem auch nach 1997 unangetastet zu lassen und die Autonomie Hongkongs („Besondere Verwaltungsregion Hongkong") zu respektieren, scheint gewachsen zu sein.

Shenzhen – Pilotprojekt des modernen Chinas

An der Nordgrenze Hongkongs hat sich mit Shenzhen seit 1980 auf dem Territorium Guangdongs eine Sonderwirtschaftszone entwickelt, die nach chinesischer Auffassung Modellcharakter aufweist.

Die geographische Lage neben Hongkong und der privilegierende Status der Zone für Investoren haben einen riesigen Zustrom von Auslandskapital (1980 bis 94 7,7 Md. US-Dollar) verursacht. Damit wandelte sich dieser Raum aus einem agrarisch geprägten Gebiet zu einer industriell-städtischen Agglomeration mit moderner Infrastruktur. Anfänglich gab es eine Dominanz der Nahrungsmittel- und Textilindustrie, ab Mitte der 80erJahre aber ein deutliches Übergewicht der Elektronikbranche (Unterhaltungselektronik, Computer). Insgesamt sind > 800 000 Arbeitskräfte in der Wirtschaft Shenzhens tätig, im Industriebereich meist in Betrieben mit Fließbandproduktion, geringer Fertigungstiefe und einem hohen Frauenanteil. Letztere stammen überwiegend aus der ärmeren Provinz Guangdong. Mit der Kronkolonie wurden 1993 37 % der Exporte und 39 % der Importe abgewickelt. Die Unternehmensleitungen haben oft ihren Sitz in Hongkong beibehalten. Neuerdings wächst in der Industriestruktur der Anteil hoch veredelter Güter wie Computer, Kameras, Hard- und Software sowie Pharmaka. Gleichzeitig verlassen arbeitsintensive Produktionen Shenzhen in Richtung noch kostengünstigerer Standorte in Guangdong.

Kanton und das Perlfluss-Delta
Neben Hongkong/Shenzhen erweist sich heute die Millionenstadt Kanton (Guangzhou) als wichtiger Wachstumspol in der südchinesischen Region. Die Stadt stellt den wirtschaftlichen Kern in der Delta-Ebene des Perlflusses dar, die mit 10 Mio. E. zu den dichtbesiedelsten Räumen Chinas gehört. Bereits im Mittelalter vermittelte der Hafenplatz den Handel Chinas mit Indien und den arabischen Küsten. Nach 1842 gehörte Kanton zu den „geöffneten" Häfen, ohne allerdings der Konkurrenz Hongkongs wirtschaftlich gewachsen zu sein. Im Bestand der Volksrepublik hat Kanton im sonst schwach industrialisierten Südchina eine Sonderstellung inne, vier Zehntel der Industrieproduktion Südchinas entfielen 1980 auf die Stadt (Schiffbau, Textilien, Nahrungsmittel, Industrieausrüstungen für die Zuckerverarbeitung). Im Jahre 1984 wurden Kanton und einige Küstenstreifen an der Trichtermündung des Perlflusses für das Auslandskapital geöffnet. Heute gilt Kanton neben Hongkong als das überragende Großzentrum Südchinas. Hauptsächlich aus Lohnkostenüberlegungen sind seither vorwiegend aus Hongkong arbeitsintensive Produktionen nach Groß-Kanton verlegt worden.

In der Delta-Region wird heute mit ca. 20 000 Gewerbebetrieben gerechnet, die Lohnveredlung für Hongkong und Taiwan betreiben und 1 bis 2 Mio. Personen beschäftigen. Zugleich wurden Dienstleistungs- und Verkehrsfunktionen Kantons neu belebt und ein lebhafter Bauboom in der Stadt ausgelöst. Die wirtschaftliche Prosperität Kantons und Shenzhens hatte einen riesigen Zustrom von Wanderarbeitern in einer Größenordnung von 10 Mio. aus dem Binnenland nach Guangdong zur Folge (Stand 1990/93), sodass viele soziale Probleme in der Region zu bewältigen sind.

Taiwan und Südkorea – erfolgreiche Wege vom rückständigen Agrar- zum Schwellenland

Zu den asiatisch-pazifischen Schwellenländern werden in Ost- und Südostasien die Republiken Korea (Südkorea), China (Taiwan), die Kronkolonie Hongkong (ab 1997 VR China) und Singapur gezählt, deren Wirtschaftswachstum im letzten Jahrzehnt das der Industrieländer weit übertroffen hat. Zur gleichen Zeit (1980 bis 90) nahmen die Exporte je Jahr in Taiwan um 13 %, in Südkorea um 12 % zu. Beide Staaten gelten als Beispiele erfolgreicher nachholender Entwicklung gegenüber dem sozio-ökonomischen Status der Industrieländer.

Die exportorientierte Industrialisierung
Hauptfaktor des wirtschaftlichen Wachstums stellt in Taiwan und Südkorea die verarbeitende Industrie dar. Die einzigartigen Wachstumserfolge der beiden ostasiatischen Schwellenländer werden vielschichtig begründet. Die

Ein Wirtschaftsjournalist berichtet (gekürzt): „... Die Firma, die ich in Kanton besuchte (1992), war ein arbeitsintensiver Betrieb zur Herstellung von Porzellan-Dekors. Der Alleinbesitzer der Fabrik, ein in den USA promovierter Informatiker, ist Taiwanese ... Die Arbeiterinnen verdienen monatlich 500 Yuan (rd. 156 DM) ... Allgemein sind die Löhne in Guangdong 8- bis 10-fach niedriger als in Taiwan oder Hongkong, aber doppelt so hoch wie in den chinesischen Binnenprovinzen. Daher plant der Eigentümer der Fabrik, diese später in die Binnenprovinz Hunan zu verlegen ..."

(nach Yu-Hsi/Nieh 1993)

Kanton

3,5 Mio. E. (1990)
ca. 7 Mio. E. mit weiterem Umland

Einwohner in Kanton (in Mio.)

1952	1,6
1965	2,5
1978	2,8
1990	3,5

Reales Wirtschaftswachstum je Jahr (BSP in %)

	Taiwan	Südkorea
1980/90	+ 8,8	+ 10,1
1990/94	+ 6,1	+ 6,8

zum Vergleich Industrieländer (OECD)
1980/90 + 2,6

?

1. Welche Chancen und Risiken ergeben sich für die künftige Entwicklung Südchinas aus dem gegenwärtigen Charakter der Industrialisierung?
2. Vergleichen Sie den Weg der Industrialisierung Hongkongs mit Taiwan.

Phasen der industriellen Transformation 1953/90

	Taiwan			Südkorea			
Ziele	1953–64 Importersatz	1965–75 exportorientiertes Wachstum	1976–90	1953–61 Importersatz	1962–71	1972–81 exportorientiertes Wachstum	1982–90
Strategien	arbeits- und ressourcen- intensive Industrien	arbeits- und kapital- intensive Industrien	kapital- und technologie- intensive Industrien	arbeitsintensive Industrien		arbeits- und kapital- intensive Industrien	kapital- und technologie intensive Industrien
Industriezweige	Nahrungs- mittel/Textil	Petrochemie Maschinen- bau, Stahl	Elektrotechnik/ Elektronik, Präzisionsgeräte	Textil/Bekleidung, Leder- industrie		Stahl, Chemie, Maschinenbau, Schiffbau	Elektrotech- nik/Elektronik Fahrzeugbau
Regionale Schwerpunkte	Hauptstadt Taipeh	Nord- und Westküste: Taipeh/Jileng, Taizhong und Gaoxiong		Hauptstadt Seoul, Taegu, Pusan		Pusan, Ulsan P'ohang (Süd- ostküste)	Region Seoul
		(Periodisierung nach Louven 1995 u. a.)				(Periodisierung nach DEGE 1991 u. a.)	

Taiwan

Fläche: 36 000 km²
Bevölkerung: 29,9 Mio. E (1993)
579 E/km²

Hauptstadt: Taipeh; 2,6 Mio. E

Südkorea

Fläche: 99 314 km²
Bevölkerung: 44,1 Mio. E (1993)
444 E/km²

Hauptstadt: Seoul; 10,6 Mio. E

Taipeh, Stadtansicht mit Hauptbahnhof

ungewöhnlichen Finanzhilfen, die sie von den USA bis in die 60er Jahre erhielten, gaben wohl wichtige Wachstumsimpulse, wurden aber von den einheimischen Unternehmen zum Aufbau eigener wirtschaftlicher Leistungskraft genutzt. Zweifellos ist auch der Beitrag des Auslandskapitals aus den USA und Japan in der Folgezeit von großem Nutzen gewesen. Inzwischen sind Taiwan und Südkorea selbst im Kapitalexport erfolgreich. Andererseits wird auf die bürokratische Rolle des Staates verwiesen, der Privatsektor und Exportwirtschaft dirigiert und konfuzianisch geprägte soziokulturelle Traditionen (bereitwillige Akzeptanz staatlicher Vorgaben durch die Bevölkerung, Arbeitsethik, Bildungsorientierung) für seine Wirtschafts- und Gesellschaftspolitik nutzen konnte. Kritiker machen dabei auf Defizite in der sozialen Lage der Bevölkerung, den Mangel an Liberalisierung, demokratischen Freiheiten sowie im Umweltschutz aufmerksam.

Erst in den letzten Jahren sind bedeutendere Ansätze zur Demokratisierung der Gesellschaft spürbar. Seit den 60er Jahren wird konsequent eine exportorientierte Industrialisierungsstrategie verfolgt (1992 jeweils 96 % Anteil von Industriegütern am Gesamtexport). Die Exportquote (Anteil Export/Bruttoinlandsprodukt) lag in beiden Ländern hoch, in Südkorea bei 25 % und in Taiwan sogar bei 44 %. Eine herausragende Stellung als Exportziele besitzen die USA und Japan, obgleich sich in den 80er Jahren eine stärkere Differenzierung der Empfangsländer herausgebildet hat. So gewinnt der riesige Markt der VR China (oft verdeckte Transite über Hongkong) immer größere Bedeutung. Im letzten Jahrzehnt ist der Importbedarf an Investitionsgütern der expandierenden Wirtschaft in beiden Ländern stark gewachsen, aber auch der Bedarf an hochwertigen Konsumgütern (Fahrzeuge). Wie bei den Exportzielen genießen die USA und Japan im Importgeschäft Vorrang. Beim Import von Rohstoffen und Halbfertigwaren durch Taiwan und Südkorea konnte die VR China Fortschritte verbuchen.

Strukturwandel im Inneren

Nachdem in Taiwan der Wiederaufbau im Kriege zerstörter Industrien bis 1952 abgeschlossen war, setzte fortan ein Industrialisierungsprozess ein, der zunächst arbeits- und ressourcenintensiv (Textilien, Rohrzucker-, Ananasverarbeitung), später kapitalintensiv (Petrolchemie, Stahl, Maschinenbau) und schließlich technologieintensiv (Elektronik, Computerindustrie) geprägt war. Dennoch steht in der industriellen Erwerbstätigkeit der Bevölkerung die Textil- und Bekleidungsindustrie nach der Elektronik noch an zweiter Stelle (1990).

Mit der Schwerpunktverschiebung von der Landwirtschaft zur Industrie ergaben sich eine zunehmende Konzentration von Bevölkerung und Siedlung auf den ohnehin bevorzugten westlichen und nördlichen Küstenstreifen und ein rascher Verstädterungsprozess.

Taiwan weist heute mit einem Anteil von 92 % Stadtbewohnern (1992) einen extrem hohen Urbanisierungsgrad auf. Über 60 % der Bevölkerung wohnen in Großstädten, vorwiegend an der Westküste zwischen den Millionenstädten Taipeh (2,6 Mio. E) im Norden und Gaoxiong (1,4 Mio.) im Süden. Bei dem extremen Ausmaß der räumlichen Konzentration von Industrie, Bevölkerung und Siedlung überrascht nicht, dass gegenwärtig große Probleme in der Energieversorgung, Verkehrsinfrastruktur (Autobahnen) und im Umweltschutz (Kläranlagen) zu lösen sind.

Nach dem Inferno des Koreakrieges (1950 bis 53) waren in Südkorea zunächst die Kriegsschäden zu beseitigen. Die nur schwachen Ansätze einer Industrialisierung konnten in den 60er bis 70er Jahren mit umfangreicher Kapitalhilfe aus den USA und Japan ausgebaut werden. Eine anfänglich dominierende Leichtindustrie wurde durch Zweige wie Stahlindustrie, Schiffbau (zeitweilig war Südkorea das im Schiffbau führende Land der Welt) und Petrolchemie ergänzt. In den 80er Jahren wurden erfolgreiche Schritte beim Aufbau einer Hightech-Industrie unternommen. Die massive staatliche Industrie- und Exportförderung war in den 60er Jahren auf die Hauptstadt Seoul konzentriert, mit dem Ausbau der Schwerindustrie in den 70er Jahren rückten die südöstlichen Küstenstädte Pusan, P'ohang und Ulsan in den Vordergrund. Dagegen konzentrierte sich das Wirtschaftswachstum mit der Hochtechnologieentwicklung der 60er Jahre wiederum auf die Hauptstadt und ihre Satellitenstädte. Im Zuge dieser Verteilungsprozesse wurde der ländliche Raum weiter vernachlässigt. Damit waren als Folge deutliche sozioökonomische Disparitäten und umfangreiche Land-Stadt-Wanderungen verbunden. Heute leben 78 % der Bevölkerung in Städten, davon in der Riesenagglomeration von Seoul allein über 15 Mio. Einwohner.

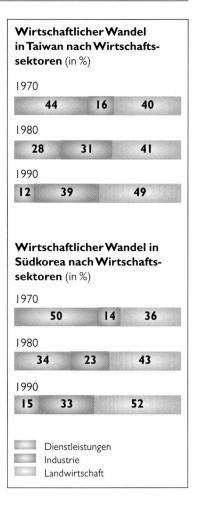

Wirtschaftlicher Wandel in Taiwan nach Wirtschaftssektoren (in %)

1970
| 44 | 16 | 40 |

1980
| 28 | 31 | 41 |

1990
| 12 | 39 | 49 |

Wirtschaftlicher Wandel in Südkorea nach Wirtschaftssektoren (in %)

1970
| 50 | 14 | 36 |

1980
| 34 | 23 | 43 |

1990
| 15 | 33 | 52 |

Dienstleistungen
Industrie
Landwirtschaft

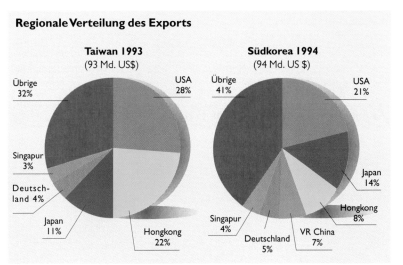

Regionale Verteilung des Exports

Taiwan 1993
(93 Md. US$)

Übrige 32%
USA 28%
Singapur 3%
Deutschland 4%
Japan 11%
Hongkong 22%

Südkorea 1994
(94 Md. US $)

Übrige 41%
USA 21%
Japan 14%
Hongkong 8%
VR China 7%
Deutschland 5%
Singapur 4%

?
1. Analysieren Sie die naturräumlichen Merkmale Taiwans mit Blick auf ihre Nutzungsmöglichkeiten.
2. Ist das Modellbeispiel nachholender Entwicklung von Taiwan und Südkorea auf andere Entwicklungsländer übertragbar?
3. Vergleichen Sie die natürlichen Grundlagen der wirtschaftlichen Nutzung Südkoreas mit Taiwan.

157

Indien und die „Grüne Revolution"

Die Republik Indien ist nach China der bevölkerungsreichste Staat der Welt. Im Jahre 1994 lebten dort 910 Mio. Menschen. Die gegenwärtige Wachstumsrate beträgt 20 ‰, sodass im Jahre 2000 über 1 Md., im Jahre 2025 ca. 1,4 Md. Menschen Indien bevölkern werden. Indien wird im kommenden Jahrhundert China als bevölkerungsreichstes Land der Erde ablösen. Es liegen Prognosen der Bevölkerungsentwicklung vor, die längerfristig sogar ein Anwachsen der Bevölkerung auf 2 Md. Einwohner ausweisen, und das trotz zunehmender Akzeptanz der Geburtenkontrolle, zurückgehender Geburten- und Wachstumsraten, aber auch sinkender Sterberaten.

Zu den größten und kompliziertesten Aufgaben der Entwicklung gehört in Indien die Sicherung der Ernährung. Das ist deshalb so schwierig,
– weil Indien nur etwa 2,2 % der Festlandsfläche der Erde umfasst, aber 16 % der Weltbevölkerung ernährt werden müssen,
– weil schon 26 % aller Einwohner (240 Mio.) in Städten leben und auch die rurale Armut groß ist,
– weil im Hinblick auf zukünftige Nahrungsmittelverfügbarkeit eine landwirtschaftliche Produktion erfolgen muss, die die Ressourcen Boden, Wasser, natürliche Vegetation schont, damit gute Böden für eine dauerhafte Nutzung zur Verfügung stehen.

Gegenwärtig kann Indien auf eine landwirtschaftliche Nutzfläche (LF) von ca. 181 Mio. Hektar zurückgreifen, also auf ca. 55 % der gesamten Landesfläche. Eine Vergrößerung der LF ist kaum mehr möglich, da nur noch Risikogebiete für eine Erweiterung der Anbauflächen infrage kommen. Die notwendige Erhöhung der Nahrungsmittelproduktion kann deshalb fast nur über Intensivierungsmaßnahmen erfolgen. Wichtigstes Ziel ist die Ertragsverbesserung pro Flächeneinheit. Möglichkeiten hierzu ergeben sich vor allem durch
• Fortschritte in der Züchtung, verbesserte Krankheitsresistenz und Erreichung von Mehrfachernten
• Be- und Entwässerungsmaßnahmen
• Schädlingsbekämpfung und Düngung
• bessere Bodenbearbeitung und optimale Fruchtfolgen
• Einsatz neuer Technologien, bessere Ernteeinbringung und besseren Vorratsschutz.

Von der indischen Landwirtschaft wurden in den letzten drei Jahrzehnten besondere Leistungen in der Intensivierung der landwirtschaftlichen Produktion vollbracht. Damit verbunden sind entsprechende Ertragssteigerungen, wie am Beispiel der Reis- und der Weizenproduktion nachgewiesen werden kann:

Geschätzte und prognostizierte Bevölkerungszahl für Indien, 1950–2150

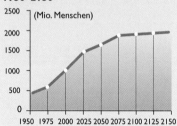

Beispiele:
Das International Rice Research Institute (IRRI) auf den Philippinen entwickelte 27 neue Reisvarietäten, die Steigerungen der Reisproduktion um mehr als 50 % ermöglichten. Mehrere dieser Sorten wurden auch in Indien zum Einsatz gebracht und damit die Reisproduktion pro Hektar seit 1970 um 61 % gesteigert.

Im Bereich des Weizenanbaues wurde von einem anderen Institut eine Kreuzung aus Weizen und Roggen entwickelt. Sie wird Tritikal genannt. Diese neue Sorte vereinigt in sich die besten Eigenschaften beider Getreidesorten. Unter maximalen Bedingungen übertreffen die Erträge von Tritikal die Weizenerträge um 20 bis 30 %. Seit Anfang der neunziger Jahre wird Tritikal in zahlreichen Ländern angebaut, u. a. auch in Indien. Es wird erwartet, dass gerade diese Sorte einen wichtigen Beitrag zur weiteren Verbesserung der Ernährungsgrundlage liefern kann.

Steigerung der absoluten Produktion (in Mio. t)						
	1950	1960	1970	1980	1990	1994
Reis	33	48	63	76	107	118
Weizen	6	9	21	33	54	58

Steigerung der Hektarerträge (in dt)						
	1950	1960	1970	1980	1990	1994
Reis	10,1	13,6	17,0	20,2	26,9	27,4*
Weizen	6,5	7,9	12,1	14,4	21,2	24,0*

* Ernteschätzung

Großen Anteil an dieser Entwicklung, die zu einer drastischen Reduzierung der Hungersnöte in Indien führte, hat die „Grüne Revolution". Sie wurde in den 60er Jahren eingeleitet. Unter „Grüner Revolution" ist ein Prozess der Intensivierung der Landwirtschaft auf der Basis entsprechender Produktionstechnologien, insbesondere der Einsatz von Hochertragssaatgut, Düngemitteln, Pflanzenschutz- und Schädlingsbekämpfungsmitteln und von Be- und Entwässerungsmaßnahmen bei vergrößertem Maschineneinsatz zu verstehen. Diese Maßnahmen wurden auch in anderen Staaten Süd- und Südostasiens, in geringerem Umfang auch in Afrika und Lateinamerika angewandt. Sie führten dazu, dass in zahlreichen Ländern – u. a. in Indien – die Nahrungsmittelproduktion einen Vorsprung gegenüber dem Bevölkerungswachstum erreichte und somit die Ernährungssituation in gewissem Umfang stabilisierte.

Kernstück der „Grünen Revolution" ist die Ertragssteigerung bei Grundnahrungsmitteln. Für Indien spielte hierbei die Ertragsverbesserung im Reis- und im Weizenanbau eine besondere Rolle. Neben der Vergrößerung der Bewässerungsflächen und dem Einsatz von Düngemitteln trugen vor allem Züchtungen von Hochleistungssaatgut dazu bei, dass das Land solche Erfolge im Kampf gegen Hunger und Unterernährung vollbringen konnte.

Die erreichten Erfolge kommen jedoch nicht allen indischen Anbauregionen, Anbaukulturen und vor allem allen Bauern zugute. Von der Entwicklung profitierten aufgrund der Kostenaufwendigkeit des Anbaues vor allem Groß- und Mittelbauern. Die Bedürfnisse der Kleinbauern und speziell der Subsistenzwirtschaften wurden zum Teil in den Forschungsprogrammen übersehen, so z. B. hinsichtlich der Nutzung schlechter, nicht bewässerter Böden. Der Erfolg der „Grünen Revolution" beruht deshalb vorwiegend auf dem Vorhandensein geeigneten Landes, ausreichender Wasservorkommen, günstiger Klimabedingungen und der notwendigen Investitionsmittel. Ein weiteres Problem ist, dass durch den verstärkten Einsatz von Düngemitteln und Pestiziden sowie falsche Bewässerungsmaßnahmen auch ökologische Probleme zunahmen.

Die besten Erfolge konnten dort erzielt werden, wo anteilmäßig der größte Einsatz von Hochertragsvarietäten und künstliche Bewässerung möglich waren. Das sind große Gebiete in den Staaten Punjab, Haryana und dem Westteil Uttar Pradeshs, also die der Reis-Jute-Region, der Weizen-Zuckerrohr-Region sowie von Teilen der Mais-Region. Dort kamen auch die Besitzverhältnisse dem Anliegen der „Grünen Revolution" am meisten entgegen, ferner ein günstiges Relief in Form ausgedehnter Ebenen, leicht bearbeitbarer Böden, die Möglichkeiten einer 2. Ernte und vorteilhafte Transport- und Vermarktungsmöglichkeiten. Dagegen blieben die Gebiete mit dominierender Hülsenfruchtproduktion, der Hauptproteinquelle der vorwiegend vegetarisch lebenden indischen Bevölkerung, weitgehend unberührt, so u. a. weite Gebiete Südindiens und des Hochlandes von Dekan (Südteil der Baumwoll-Region und Hirse-Ölsaaten-Region).

Inzwischen sind die Fehler erkannt, die in der Realisierung der „Grünen Revolution" gemacht wurden. Das gilt für alle Entwicklungsländer, insbesondere auch für Indien, da die Zahl der Klein- und Kleinstbauern groß ist und eine dringende Notwendigkeit der Verbesserung ihrer Situation besteht. 76 % aller Farmen in Indien verfügen über weniger als 2 ha LF. Darüber hinaus ist die Zahl landloser Bauern groß, die rurale Armut weit verbreitet. Vier von fünf Armen in Indien leben im ländlichen Raum.

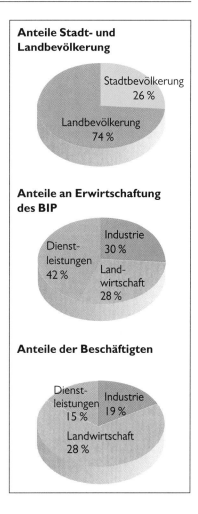

Anteile Stadt- und Landbevölkerung

Stadtbevölkerung 26 %
Landbevölkerung 74 %

Anteile an Erwirtschaftung des BIP

Industrie 30 %
Dienstleistungen 42 %
Landwirtschaft 28 %

Anteile der Beschäftigten

Dienstleistungen 15 %
Industrie 19 %
Landwirtschaft 28 %

Reisanbau

Indiens Stellung in der Weltproduktion (1994)

Getreide (in Mio. t)

1. China	396	4. Russland	85
2. USA	336	5. Frankreich	53
3. Indien	212		

darunter
Weizen (in Mio. t)

1. China	102	4. Russland	37
2. USA	63	5. Frankreich	30
3. Indien	57		

Reis (in Mio. t)

1. China	176	4. Bangladesh	27
2. Indien	118	5. Vietnam	23
3. Indonesien	46		

Anteil der Farmgrößen an der Gesamtzahl der Farmen

Anteil der Farmgrößen an der LF

In einer zweiten Welle der „Grünen Revolution" sollen künftig die Großregionen gefördert werden, die bisher kaum Nutznießer gewesen sind. Wichtig ist, dass die Kleinbauern in den Prozess einbezogen werden. Das ist nur möglich, wenn Fortschritte auch bei minimalem Kapitaleinsatz erzielt werden können. Durch die Anwendung sorgfältig ausgewählter Methoden der Boden- und Wasserkonservierung sind Ertragssteigerungen unter Ausschaltung später eintretender Nachteile der Bewirtschaftung (Verlust an Nährstoffen) erreichbar. Deshalb müssen die vorgeschlagenen Techniken und Methoden nicht mehr national, sondern vorwiegend lokal den jeweiligen Erfordernissen angepasst werden.

Experten schlagen immer wieder vor, landwirtschaftliche Entwicklungssysteme mit der Verbreitung solcher Techniken zu beginnen, die weniger – oder nichts – kosten und den größten Gewinn bei kleinsten Risiken bringen.

Inzwischen gibt es zahlreiche Szenarien über die „Grüne Revolution in einer zweiten Welle". Sie berücksichtigen vor allem Räume, die bisher weitgehend unberücksichtigt blieben. Nachfolgend wird ein Szenarium von HARRISON (1988) beschrieben.

Grundlagen:

- Verbesserung der Produzentenpreise für Früchte und Exportprodukte
- Sicherung von Besitz und Nutzung von Land
- Funktionelle Integration der Landwirtschaft

Stufe 1: Verbreitung von Techniken, die nichts oder ganz wenig kosten, mit hohen Gegenleistungen aus Arbeit und Land
- Konservierung von Boden, Wasser und Nährstoffen
- Verbesserung der Bodenfruchtbarkeit und -struktur
- Forstwirtschaft durch örtliches Management, lebende Zäune usw.
- Bewässerung in kleinem Umfang
- Maßnahmen für das Vieh
- Verbesserung der Bereitstellung von Arbeitskräften und verbesserte Arbeitsproduktivität.

Stufe 2: Billige Techniken, die in einem gewissen Ausmaß landesweit Versorgungsdienste, minimale Importe und geringe Geldinvestitionen erfordern
- Verbesserte Fruchtarten, zum Teil selbst gezogen, um unter lokalen Bedingungen bestehen zu können (Resistenz gegen Krankheiten, Tolerierung magerer Böden, trockener Zeitabschnitte usw.)
- Kunstdüngereinsatz, Leguminosen
- Pflanzung eingeführter Baumarten
- Kreuzung von Rindern
- billige Brunnen, handgetriebene Pumpen, Schöpfteiche
- verbesserte Geräte, besonders zur Erleichterung der Frauenarbeit.

Stufe 3: Techniken zu mäßigen Kosten, einige Importe, höhere Geldinvestitionen durch die Bauern und landesweite Systeme für Lieferung und Wartung
- Verbessertes Saatgut
- mäßige Dosen sorgfältig ausgewählter Düngemittel
- ausgewählte Mechanisierung
- motorgetriebene Pumpen
- Biogas.

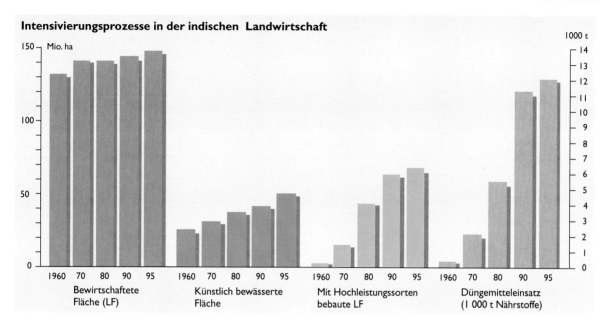

Intensivierungsprozesse in der indischen Landwirtschaft

Bewirtschaftete Fläche (LF) · Künstlich bewässerte Fläche · Mit Hochleistungssorten bebaute LF · Düngemitteleinsatz (1 000 t Nährstoffe)

Jede Stufe soll auf den vorausgegangenen aufbauen und schafft den Überschuss und das Kapital für die folgende Stufe.

Experten erwarten, dass bei Realisierung solcher Szenarien rasch eine Zunahme der Feldfruchtproduktion um 20 % bei größerer Stabilität möglich ist. Voraussetzung sei, dass die örtliche Bevölkerung in jede Stufe der Entwicklungsarbeit einbezogen wird, insbesondere bei der Bereitstellung von Land, Arbeitskräften, Materialien und Mitteln. Es wird vorgeschlagen, ein landesweites Netz von Fachleuten – jeweils ein Experte für 500 bis 1 000 Farmen – sowie ein Ausbildungssystem für Bauern zu schaffen.

Bewässerungsanlage in Rajasthan/Indien

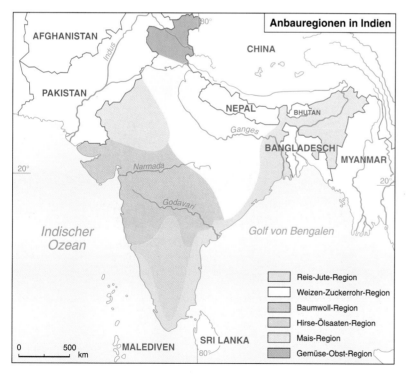

Anbauregionen in Indien

Reis-Jute-Region
Weizen-Zuckerrohr-Region
Baumwoll-Region
Hirse-Ölsaaten-Region
Mais-Region
Gemüse-Obst-Region

?
1. Erklären Sie die großen Fortschritte in der Nahrungsmittelproduktion Indiens seit 1970.
2. Warum sind die ha-Erträge in Indien niedriger als in einigen anderen Ländern Süd- und Südostasiens?
3. Welche Maßnahmen der 2. Etappe der „Grünen Revolution" sind unter Beachtung der natürlichen Gegebenheiten besonders Erfolg versprechend?

Wirtschaftsregionen in Lateinamerika

Integration Lateinamerikas in die Weltwirtschaft

Den Startpunkt für die lateinamerikanische Einbindung in weltwirtschaftliche Zusammenhänge bildet die Kolonialzeit, die mit der Eroberung der Neuen Welt durch die Spanier begann. Diese setzten sich ab 1492 zunächst in der Karibik fest und erkundeten von hier aus die zentral- und südamerikanischen Küsten, bevor sie zwischen 1512 und 1552, ausgehend von den Küstenbereichen den größten Teil des lateinamerikanischen Festlandes in ihre Gewalt brachten. Bis auf die Regionen im äußersten Süden des Kontinents und den riesigen Binnenraum Südamerikas stand damit der gesamte Raum für die wirtschaftlichen Interessen der Eroberer offen. Unvorstellbare Mengen Gold und vor allem Silber wurden den Indígenas geraubt oder mussten durch sie für die Kolonialherren unter unsäglichen Bedingungen in Bergwerken gefördert werden. Zahllose Indígenas starben hierbei, sodass manche Landstriche schon nach kurzer Zeit fast vollständig entvölkert waren. Die Edelmetalle wurden nach Europa verschifft und im Wesentlichen zur Finanzierung der Kriege Spaniens in Europa ausgegeben.

Die spanische Kolonialisierung hat auch das Siedlungs- und Sozialsystem Lateinamerikas nachhaltig geprägt. In der vorkolumbianischen Zeit waren die Azteken- und Maya-Reiche in Mexiko und Zentralamerika sowie das Inka-Reich im andinen Hochland die bedeutendsten indigenen Kulturvölker. Ihre Lebensräume bildeten auch die ursprünglichen Bevölkerungsschwerpunkte. In der Kolonialzeit gründeten die Spanier zahlreiche Städte, die unterschiedliche Funktionen ausübten. In den ursprüng-

Bevölkerungsentwicklung
(in Mio.)

	Angloamerika	Lateinamerika
1990	81	67
1950	164	162
1993	286	449
2000	290	523
		(Prognose)

Indígenas (span.: Einheimische, Eingeborene); diese Bezeichnung wird von Nachkommen der ursprünglichen Bevölkerung Lateinamerikas im Gegensatz zum Begriff „Indio" nicht als diskriminierend empfunden.

Die Bezeichnung Lateinamerika stammt aus der Kolonialzeit, in der besonders die Spanier und Portugiesen romanische Kulturelemente wie Sprache und Religion verbreiteten.

Die räumliche Ausdehnung Lateinamerikas umfasst ganz Südamerika, die zentralamerikanische Landbrücke, Mexiko mit einem fließenden Übergang zu Angloamerika und dem karibischen Raum. Diese Region ist durch eine gemeinsame Geschichte der letzten 500 Jahre zu einem Kulturerdteil geworden, der aber eine hohe räumliche Binnendifferenzierung aufweist. Darunter sind die vielen regionalen Besonderheiten innerhalb Lateinamerikas zu verstehen, die durch die unterschiedlichen Einflüsse aus Europa und Nordamerika sowie durch die naturräumliche und soziokulturelle Vielfalt gebildet werden.

Wirtschaftsräume Lateinamerikas

Tijuana · Ciudad Juárez · Monterrey · Guadalajara · Leon · Veracruz · Mexiko-Stadt · Puebla · Valencia · Caracas · Medellín · Bogotá · Cali · Manaus · Belém · Lima · Recife · Salvador · Belo Horizonte · Campinas · Rio de Janeiro · São Paulo · Resistência · Porto Alegre · Pelotas · Cordoba · Rosario · Montevideo · Santiago · Buenos Aires

Atlantischer Ozean · Pazifischer Ozean

■ bedeutender industrieller Ballungsraum
● bedeutendes Industriezentrum
— Staatsgrenze
— Hauptverkehrsstraße
— Haupt-Eisenbahnlinie
▭ Hauptanbaugebiete

0   1000 km

lichen Bevölkerungsschwerpunkten entstanden Verwaltungs- und Herr-
schaftsstädte (Mexiko-Stadt, Bogotá, Quito), die mit Hafenstädten (Veracruz, Cartagena, Lima/Callao) zum Export der Edelmetalle und zum
Import der Versorgungsgüter der Soldaten und Kolonisten verbunden
waren. Diese Städte zeichnen sich bis heute durch einen sehr gleichmä-
ßigen Grundriss aus. Hinzu kamen Bergbau-Städte (Potosí, Taxco, Gu-
anajato), in denen die Arbeitskräfte, aber auch die Aufseher und Verwalter
lebten.

Gleichzeitig entwickelten die Kolonialherren besonders in der Karibik
und an den Küsten des Karibischen Meeres die Plantagenwirtschaft, die auf
die Produktion und den Export von Zucker, Tabak, Kakao und Baumwolle
spezialisiert war. Da die einheimische Bevölkerung den extrem harten
Arbeitsbedingungen nicht gewachsen war und zusätzlich von eingeschlepp-
ten Krankheiten dahingerafft wurde, standen die Plantagenbesitzer bald vor
einem ernsten Arbeitskräfteproblem. Sie lösten es, indem sie Schwarze aus
Afrika als Sklaven auf den Plantagen arbeiten ließen. Hieraus entwickelte
sich der sogenannte Dreieckshandel. Der gewaltige Menschenhandel ist die
Grundlage für den noch heute großen Anteil schwarzer Bevölkerung im
karibischen Raum.

Den größten Zustrom an Europäern erlebte Lateinamerika im späten 18.
und durchgehend im 19. Jh. Sie besiedelten hauptsächlich den La-Plata-
Raum und die brasilianischen Küstengebiete. Städte wie Buenos Aires,
Montevideo und Rio de Janeiro stellten wichtige Eingangstore für die
Zuwanderer dar.

Heute bilden die indigenen Bewohner, die weißen und schwarzen Zuwanderer sowie die Mischformen der Mestizen und Mulatten die wichtigsten
Bevölkerungsgruppen, die in einigen Regionen durch asiatische Bevölkerung v. a. aus China, Japan und Indien eine weitere Komponente erhalten
haben. Diese verschiedenen Einflüsse haben dazu geführt, dass die ethnische Zusammensetzung der lateinamerikanischen Staaten sehr unterschiedlich ist.

Nach ihrer **Unabhängigkeit** im frühen 19. Jh. bemühten sich die jungen
lateinamerikanischen Staaten zwar um eine Ausweitung und Diversifizierung der Wirtschaft, an der Exportstruktur der einzelnen Staaten änderte
sich aber im Vergleich zur Kolonialzeit wenig. Die Ausfuhr von unverarbeiteten Bergbauprodukten und landwirtschaftlichen Erzeugnissen stand nach
wie vor im Vordergrund. Die meisten verarbeiteten Waren mussten aus
Europa und den für die Handelsbeziehungen zunehmend wichtiger werdenden USA importiert werden.

Die Viehwirtschaft als wichtiger Teil der exportorientierten Landwirtschaft wurde im späten 19. Jh. besonders im La-Plata-Raum zu einem sehr
wichtigen Wirtschaftsfaktor. Inzwischen ist sie in ganz Lateinamerika verbreitet. Großbetriebe mit extensiven Nutzungsformen herrschen hier vor.
Zum anderen ist die Exportwirtschaft im Agrarraum durch den Anbau tropischer Früchte und Genusspflanzen geprägt. Besondere Bedeutung hat die
Plantagenwirtschaft als kapital- und arbeitsintensive Produktionsform, die
heute von transnationalen Unternehmen dominiert wird. Der binnenmarkt-
orientierte Agrarraum hat in diesem Jahrhundert stark an wirtschaftlicher
Bedeutung verloren und ist heute in nahezu allen Ländern ein strukturschwacher Problemraum mit hohen Wanderungsverlusten.

Die Abhängigkeit der lateinamerikanischen Staaten vom Verkauf ihrer
unverarbeiteten Produkte bei oft schwankenden Weltmarktpreisen und der

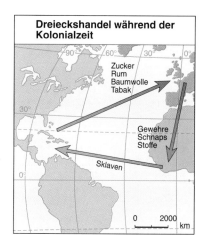

Dreieckshandel während der Kolonialzeit

Zucker
Rum
Baumwolle
Tabak

Gewehre
Schnaps
Stoffe

Sklaven

0   2000
         km

Wichtige wirtschaftliche und politische Zusammenschlüsse in Lateinamerika seit 1960

1960
Lateinamerikanische Freihandelszone (1980 durch die Lateinamerikanische Integrationsassoziation ersetzt):
Argentinien, Brasilien, Chile, Mexiko,
Paraguay, Peru, Uruguay, Kolumbien
(1961), Ecuador (1961), Bolivien
(1980) Venezuela (1980)

1960/1990
Zentralamerikanischer Gemeinsamer
Markt: Costa Rica, El Salvador, Gua-
temala, Honduras, Nicaragua

1969/1990
Andengruppe: Bolivien, Kolumbien,
Ecuador, Peru, Venezuela

1973
Karibische(r) Gemeinschaft und
Gemeinsamer Markt: Barbados,
Guyana, Jamaika, Trinidad und Toba-
go, weitere Länder 1974 beigetreten

1991
Gemeinsamer Markt des Südens
(MERCOSUR): Argentinien, Brasilien,
Paraguay, Uruguay

1994
Nordamerikanisches Freihandelsab-
kommen (NAFTA): USA, Kanada,
Mexiko

1994
Freihandelsvertrag G 3: Kolumbien,
Mexiko, Venezuela

Die industriepolitische Planvorstellung der Import substituierenden Industrialisierung hat im Verlauf des 20. Jh. neue Arbeits- und Verdienstmöglichkeiten in bzw. am Rande der größeren Städte geschaffen. Aus diesem Grund sind die industriellen Arbeitsplätze räumlich extrem ungleich verteilt und mit Ausnahme einiger Bergbauzentren fast ausschließlich in den Metropolen Lateinamerikas zu finden. Die Strategie der Import substituierenden Industrialisierung hat dazu beigetragen, dass Lateinamerika heute weltweit den höchsten Verstädterungsgrad aufweist.

Zudem stieß diese Politik bald an die Grenzen der Finanzierbarkeit, da riesige Investitionen notwendig waren, bevor der erhoffte Nutzen zum Tragen kommen konnte. Viele Staaten verschuldeten sich stark. Neben internen Ursachen führten ungünstige Entwicklungen auf den internationalen Finanz- und Warenmärkten zu umfangreichen Rückzahlungsforderungen gegenüber den Schuldnerländern. Die meisten lateinamerikanischen Staaten wurden praktisch handlungsunfähig.

Meist waren zu dem die Binnenmärkte der Staaten zu klein oder nicht kaufkräftig genug, um nationalen Industriebranchen das ökonomische Überleben zu ermöglichen. Zum Schutz ihrer schwachen Industrie griffen viele Staaten zu teuren Subventionen und erhöhten somit noch den Schuldenberg bei internationalen Gläubigern.

?

1. Erstellen Sie eine Zeitleiste der Entwicklungsstrategien, ihrer Ziele und Auswirkungen in Lateinamerika seit der Kolonialzeit.
2. Fassen Sie Ziele und Probleme der Import substituierenden Industrialisierungsstrategie zusammen und bewerten Sie ihren Beitrag zur Entwicklung Lateinamerikas.

Exporte ausgewählter lateinamerikanischer Staaten nach Zielregionen

| | Wertmäßiger Anteil an den Exporten in Prozent | | | | | |
| | Lateinamerika | | Nordamerika, Europa, Japan | | andere | |
Land	1972/73	1992/93	1972/73	1992/93	1972/73	1992/93
Argentinien	25,3	42,6	60,5	39,3	14,2	21,1
Guatemala	32,6	41,1	63,5	50,4	11,2	8,2
Bolivien	26,4	41,0	69,9	57,5	3,7	1,5
Venezuela	32,3	30,9	65,1	66,3	2,6	2,8
Kolumbien	15,2	26,7	80,5	69,6	4,3	3,7
Brasilien	10,2	25,3	73,4	55,7	16,4	19,0
Costa Rica	23,9	22,2	71,4	75,4	4,7	2,4
Chile	12,0	20,6	76,4	60,3	11,6	19,1
Peru	8,9	20,0	80,0	61,7	11,1	18,3
Ecuador	19,6	18,3	74,1	66,8	6,3	14,9
Mexiko	10,0	5,6	87,2	93,0	2,8	1,4

(nach UN, 1977: 1975 International Trade Statistics Yearbook; UN, 1995; 1993 International Trade Statistics Yearbook.)

stete Preisanstieg für die importierten Waren aus den USA und Europa führte Anfang bis Mitte des 20. Jh. bei vielen lateinamerikanischen Staaten zur Entwicklung einer neuen Strategie. Statt den Industrieländern ständig höhere Preise für ihre Produkte zu zahlen und gleichzeitig immer weniger für die exportierten Rohstoffe zu erhalten, sollte die Politik der Import substituierenden Industrialisierung (ISI) die Wende bringen. Man wollte durch eine gezielte Förderung der Industrie die wichtigsten Importprodukte im Lande selbst herstellen, sie durch nationale Produkte ersetzen (substituieren) und gleichzeitig die Rohstoffe, die man bislang unverarbeitet exportierte, weiterverarbeiten.

Dieser Versuch, sich aus der nachteiligen Einbindung in den Weltmarkt durch eine stärkere Selbstversorgung mit Industriegütern zu befreien und damit die Abhängigkeit von den Industrieländern zu verringern, führte im Endeffekt zu einer Erhöhung der Abhängigkeit. Nach dem Ende der ISI sind verschiedene neuere Entwicklungen zu beobachten. Viele Staaten orientieren sich heute am Modell einer exportorientierten Entwicklung und versuchen, Strategien aus dem asiatischen Raum nach Lateinamerika zu übertragen. Zum Beispiel werden Freihandelszonen eingerichtet oder die Ansiedlung exportorientierter Industrien wie die Maquiladora in Mexiko gefördert. Weiterhin kommt es als Konsequenz aus der oft nicht ausreichenden Binnenmarktgröße überall in Lateinamerika zu wirtschaftlichen Zusammenschlüssen mit dem Ziel die wirtschaftliche Zusammenarbeit innerhalb der Mitgliedsstaaten und das gemeinsame Wirtschaftswachstum zu stärken.

Naturräumliche Gliederung Lateinamerikas. Die naturräumliche Binnendifferenzierung ist im Wesentlichen ein Ergebnis a) geologisch-tektonischer und b) klimageographischer Einflüsse. Plattentektonische Kräfte bewegen die südamerikanische Platte ausgehend vom mittelatlantischen Spreizungsraum in Richtung Westen. Diese Bewegungsrichtung kollidiert mit den pazifischen Platten (Subduktionszone) und führt zu einer ausgeprägten Zweiteilung des Kontinents. Die östlichen Teile Südamerikas sind tektonisch passiv, während am Westrand eine hohe tektonische Aktivität auftritt. Hier liegen Tiefseerinnen und Hochgebirge mit jungen Vulkanketten in unmittelbarer Nachbarschaft.

Geologisch gesehen ist Südamerika in drei Einheiten unterteilt: die sehr alten, abgetragenen Mittelgebirge im Nordosten (Schildregionen in Brasilien und Guyana), die Tieflandbecken im Zentralraum (Amazonas-Becken) und im Südosten und die geologisch jungen Gebirgsregionen im Westen (Anden). Im zentralamerikanischen und karibischen Raum ist die tektonische Situation durch unterschiedliche Bewegungen kleinerer Platten viel komplizierter. In der Folge treten Erdbeben und Vulkantätigkeiten auf.

Klimageographisch ist Lateinamerika durch eine deutliche Süd-Nord-Gliederung geprägt, die allerdings in den Anden durch eine vertikale Gliederung unterbrochen wird. Im äußersten Süden bis zu einer Linie zwischen Santiago und Buenos Aires herrschen kühlgemäßigte Klimate vor.

Daran schließen sich subtropische und tropische Klimaregionen an. Die Tropen nehmen flächenmäßig den größten Teil Lateinamerikas ein. Da Temperaturen mit zunehmender Höhe abnehmen, ist die Situation in den Gebirgen, besonders in den ausgedehnten Hochebenen (z. B. Altiplano) sowohl zonal als auch durch die Höhe bestimmt. Beide Einflussgrößen ergeben besondere Höhenstufen, die für die landwirtschaftliche Nutzung große Bedeutung haben. Temperatur, Niederschläge und Reliefintensität sind natürliche Engpassfaktoren für die Landwirtschaft. Mittelbar kommen die Einflüsse auf die Bodenbildungsprozesse hinzu. Sie führen besonders bei tropischen Böden zu großen Nutzungseinschränkungen. In Lateinamerika sind unter Berücksichtigung dieser Engpassfaktoren im Vergleich zu den gemäßigten Breiten nur wenige flächenhaft zusammenhängende Gunsträume für eine hochmechanisierte, intensive Landwirtschaft zu finden.

Landwirtschaftsfläche mit Gewächshäusern bei Bogotá

Naturräumliche Gliederungselemente Lateinamerikas

Atlantischer Ozean

Pazifischer Ozean

//// tropische Klimate
warmgemäßigte, subtropische Klimate
\\\\ kühlgemäßigte Klimate

natürliche Limitfaktoren der Landwirtschaft:

Kälte
Trockenheit
Bodenqualität
Relief
Gunsträume

0 ___ 1000 km

?

Veranschaulichen Sie die naturräumliche Gliederung Südamerikas, indem Sie mithilfe des Atlas ein Profil entlang 10° S zeichnen und die natürliche Vegetation eintragen.

Sektorale Verteilung der Exportgüter ausgewählter Länder Lateinamerikas

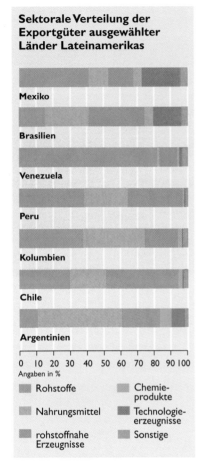

Mexiko

Brasilien

Venezuela

Peru

Kolumbien

Chile

Argentinien

0 10 20 30 40 50 60 70 80 90 100
Angaben in %

■ Rohstoffe   ▨ Chemie-produkte

▨ Nahrungsmittel   ■ Technologie-erzeugnisse

■ rohstoffnahe Erzeugnisse   ▨ Sonstige

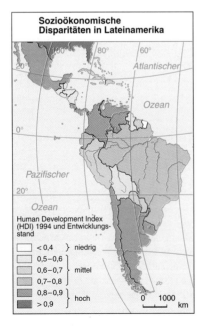

Sozioökonomische Disparitäten in Lateinamerika

Human Development Index (HDI) 1994 und Entwicklungs-stand

☐ < 0,4 } niedrig

☐ 0,5–0,6

☐ 0,6–0,7 } mittel

▨ 0,7–0,8

▨ 0,8–0,9 } hoch

■ > 0,9

0   1000 km

Disparitäten und Verflechtungen zwischen lateinamerikanischen Staaten. Räumliche Disparitäten zwischen lateinamerikanischen Staaten lassen sich mit einer Reihe von Indikatoren beleuchten. In Lateinamerika bestehen z. T. ganz unterschiedliche Wirtschaftsstrukturen nebeneinander. Während im südlichen Südamerika der Rückgang der landwirtschaftlichen Beschäftigung schon weit fortgeschritten ist und damit nur noch relativ wenige Menschen ihr Einkommen aus der Landwirtschaft beziehen, hat dieser Prozess in den Andenländern und den meisten mittelamerikanischen Staaten noch nicht dasselbe Niveau erreicht. Es ist nicht zu erwarten, dass der hohe Anteil der Industriebeschäftigten im südlichen Südamerika von den anderen Wirtschaftsräumen erreicht wird. Am schnellsten wächst in allen lateinamerikanischen Regionen der Anteil der Beschäftigten im Dienstleistungsbereich. Die hohen Werte in fast allen Staaten dürfen aber – anders als in den Industrieländern – nicht als Zeichen für den Übergang in ein postindustrielles Zeitalter missverstanden werden, sondern sind eher ein Zeichen für die begrenzte Aufnahmefähigkeit des sekundären Sektors.

Auch der sozioökonomische Indikator HDI zeigt für 1994 bedeutende Unterschiede zwischen den lateinamerikanischen Staaten. Als einziges Land Lateinamerikas weist Haiti einen niedrigen Entwicklungsstand auf, der sich vor allem auf eine schlechte Gesundheits- und Bildungsversorgung der Bevölkerung zurückführen lässt. Die meisten lateinamerikanischen Staaten zeigen laut HDI mittlere Entwicklungsstände, wobei die Unterschiede von Land zu Land beträchtlich sein können. Bolivien beispielsweise hat zwar gute Fortschritte im Bereich der Bildung gemacht, zeigt aber bei der medizinischen Versorgung und der Ernährung deutliche Defizite, die sich in niedriger Lebenserwartung und hoher Kindersterblichkeit ausdrücken.

In einer Reihe von mittelamerikanischen Staaten ist der Aufbau einer Schul-und Gesundheitsversorgung häufig bedingt durch politische Konflikte nicht vorangekommen. Costa Rica mit seiner hohen politischen Stabilität war demgegenüber in der Lage, die medizische Versorgung im gesamten Land so auszubauen, dass die durchschnittliche Lebenserwartung dort die höchste in ganz Lateinamerika ist und sogar leicht über der in Deutschland liegt. Auch die schulische Bildung ist vergleichsweise gut entwickelt, sodass Costa Rica inzwischen einen hohen Entwicklungsstand erreicht hat.

Die Durchschnittswerte verwischen die zum Teil gravierenden Unterschiede zwischen den Regionen eines Staates. In Brasilien erreicht der HDI für die Süd-Region Werte, die 11 % über dem nationalen Durchschnitt liegen (entspricht Portugal). Für die Nord-Ost-Region liegt der HDI demgegenüber 28 % unter dem brasilianischen Durchschnitt und entspricht dem Entwicklungsstand Boliviens. Weiterhin bestehen zwischen den Geschlechtern, Ethnien, der Stadt- und Landbevölkerung z. T. erhebliche Unterschiede, die durch die Durchschnittswerte verdeckt werden.

Die Verflechtungen zwischen den lateinamerikanischen Staaten sind insgesamt relativ gering. Die Wirtschaftsbeziehungen bleiben trotz Integrationsbestrebungen hinter den Erwartungen zurück und sind häufig noch stark auf die Industrieländer ausgerichtet. Dennoch ist es den meisten lateinamerikanischen Staaten in den letzten 20 Jahren gelungen, die Exporte untereinander zu verstärken (Tabelle S. 164). Die verschiedenen wirtschaftlichen und politischen Zusammenschlüsse, die seit 1960 in Lateinamerika vollzogen worden sind, führten bisher aber nicht zu den erwünschten Wirtschaftsbeziehungen. Die Exportbeziehungen der meisten lateinamerikanischen Länder sind nach wie vor durch hohen Rohstoffanteil gekennzeichnet. Gegenwärtig wird besonders der NAFTA die wichtigste Aufgabe einer weiteren Integration zugesprochen, die mittelfristig möglicherweise den MERCOSUR und die anderen Vereinigungen bzw. Länder mit umfassen wird.

Die Unterschiede im Entwicklungsstand der Staaten führen auch zu Arbeitskräftewanderungen von den weniger entwickelten zu den weiter entwickelten Staaten. So sind z. B. in den 80er Jahren viele Peruaner wegen der Wirtschaftskrise in ihrem Land auf der Suche nach Arbeit und Einkommen in die Staaten des südlichen und nördlichen Südamerikas gewandert.

Disparitäten und Verflechtungen am Beispiel Ecuadors. Ecuador ist nicht nur in seiner Naturausstattung durch Gegensätze geprägt, sondern weist auch starke regionale Disparitäten zwischen Räumen wirtschaftlicher Entwicklung und Stagnation auf. Regionen mit positiver Entwicklung sind vor allem die südliche und zentrale Costa, wo die wichtigsten Anbaugebiete für die Exportgüter Bananen, Kaffee und Kakao liegen und die Zucht von Garnelen für den Export immer bedeutsamer wird.

Seit Anfang der 70er Jahre wird im nördlichen Oriente Erdöl gefördert und per Pipeline über die Anden zum Exporthafen Esmeraldas an der Costa transportiert, wo ein großer Teil des Rohöls in einer Raffinerie verarbeitet wird. Von den Einnahmen aus dem Ölexport profitierten nicht nur diese Regionen, sondern auch die Städte, vor allem die beiden Metropolen Quito und Guayaquil, in die ein großer Teil der Investitionen floss.

Diesen Räumen wirtschaftlichen Wachstums stehen große Regionen wirtschaftlicher Stagnation gegenüber. Hierzu zählt, von einigen Städten abgesehen, fast der gesamte Bereich der Sierra und große Teile der Costa. Der größte Teil der Bauern in diesen Regionen besitzt nur sehr kleine Betriebsflächen, die das Überleben kaum gewährleisten. Die erzeugten Produkte reichen nicht für die dauerhafte Sicherung des eigenen Nahrungsbedarfs. Vermarktbare Überschüsse fallen kaum ab. Solange das Land der Großgrundbesitzer für die Kleinbauern nicht zur Verfügung steht und die Bevölkerung weiter so schnell wächst, wird sich der Bevölkerungsdruck weiter erhöhen und zahlreiche Bewohner der Sierra zur Abwanderung zwingen.

Die Aktiv- und Passivräume Ecuadors werden aber nicht nur durch definitive Wanderungen verknüpft, sondern auch durch vorübergehende Wanderungen. Viele Bewohner der Sierra und Costa, die ihren Lebensunterhalt durch die Landwirtschaft allein nicht mehr bestreiten können, wandern für eine gewisse Zeit in die Räume wirtschaftlicher Prosperität und suchen dort als Saisonarbeiter oder im Baugewerbe Beschäftigung und Einkommen, um anschließend wieder zurückzukehren und als Kleinbauern den übrigen Teil des Jahres zu arbeiten.

Ecuador besteht aus drei sehr unterschiedlichen Naturräumen. Im Westen bildet die *Costa* das Andenvorland zwischen Pazifikküste und Anden. Sie besteht weitgehend aus feuchtheißem Tiefland, lediglich im zentralen Abschnitt der Pazifikküste erhebt sich ein bis 600 m hohes küstenparalleles Bergland. Hier und im Süden der Costa herrscht wechselfeuchtes Klima. Östlich schließt sich das Andenhochland, die *Sierra* an, die sich in zwei parallelen Bergketten mit Höhen bis über 6 000 m in Nord-Süd-Richtung durch Ecuador zieht. Dazwischen liegen in ca. 2 000 bis 3 000 m Höhe Hochbecken. Sie stellen das Hauptsiedlungsgebiet in der Sierra dar. Das Tageszeitenklima ist ganzjährig gleich. Die Temperaturen nehmen bis zur Zone des ewigen Eises mit der Höhe ab. Während die Außenflanken der Sierra ganzjährig hohe Niederschläge erhalten, sind die Hochbecken durch die Bergketten abgeschirmt und wechselfeucht. Östlich an die Anden schließt sich der *Oriente* an. Er besteht zum größten Teil aus wenig erschlossenem immergrünen Regenwald und gehört zum Amazonasbecken. Gleichmäßig hohe Niederschläge und Temperaturen kennzeichnen hier das Klima.

Räumliche Verteilung der Unternehmen und öffentlichen Kredite auf die Provinzen Ecuadors

	Pichincha[1]	Guayas[2]	übrige Prov.
Anteil der öffentlichen Kredite (1984–86) in %	33,3	46,1	20,6
Anteil der Industriebetriebe (1984) in %	33,8	52,5	13,7
Anteil der Handelsbetriebe (1984) in %	38,5	50,1	11,4
Anteil der Baubetriebe (1984) in %	35,3	59,4	5,3

[1](Quito) [2](Guayaquil) (nach Castillo 1988, 56ff.)

?

Die Entwicklung in Ecuador verläuft räumlich und sozial stark polarisiert. Nennen und diskutieren Sie wirtschaftliche und soziale Maßnahmen, die zu einer ausgeglicheneren Regionalentwicklung führen könnten.

Die Aktivräume sind durch Zuwanderung und Passivräume durch
Abwanderung von Bevölkerung
gekennzeichnet. Dabei fällt auf, dass
der gesamte Oriente eine Zuwande-
rungsregion darstellt. Neben der
Erdölförderung, die im Norden
Wanderer anlockt, sind es im übrigen Bereich Kleinbauern aus der
Sierra, die sich hier als Agrarkoloni-
satoren eine neue Existenz gründen
und zu diesem Zweck oft große
Areale des Regenwaldes roden.
Staatliche Stellen unterstützen diese
Zuwanderung in der Hoffnung,
dadurch den Bevölkerungsdruck in
der Sierra vermindern zu können.
Ein Blick auf die Entwicklung in abso-
luten Zahlen (Karte unten) zeigt
allerdings, dass der Umfang der
Zuwanderungen in den Oriente insgesamt recht klein ist und die
Abwanderung vor allem in die
großen Städte erfolgt.

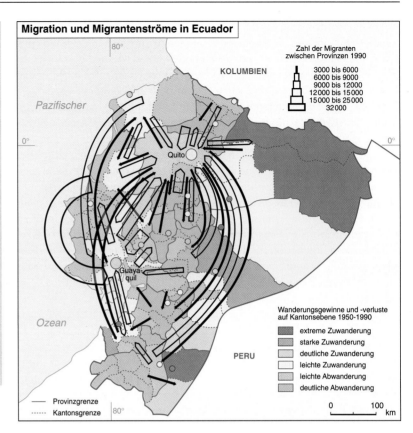

Migration und Migrantenströme in Ecuador

Zahl der Migranten
zwischen Provinzen 1990

3000 bis 6000
6000 bis 9000
9000 bis 12000
12000 bis 15000
15000 bis 25000
32000

KOLUMBIEN

Pazifischer

Quito

Guaya-
quil

Ozean

PERU

Wanderungsgewinne und -verluste
auf Kantonsebene 1950-1990

extreme Zuwanderung
starke Zuwanderung
deutliche Zuwanderung
leichte Zuwanderung
leichte Abwanderung
deutliche Abwanderung

—— Provinzgrenze
····· Kantonsgrenze

0   100
                km

Strukturdaten von Ecuador

Einwohner	11 Mio.
Bev.-Dichte	40 E/km²
Städt. Bevölkerung	53 %

Sektor	Anteile in % am BIP	an den Er-werbs-tätigen
Landwirtschaft	12	28
Industrie	38	18
Dienstleistungen	50	54

?

1. Interpretieren Sie die beiden Karten.
Benutzen Sie hierfür den Text und sammeln Sie weitere Informationen.
2. Erklären Sie den hohen Anteil der
Dienstleistungen in Ecuador und in
anderen Entwicklungsländern; vergleichen Sie den tertiären Sektor in
Entwicklungs- und Industrieländern.

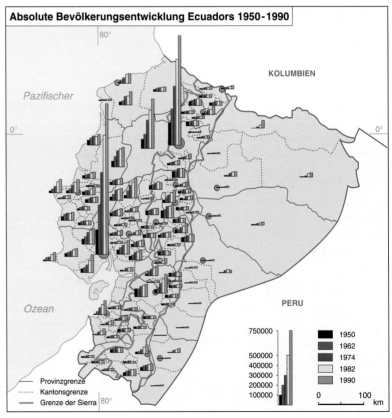

Absolute Bevölkerungsentwicklung Ecuadors 1950-1990

KOLUMBIEN

Pazifischer

Ozean

PERU

750000		1950
500000		1962
400000		1974
300000		1982
200000		1990
100000		

0   100
                km

—— Provinzgrenze
····· Kantonsgrenze
—— Grenze der Sierra

Disparitäten und Verflechtungen auf regionaler und lokaler Ebene

Folgen der Verstädterung. In Lateinamerika hat traditionell ein ausgeprägter Gegensatz zwischen Stadt und Land bestanden. Bis heute gilt Stadtleben noch häufig als fortschrittlich und modern, Landleben dagegen als rückständig und traditionell. Jedoch ist die Aussagekraft dieses Gegensatzes in dem Ausmaß rückläufig, wie die Verstädterung als Zunahme der Stadtbevölkerung an der Gesamtbevölkerung wächst. Die starken Bevölkerungszunahmen Lateinamerikas im 20. Jh. mit Wachstumsraten, die seit den 50er Jahren über 2 % pro Jahr liegen, haben fast ausschließlich zu einem Wachstum der Stadtbevölkerung geführt, da gleichzeitig die ausgeprägte Land-Stadt-Wanderung wirksam war. Gegenwärtig leben etwa 70 % der Bevölkerung Lateinamerikas in Städten, davon viele in Großstädten über 100 000 bzw. in Metropolen über 1 000 000 Einwohner. Von großer Bedeutung ist auch die Primatstruktur, die sich durch das Verhältnis der größten zur zweitgrößten Stadt bzw. zur Stadtbevölkerung insgesamt bestimmen lässt.

Die Bevölkerungsentwicklung ausgewählter Länder

Mio. Einwohner

Argentinien — Groß-Buenos Aires
Kolumbien — Bogotá
Peru — Lima/Callao

■ Hauptstadt ■ übrige städtische Bevölkerung ■ ländliche Bevölkerung
durchschnittliche jährliche Wachstumsrate (in %), jeweils bezogen auf den vorangegangenen Zeitraum

(nach BÄHR, u. a.)

Die Konzentration der Bevölkerung in einer oder mehreren Stadtregionen hat zu zahlreichen Problemen geführt. Dazu gehören die Bereitstellung von Wohnraum, die Schaffung von Arbeitsplätzen, die Einrichtung von Ausbildungsstätten oder der Ausbau der Verkehrswege und der Ver- bzw. Entsorgungsinfrastruktur. Vor dem Hintergrund gesamtwirtschaftlicher Schwierigkeiten führen diese Probleme zu erheblichen Disparitäten, Armutskonzentrationen und existenziellen Konflikten in den Stadtregionen. Da in den Stadtregionen gleichzeitig auch die ökonomisch erfolgreichen Unternehmen und die wohlhabenden Gesellschaftsgruppen ansässig sind, ergeben sich gewaltige Unterschiede und Ungleichheiten in unmittelbarer Nachbarschaft. Obwohl bei der Betrachtung von Durchschnittswerten auch heute noch eine durchgängige Verschlechterung der Geldeinkommen vom Zentrum (Metropolen) zur Peripherie (entlegene ländliche

?

Informieren Sie sich über Ursachen und Auswirkungen der Verstädterung in Lateinamerika und stellen Sie sie an Beispielen dar.

Gebiete) zu verzeichnen ist, prallen die unterschiedlichen Lebensbedingungen gerade in den Metropolen hart aufeinander.

Natürliche Bevölkerungsentwicklung und Zuwanderungsgewinne haben die Bedeutung informeller Beschäftigungsfelder in den Städten anwachsen lassen. Ursprünglich bezeichnete der Begriff informeller Sektor die selbstständige Erwerbstätigkeit der armen Bevölkerung, die weder in Unternehmen noch beim Staat Beschäftigung fanden. Inzwischen ist dieser Sektor sehr stark angewachsen und hat die unterschiedlichsten Formen angenommen, sodass er nicht mehr eindeutig abgegrenzt werden kann. Von großer Bedeutung ist aber nach wie vor die rechtliche Unsicherheit der informellen Aktivitäten, die sich an den Hauptbereichen Wohnungsbau, Handel und Transportwesen verdeutlichen lassen.

Die Produkte des **informellen Wohnungsbaus** haben viele regionalspezifische Namen (z. B. barriadas; favelas; barrias marginales = randstädtische Elendsviertel; pueblos jovenes = Neubauquartiere; ciudades perdidas; vilas miserias). Sie bezeichnen Siedlungen, deren äußeres Erscheinungsbild durch Baumaterialien wie Pappe, Konservendosen, Wellblech, Matten oder Zeitungen, aber auch Holz, Lehm und Stein gekennzeichnet ist. Die Bauformen sind abhängig von dem lokal verfügbaren Material, den Preisen für Baumaterialien und dem Alter der Siedlungen, da nach einiger Zeit gewisse Stabilisierungstendenzen wirksam werden können. Informelle Siedlungen entstehen häufig auf marginalen Böden, die sonst schlecht zu nutzen sind. Beispiele sind von Erosion bedrohte Hänge, Überschwemmungsgebiete, versumpftes Gelände, Müllhalden. Sie können aber auch in direkter Nachbarschaft zu Wohngebieten der Oberschicht oder neben Industrieanlagen liegen. Die wichtigste Form ihrer Entstehung ist die informelle Besitznahme einer Fläche, um sie für den Wohnungsbau zu parzellieren.

Das geschieht entweder durch Besetzung bzw. Invasion oder durch unzulässigen Landkauf. Am bekanntesten sind sicherlich die Besetzungen bzw. Invasionen, die schleichend als Infiltration oder überraschend „über Nacht" erfolgen. Das Überraschungsmoment ist dabei ein Ergebnis einer umfassenden und detaillierten Planung, die durch eine Gruppe, häufig mit familiärem oder dörflich-nachbarschaftlichem Zusammenhalt, durchgeführt wird. Weitere Merkmale von Invasionen in Lateinamerika sind die Präferenz für Besetzung auf staatlichem Grundbesitz häufig zu Zeitpunkten vor Feiertagen oder vor Wahlen, um sich auf diese Weise vor sofortiger Räumung zu schützen. Eine Invasion benötigt weiterhin eine „kritische Masse". So werden Invasionen häufig von hundert bis zu mehreren tausend beteiligten Personen durchgeführt, die sofort eine Unzahl Nationalflaggen hissen, die Grundstücke einteilen und säubern sowie Straßen und andere gemeinsame Infrastrukturen errichten.

Informeller Handel: Er besteht überwiegend aus Straßenhandel. Es lassen sich „fliegende Händler" und feste Standplätze unterscheiden. Letztere sind Bushaltestellen oder gut frequentierte Straßenabschnitte. Sie werden bevorzugt und verteidigt, indem die Händler beispielsweise ihren Standplatz mit Farbe oder Kreide abgrenzen. Die Händler verkaufen sowohl international gehandelte Güter als auch Waren wie Nahrungsmittel und Bekleidung von informellen Produzenten. In Lima beträgt die Anzahl der Erwerbstätigen in diesem Sektor ca. 440 000 Personen, davon sind über 50 % Frauen.

Erwerbstätigkeit im Personenverkehr. Informelle Bus- und Taxiunternehmen haben in jeder Metropole Lateinamerikas im Prozess des Stadtwachstums und der Migration eine wichtige Funktion.

Chancen und Probleme exportorientierter Entwicklung

Bananenanbau als Beispiel exportorientierter Landwirtschaft. Rund 60 % aller Bananen, die 1993 auf dem Weltmarkt gehandelt wurden, stammen aus Ecuador, Kolumbien und fünf zentralamerikanischen Staaten. Dabei sind Ecuador, Costa Rica und Kolumbien die wichtigsten Exporteure, die zusammen einen Anteil von rund 43 % am Weltbananenexport aufweisen. Die Bananenwirtschaft stellt für diese Staaten sowohl für die Beschäftigung als auch für die Deviseneinnahmen einen sehr wichtigen Wirtschaftszweig dar. So sind in Lateinamerika rund 2,4 Mio. Menschen in der Bananenwirtschaft oder nachgelagerten Wirtschaftszweigen beschäftigt. Für Honduras, Panama und Costa Rica waren Bananen 1993 das bedeutendste Ausfuhrgut, in Ecuador und Guatemala stehen sie an zweiter bzw. dritter Stelle in der Exportstatistik.

Die große wirtschaftliche Dominanz eines einzigen Exportproduktes führt dazu, dass die Produzentenländer sehr stark von Veränderungen auf dem Weltmarkt für diese Produkte abhängig sind. Krisen oder Booms auf dem Markt für Bananen wirken sich direkt negativ oder positiv auf Staatseinnahmen in Form von Exportsteuern und die Beschäftigungssituation vor Ort aus. Um diese Abhängigkeit zu verringern, haben sich viele Staaten bemüht die Palette ihrer Exportprodukte zu vergrößern, allerdings blieb der Erfolg weitgehend aus, wie der seit Mitte der 80er Jahre wieder steigende Anteil der Bananen am Gesamtexport zeigt. Auch die Union der Bananenexportländer (UPEB), in der sich die wichtigsten lateinamerikanischen Produzentenländer zusammenschlossen, hat den Schwankungen der Weltmarktpreise und dem fortschreitenden Preisverfall keinen Einhalt gebieten können. Die Austauschverhältnisse verschlechterten sich. Kostete der Kauf eines importierten LKW 1985 noch den Gegenwert von 44 Tonnen Bananen, waren es 1990 schon 58 Tonnen. Die Steigerung der Exportmengen führt also nicht im gleichen Maß zu steigenden Einnahmen.

Die UPEB war auf einem anderen Feld erfolgreicher: Gegen den erbitterten Widerstand der multinationalen Bananenproduzenten, -exporteure und -händler setzten ihre Mitgliedsstaaten höhere Exportsteuern durch und förderten mit diesen Einnahmen u.a. einheimische Bananenproduzenten und die Gründung von Genossenschaften der Kleinproduzenten. Dennoch fließt der größte Teil des Gewinns aus dem Bananengeschäft bis heute zu den multinationalen Fruchtgesellschaften; nur gut 11% bleiben beispielsweise in Costa Rica.

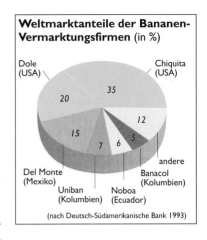

Weltmarktanteile der Bananen-Vermarktungsfirmen (in %)

Dole (USA) 20 — Chiquita (USA) 35 — 12 — 15 — 7 — 6 — 5 — andere — Del Monte (Mexiko) — Uniban (Kolumbien) — Noboa (Ecuador) — Banacol (Kolumbien)

(nach Deutsch-Südamerikanische Bank 1993)

Neben Problemen, die sich aus der Monostrukturierung der Volkswirtschaften ergeben, führt die Erhöhung der Exportmengen und der Anbau in Monokultur zu schwerwiegenden ökologischen Problemen in den Anbauregionen. Allein in Costa Rica wurde die Fläche der Bananenplantagen von 18 000 ha (1985) auf 55 000 ha (1993) vergrößert. Z. T. wurde hierfür ökologisch wertvoller Regenwald gerodet. Außerdem schadet der intensive Einsatz von Dünger und Pestiziden den Menschen und der Umwelt in der Region.

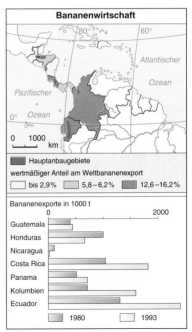

Bananenwirtschaft

Hauptanbaugebiete
wertmäßiger Anteil am Weltbananenexport
bis 2,9% — 5,8–6,2% — 12,6–16,2%

Bananenexporte in 1000 t

Guatemala, Honduras, Nicaragua, Costa Rica, Panama, Kolumbien, Ecuador

1980 — 1993

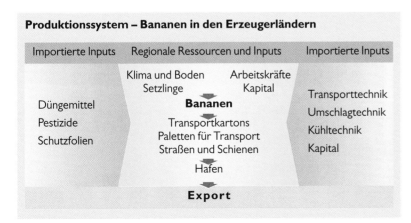

Produktionssystem – Bananen in den Erzeugerländern

Importierte Inputs	Regionale Ressourcen und Inputs	Importierte Inputs
	Klima und Boden Arbeitskräfte	
	Setzlinge Kapital	Transporttechnik
Düngemittel	**Bananen**	Umschlagtechnik
Pestizide	Transportkartons	Kühltechnik
Schutzfolien	Paletten für Transport	
	Straßen und Schienen	Kapital
	Hafen	

Export

US-amerikanischer Betrieb in Laredo (Mexiko) an der Grenze zu Texas

Industrialisierungsbestrebungen am Beispiel der mexikanischen Maquiladora. Seit den ersten Anzeichen für die Erfolglosigkeit der Import substituierenden Industrialisierung, d. h. etwa seit 1970, versuchen verschiedene lateinamerikanische Länder Industrien zu fördern, die für den Export produzieren. Dabei setzen sie auf den Vorteil, dass ihre Arbeitskosten weitaus niedriger als in den hochindustrialisierten Ländern sind. Eine besondere Position nimmt in diesem Zusammenhang Mexiko ein, das mit der gemeinsamen Grenze zu den USA als dem größten Industrieland der Welt einen wichtigen Lagevorteil hat. Seit 1971 bietet die mexikanische Regierung US-amerikanischen Unternehmen Produktionsstandorte in besonderen Wirtschaftszonen innerhalb eines 20-km-Streifens entlang der Grenze an. In diesen „Freien Produktionszonen" herrschen besondere Wirtschaftsrechte, die beispielsweise die Zollbestimmungen für die Ein- und Ausfuhr der Roh-, Halbfertig- und Fertigprodukte betreffen. US-amerikanische Unternehmen können seitdem auf mexikanischem Territorium zu günstigeren Lohnkosten im Vergleich zu heimischen Standorten produzieren lassen. Besonders arbeitsintensive Branchen der Textilindustrie und der elektrotechnischen Unterhaltungsindustrie siedelten sich seitdem im Grenzbereich an und bewirkten ein rasches Wachstum der Industriebeschäftigung in den grenznahen Städten.

Die Maquiladora bildet einen Anziehungspunkt für Zuwanderer aus allen Teilen Mexikos und stellt gleichzeitig ein Sprungbrett für die legalen, häufiger aber illegalen Grenzüberschreitungen in die USA dar. Mit der Zunahme der wirtschaftlichen Verflechtungen zwischen den beiden Ländern und endgültig mit der Einrichtung der NAFTA wurden die Grenzraumbestimmungen aufgelockert. Alle Landesteile Mexikos bieten sich heute als Billiglohnstandorte für ausländische Unternehmen an. Auf diese Weise versucht die Regierung, notwendige Arbeitsplätze im gewerblichen Bereich dauerhaft und landesweit aufzubauen.

Die Meinungen über den Erfolg dieser Maßnahmen sind in Mexiko sehr geteilt. Einerseits kann auf die Steigerung der Beschäftigung in diesen Sektoren hingewiesen werden. Auch fließt ausländisches Kapital als Direktinvestitionen nach Mexiko, um neue Industriebetriebe aufzubauen. Andererseits bleiben viele erhoffte Wirkungen aus. Von der Lohnveredelungsindustrie gehen keine spürbaren Verflechtungseffekte auf das einheimische Gewerbe aus. Die neuen Betriebe bleiben sehr stark abhängig von den ausländischen Konzernen, die bei veränderten weltwirtschaftlichen Bedingungen oder staatlichen Einflussnahmen schnell wieder abwandern. Weiterhin sind die Arbeitsbedingungen und die Möglichkeiten gewerkschaftlicher Interessenvertretung sehr schlecht. Immer wieder wird von unzumutbaren Repressalien am Arbeitsplatz berichtet. Trotz dieser negativen Begleitaspekte setzen viele Länder Lateinamerikas auf diesen Weg der nachholenden Industrialisierung.

Maquiladora-Industrie in Mexiko (in % der Wertschöpfung)

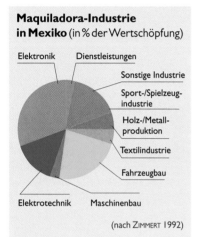

(nach ZIMMERT 1992)

Sektorale Anteile und Beschäftigungsentwicklung 1970–1989 der Maquiladora-Industrie

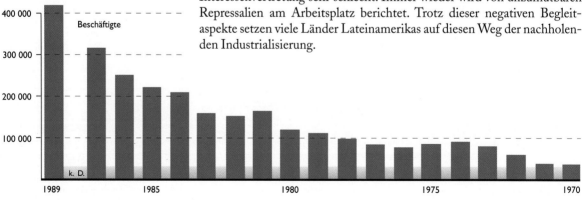

Ansätze für eine ausgleichsorientierte Regionalentwicklung
in Lateinamerika

Wachstums- und Entwicklungspole. In den flächengroßen lateinamerikanischen Ländern erkannte man bereits in den 60er Jahren, dass die Import substituierende Industrialisierung die räumlichen Disparitäten verstärkt. Viele der neuen Industrien siedelten sich in den bestehenden großen Zentren an und verstärkten dadurch die Land-Stadt-Wanderungen. Aus diesem Grunde setzten Planungen ein, industrielle Komplexe außerhalb der bestehenden Schwerpunkträume zu errichten. Von den neuen industriellen Kernen in schwach strukturierten, ländlichen Regionen erwarteten die staatlichen Behörden, besonders die Regionalplanung Impulse für eine sich selbst tragende und verstärkende Regionalentwicklung.

Ciudad Guayana in Venezuela ist ein derartiger industrieller Entwicklungspol. Voraussetzungen für die Standortentwicklung waren ergiebige Eisenerzvorkommen (Cerro Bolívar), die mögliche Nutzung des Rio Caroni für die Elektrizitätswirtschaft (Guri-Stausee und Wasserkraftwerk) und der Orinoco mit seinem seeschifftiefen Fahrwasser. Nach Erschließung der Rohstofflager und der Wasserkraft wurden in Ciudad Guyana Grundstoffindustrien errichtet. Dazu gehört ein integriertes Eisenhüttenwerk und der Aufbau der Aluminiumindustrie. Seit dem Betriebsbeginn im Jahre 1966 erfolgten Erweiterungen in den 70er und 80er Jahren. Gegenwärtig werden Ausbaupläne realisiert, die zukünftig den weltgrößten Produktionsstandort für Aluminium ergeben werden.

Weitere Industriebetriebe im Grundstoffbereich runden den Entwicklungspol ab. Dadurch ist eine Siedlungsentwicklung von etwa 4 000 Bewohnern 1950 auf über 500 000 Bewohner 1992 eingeleitet worden. Nahezu 30 % der Beschäftigten arbeiteten Ende der 80er Jahre im Bergbau, in der Energieerzeugung und der Industrie. Jedoch ist dieser Trend rückläufig und es treten Probleme auf dem Arbeitsmarkt auf. Trotz der gewaltigen Investitionen gelingt es auch in Ciudad Guyana nicht, ein dauerhaftes industrielles Wachstum aufrechtzuerhalten. Die Kapitalintensität der Grundstoffindustrie ist zu hoch, um ausreichend industrielle Arbeitsplätze zu schaffen. Gleichzeitig gehen von den ansässigen Branchen zu wenige Anreize für weiterverarbeitende Betriebe vor Ort aus. Die Großindustrien werden daher auch als Kathedralen in der Wüste bezeichnet. Hinzu treten die gravierenden Umweltbelastungen, die von den Betrieben ausgehen und die das Wohnumfeld und die Lebensbedingungen in Ciudad Guyana sehr negativ beeinflussen.

Grundbedürfnis orientierte Strategien. Nachdem die erhofften Entwicklungsimpulse auf die Wirtschaft der lateinamerikanischen Länder im Wesentlichen ausblieben, sich die wirtschaftliche Situation der armen Bevölkerungsmehrheit nicht verbesserte und die regionalen Gegensätze zwischen Zentrum und Peripherie sich nicht abschwächten, sondern eher noch verstärkten, war die Zeit gekommen, völlig neu über die Ziele und Strategien von Entwicklung nachzudenken. Statt wie bisher auf die soziale und räumliche Ausbreitung von Wachstumsimpulsen zu hoffen, sollten nun die Entwicklungsanstrengungen den Bedürftigsten direkt zugute kommen. Die Befriedigung der Grundbedürfnisse steht im Vordergrund dieser Strategien. Auch die 1996 angelaufene Entwicklungsdekade der Vereinten Nationen, die sich die Beseitigung der Armut zum Ziel gesetzt hat, nimmt auf diese Überlegungen Bezug.

Die Stadt Hamburg, die Europäische Union und eine in Köln ansässige und auf Wohnungsbau in der Dritten Welt spezialisierte Hilfsorganisation planen und finanzieren in León, der zweitgrößten Stadt Nicaraguas, mit der dortigen Stadtverwaltung ein Wohnungsbauprojekt, das Zuwanderer vom Land beim Bau von menschenwürdigen Behausungen unterstützt. Viele Zuwanderer leben in notdürftig zusammengezimmerten Hütten aus Karton, Plastik oder Blech. Sie haben weder Wasser- noch Stromanschluss oder Zugang zu sonstiger Infrastruktur. Im Rahmen des Projektes sollen rund 450 Häuser verbessert oder neu gebaut werden. Hierzu werden die Bewohner durch einheimische Fachleute angeleitet. Sie müssen das Grundstück, auf dem sie bauen, erwerben und rund die Hälfte der anfallenden Kosten als Kredit über 10 Jahre zurückzahlen. Gebaut wird in Eigen- und Gemeinschaftsarbeit, die Baumaterialien wie Steine und Dachziegel werden selbst hergestellt. Neben den Wohnungen, die Wasser- und Stromanschluss besitzen, werden in Gemeinschaftsarbeit u. a. eine Grundschule und eine Gesundheitsstation errichtet und ein Abwassersystem gebaut. Natürlich lässt sich durch ein einziges Projekt dieser Art nicht die Lebenssituation aller Bedürftigen verbessern, es zeigt aber, dass mit relativ geringen finanziellen Mitteln einige Grundbedürfnisse einer relativ großen Zahl Menschen erheblich besser befriedigt werden können.

Grundbedürfnisse: Ausreichende Ernährung und Versorgung mit Trinkwasser, Wohnen, Arbeit, Kleidung, Zugang zu medizinscher Versorgung und schulischer Bildung.

173

Kaffeeplantage mit Schattenbäumen

Eigenständige agroindustrielle Entwicklung. Die geringen Erfolge der von zentralen Instanzen geplanten industriellen Entwicklungspole haben dazu geführt, dass in den 80er Jahren immer mehr Wissenschaftler und Planer eine Entwicklung „von unten" propagieren. Die Grundidee besteht darin, dass die Befriedigung der Grundbedürfnisse und die Erzeugung von wirtschaftlichem Wachstum in den ländlichen Regionen am ehesten mit den bestehenden agrarwirtschaftlichen und gewerblichen Strukturen zu erreichen sind. Zielsetzung ist es, zusätzliche Verarbeitungsschritte in der Region und in dem jeweiligen Land aufzubauen. Dazu werden als Einstieg die bestehenden Verflechtungen eines Produktes in verschiedener Hinsicht ermittelt, wie es in der Abbildung für das Produktionssystem Kaffee veranschaulicht wird. Darauf aufbauend ist zu entscheiden, ob bestehende „input"-Verflechtungen in der Region organisiert werden können oder von außen bezogen bzw. importiert werden müssen. Die Fertigung von Werkzeugen und Maschinen ist ein derartiges Beispiel. Entsprechend kann überlegt werden, ob output-Verflechtungen wie die Röstung und Mischung des Kaffees für den Weltmarkt in den Erzeugerländern und nicht – wie heute üblich – in den Verbrauchsländern durchgeführt werden könnte. Je vielfältiger und intensiver die Verflechtungen innerhalb der jeweiligen Region gestaltet werden können, desto stabiler und unempfindlicher sind sie.

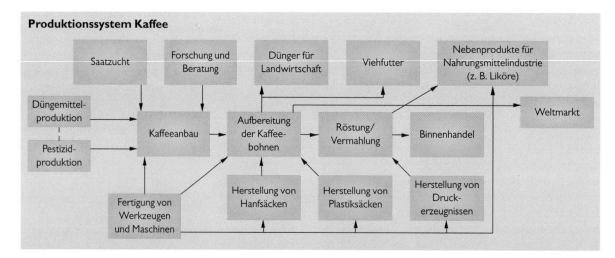

Produktionssystem Kaffee

Drei Ziele sollen erreicht werden. Erstens sollen so viele Vorleistungs- und Verarbeitungsschritte wie möglich in der Erzeugerregion stattfinden. Dieses beinhaltet zumeist eine Verlagerung aus den industrialisierten Ländern des Nordens nach Lateinamerika. Dadurch soll der Erzeugeranteil am Verkaufspreis des jeweiligen Produktes erhöht werden. Zweitens ist zu erwarten, dass vielfältige und enge Verflechtungen mehr Innovationen und eine bessere Wettbewerbsfähigkeit ergeben und damit die Probleme der Monostruktur abmildern. Drittens ist anzustreben, dass auch die verflochtenen Branchen (z. B. der Maschinenbau) erfolgreich auf dem Weltmarkt werden und auf diese Weise die Palette der Exportprodukte erweitern. Jedoch ist zu beachten, dass diese Entwicklungsschritte bei weitgehender Integration in den Weltmarkt erfolgen müssen, weil sonst nicht effiziente und kostenträchtige Strukturen entstehen können, die ähnlich wie beim Programm der Import substituierenden Industrialisierung mehr Probleme als Vorteile erzeugen.

?

1. Erläutern Sie anhand der Abbildung die Verflechtungsbeziehung des Produktionssystems Kaffee.
2. Fassen Sie die Ziele eigenständiger agroindustrieller Entwicklung zusammen. Diskutieren und bewerten Sie diese Strategie.

174

Ökologisch nachhaltige Entwicklung. Zur Bewältigung gegenwärtiger und zukünftiger Probleme wird es darauf ankommen, die wirtschaftlichen und sozialen Aspekte der Regionalentwicklung mit ökologischen so zu koppeln, dass die jeweiligen Zielsetzungen nicht im Widerspruch zueinander stehen. Weder sollte der Zwang, sich auf den Weltmärkten zu behaupten, zu einem „ökologischen Ausverkauf" führen, noch darf der sicherlich berechtigte Hinweis, Sozial- und Umweltstandards einzuhalten, zur Blockierung wirtschaftlicher Entwicklungsperspektiven dienen. In diesem komplexen und schwierigen Problemfeld weisen heute sogenannte Nichtregierungsorganisationen (NGO) auf neue Prinzipien und Verfahrensweisen zur Lösung globaler und nationaler Disparitäten hin. In Lateinamerika sind besonders diejenigen Ansätze bedeutungsvoll, die exportorientierte Produktionssysteme sozial- und umweltverträglicher gestalten. Wichtige Impulse entstehen daher durch die Vermarktungsmöglichkeiten auf dem Weltmarkt von Agrarprodukten, die in kooperativen Organisationsformen unter weitgehender Beachtung ökologischer Kriterien hergestellt werden.

Die aus der kirchlichen Entwicklungshilfe entstandene Gesellschaft zur Förderung der Partnerschaft mit der Dritten Welt (gepa) ist in diesem Zusammenhang richtungweisende Schritte gegangen. Sie versucht beispielsweise im Kaffeebereich die eben genannte agroindustrielle Entwicklung zu unterstützen, indem sie solchen Kaffee vertreibt, der in der Erzeugerregion geröstet und verpackt wird. Gleichzeitig werden Beihilfen gegeben, damit die Kaffeeproduktion zunehmend auf ökologischen Anbau umgestellt werden kann. Ähnliche Projekte werden inzwischen bei anderen Produkten wie Tee und Honig vorangetrieben, häufig erkennbar am Hinweis auf „faire" Handelsbeziehungen. So kann der deutsche Verbraucher durch den gezielten Kauf mit dazu beitragen, dass beispielsweise gerodete Waldgebiete in den tropischen Erzeugerländern wieder aufgeforstet werden. Sicherlich sind dieses nur kleine Schritte auf dem langen Weg zu einer nachhaltigen Entwicklung in Lateinamerika, die zudem von der Bereitschaft der Verbraucher abhängen, die Kaffee- oder Teemarke bewusst auszuwählen.

Projekt der Entwicklungshilfegruppe der Staatlichen Berufsschule Altötting

Angaben zum Solarkocher
- Parabolischer Spiegel aus Aluminium-Hochglanzblechen mit ca. 1,40 m Durchmesser
- Lebensdauer ca. 20 Jahre
- benötigt werden außer dem Kocher dunkle emaillierte Stahltöpfe und Warmhaltebehälter
- Preis insgesamt rund 250 DM.

Ergebnis 1995
- In 50 Ländern sind bereits ca. 3000 Solarkocher dieser Art eingesetzt. Der erste solarbetriebene Kühlschrank wird in München präsentiert.
- Das besonders an den Kräften der Frauen und Kinder zehrende und ökologische Katastrophen auslösende Brennholzsammeln entfällt.
- Wasser kann abgekocht (sterilisiert) werden.
- Arbeitsplätze beim Bau von Solarkochern und als Bestandteil von Werkstätten zum Stofffärben u. a. entstanden.

Beispiele aus Lateinamerika
- Bolivien
  Pro Jahr sollen durch die Absolventen von Gymnasien etwa 100 Solarkocher installiert werden.
- Brasilien
  Neueinrichtung einer Werkstatt im Nordosten mit der Herstellungskapazität für 300 Kocher pro Jahr.
- Ecuador
  Die zweite Kocherwerkstatt entstand in der Nähe von Ambato.
- Peru
  100 Kocher werden in einem Dorf in Huancapampa in Betrieb genommen, gleichzeitig läuft ein Aufforstungsprogramm an.
  Außerdem werden 700 Kocher von Deutschland geschickt.

In einem Dritte-Welt-Laden in Berlin

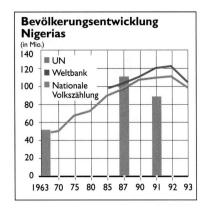

Bevölkerungsentwicklung Nigerias
(in Mio.)

- UN
- Weltbank
- Nationale Volkszählung

1963 70 75 80 85 87 90 91 92 93

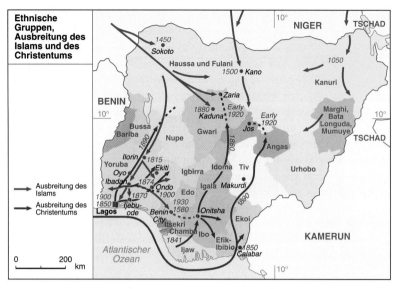

Ethnische Gruppen, Ausbreitung des Islams und des Christentums

Ausbreitung des Islams

Ausbreitung des Christentums

0   200 km

Sprachen:
Amtssprache: Englisch
3 große Regionalsprachen, die der ethnischen Großgliederung entsprechen: Yoruba, Ibo und Haussa
Das Haussa ist als Handels- und Verkehrssprache über die Grenzen des Landes hinaus gebräuchlich.
In den Koranschulen des Nordens: Arabisch

Politische Gliederung
1960   mit der Unabhängigkeit:
       3 Bundesstaaten
1963: vier Bundesstaaten
1967: zwölf Bundesstaaten
1976: 19 Bundesstaaten
1987: 21 Bundesstaaten
1991: 30 Bundesstaaten und Gründung eines eigenen Staates für die neue Hauptstadt Abuja

Entwicklungsprobleme in Nigeria

Staatliche Einheit und regionale Zersplitterung

Die ehemalige britische Kolonie erhielt 1960 ihre Unabhängigkeit. Nach der kolonialen Landnahme durch Großbritannien in der zweiten Hälfte des 19. Jahrhunderts wurde der Name „Nigeria" am 1. 1. 1900 auf Vorschlag der Journalistin Flora Shaw gewählt. Die Kolonie umfasste das bereits unter britischer Herrschaft stehende Lagos mit seinem Hinterland sowie die Protektorate Süd- und Nordnigeria. Großbritannien setzte die schon in anderen Kolonialgebieten erprobte „indirekte Herrschaft" ein. Die Kolonialverwaltung bediente sich der traditionellen Herrscher als Mittelsmänner – der Emire im muslimischen Norden und der Chiefs in den überwiegend christlich missionierten südlichen Landesteilen.

Das System der Militärregierungen, das seit der Unabhängigkeit nur wenige Jahre von Zivilregierungen unterbrochen wurde, ist ein importiertes Ordnungsmodell. Es soll eine störungsfreie politische und wirtschaftliche Entwicklung voranbringen. Konflikte sind jedoch durch die ethnische Vielfalt mit über 400 verschiedenen Gruppen und unterschiedlichen Sprachen vorgegeben. Sie äußern sich in Stammesrivalitäten, wie z. B. in dem 1967 blutig niedergeschlagenen Sezessionskrieg. Die erdölreiche und mehrheitlich von Ibos bewohnte Ostregion hatte versucht, ihre Unabhängigkeit als Staat Biafra zu erlangen.

Das Denken und Handeln in Stammeskategorien, der Tribalismus, wird durch Religionsgegensätze verstärkt. Knapp die Hälfte aller Nigerianer bekennt sich zum Islam, ca. 40 % zum Christentum, und der Rest verteilt sich auf Naturreligionen. Die religiösen, ethnischen und politischen Führer verstanden es immer, ihren Machtanspruch zu vergrößern und finanzielle Zuweisungen der Zentralregierung zu ihren Gunsten umzulenken. Eine Variante bestand darin, Volkszählungsergebnisse zu manipulieren. Diese Methode wurde bereits in der Kolonialzeit mit Erfolg angewandt, als man der Kopfsteuer oder dem Militärdienst in der britischen Kolonialarmee entgehen wollte. Erst der Zensus von 1991 lieferte relativ zuverlässige Ergebnisse: Nigeria bleibt weiterhin das bevölkerungsreichste Land Afrikas.

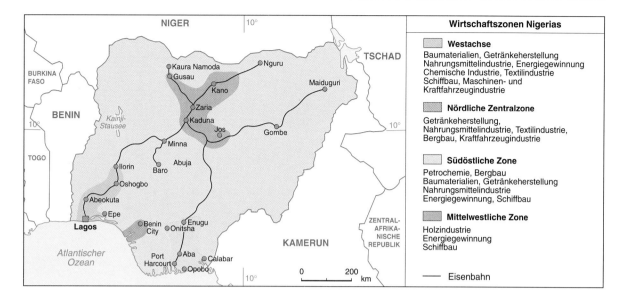

Wirtschaftszonen Nigerias

Westachse
Baumaterialien, Getränkeherstellung
Nahrungsmittelindustrie, Energiegewinnung
Chemische Industrie, Textilindustrie
Schiffbau, Maschinen- und
Kraftfahrzeugindustrie

Nördliche Zentralzone
Getränkeherstellung,
Nahrungsmittelindustrie, Textilindustrie,
Bergbau, Kraftfahrzeugindustrie

Südöstliche Zone
Petrochemie, Bergbau
Baumaterialien, Getränkeherstellung
Nahrungsmittelindustrie
Energiegewinnung, Schiffbau

Mittelwestliche Zone
Holzindustrie
Energiegewinnung
Schiffbau

—— Eisenbahn

Dualismus und Marginalisierung

Neben der innenpolitischen Instabilität ist der Nord-Süd-Gegensatz ein weiterer hemmender Entwicklungsfaktor. Nordnigeria (Sudanzone mit Savannenvegetation) war ursprünglich Hauptanbaugebiet von Erdnüssen und Baumwolle. Die hohe Bevölkerungskonzentration ergibt sich daraus, dass die Märkte gleichzeitig Endpunkte des transsaharischen Karawanenverkehrs waren.

Das dünn besiedelte Mittelnigeria, als Feuchtsavanne gekennzeichnet, wirkt als Puffer zwischen den nomadisierenden Fulani im Norden und den Yoruba und Ibo im Süden. Beide Regionen haben mehrheitlich eine islamische Bevölkerung und gelten traditionell als wirtschaftlich rückständig. In der Vergangenheit war es der muslimischen Führungsschicht weitgehend gelungen, das Eindringen christlicher Missionen zu verhindern.

Im verkehrsmäßig besser erschlossenen Südnigeria dominieren die verarbeitende Industrie und die Erdölwirtschaft. Das Bildungsgefälle vom wirtschaftlich entwickelteren Süden nach dem Norden stammt noch aus Kolonialzeiten.

Die unterschiedliche Entwicklung der Großräume geht auf die Kolonialherrschaft zurück. In der Anfangsphase konzentrierte sich Großbritannien auf die leicht zugänglichen Küsten-, Delta- und Lagunenzugänge. Agrarische Rohstoffe wie Palmöl und Kautschuk begründeten den Rohstoffhandel mit Europa. Mit der Fertigstellung der Eisenbahnlinie von Lagos nach Kano 1911 wurde Nordnigeria an den Handel angebunden.

Auch die heutige Wirtschaftsstruktur zeigt einen ausgeprägten Dualismus. Die Landwirtschaft mit 40 % aller Erwerbstätigen basiert vorwiegend auf bäuerlichen Kleinbetrieben. Die wenigen Großplantagen sind exportorientiert. Der Subsistenzwirtschaft steht der Industriesektor mit nur 7 % aller Beschäftigten gegenüber. Der kapitalintensive Exportsektor (Erdöl) orientiert sich an den Maßstäben der Industrieländer. Als nachteilig haben sich für Nigeria die in der Vergangenheit falsch angesetzten Bevölkerungszahlen erwiesen. Das Land gehört nach Angaben der Weltbank nicht mehr zu den 20 ärmsten Staaten der Erde, obwohl das BSP pro Kopf und Jahr nicht mehr als 300 US-Dollar beträgt (Stand 1995).

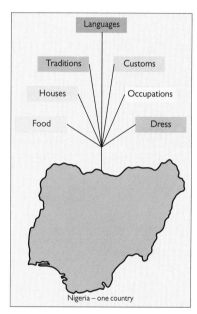

Aus einem nigerianischen Schulbuch: Viele Dinge mögen verschieden sein zwischen dem Norden und Süden, zwischen Westen und Osten. Doch zusammen machen sie Nigeria aus.

?

1. Erläutern Sie die Gründe für regionale Zersplitterung von Nigeria. Leiten Sie daraus Probleme für die staatliche Einheit ab.

2. Wenden Sie den Begriff „wirtschaftlicher Dualismus" auf Nigeria an und belegen Sie mit Beispielen.

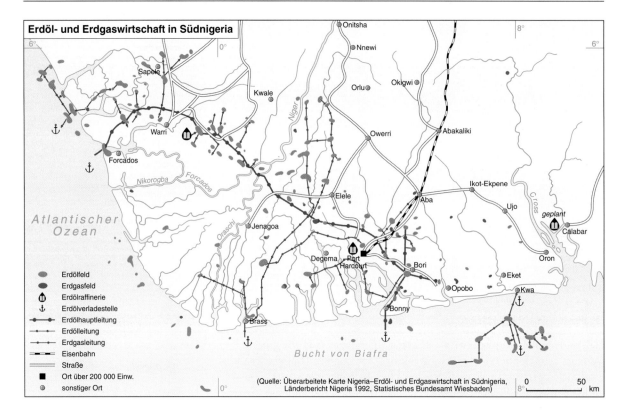

Erdöl- und Erdgaswirtschaft in Südnigeria

Onitsha
Nnewi
Sapele
Kwale
Orlu
Okigwi
Warri
Owerri
Abakaliki
Forcados
Nikorogba
Forcados
Ikot-Ekpene
Ujo
geplant
Atlantischer
Ozean
Elele
Aba
Calabar
Oraschi
Jenagoa
Oron
Degema Port Harcourt
Bori
Eket
Opobo
Kwa
Bonny
Brass

Bucht von Biafra

Erdölfeld
Erdgasfeld
Erdölraffinerie
Erdölverladestelle
Erdölhauptleitung
Erdölleitung
Erdgasleitung
Eisenbahn
Straße
Ort über 200 000 Einw.
sonstiger Ort

(Quelle: Überarbeitete Karte Nigeria–Erdöl- und Erdgaswirtschaft in Südnigeria, Länderbericht Nigeria 1992, Statistisches Bundesamt Wiesbaden)

0   50 km

Der Erdölboom und seine Folgen

Die Erdölfirmen Shell und BP führten 1937 geologische Untersuchungen und Probebohrungen durch. 1960 fördern 33 Bohrstellen, die meisten davon in Ostnigeria, 17 000 Barrel täglich. 847 000 Tonnen werden exportiert. Neue Pipelines verbinden die Ölfelder mit Port Harcourt, wo eine Raffinerie im Bau ist. Die Verschiffung bereitet Probleme, weil nur kleine Tanker in die Häfen gelangen können. Der Staat und die Ölgesellschaften teilen sich die Gewinne aus dem Rohölexport je zur Hälfte. Wertmäßig beträgt die Ausfuhr 4,4 Mio englische Pfund. Die Exporte insgesamt belaufen sich auf 165,6 Mio Pfund und bestehen überwiegend aus landwirtschaftlichen Produkten. 1960 ist Nigeria ein Agrarland: Die Landwirtschaft erzeugt mehr als 60 % des Bruttosozialproduktes.

1 Barrel = 1 Fass = 159 Liter

Erdölproduzenten in Afrika
(in Mio. t)

Land	1970	1980	1990	1995
Nigeria	53,4	102,3	90,7	102,0
Libyen	159,2	88,4	66,0	66,6
Algerien	47,2	52,2	56,7	56,0
Ägypten	16,4	29,8	43,8	45,0
Angola	5,1	7,4	24,1	26,2
Gabun	5,5	8,8	13,6	15,9
Kongo	0,0	2,9	7,6	9,2
Kamerun	k. A.	2,9	7,9	6,5
Tunesien	4,2	5,7	4,6	5,3

Erdölförderung Nigerias (in Mio. t)

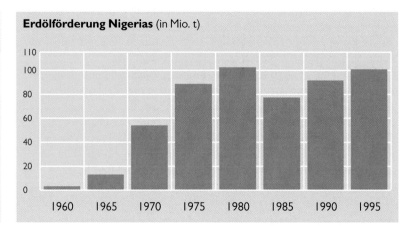

Schwarzafrikas Erdölriese

Einheimischen Unternehmern wie den willkommenen ausländischen Unternehmern bieten sich in Nigeria fast unbegrenzte Möglichkeiten. Die Bedürfnisse des bevölkerungsreichsten unterentwickelten Landes sind enorm, das Geld ist vorhanden, um für die benötigten Güter und Dienstleistungen zu bezahlen. Nigerias Problem ist weniger, wie die Entwicklung finanziert werden soll, als wie das Geld angesichts der nur begrenzt vorhandenen Fachleute und Einrichtungen ausgegeben werden kann. Riesenmengen an Konsumartikeln und Kapitalgütern werden importiert.

Schattenseiten des Booms sind nur allzu leicht zu erkennen. Die Kluft zwischen jenen Kreisen, welche die neuen materiellen Chancen zu nützen verstehen, und denen, die nur die inflationäre Preisentwicklung zu spüren bekommen, ist extrem groß.

(nach „Neue Zürcher Zeitung" vom 1. 8. 1975)

Ein Mythos ist gestorben

Nigerias Sturz vom hohen Ross des Ölbooms und der schier unbegrenzten Möglichkeiten ist tief. Groß ist der Rezessionsschock, hart das Erwachen in der Krise für diesen Koloss, der sich seit 1973 und der ersten Ölpreisexplosion als Wirtschaftslokomotive und politische Führungsmacht des Kontinents verstand.

Die nahezu totale Abhängigkeit der Exporterlöse (95 %) und der Regierungseinnahmen (80 %) vom Erdöl wiegt hier aus demographischen, geographischen und ethnischen Gründen schwerer als anderswo. Der afrikanische Riese mit einem gerade auch auf nationale Integration ausgerichteten Entwicklungsplan 1981/85 in Höhe von 125 Md. Dollar ist noch existenzieller als andere auf die maximale Ölproduktion angewiesen. Doch die ist unter dem Druck der weltweiten Ölschwemme und Rezession von ihrer 80er Spitze von 2,2 Mio Fass täglich (zu 40 Dollar) auf 400 000 Fass (zu 30 Dollar) im Februar 1983 gesunken. „Der Ölboom ist zu Ende, vielleicht für immer", stellt die nigerianische Industrie- und Handelskammer fest.

Also Abkehr von der völligen Ölabhängigkeit, Rückkehr zur sträflich vernachlässigten Landwirtschaft, die heute über keinerlei Ausfuhrkräfte mehr und nur ganz ungenügende Produktionskräfte verfügt. Bei nahezu statischer Eigenproduktion stiegen die Nahrungsmittelimporte 1976/80 um 250 Prozent.

(nach „Die Zeit" vom 4. 3.1983)

Düstere Aussichten für Nigerias Wirtschaft

Nur noch wenige Lichtblicke geben Anlass zur Hoffnung auf eine baldige Besserung des Investitionsklimas. Die in Nigeria seit Jahren ansässigen ausländischen Konzerne wollen die Krise jedoch allem Anschein nach aussitzen. So will Shell an einem Flüssiggasprojekt in Nigeria im Umfang von 3,6 Md. US-$ festhalten. Das Projekt ist das größte Industrievorhaben in der Geschichte des Landes. Der Kohlenwasserstoffsektor ist für Nigeria von unverändert großer Bedeutung. Der Bericht der Manufacturers' Association (MAN) über das erste Halbjahr 1995 ist sehr kritisch ausgefallen. 350 Mitgliedsfirmen mussten schließen. Die Kapazitätsauslastung sank von 29 auf 27%. Im Hafen von Lagos ist der Güterumschlag stark zurückgegangen. Aufgrund der hohen Hafengebühren sind in den vergangenen Jahren viele Waren über andere westafrikanische Häfen verschifft und dann auf dem Landweg nach Nigeria gebracht worden.

(nach „Nachrichten für den Außenhandel" vom 20. 11. 1995)

Wert der Rohöl-Ausfuhren (in Md. $)

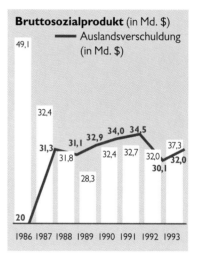

Bruttosozialprodukt (in Md. $)
— Auslandsverschuldung (in Md. $)

Erdölausfuhr nach Zielländern (1992)

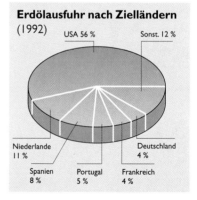

?

1. Werten Sie die Karte zur Erdöl- und Erdgaswirtschaft in Nigeria aus.
2. Stellen Sie fest, in welcher Landschaftszone die Förderung erfolgt.
3. Vergleichen Sie die Texte und untersuchen Sie die Auswirkungen des Erdölexportes auf das Land.

Entstehung des BIP (1994)

Landwirtschaft
36%

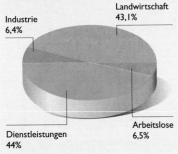

Industrie
38%

Dienstleistungen
25%

Beschäftigte nach Wirtschaftssektoren (1994)

Industrie
6,4%

Landwirtschaft
43,1%

Dienstleistungen
44%

Arbeitslose
6,5%

Entwicklung von Import und Export

■ Import (Md. $)
■ Export (Md. $)

20,8
19,5

13,4 12,5
11,3
8,9
7,3
4,5 3,7
9,1
9,1
12,3 11,6
7,5

1981 1983 1985 1987 1989 1991 1993 1995

?

1. Vergleichen Sie die Strukturdaten von 1960 mit den von 1994. Ordnen Sie Nigeria nach den Ihnen bekannten Merkmalen ein.

2. Das erdölreichste Land Afrikas (in der Weltölförderung an 13. Stelle) sieht einer ungewissen Zukunft entgegen. Begründen Sie.

Wirtschaft zwischen Reform und Dirigismus

Seit 1985 erwirtschaftete Nigeria im Außenhandel Überschüsse. Diese wurden neben der Schuldentilgung dazu verwendet, den Benzinpreis zu subventionieren und ihn bis 1994 auf umgerechnet 6 Pfennig zu halten. Gleichzeitig war das Land jedoch nicht in der Lage, die ausstehenden Schulden bei den Gläubigerstaaten, dem Pariser Club, zu begleichen.

Der Internationale Währungsfonds (IWF) hatte gefordert, die Subventionen abzubauen, den Inlandsmarkt zu öffnen und die Währung anzupassen. Hierbei ging es insbesondere um den Devisentransfer, da im Land wegen Devisenmangels Rohstoffe und Ersatzteile fehlten.

Die Benzinpreise wurden in zwei Stufen drastisch angehoben. 1995 kostete ein Liter Benzin umgerechnet 75 Pfennig. Die Kosten einer Tankfüllung entsprachen dem Monatsverdienst eines Polizisten.

Mittlerweile befindet sich Nigeria auf Anti-IWF-Kurs. Zwar wurde 1994 die einheimische Währung um 100 % aufgewertet, gleichzeitig jedoch die staatliche Kontrolle der Wirtschaft erhöht. Die in Absprache mit dem IWF eingeleiteten Abkommen zur Wirtschafts- und Strukturreform sind rückgängig gemacht worden. Nigeria war auch nur noch bereit, die Hälfte seiner erforderlichen Schuldentilgung (2 Md. $ von 4,4 Md. $) zu leisten. Umschuldungsverhandlungen machen die Gläubiger von mehr Demokratie und einer übersichtlicheren Geldverwendung abhängig.

> … hat der mächtige Finanzminister erklärt, die Schulden müssten zu großen Teilen gestrichen werden, da die Schuldendienstquote das Land „erstickt", und der stellvertretende Gouverneur der Zentralbank spricht sogar achselzuckend von einem „Problem der Vergangenheit".
>
> Noch deutlicher fordern mächtige Nigerianer, wie der Industrielle, Verleger und Politiker Abioloa, die Schulden gar nicht mehr zurückzuzahlen, sondern ganz im Gegenteil von den Europäern Reparationen für das historische Unrecht der Versklavung und Kolonialisierung Nigerias einzufordern. (nach FAZ vom 10. 2.1992)

	Nigeria 1960	Nigeria 1994
Fläche:	923 772 km²	923 768 km²
Einwohner:	51,6 Mio	107,9 Mio.
Geburtenrate:	52,0 je 1 000 Einw.	45 je 1 000 Einw.
Sterberate:	25,3 je 1 000 Einw.	15 je 1000 Einw.
Lebenserwartung:	38,7 Jahre	50 Jahre
Städte (1963):	Lagos 665 000, Ibadan 627 000, Kano 295 000	Lagos 5,7 Mio. Ibadan 1,3 Mio. Kano 700 000
wichtige Ausfuhrgüter:	Palmkerne und -öl 25 %, Kakao 22 %, Erdnüsse 18 %, Kautschuk 8,5 %, Baumwolle 5 %, Holz 5 %, Zinn 3,5 %, Häute und Felle 3 %, Rohöl 2,5 %	Erdöl 96 %, außerdem Kakaobohnen, Kautschuk, Palmöl, Erd- und Cashewnüsse
Wert der Ausfuhren:	165 Mio. £	11,9 Md. $
wichtigste Außenhandelspartner:	Großbritannien, BR Deutschland, Japan, USA, Niederlande, Frankreich	USA 44%, Deutschland 9%, Spanien 8%, Frankreich 6%, Niederlande 5%, Kanada 4%, Portugal 4%, Chile 3%
BSP pro Einwohner:	200 $	280 $

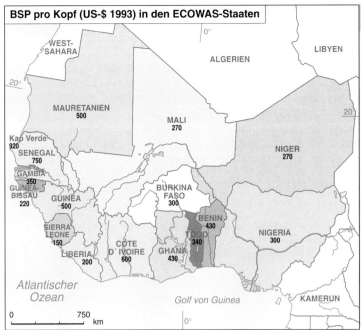

Land	Einw. (in Mio.)	Nahrungs-mittel in % des Imports	Rohstoff-anteil in % des Exports
Benin	5,1	25	70
Burkina Faso	9,8	25	88
Cote d' Ivoire	13,3	19	83
Gambia	1,0	k. A.	63
Ghana	16,4	10	77
Guinea	6,3	k. A.	k. A.
Guinea-Bissau	1,0	35	97
Kap Verde	0,4	k. A.	k. A.
Liberia	2,8	24	99
Mali	10,1	20	92
Mauretanien	2,2	23	92
Niger	8,6	17	98
Nigeria	89,7	18	98
Senegal	7,9	29	79
Sierra Leone	4,5	21	73
Togo	3,9	22	94

BSP pro Kopf (US-$ 1993) in den ECOWAS-Staaten

Strukturdaten für ECOWAS (1993)

Die Wirtschaftsgemeinschaft westafrikanischer Staaten

Die Economic Community of West African States (ECOWAS) wurde 1975 auf Initiative von Nigeria und Togo gegründet. Sie erweiterte die 1973 in Abijan (Côte d'Ivoire) ins Leben gerufene „Westafrikanische Wirtschaftsgemeinschaft" CEAO (Communauté Economique de l'Afrique de l'Ouest). Mitglieder der CEAO, einer Nachfolgeorganisation der 1959 geschaffenen westafrikanischen Zollunion, sind Benin, Burkina Faso, Côte d'Ivoire, Mali, Mauretanien, Niger und Senegal. Togo und Guinea haben einen Beobachterstatus. Die Arbeitssprache der Organisation ist Französisch. Mit der ECOWAS – Arbeitssprache Englisch – gibt es Überschneidungen.

Die Mano-River-Union (MRU) mit den Mitgliedern Sierra Leone, Liberia und Guinea hat sei ihrer Gründung 1973 wegen finanzieller Schwierigkeiten und Spannungen untereinander an Bedeutung verloren. Bis 1990 sollte ein gemeinsamer Markt einschließlich Währungs- und Zollunion entstanden sein. Langfristig wurde eine politische Union nach dem Vorbild der EU als Vorreiter für die Einheit Afrikas angestrebt. Die Entwicklungsstrategie bis zum Jahr 2000 sah u. a. die regionale Selbstversorgung und eine Förderung von Gemeinschaftsprojekten in Höhe von 1 Md. Dollar vor. Weder der Intrahandel noch die Realisierung von Gemeinschaftsprojekten waren erfolgreich. Als Hemmnisse erwiesen sich:
– die großen Strukturunterschiede mit dem Übergewicht Nigerias
– Zugehörigkeit der Länder zu verschiedenen Währungszonen (ehemalige Franc- und Sterling-Zone)
– Stagnation des Regionalhandels mit nur 4% des Gesamtaußenhandels
– Doppelmitgliedschaft in konkurrierenden Organisationen und damit finanzielle Mehrbelastung
– Zwist zwischen den Mitgliedern (z. B. Ausweisung von 2 Mio. Ghanesen aus Nigeria, Einmarsch der ECOWAS- Friedenstruppe im liberianischen Bürgerkrieg, Benzinschmuggel von Nigeria nach Benin).

Trade with other West African Countries
Before 1996 there was not much trade between West African countries. Instead each country traded with its former colonial master in Europe.

After Independence the countries of West Africa began to see advantages in having links with each other, not just with Europe.

The main aims of ECOWAS are to encourage trade and cooperation. ECOWAS wants to help its member-countries to trade easily and profitably. It also wants to help all of them by setting up large co-operative projects. Some will be in transport and communications, some in agriculture, and others in industry.

(aus einem nigerianischen Schulbuch)

?

1. Beschreiben Sie die verschiedenen Ansätze, eine westafrikanische Wirtschaftsgemeinschaft zu gründen.
2. Werten Sie die Strukturdaten der ECOWAS-Mitgliedsstaaten aus.
3. Nennen Sie die Zielsetzung von ECOWAS und erläutern Sie Probleme dieser Wirtschaftsgemeinschaft.

**Arbeitsanregungen zum Lehrbuchkapitel
„Regionale Disparitäten und Verflechtungen"**

1. Grundlagen von Standortentscheidungen

    1.1 Erläutern Sie anhand des Schemas Seite 75 die Wirtschaftsordnung der sozialen Marktwirtschaft. Beachten Sie
    a) Vorgaben des Grundgesetzes
    b) die Rollen der Bürger und des Staates
    c) die Bedeutung der Unternehmen, Haushalte und Märkte.

    1.2 Begründen Sie unter Anwendung des ökonomischen Prinzips der Marktwirtschaft, warum den Kosten bei der Standortwahl eine Schlüsselfunktion zukommt (Seite 76/77).

2. Wirtschaftsregionen Europas

    2.1 Erörtern Sie die Ursachen der Strukturprobleme agrarischer Regionen in Deutschland.

    2.2 Ermitteln Sie Bedeutung und Funktion der Stadt Frankfurt am Main im Laufe der Geschichte.

    2.3 Vergleichen Sie regionale Disparitäten in Deutschland und Italien.

    2.4 Arbeiten Sie Gemeinsamkeiten und Unterschiede der Regionen Ruhrgebiet und Oberschlesisches Industriegebiet heraus.

    2.5 Beschreiben Sie mithilfe von Atlaskarten die politisch-territorialen Veränderungen im Gebiet der ehemaligen Sowjetunion.

    2.6 Beschreiben Sie die Bevölkerungsverteilung in Russland und begründen Sie diese aus den natürlichen, historischen und wirtschaftsgeographischen Gegebenheiten.

3. Wirtschaftsregionen der USA und im asiatisch-pazifischen Raum

    3.1 Stellen Sie Zusammenhänge zwischen der räumlichen Entwicklung, der Einwanderung und der wirtschaftlichen Entfaltung der USA dar.

    3.2 Erklären Sie die zonale und meridionale Anordnung der Klimate in den USA und erörtern Sie deren wirtschaftsräumliche Auswirkungen.

    3.3 Vertiefen Sie Ihre Kenntnisse über den Shintoismus, Buddhismus, Konfuzianismus und Maoismus.

    3.4 Verschaffen Sie sich einen Einblick in naturräumliche Gegebenheiten Japans, insbesondere zu den Komponenten Tektonik, Relief, Naturgefährdungen.

    3.5 Arbeiten Sie mithilfe von Atlaskarten Merkmale der großräumigen Gliederung Chinas heraus.

4. Wirtschaftsraum Lateinamerika

    4.1 Informieren Sie sich über die Conquista.

    4.2 Erläutern Sie die folgende Aussage: Brasilien ist ein Staat beträchtlicher regionaler Disparitäten.

    4.3 Erörtern Sie Gründe, die Produktion und Handel umwelt- und sozialverträglich erzeugter Produkte behindern. Beziehen Sie in Ihre Argumentation Aspekte von Produktion, Vermarktung und Verbrauch ein.

5. Referieren Sie über:

    5.1 Agrarpolitik der Europäischen Union

    5.2 Territorialentwicklung Russlands bzw. der Sowjetunion und der USA

    5.3 Kolonialgeschichte Indiens

    5.4 Territorialentwicklung in Lateinamerika

Siedlungsentwicklung und Raumordnung

Mit dem Voranschreiten von Wissenschaft und Technik erweitern sich die Möglichkeiten des Wirtschaftens in der Gesellschaft, die räumliche Arbeitsteilung nimmt zu und die Lebensbedürfnisse der Menschen verändern sich, werden vielfältiger. Beides führt zu wachsenden Ansprüchen an den Raum und zunehmend zu Nutzungskonflikten. Um die Existenz der Menschheit auf unserer Erde langfristig zu sichern, wird eine ökologisch nachhaltige Raumordnungspolitik gefordert, die auch die wirtschaftlichen Existenzbedingungen künftig sichert. Diese zunächst im globalen Maßstab erhobene Forderung wird immer häufiger auch zum Grundgedanken für die Raumentwicklung auf regionaler Ebene. Siedlungen, insbesondere die Städte, spielen eine wichtige Rolle bei der Gestaltung des Lebens. Sie sind mit ihren Bauwerken, Straßen, Plätzen, Parks und technischen Versorgungsanlagen diejenigen Areale auf unserer Erde, in denen der Mensch die Natur am stärksten verändert hat. Zugleich sind sie Knotenpunkte, von denen aus die Menschen ihre Aktivitäten im Raum organisieren und unternehmen.

Siedlungen – gebaute Umwelt und Wirkungsfeld wirtschafts- und sozialräumlicher Prozesse

Siedlungen als Lebensraum

Blick vom Fichtelberg auf Oberwiesenthal

Flussoase mit Kasbah (Marokko)

San Francisco

Die Städte und Dörfer bilden für die meisten Menschen diejenigen Orte, in denen sie wohnen, arbeiten, sich versorgen, sich bilden und ihre Freizeit gestalten. Es sind Dauersiedlungen (permanente Siedlungen), im Unterschied zu solchen, die nur temporär genutzt werden (z. B. die Saisonsiedlungen der Halbnomaden oder Feriensiedlungen), oder solchen, die nach einigen Jahren der Nutzung aufgegeben werden (semipermanente Siedlungen im Zusammenhang mit Shifting cultivation als Landnutzungsform).

Aus der Funktion der Siedlungen ist ersichtlich, dass ihre Existenz an den wirtschaftenden und in sozialer Organisation lebenden Menschen gebunden ist. Die Baulichkeiten, die Verkehrswege und Freiräume einer Siedlung dienen der Erfüllung dieser Funktion. In unserer arbeitsteiligen Gesellschaft bedarf es jedoch des Zusammenwirkens mit anderen Siedlungen, weil heute in der Regel keine Siedlung alle Grundbedürfnisse ihrer Bevölkerung allein befriedigen kann. Siedlungsfaktoren werden diejenigen Kräfte genannt, die die Existenzfähigkeit der Siedlungen begründen und sie damit für den Menschen nutzbar machen. Solche Siedlungsfaktoren müssen zunächst im Bereich der Wirtschaft gesucht werden, denn durch die Wirtschaftsunternehmen verschiedenster Art werden Arbeits- und damit Einkommensmöglichkeiten für die Bewohner der Siedlung, häufig sogar auch für Bewohner anderer Orte geschaffen. Ein Teil der Unternehmen und Institutionen bietet Güter und Dienstleistungen unmittelbar für den Bedarf der ansässigen Bevölkerung bzw. der ansässigen Unternehmen an, hat also Innenfunktion für die Siedlung. Andererseits werden durch Unternehmen und Institutionen Güter und Dienstleistungen über den Eigenbedarf hinaus für andere Siedlungen bzw. Regionen produziert. Mit diesen Außenfunktionen beteiligt sich die Siedlung an der räumlichen Arbeitsteilung. Darüber hinaus haben sich über kulturelle, ethnische und soziale Traditionen und aktuelle Einwirkungen in den Siedlungen bestimmte soziale Lebensformen herausgebildet. Sie zeigen sich unter anderem in Familien- und Haushaltsstrukturen, in der Tätigkeit von Vereinen und Verbänden, im Zusammenwirken unterschiedlicher Bevölkerungsgruppen zur Gestaltung ihres Daseins. Somit bestimmen neben wirtschaftlichen auch soziale Prozesse das Erscheinungsbild und die Entwicklung der Siedlungen. Mit zunehmender Siedlungsgröße und Bedeutung wird die Gestaltung dieser Prozesse komplexer und komplizierter.

In einem Dorf sind die wirtschaftlichen Aktivitäten, die Ansprüche der Bevölkerung bezüglich ihres Grundbedarfs an Versorgungsleistungen wie auch die Formen des Zusammenlebens überschaubar. Es lässt sich leicht ableiten, in welchem Maße die Dorfbewohner die Leistungen anderer Orte, meist größerer Städte, benötigen.

Eine Großstadt vereinigt nicht nur eine große Zahl von Menschen auf relativ kleinem Raum, sie ist auch polyfunktional. Eine Vielzahl von privaten und öffentlichen Unternehmen und Institutionen verschiedenster Art

Die Stadt und ihre wirtschaftsräumlichen Elemente

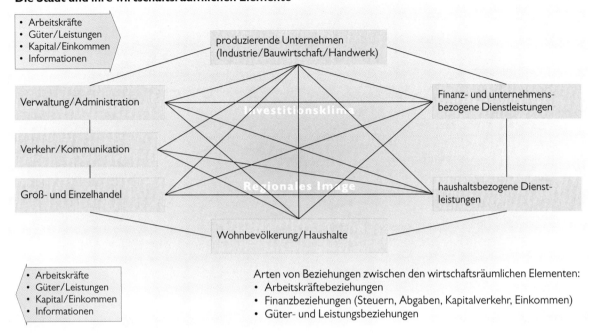

Arten von Beziehungen zwischen den wirtschaftsräumlichen Elementen:
- Arbeitskräftebeziehungen
- Finanzbeziehungen (Steuern, Abgaben, Kapitalverkehr, Einkommen)
- Güter- und Leistungsbeziehungen

bestimmen das Wirtschaftsleben und bieten gleichzeitig unterschiedlichen sozialen Schichten und Gruppen Einkommens- und Existenzmöglichkeiten. Zugleich dienen viele Einrichtungen von Großstädten der Befriedigung von Lebensbedürfnissen der Stadtbevölkerung und der Bevölkerung in den Siedlungen des näheren und weiteren Umlandes. Einige erlangen nationale bzw. internationale Bedeutung als Wirtschafts-, Finanz-, Handels- und/oder Kulturzentren.

Die allgemeinen Entwicklungsfaktoren für die Städte und Dörfer erhalten durch den Einfluss der historischen Entwicklung, der natürlichen Gegebenheiten und der aktuellen gesellschaftlichen Rahmenbedingungen in den verschiedenen Teilen der Erde spezielle Ausprägung. Die vielfältigen raumbeeinflussenden Prozesse in und zwischen den Siedlungen haben unterschiedliche Betrachtungs- und Untersuchungsansätze entstehen lassen. Einige Beispiele seien hier gegeben:

Sehr allgemein kann man die Stadt (Siedlung) als Subsystem im gesamten Raumsystem auffassen (vgl. Abb). Die verschiedenen Arten von Beziehungen, die zwischen den Siedlungselementen bestehen, lassen sich nach unterschiedlichen Zielstellungen untersuchen.

Ausgehend vom Raumverhalten der Bewohner lassen sich aktionsräumliche Beziehungsmuster feststellen, die individuell bzw. gruppenspezifisch geprägt sind. Sie werden durch die Lage der Örtlichkeiten beeinflusst, die von Personen bzw. Haushalten genutzt werden, um die Lebensbedürfnisse zu befriedigen. Je nach Bedürfnisart und Personengruppe haben diese Beziehungen eine unterschiedliche Priorität, Rhythmik und Intensität und sind nicht auf die Stadt (Siedlung) beschränkt. Von geographischem Interesse ist die Bündelung von einzelnen Verhaltensmustern zu Aktionsräumen, -strömen und -feldern, die durch zeitliche und/oder räumliche Konzentration den Raum beeinflussen, z. B. versorgungsräumliches Verhalten, Naherholungsverhalten, Verkehrsteilnahme, arbeitsräumliche Aktionsfelder.

 ?

1. Welche Einrichtungen bzw. Unternehmen lassen sich den wirtschaftsräumlichen Elementen der Stadt zuordnen?
2. Erläutern Sie an Beispielen verschiedenartige sowohl innerörtliche als auch überörtliche wirtschaftsräumliche Beziehungen.
3. Durch welche Merkmale werden sogenannte „weiche" Standortfaktoren wie „Investitionsklima" oder „regionales Image" charakterisiert?

Aktionsräumliche Beziehungen von Stadtbewohnern

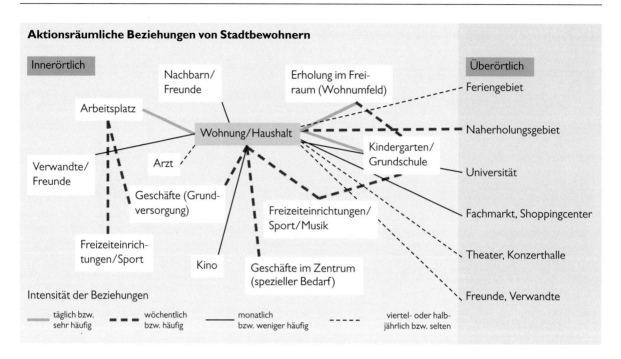

Innerörtlich

Nachbarn/Freunde

Erholung im Freiraum (Wohnumfeld)

Überörtlich

Feriengebiet

Arbeitsplatz

Wohnung/Haushalt

Naherholungsgebiet

Verwandte/Freunde

Arzt

Kindergarten/Grundschule

Universität

Geschäfte (Grundversorgung)

Fachmarkt, Shoppingcenter

Freizeiteinrichtungen/Sport/Musik

Theater, Konzerthalle

Freizeiteinrichtungen/Sport

Kino

Geschäfte im Zentrum (spezieller Bedarf)

Freunde, Verwandte

Intensität der Beziehungen

— täglich bzw. sehr häufig
- - - wöchentlich bzw. häufig
—— monatlich bzw. weniger häufig
- - - - viertel- oder halbjährlich bzw. selten

Um räumliche Entwicklungsprobleme in Städten besser zu erkennen und gegebenenfalls zu lösen, ist es sinnvoll, die verschiedenen Interessengruppen in Bezug auf die Raumnutzung, deren Handlungsgründe bzw. -ziele zu kennen und zu analysieren.

Alle diese Betrachtungsweisen sind prinzipiell für städtische und ländliche Siedlungen möglich. Innerhalb der Städte bündeln sich bereits viele Prozesse, bei Dörfern geschieht das erst auf regionaler Ebene.

?

1. Woraus ergibt sich die unterschiedliche Intensität aktionsräumlicher Beziehungen von Bewohnern einer Siedlung?
2. Welche aktionsräumlichen Beziehungen in der Abbildung sind für räumliche Planungen wichtig? Nennen Sie Gründe dafür.
3. Für eine Kleinstadt ist eine Ortsumgehungsstraße geplant. Stellen Sie in einem Schema die unterschiedlichen privaten und Gemeininteressen bezüglich dieser Maßnahme gegenüber.

Die Stadt als Handlungs- bzw. Entscheidungsfeld von Raumakteuren

Ökonomische, soziale, ökologische und sonstige Handlungshintergründe und -ziele

Gemeininteressen u. -nutzenziele

private Interessen und Nutzenziele

Gesellschaftliche Akteure/Akteursgruppen	materielle Objekte der Stadt	private Akteure/Akteursgruppen
• kommunale Politiker u. Verwaltungen • Parteien und politische Organisationen • kirchliche Organisationen • gemeinnützige Vereine • Bürgervereinigungen u. a.	• bebaute u. unbebaute Grundstücke • Grünflächen, Parks • Verkehrsflächen • Gewässer • Wohngebäude • Bürogebäude • Industrie- u. Gewerbeanlagen • Einrichtungen für Versorgung, Bildung, Kultur, medizinische Betreuung u. a.	• private Haushalte • Einzelpersonen • Unternehmer • Geschäftsleute • Grundstückseigentümer • Pächter • privatrechtliche Körperschaften (Genossenschaften, GmbH u. a.) • freiberuflich Tätige u. a.

Raumansprüche, Raumbeanspruchungen

Raumbedingungen

Raumbedingungen

Raumansprüche, Raumbeanspruchungen

Das Dorf – eine überschaubare räumliche Organisationsform

Dörfer in der Industrie- und Dienstleistungsgesellschaft. In der Agrargesellschaft waren Dörfer diejenige Siedlungsart, die mit ihren landwirtschaftlichen Produktions- und Wirtschaftsformen eine wichtige Säule der Gesellschaft darstellte. Charakteristisch war das Zusammenfallen von Wohnen und Arbeiten an einem Standort, dem bäuerlichen Hof bzw. dem Gutshof. Die Organisation der Feldarbeit, die Bewirtschaftung des Waldes und die Verfügung über die Allmende machten Kommunikation und Koordination nötig. Neben einer starken sozialen Kontrolle, die Verhalten und Wertmaßstäbe beeinflusste, entwickelten sich über die Großfamilien soziale Netze, die neben der naturverbundenen Lebensweise zu den wichtigen Lebensqualitäten auf den Dörfern bis in das Industriezeitalter hinein gehörten.

Entscheidend für den Wandel der dörflichen Strukturen waren und sind in Europa einerseits das Voranschreiten der nationalen Wirtschaft sowie die damit zusammenhängende Politik für den ländlichen Raum und andererseits die unterschiedliche Lage der Dörfer zu den wirtschaftlichen Kernräumen bzw. zu landschaftlichen Attraktivräumen. In lageungünstigen Regionen wurden und werden bäuerliche Einzelhöfe oder auch kleinere Ortschaften verlassen, z. B. in den Berggebieten der Schweiz und Österreichs, in den skandinavischen Provinzen am Polarkreis, im französischen Zentralplateau, im Elsass, in der Bretagne oder an der Nordwestküste Irlands. Die meisten Dörfer in den Industrieländern Europas sind jedoch dabei, sich den veränderten Möglichkeiten in der räumlichen Arbeitsteilung anzupassen. In den Transformationsländern Südost- und Mittelosteuropas ist dieser Prozess bislang sehr unterschiedlich weit entwickelt. Die Kontraste in den Existenzbedingungen und Lebensverhältnissen zwischen Stadt und Land sind vor allem in den zentrenfernen Landesteilen sehr groß. Andererseits bieten die Dörfer durch die Sicherung der Nahrungsgrundlage für ihre Bewohner Überlebensmöglichkeiten in den Krisenzeiten des wirtschaftlichen Umbruchs.

Auch in Deutschland ist die Integration der ländlichen Siedlungen in die sich ändernde Arbeitsteilung der Industrie- bzw. Dienstleistungsgesellschaft unterschiedlich weit vorangeschritten. Im Westen Deutschlands führte das leichte Bevölkerungswachstum in den ersten zweieinhalb Jahrzehnten nach dem Zweiten Weltkrieg und die seit den 60er Jahren einsetzende Suburbanisierung zu einer Zunahme der Bevölkerungsdichte sowie einer Ausdehnung und Überformung der ländlichen Siedlungen. Andererseits gibt es nach wie vor peripher gelegene Regionen, die durch anhaltend geringe Besiedlung und die Formen der Landnutzung ihren ländlichen Charakter erhalten haben. Das trifft beispielsweise für die landwirtschaftliche Nutzung im Bereich der Mittelgebirge und im Alpenvorland zu. Häufig hat sich hier der Fremdenverkehr als wichtiger Folgewirtschaftszweig entwickelt. Ein Teil der verbleibenden bäuerlichen Wirtschaften hat neben dem Tourismus in der Landschaftspflege eine weitere zusätzliche Existenzquelle gefunden. Gerade zur Erhaltung wertvoller Kulturlandschaftsareale in den gering besiedelten Räumen werden landschaftspflegerische Arbeiten mehr und mehr von Landwirten übernommen.

Förderung für bayerische Alpenbewirtschaftung (Beispiele):
– Honorierung für umweltschonende Landbewirtschaftung
– Reparatur und Neubauten von Alphütten für Vieh und Hirten
– Erhalten und Pflege von ökologisch wertvollen Lebensräumen

Das Fortschreiten von Wissenschaft und Technik in der Industriegesellschaft veränderte nicht nur die Wirtschaftsweise und die Bedeutung der Wirtschaftssektoren, es kam durch Urbanisierung und Suburbanisierung auch zu anderen Lebensformen und Lebensweisen. Für die Dörfer bedeutet das allgemein:
– drastischer Rückgang des Siedlungsfaktors Landwirtschaft, teilweise auch mit dem Rückgang von bewirtschafteten Flächen verbunden;
– Abwanderung vor allem junger Bevölkerung in die Städte bzw. in die Verdichtungsräume;
– gewachsene Mobilität, Dorfbevölkerung nutzt Arbeitsplätze in den Städten und bleibt im Dorf wohnen;
– ebenfalls durch die gewachsene Mobilität siedeln sich Stadtbewohner in den Dörfern an;
– für viele Dörfer wird es die Hauptfunktion, Wohnstandort für Arbeitspendler zu sein;
– neue Siedlungsfaktoren, wie Fremdenverkehr, Handwerk und dienstleistendes Gewerbe entwickeln sich in einer Reihe von Dörfern;
– städtische Wertvorstellungen, Lebensformen und Entscheidungsmuster fassen in den Dörfern Fuß; die traditionelle Dorfgemeinschaft lockert sich bzw. löst sich auf.

Rückgang der Landwirtschaft als Erwerbsfaktor

Erwerbstätige in der Landwirtschaft (in %)

Ausgewählte Länder

Deutschland	8,6 (1960)	3,0 (1993)
Niederlande	6,0 (1979)	4,0 (1992)
Frankreich	13,5 (1960)	5,0 (1993)
Italien	20,2 (1960)	7,4 (1993)
Finnland	22,6 (1960)	8,6 (1993)
Ungarn	16,0 (1979)	10,0 (1993)
Bulgarien	38,0 (1979)	8,0 (1994)
Polen	31,0 (1979)	25,0 (1992)

Zwei unterschiedliche Auffassungen zum Verhältnis von Stadt und Land

Stadt – Land – Dichotomie bezeichnet die Gegensätzlichkeit von Lebensformen und Lebensverhältnissen zwischen der Stadt und dem Dorf. Dabei wird vor allem die Abhängigkeit des Dorfes von der Stadt gesehen.

Stadt – Land – Kontinuum geht vom Verschwinden der Unterschiede in den Lebensformen und -bedingungen zwischen Stadt und Dorf aus. Durch Zunahme der Verdichtung und Suburbanisierung werden die Übergänge von den Städten zu den ländlichen Siedlungen fließend.

In der DDR kam es insbesondere durch die zentralistisch organisierte Wohnungspolitik über drei Jahrzehnte zur Konzentration der Bevölkerungszahl in den größeren Städten, während die Bevölkerung in den ländlichen Siedlungen und in den Kleinstädten abnahm. Zwar veränderten sich auch in den Dörfern durch die industriemäßig organisierte Landwirtschaft und die zunehmende Arbeitspendelwanderung die Lebensverhältnisse, eine Suburbanisierung gab es jedoch nicht. Trotz teilweise drastischen Rückgangs der Bevölkerungszahl in den Dörfern wurde hier die bestehende Form der Gemeindeverwaltung nicht verändert, während in den alten Bundesländern insbesondere im Zuge der Gebietsreform Anfang der 70er Jahre die Gemeinden durch Zusammenschlüsse unterschiedlicher Art vergrößert wurden, damit eine effizientere Verwaltung und ein besserer Einsatz der kommunalen Finanzen möglich wurde. Das hat zur Folge, dass sowohl durch die differenzierten Bevölkerungsprozesse als auch durch die anderen kommunalen Strukturen die Gemeinden Deutschlands in ihrer Größengliederung sich nach Anzahl und Bevölkerung deutlich unterscheiden (vgl. dazu untenstehende Tabelle).

Für Deutschland gilt, dass es für die Entwicklungsmöglichkeiten einer ländlichen Siedlung wichtig ist, in welchem Typ des ländlichen Raumes sie liegt. Die unterschiedlichen raumstrukturellen Bedingungen für die Dörfer zeigt die Übersicht auf Seite 189.

?

1. Beurteilen Sie den baulich-funktionalen und sozialen Wandel in einem Dorf in der Industriegesellschaft. Benutzen Sie dazu auch ein Kartenbeispiel aus dem Atlas.
2. Welche Konsequenzen für die Sicherung der Grunddaseinsfunktionen ergeben sich, wenn in einer Region die Anzahl der Einwohner stark schrumpft?
3. Schätzen Sie Strukturwandel und Entwicklungsbedingungen ländlicher Siedlungen in Ihrer näheren Umgebung ein. Benutzen Sie dazu die Übersicht auf Seite 189.
4. Erweitern Sie die auf der Seite 189 gegebenen Raumbeispiele.

Siedlungsstrukturelle Vergleichszahlen zwischen alten und neuen Bundesländern (1992)

Anteil von Bevölkerung und Gemeinden nach Gemeindegrößengruppen

	in Deutschland		in den neuen Bundesländern		in den alten Bundesländern	
	Gemeinden	Bevölkerung	Gemeinden	Bevölkerung	Gemeinden	Bevölkerung
unter 100	1,9	0	1,5	0,1	2,1	0
100 bis unter 200	7,1	0,2	10,3	0,8	4,3	0,1
200 bis unter 500	24,3	1,6	37,2	6,0	12,8	0,6
500 bis unter 1 000	20,1	2,8	25,5	8,5	15,4	1,5
1 000 bis unter 2 000	16,0	4,5	13,3	8,8	18,4	3,4
2 000 bis unter 10 000	21,6	19,1	9,5	18,0	32,4	19,4
10 000 bis unter 20 000	5,1	13,8	1,3	8,7	8,4	15,1
20 000 bis unter 100 000	3,5	25,7	1,3	21,9	5,5	26,6
100 000 und mehr	1,1	32,1	0,7	27,4	0,9	33,4

Ländliche Räume in Deutschland

Typ des ländlichen Raumes	Lagebedingungen	Siedlungs- u. wirtschaftsstrukturelle Merkmale	besondere Potenziale	Raumbeispiele
I dicht besiedelt und zentrumsnah	• günstige Lage zu Verdichtungsgebieten und Zentren • günstige Lage zu überregionalen Verkehrsachsen	• Bevölkerungsdichte überdurchschnittlich • Schwerpunkte von mittelständischer Wirtschaft • Wohn- und Erholungsfunktion für benachbarte Verdichtungsräume	• alternative Ansiedelungsmöglichkeiten für Gewerbe und Dienstleistungen aus hochverdichteten Gebieten (Bodenpreise) • Wohnstandortangebote für Arbeitspendler	Gebiete im östlichen Westfalen, Mittelfranken, Teile des Verflechtungsraumes von Berlin
II relativ günstige Produktionsbedingungen für die Landwirtschaft bzw. für spezielle Produktionen	• Lage in Naturräumen mit hoher Bodenfruchtbarkeit • Marktnähe	• überwiegend überdurchschnittliche Betriebsgrößen in der Landwirtschaft • niedriger Arbeitskräfteeinsatz bzw. Arbeit mit Saisonkräften • absatzorientiert, teilweise mit Direktvermarktung	• hohe natürliche Bodenfruchtbarkeit • Nähe aufnahmefähiger Märkte für Frischprodukte und Produkte aus ökologischem Landbau	Lössgebiete in Sachsen-Anhalt, Sachsen und Nordrhein-Westfalen, Obst- bzw. Gemüseanbaugebiete bei Berlin und Hamburg
III gering verdichtete Räume mit industriellen Wachstumstendenzen	• relativ günstige Lage im überregionalen Verkehrsnetz	• Bevölkerungsdichte durchschnittlich • weiterer Rückgang der Landwirtschaft zugunsten des verarbeitenden bzw. dienstleistenden Gewerbes	• teilweise qualifiziertes Arbeitskräftepotenzial • günstig zu erschließende Flächenpotenziale • teilweise ökologisch wertvolle Areale	Emden/Papenburger Region
IV attraktive Räume für überregionalen Fremdenverkehr	• günstige Lage in attraktiven Landschaftsräumen wie – Küstenbereichen, – Seenlandschaften, – Mittelgebirgs- oder alpinen Bergregionen	• Bevölkerungsdichte unterdurchschnittlich • Landwirtschaft und/oder Fischerei werden als Wirtschaftsbereiche erhalten • Fremdenverkehr entwickelt, häufig saisonal geprägt • Zunahme von Zweitwohnsitzen	• teilweise hochattraktives Naturraumpotenzial – zugleich gefährdet • traditionelle ländliche Kultur z. T. erhalten • häufig kulturhistorisch wertvolle Siedlungssubstanz	Teile der Ost- und Nordseeküste, Oberbayern, Harz, Bayerischer und Thüringer Wald, Mecklenburger Seenplatte
V strukturschwache ländliche Räume	• ungünstige (periphere) Lage zu großen Verbindungsachsen und/oder zu den Wirtschaftszentren • Grenzlagen	• Bevölkerungsdichte unterdurchschnittlich • schlechte Erschließung durch ÖPNV • Infrastrukturausstattung rückläufig • starker Rückgang des Hauptwirtschaftsbereiches Landwirtschaft ohne alternative Erwerbsmöglichkeiten • Überalterung der Bevölkerung	• häufig ökologisch wertvolle Areale • teilweise ausgeräumte Agrarlandschaften • teilweise hohes Entsorgungspotenzial bei sehr geringer Akzeptanz durch die Bevölkerung, wenn es genutzt werden soll	mittleres Mecklenburg-Vorpommern, Nordwestbrandenburg, nördliches Sachsen-Anhalt, Grenzregionen an Oder und Neiße

Quelle: BMBAU, Raumordnungspolitischer Handlungsrahmen

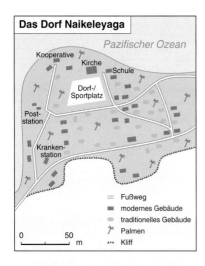

Das Dorf Naikeleyaga

Pazifischer Ozean

Kooperative
Kirche
Schule
Dorf-/
Sportplatz
Post-
station
Kranken-
station

= Fußweg
■ modernes Gebäude
▪ traditionelles Gebäude
⚡ Palmen
▲▲▲ Kliff

0   50
         m

Dorfweg

Fischerinnnen aus Naikeleyaga. Als
Schutz vor der Sonne haben sie ihre
Gesichter mit Holzkohle geschwärzt.

Dörfer in Entwicklungsländern: Das Beispiel Naikeleyaga Village, Kabara Island, Lau-Provinz, Republik Fidschi. Die letzte Volkszählung (1986) in Fidschi ergab, dass 61,3 % der Gesamtbevölkerung in ländlichen Gebieten leben. Der Verstädterungsgrad der indigenen (melanesischen) Fidschianer, die knapp 50 % der Gesamtbevölkerung ausmachen, ist noch um mehrere Prozent niedriger: Von ihnen leben 67,3 % in ruralen Gebieten. Vor allem in den peripheren, strukturschwachen Regionen des Landes sind die Dorfgemeinschaften ethnisch relativ homogen.

Zu den Charakteristika solcher Dörfer gehört in Fidschi, dass das dazugehörige Land unveräußerliches Eigentum der lokalen Verwandtschaftsgruppen ist; insgesamt sind das über 80 % der Gesamtfläche der Republik. Kraft Geburt ist jede(r) indigene Fidschianer(in) Angehörige(r) einer solchen Verwandtschaftsgruppe, zumeist der des Vaters. Zu den aus dieser Zugehörigkeit resultierenden Rechten gehört u. a., einen Teil des Landes dieser Verwandtschaftsgruppe für den Eigenbedarf zu bewirtschaften und im dazugehörigen Dorf zu leben. Von diesen Landrechten kann auch nach längerer Abwesenheit Gebrauch gemacht werden, und sie gelten ebenso für Nachkommen, die andernorts geboren wurden.

Naikeleyaga (178°44'W, 18°55'S) ist mit etwa 200 Einwohnern in 31 Haushalten (1993) das größte von vier Dörfern der relativ entlegenen Insel Kabara. An Infrastruktureinrichtungen verfügt es über eine Grundschule, eine Poststation, eine örtliche Kooperative mit kleinem Verkaufsladen, eine Krankenstation und einen Generator, der das Dorf stundenweise mit Elektrizität versorgt. Vor Naikeleyaga ankern die Versorgungsschiffe, die die Insel in unregelmäßigen, meist mehrwöchigen Abständen anlaufen.

Viele Gebäude im Dorf sind unbewohnt – entweder, weil sie durch einen der häufigen Taifune stark beschädigt und aufgegeben worden sind oder weil die Bewohner das Dorf vorübergehend oder dauerhaft verlassen haben. Die stets in Gemeinschaftsarbeit neu errichteten Häuser haben nur noch selten den traditionellen ovalen Grundriss. Seit den 70er Jahren wurden überwiegend rechteckige Holzhäuser mit flacheren Dächern gebaut. Wohnhäuser aus Mauersteinen sind aufgrund der hohen Kosten immer noch Ausnahmen, doch hat sich Wellblech als ‚modernes' Baumaterial rasch durchsetzen können: Auf gehobenen Kalksteininseln wie Kabara muss das wertvolle Regenwasser von den Dächern gesammelt werden, denn es gibt keine natürlichen Süßwasserreservoires oder -quellen.

Wesentliche Lebensgrundlage der Insulaner ist die Subsistenzlandwirtschaft. Mit Machete, Grabstock und Spaten bewirtschaften die Männer die Pflanzungen, in denen sie Maniok, Süßkartoffeln, Yams und verschiedene Kohlsorten anbauen. Zwar hat jeder erwachsene Mann seine eigenen Anbauflächen auf dem Land seiner Abstammungsgruppe, doch finden sich stets Gruppen von Männern, die die Arbeiten gemeinsam verrichten. Für die Fischerei sind im Wesentlichen die Frauen zuständig. In Gruppen legen sie in der Lagune Netze, speeren Fische und sammeln Muscheln, Schnecken und Krebse. Doch ihre umfangreichen übrigen Verpflichtungen bewirken, dass längst nicht in jedem Haushalt regelmäßig Fisch gegessen werden kann. In guten Zeiten, wenn die Zisternen mit Regenwasser gefüllt sind, die Ernte nicht durch ausbleibende Niederschläge beeinträchtigt oder durch einen Taifun zerstört wurde, gewährt die Subsistenzwirtschaft den Insulanern zwar ein Auskommen, aber kein Einkommen. In der Vergangenheit konnten in manchen Jahren gute Einkünfte durch den Verkauf von Kopra – das getrocknete Mark der Kokosnuss – erzielt werden, doch musste die Pro-

Bevölkerungsentwicklung in Fidschi

	1966	davon rural (in %)	1976	davon rural (in %)	1986	davon rural (in %)
Fidschianer	202 176	76,2 %	259 932	69,5 %	329 305	67,3 %
übrige	274 551	59,6 %	328 136	57,7 %	386 070	56,2 %
Gesamtbevölkerung	476 727	66,6 %	588 068	62,8 %	715 375	61,3 %

(nach Bureau of Statistics, Suva)

Jahresbilanzen der Kooperative des Dorfes Naikeleyaga (Geschäftsjahre 1984/85 bis 1992/93; gerundet, in $ F)

	Warenverkäufe an die Dorfbewohner	Ankauf durch die Kooperative			Differenz von An- und Verkauf
		Kunsthandwerk*	Kopra	Meeresprodukte	
1984/85	61 979	1 543	10 002	0	50 434
1985/86	74 533	2 715	1 183	0	70 635
1986/87	60 612	1 367	6 530	36	52 679
1987/88	29 636	4 283	k. A.	18	25 335
1988/89	41 766	11 145	255	0	30 366
1989/90	49 789	11 807	786	0	37 196
1990/91	61 287	4 878	0	0	56 409
1991/92	88 747	6 167	1 650	555	80 375
1992/93	76 678	15 394	535	4 685	56 064

* Hauptsächlich Holzschnitzereien · Anmerkung: 1993 entsprach 1 $ F etwa 1,05 DM
(nach Ministry of Cooperatives Eastern Division, Suva)

duktion angesichts des Preisverfalls 1993 aufgegeben werden, voraussichtlich für lange Zeit. In neuerer Zeit bemüht sich deshalb die örtliche Kooperative, Abnehmer von Meeresprodukten (v. a. getrocknete Seegurken und Muschelschalen) zu finden.

Über ein regelmäßiges Einkommen verfügen im Dorf nur die 6 Staatsbediensteten: die drei Lehrer, der Postangestellte sowie die Krankenschwester und der Hilfsarbeiter der Krankenstation. Die übrigen Haushalte sind auf die Nutzung der wohl wertvollsten lokalen Ressource, eines tropischen Hartholzes, angewiesen: Seit Menschengedenken versorgen die Schnitzer von Kabara ganz Fidschi mit den großen Schalen, in denen der Kava-Trank, das traditionelle Getränk der Männer, bereitet wird. Der gegenwärtige Lebensstandard – allein die monatlichen Ausgaben für das Gehalt des Pfarrers, die verschiedenen Kollekten der Kirche, des Dorfes und der Verwandtschaftsgruppen, für Unterrichtsmaterialien der Schulkinder, für den Betrieb des Generators usw. summieren sich auf über 50 DM pro Haushalt – beruht aber auch auf Überweisungen von außerhalb des Dorfes lebenden Angehörigen.

Die Zahl jener, die aufgrund ihrer Abstammung zur Dorfgemeinschaft Naikeleyagas gehören, beträgt beinahe 1000 Personen, von denen nur etwa 200 im Dorf leben. Jeder im Dorf hat auswärtige Geschwister, Kinder oder Eltern. Allein in der Hauptstadt Suva leben über die Hälfte der Angehörigen der Dorfgemeinschaft. Aber längst nicht alle Abwanderer bleiben für immer fort: Die Erwachsenen im Dorf haben selbst fast ausnahmslos längere Zeit an anderen Orten gelebt, als sie weiterführende Schulen besuchten oder einer Erwerbstätigkeit nachgingen. Die Gründe, weshalb sie zurückkehrten, sind vielfältig; der harten körperlichen Arbeit und den zahlreichen materiellen Entbehrungen zum Trotz ist Naikeleyaga für die Mehrheit seiner Bewohner jedem anderen Ort an Lebensqualität überlegen.

?

1. Informieren Sie sich über Lage der Republik Fidschi und ihre Bevölkerungszusammensetzung.

2. Die Aussage, in Dörfern wie Naikeleyaga seien die Funktionen Wohnen und Arbeiten am selben Ort realisierbar, ist nur noch teilweise gültig. Formulieren Sie eine begründete Kritik an einer solchen Behauptung.

3. Sowohl für die Abwanderung von wie für die Rückwanderung nach Naikeleyaga sind vielfältige Motive denkbar. Stellen Sie Push- und Pull-Faktoren gegenüber, differenzieren Sie ökonomische, soziale und andere Motive.

4. Welche ökonomischen und sozialen Konsequenzen haben die Landrechtsverhältnisse in Fidschi? Begründen Sie Ihre Vermutungen, bedenken Sie auch die Konsequenzen, die die Landrechtsproblematik für die übrige, nicht-melanesische Bevölkerung (über 50 %) hat, die prinzipiell landlos und auf Pachtverträge angewiesen ist.

Die Großstadt – ein Konzentrationsraum von Wirtschafts- und Lebensprozessen

Allgemeine Merkmale der City:

– überdurchschnittlich kompakte und hohe Bebauung
– hohe Anteile von Arbeitsplätzen im tertiären Sektor
– höchste Boden- und Mietpreise
– geringer Anteil Wohnbevölkerung

City of London von der Tower Bridge

Begriffe

City (europäischer Raum)
Downtown (amerikanisch)
    Wirtschaftszentrum und
    Verwaltung
Central Business District (CBD)
(amerikanisch)
    Geschäftszentrum

Baulich-funktionale Gliederung. Mit der Entwicklung der Industrie im 19. Jh. war nicht nur ein Bevölkerungs- und Flächenwachstum der Städte, sondern auch eine Trennung von Wohn- und Arbeitsstätten verbunden. Im Gegensatz zum Altstadtbereich, dem multifunktionalen Zentrum der Großstadt, sind die Stadterweiterungen auf einzelne Funktionen orientiert: Wohnfunktion, Industriefunktion oder bestimmte Sonderfunktionen (z. B. Hafenareale, Hauptbahnhof, Flughafen, Universitätscampus, Krankenhauskomplex). Daneben gibt es Mischgebiete, beispielsweise das Bahnhofsviertel, Sekundärzentren und eingemeindete Kleinstädte. Diese für Groß- und Millionenstädte typische baulich-funktionale Gliederung entwickelt sich ständig weiter.

Im Zentrum der Stadt – der City – sind Kaufhäuser, Spezialgeschäfte (u. a. für Bekleidung, Fotoartikel, Unterhaltungselektronik, Schmuck), Makler-, Architekten-, Ingenieurbüros, Rechtsanwaltskanzleien, Werbeagenturen, Versicherungen, Fachärzte, Theater, Museen, Büros von Parteien, Verbänden und Vereinigungen, Gaststätten, Hotels, staatliche Verwaltungseinrichtungen und Unternehmensleitungen konzentriert. Die auf die City gerichteten Verkehrsströme (zum Einkauf, zur Arbeit) führen in Spitzenzeiten zu überfüllten Verkehrsmitteln und Staus. Die City übernimmt Versorgungs-, Dienstleistungs-, Verwaltungs- und Wirtschaftsleitungsfunktionen, Funktionen in Kunst und Kultur sowie als Verkehrsknoten. Abhängig von der Größe der Stadt, deren historischer Entwicklung und besonderer Funktionen (z. B. Hauptstadt, Hafen, Mode, Kunst) sind die einzelnen Cityfunktionen unterschiedlich stark ausgeprägt. Vor allem in Hauptstädten ist innerhalb der City eine Viertelbildung zu erkennen (Bankenviertel, Einkaufsbereiche, Regierungsviertel, Vergnügungsviertel, Kulturzentrum …). Das Banken- und Geschäftsviertel ist durch ein Überwiegen der Tagbevölkerung gegenüber der Nachtbevölkerung gekennzeichnet. Die City of London hat weniger als 5 000 Einwohner, aber etwa 500 000 Arbeitsplätze. Charakteristisch für das Einkaufsviertel sind durchgehende Ladenfronten im Erdgeschoss, Einkaufspassagen und Fußgängerzonen.

Da sich die City europäischer Großstädte im Bereich der Altstadt entwickelt hat, ist hier der Kontrast zu den anderen Stadtteilen nicht so stark wie z. B. in nordamerikanischen Städten, wo eine Konzentration von Bank- und Geschäftshochhäusern im Central Business District (CBD) einer viele Kilometer ins Umland reichenden Siedlungsfläche mit niedrigerer Bebauung und ausgedehnten Verkehrsnetzen gegenübersteht. Das Banken- und Geschäftsviertel allerdings hebt sich auch in europäischen Großstädten deutlich durch seine Hochhausarchitektur heraus.

London

City of Westminster
    (Regierungsviertel)
City of London
    (Banken, Versicherungen, Verlage,
    Unternehmensverwaltungen)
*Oxford Street, Regent Street,
Kensington*
    (Einkaufstraßen, -viertel)

Paris

Goldenes Dreieck
zw. Champs-Elyseé, Avenue Montaigne
und *Avenue Marceau*
    (Modeschöpfer, Haute Couture)
La Defense
    (Versicherungen, Unternehmens-
    verwaltungen, Hotel- und Kongress-
    zentrum, Wohnen)

Wien

Kärntnerstraße, Graben
    (Einkaufsstraßen)
Ringstraßenbereich
    (Bankenviertel, Verwaltung,
    Kunst/Kultur, Universität, Hotels,
    Wohnen)
Donaustadt
    (UNO-City)

Wohnviertel sind entsprechend ihrer Hauptfunktion durch das Wohnen geprägt. In ihrem Erscheinungsbild, den Wohnbedingungen und nicht zuletzt in der Sozialstruktur ihrer Bewohner unterscheiden sie sich erheblich. Neben Wohngebäuden befinden sich in ihnen auch Einrichtungen zur Grundversorgung (Lebensmittelgeschäfte, Drogerien, Grundschulen, Arztpraxen, Apotheken, Gaststätten …) sowie zur Erholung und Freizeitgestaltung (Sport- und Spielplätze, Grünanlagen …), die häufig und vorwiegend von der Bevölkerung des Viertels genutzt werden. Eine Übergangsstellung nehmen Mischgebiete ein, in denen neben dem Wohnen Gewerbe und Dienstleistungen eine größere Rolle spielen.

Gründerzeitliches Wohnviertel in Berlin

Wohnviertel/Wohngebiete als Gegenstand geographischer Untersuchungen (Kategorien und Gesichtspunkte)

Lage

Innenstadt
Außenbezirke
Trabantensiedlungen und Satellitenstädte

Hügel- und Hanglagen
Tallagen
Uferbereiche

Baualter

bis 1918
1918–1945
1945–1970/75
ab 1970/75

Bauweise

geschlossene Bebauung
offene Bebauung

Reihenbauweise
Blockrandbebauung
Blockbebauung mit Seiten- und Hinterhäusern (Mietskasernen)

Zeilenbauweise
Einzel-/Doppelhaussiedlungen
Punkthochhäuser
Villenviertel
Gartenstädte

Hüttensiedlungen
Wohnwagensiedlungen

Eigentum und Miete

Privateigentum
Genossenschaftswohnungen
kommunale Wohnungen
Werkswohnungen

Eigentumswohnungen
Sozialwohnungen
sonstige Mietwohnungen
Erbbau

Sozialstatus der Bewohner

Arbeiterwohnviertel
Wohnen der Mittelschicht
Wohnen der Oberschicht/Prominenz

Slums
Marginalsiedlungen (Squattersiedlungen)

Rentnerstädte

Créteil in der Region Paris

Planungskategorien

Sanierungsgebiete
Wohnungsbauförderung
Denkmalschutz

Funktionen

Wohngebiete
Mischgebiete mit vorherrschender Wohnfunktion
Mischgebiete

Weitere Merkmale

Dichtewerte (Bevölkerungsdichte, Wohndichte)
Wohnungsgröße
Ausstattung und Komfort (Innentoilette, Bad, moderne Heizung, Fahrstuhl, …)
Verkehrslage und Verkehrserschließung
Durchgrünung
Bevölkerungsgliederung (Alters-, Berufs-, Sprach-, Religionsgliederung …)

?

1. Stellen Sie Merkmale von citynahen Wohnvierteln, Vorortsiedlungen und Großwohnsiedlungen am Rand von Großstädten zusammen und nennen Sie Beispiele.
2. Analysieren Sie Wohnviertel in Ihrer Heimatstadt bzw. einer nahegelegenen Großstadt (Kartenskizzen, Beschreibungen u. a.).

Branchenorientierung in Industrievierteln

innerstädtische Gewerbe- und Mischgebiete
  Druckereien,
  Bekleidung und Konfektion
  Konsumgüter- u. Leichtindustrie
  kleine Betriebe der Holz und Metall
  verarbeitenden Industrie
Industriekorridore an Eisenbahnstrecken und Wasserwegen
  Großbetriebe der Schwerindustrie, des Maschinen- und Fahrzeugbaus, der Elektroindustrie, Bauwirtschaft
Industrie- und Gewerbegebiete im Vorortbereich (Autobahn-, Flughafennähe)
  verschiedene Betriebe des produzierenden Gewerbes (Elektronik, Computertechnik, Umwelttechnik, Kommunikationswesen),
  industrienahe Dienstleistungen (Datenverarbeitung, Unternehmensberatung, Weiterbildung),
  Großhandel, Lagerwirtschaft, Verbrauchermärkte

Probleme der Citybildung
1. Entvölkerung – Abbau der Wohnfunktion
2. Konzentration zentraler kommerzieller, administrativer und kultureller Funktionen – höchste Arbeitsplatzdichte im tertiären Sektor
3. maximale Verkehrsdichte – Probleme des ruhenden Verkehrs; Fußgängerzonen, Passagen
4. Anstieg der Grundstückpreise – Verdrängungsprozesse; Ertragsintensität
5. Funktionale Differenzierung und Konzentration (z. B. Finanz- Presse-, Regierungs-, Großhandels-, Kultur-, Vergnügungsviertel)

?

1. Warum begann die Citybildung in London früher als in den anderen europäischen Großstädten?
2. An welchen Merkmalen kann man eine Ausweitung der City in angrenzende Stadtviertel nachweisen?

Die ersten Industrieviertel entstanden im Zuge der Industrialisierung meist in Bahnhofs- oder Hafennähe. Betriebsvergrößerungen, steigende Bodenpreise und Mieten sowie Transportprobleme führten in der Folgezeit zu mehreren Randverlagerungen, wobei Standorte an Eisenbahnen und Wasserstraßen, später auch an Autobahnen bevorzugt wurden.

In der Innenstadt verblieben nur wenige Branchen, die geringe Ansprüche an Fläche und Transportkapazität stellen, einen cityorientierten Absatz haben, aufgrund ihrer Umsätze die hohen Gewerbemieten zahlen können und die Umwelt nicht wesentlich beeinträchtigen (Lärm, Luftverschmutzung).

In den Randbereichen bzw. im Umland entstanden große Industrieareale, die meist von wenigen Großbetrieben mit zum Teil mehreren Tausend Beschäftigten eingenommen werden. Klein- und Mittelbetriebe dagegen siedeln sich zunehmend in Gewerbegebieten, Industrie- oder Technologieparks an, die Möglichkeiten für Kommunikation und Kooperation sowie eine gemeinsame Nutzung der Infrastruktur bieten. Neben neuerschlossenen Standorten im Umland der Großstädte gewinnt auch die Nutzung von Flächen- und Gebäuden stillgelegter Betriebe in der Innenstadt an Bedeutung (Flächenrecycling). Wegen der Kopplung mit vielfältigen Dienstleistungseinrichtungen, die von Wartungs- und Instandsetzungsfirmen bis zu Verbrauchermärkten reichen, haben Industrie- und Technologieparks häufig den Charakter von Mischgebieten.

Funktionswandel. Er kann in vielfältiger Art und Weise auftreten, einzelne Gebäude, Straßenzüge oder ein gesamtes Stadtviertel betreffen, sich in einem längeren Prozess entwickeln oder in einem relativ kurzen Zeitraum erfolgen. Citybildung ist ebenso mit einem Funktionswandel verbunden wie der Umbau eines alten Hafenspeichers zu Wohnungen.

Der Prozess der Citybildung begann um 1820 in London und setzte in den anderen europäischen und überseeischen Großstädten in der zweiten Hälfte des 19. Jh. ein. Die steigende Nachfrage nach Geschäfts- und Büroraum führte zunächst zu einer Verdrängung der Wohnfunktion aus dem Altstadtbereich, später der Wohn- und Industriefunktion aus citynahen Stadtvierteln. Dabei wurden Wohngebäude zu Geschäfts- und Bürohäusern umgebaut (häufig zunächst die unteren Stockwerke) oder auch abgerissen

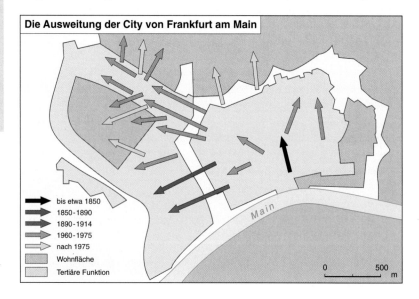

Die Ausweitung der City von Frankfurt am Main

bis etwa 1850
1850-1890
1890-1914
1960-1975
nach 1975
Wohnfläche
Tertiäre Funktion

Main

0   500 m

und durch Warenhäuser, große Geschäfts- oder Bürohäuser ersetzt. Der damit verbundene Bevölkerungsrückgang kann 50 % und mehr betragen. Der zunehmende Flächenbedarf für Cityfunktionen und die steigenden Bodenpreise erfordern den Bau von Hochhäusern und eine fortschreitende Ausdehnung der City. In vielen europäischen Großstädten erfolgte sie zunächst in Richtung des Hauptbahnhofs, bezog später aber auch repräsentative Wohnviertel (Villengebiete) ein.

Auf ähnliche Weise entstehen in einigen Stadtteilen (meist an Ausfallstraßen) Sekundär- oder Subzentren. In ihnen konzentrieren sich Versorgungs- und Dienstleistungsfunktionen für einen Teil der Großstadt (und ihres Umlandes) mit einem niedrigeren Preisniveau als in der City. Beispiele sind die Schlossstraße in Steglitz, die Altstadt Spandau und Neukölln (alle Berlin), das Zentrum von Hamburg-Altona sowie Dresden-Neustadt.

Nach der Stilllegung von Fabriken, Zechen, Bahnhöfen oder Hafenanlagen steht die Frage nach einer Weiternutzung dieser meist innerstädtischen Flächenareale. Häufig ist mit solchen Nutzungsänderungen auch ein Funktionswandel verbunden. Ob nur die Fläche genutzt wird, d. h. die vorhandenen Gebäude abgerissen und Neubauten errichtet werden oder eine Umnutzung vorhandener Bauten möglich ist, richtet sich u. a. nach
– der Art der Bauten (z. B. Fabrikhalle, Verwaltungsgebäude, Speicher, Bahnhofsgebäude, Lager, Garagen),
– dem Bauzustand,
– denkmalpflegerischen Gesichtspunkten,
– den beabsichtigten Nutzungen (z. B. zu Wohnzwecken, als Geschäft oder Büro, für kulturelle oder Sportveranstaltungen).
Neben der wirtschaftlichen Inwertsetzung brachliegender Flächen zielt der Funktionswandel auch auf eine Aufwertung des Stadtviertels (z. B. Verbesserung der Wohn- und/oder Versorgungssituation, Erhöhung des Grünanteils, Freizeitangebote).

Beispiel für eine großflächige innerstädtische Erneuerung sind die Docklands in London. Ihre Umgestaltung hat Modellwirkung für die Umnutzung innerstädtischer Hafenareale (z. B. Duisburg, Amsterdam, Boston). Im Zuge der Verlagerung der Hafentätigkeit in Richtung Themsemündung wurde ein etwa 800 ha großes Hafen- und Dockanlagenareal, das sich von der Tower Bridge aus über mehrere Kilometer flussabwärts erstreckte, 1967 bis 1971 bzw. 1981 stillgelegt. Mühlen, Fabriken und Lagerhausflächen lagen brach.

Überwiegend durch private Investitionen sind alte Lagerhäuser zu Luxuswohnungen oder Bürohäusern umgebaut, moderne Bürohochhäuser, Hotels und Wohnsiedlungen neu errichtet sowie Park- und Grünanlagen angelegt worden, wobei die Wasserflächen der ehemaligen Docks in die städtebauliche Gestaltung einbezogen wurden. Das Zentrum dieser städtebaulichen Erneuerung ist Canary Wharf.

Seit 1981 wurden mehr als 41 000 neue Arbeitsplätze geschaffen und 15 200 Wohnungen fertiggestellt. Durch geringere Gewerbemieten als in der City soll die Ansiedlung von Finanz- und Wirtschaftsdiensten gefördert werden. Dennoch verläuft die Umgestaltung nicht problemlos. Nicht alle Pläne und Projekte wurden verwirklicht. Kritik wird an der Hochhausarchitektur und den überdimensionierten Büroflächen geübt.

London – Docklands

Beispiele für die Umnutzung von historischen Gebäuden
– Braunschweig: Alter Bahnhof – seit 1965 Gebäude der Norddeutschen Landesbank
– Magdeburg: Kloster Unser Lieben Frauen – seit 1974 vielfältige kulturelle Nutzungen (Ausstellungen, Klosterbibliothek, Klostercafé, Konzerthalle)
– Hamburg-Altona: Zeise-Schiffsschraubenfabrik – seit 1990 vielfältige Nutzungen: Filmproduktion, -vertrieb und -verleih, Film- und Büchersammlung, Institut für Musik und Theater, Kino, Einkaufspassage

Innerstädtische Pendler der Stadt München nach dem vorwiegend benutzten Verkehrsmittel

U-Bahn/S-Bahn/Straßenbahn 227206

keine Verkehrsmittel 84786

Sonstige Verkehrsmittel 4171

Fahrrad 51439

Bus/sonstige öffentliche Verkehrsmittel 53904

Pkw 217261

(Volkszählung 1987)

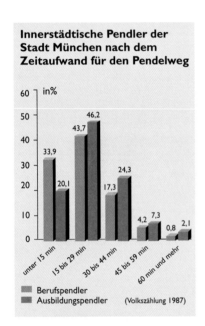

Innerstädtische Pendler der Stadt München nach dem Zeitaufwand für den Pendelweg

in%

unter 15 min	33,9 / 20,1
15 bis 29 min	43,7 / 46,2
30 bis 44 min	17,3 / 24,3
45 bis 59 min	4,2 / 7,3
60 min und mehr	0,8 / 2,1

■ Berufspendler
■ Ausbildungspendler (Volkszählung 1987)

Sozialräumliche Beziehungen. Die Realisierung der Grunddaseinsfunktionen ist mit der Ausbildung vielfältiger sozialräumlicher Beziehungen verbunden, z. B. versorgungsräumliche oder arbeitsräumliche Beziehungen. Die Ausdehnung, Dauer und Häufigkeit der Bewegungen stehen in einem engen Zusammenhang. So kann der Grundbedarf (täglich benötigte Konsumgüter, häufig in Anspruch genommene Dienstleistungen) meist im Wohngebiet gedeckt werden, während die Stadtteilzentren (Sekundär- oder Subzentren) und die City der Deckung des mittel- bis langfristigen Bedarfs dienen. Arbeitsräumliche Beziehungen werden durch die Lage von Wohn- und Arbeitsstätten und die Arbeitszeit geprägt. Sie führen noch stärker als die versorgungsräumlichen Beziehungen zu einer Bündelung von Verkehrsströmen und zeitlichen Spitzenbelastungen. Im Bereich von Erholung und Freizeitgestaltung spielen neben dem Angebot und der verfügbaren Zeit die Interessen eine wichtige Rolle (z. B. Kunst, bestimmte Sportarten, Erholung in der Natur, erlebnisorientierte Freizeitgestaltung).

Während überörtliche Wanderungsbewegungen häufig durch einen Arbeitsplatzwechsel begründet sind, ist die innerstädtische Mobilität überwiegend auf die Veränderung der Wohnverhältnisse (Wohnlage, Wohnungsausstattung, Miethöhe usw.) ausgerichtet. Beispielsweise sind die einzelnen Lebensabschnitte aufgrund der sich ändernden familiären, beruflichen und Einkommenssituation (Berufseinstieg – Singlehaushalt, Familie mit Kindern, …) durch unterschiedliche Wohnansprüche gekennzeichnet. Gleichzeitig wirken sich zunehmende Verkehrs- und Umweltbelastungen in der Innenstadt, die Auf- bzw. Abwertung von Wohnvierteln, aber auch allgemeine Trends wie „Wohnen im Grünen", „Wohnen im eigenen Heim" auf die Mobilität der Bevölkerung aus. In Nordamerika hat die Verknüpfung von Karriere, Sozialprestige und Wohnen zu einer im Vergleich zu Europa wesentlich höheren Mobilität geführt. Jährlich wechseln mehr als 10 % der Bevölkerung ihren Wohnstandort innerhalb der Stadt bzw. deren Umland. Das erfordert eine rasche Anpassung an das jeweils neue Wohnmilieu, Nachbarn und Freundeskreis sowie eine größere Flexibilität bezüglich sozialräumlicher Beziehungen und hat eine geringere Identifikation mit dem Stadtviertel zur Folge. In Europa verhindern die Wohnungsvergabekriterien im staatlichen bzw. kommunalen Wohnungssektor mit entsprechenden Wartezeiten, Mieterschutzgesetze, die Bedeutung des Eigenheimbaus und die ausgeprägte lokale Identität eine höhere Mobilität.

Sozialstruktur

Einkommen Alter und Geschlecht

Beruf ethnische Zugehörigkeit

Erwerbstätigkeit **Teilaspekte** Sprache

Bildungsstand Religion

Familien- und Haushaltsgliederung

soziale Gruppen (relativ festgefügte Einheiten)

Kleinfamilie, Großfamilie, Sippe

Religionsgemeinschaften

Parteien, Gewerkschaften, Genossenschaften

Sportvereine, Hobbyclubs

ethnische Minderheiten, Gastarbeiter

Kommunikation
Interaktionen
soziale Netzwerke

soziale Positionen und Rollen

soziale Schichten (Position innerhalb einer hierarchisch geordneten Gesellschaft)

Oberschicht Klassen
Mittelschicht
Unterschicht Kasten

Soziale Gruppen und Schichten unterscheiden sich nicht nur in ihren sozialräumlichen Beziehungen, sondern auch in der räumlichen Mobilität. Innerhalb von Großstädten sowie zwischen Stadt und Umland führt dies zu Segregationsprozessen, die eine Konzentration bestimmter Bevölkerungsgruppen in einzelnen Stadtvierteln zur Folge haben. Die soziale Segregation wird maßgeblich durch das Preisniveau auf dem Wohnungs- und Immobilienmarkt und die Zahlungsfähigkeit bestimmt. Dabei leben sozial schwächere Gruppen (Arbeiter, Hilfsarbeiter) und obere Berufsgruppen (leitende Angestellte, höhere Beamte, freie Berufe) stärker segregiert als die Mittelschicht (Angestellte, Beamte, kleine Selbstständige).

Bei der Segregation ethnischer Minderheiten spielen neben dem in der Regel geringeren Einkommen eine Reihe weiterer Faktoren eine Rolle, beispielsweise die Sprache und eine spezielle Infrastruktur, vor allem jedoch die kulturelle und religiöse Identität. Meist steht sie im Zusammenhang mit der Einwanderung größerer Bevölkerungsgruppen und ihrer Ansiedlung in eigenen Stadtvierteln, die dann zu Zielgebieten weiterer Einwanderer bzw. späterer Einwanderungswellen werden. Beispiele hierfür sind die vielfältigen Minoritätenviertel in Nordamerika, aber auch Einwandererviertel in Australien und Gastarbeiterviertel europäischer Großstädte. Trotz der relativen Stabilität derartiger Einwandererviertel kann sich ihre Bevölkerungszusammensetzung verändern, etwa durch den sozialen Aufstieg einer Bevölkerungsgruppe und ihre Ablösung durch eine nachfolgende Einwanderergruppe.

Altersgliederung der Bevölkerung in neuen Wohnsiedlungen im Umland von Leipzig und Schwerin (1994/1995)

Alter	Leipziger Umland	Schweriner Umland
bis 6	7,6	4,9
7–12	16,1	24,7
18–24	5,8	8,6
25–34	27,7	15,0
35–44	17,9	24,9
45–54	14,3	15,5
55–64	4,7	6,2
über 64	5,8	0,2

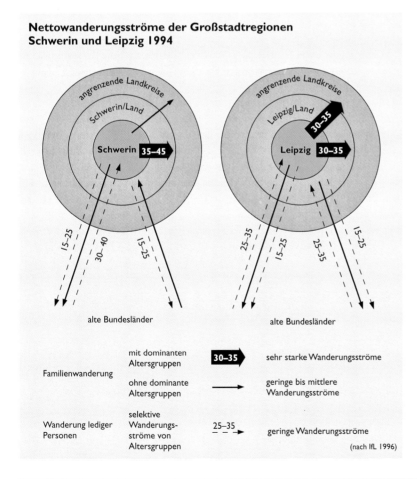

Nettowanderungsströme der Großstadtregionen Schwerin und Leipzig 1994

(nach IfL 1996)

?

1. Welche Einflüsse können die Sozialstruktur eines Stadtviertels verändern?
2. Erläutern Sie Zusammenhänge zwischen der Sozialstruktur eines Stadtviertels und den versorgungsräumlichen Ansprüchen und Beziehungen seiner Bewohner.
3. Wie wirkt sich der Bau neuer Wohnsiedlungen im Umland von Großstädten auf Siedlungsfunktionen und sozialräumliche Strukturen aus?
4. Vergleichen Sie Lebensumfeld und Entwicklungsmöglichkeiten von Kindern und Jugendlichen in Großstädten und kleineren Orten. Stellen Sie jeweils Vorzüge und Nachteile tabellarisch dar. Diskutieren Sie spezielle Problemfelder und Lösungsansätze.

Stadtklima im Vergleich zum Umland	
Lufttemperatur	
Jahresmittel	+ 0,5 bis 1 Grad
Winterminima	+ 1,0 bis 2 Grad
Jahresniederschlag	+ 5 % bis 20 %
Verdunstung	-65 % bis - 30 %
Ultraviolette Strahlung	
im Sommer	-5 % bis - 30 %
im Winter	-30 % bis - 70 %
Nebel im Sommer	+ 100 %
im Winter	+ 30 %
Vegetationsperiode	+ 8 bis 10 Tage

Gefährdung einheimischer und alt eingebürgerter Farn- und Blütenpflanzen in Berlin

Artenzahl	1 006
davon ausgestorben	112
vom Aussterben bedroht	145
stark gefährdet	181
gefährdet	103
potenziell gefährdet	5
insgesamt	546

(Bundesrepublik: von 2667 Arten 822 ausgestorben oder gefährdet)

Hauptquellen des Los Angeles-Smog

Auspuffgase	85 %
Industrieemissionen	
(bes. Raffinerien)	3%
chemische Industrie	1%
Gebäudeheizung	6%

Anteil der Siedlungsfläche an der Gemeindefläche (in %)

Bochum 31/50 Dortmund 26/41 Hamm 12/19 Herne 43/60

■ 1953 ■ 1983

(Kommunalverband Ruhrgebiet)

?

1. Bei welchen Wetterlagen entstehen Sommersmog bzw. Wintersmog?
2. Erläutern Sie die Funktionen städtischer Freiräume an einigen Beispielen.

Großstädte als Ökosysteme. Sind Großstadt und Natur zwei Extreme, die sich ausschließen? Gibt es in der Großstadt noch Natur? Hat die Großstadt die Natur zerstört oder ist auch eine Großstadt ein Ökosystem, in dem Klima, geologischer Bau, Relief, Wasser, Boden und Bios zusammenwirken? Die Einwirkung des Menschen ist offensichtlich, und auch über ihr großes Ausmaß gibt es keinen Zweifel. Ein großer Teil der Innenstadtfläche ist versiegelt und das Relief teilweise überformt. Flüsse wurden kanalisiert und das Grundwasser abgesenkt (u. a. durch Trinkwassergewinnung, Bautätigkeit). Je größer ein bebautes Areal ist, desto stärker prägt sich ein spezifisches Stadtklima heraus, das vor allem durch Erwärmung gekennzeichnet ist (städtische Wärmeinsel). Die veränderten Umweltbedingungen in der Großstadt bewirken auch Veränderungen in der Pflanzen- und Tierwelt. Ein vergleichsweise großer Teil der einheimischen Pflanzen und Tiere sind bereits ausgestorben, vom Aussterben bedroht oder zumindest stark gefährdet. Andererseits ist jedoch die Artenanzahl der Farn- und Blütenpflanzen (spontan wachsende Pflanzen, angepflanzte Straßenbäume, Ziersträucher und Zierpflanzen) in den Großstädten größer als in ihrem Umland. Dem wärmeren Stadtklima entsprechend stammen viele der eingebürgerten Pflanzen aus südlicheren Gebieten.

Das Ökosystem Großstadt ist ein weitgehend künstlich geschaffenes Ökosystem, das durch den Menschen, seine Bedürfnisse und Wertvorstellungen bestimmt wird. Städtebau und Stadtplanung orientieren sich in erster Linie an Kriterien der Wirtschaftlichkeit, der Bewältigung des steigenden Verkehrsaufkommens und den Ansprüchen von Investoren, Einwohnern oder Touristen. Eine rasante Verringerung von Freiflächen und zunehmende Umweltprobleme sind die Folge.

Während die Schadstoffemissionen der Industrie und die Verschmutzung von Gewässern durch eine Reihe technischer Maßnahmen (Filter, Kläranlagen) bereits reduziert werden konnten, nehmen mit dem Verkehr auch die durch ihn verursachten Umweltschädigungen (Lärm, Luftverschmutzung, Smog, Flächenverbrauch) weiter zu. Die Entwicklung eines 3-Liter-Autos kann diese Probleme nur teilweise lösen, und den alternativen Antriebsarten (Elektroauto, Solarmobile) fehlt bislang die Massenwirksamkeit. Neben dem Hausbrand sind die Autoabgase die Hauptverursacher für Smog (smoke = Rauch, fog = Nebel). Als Kombination von Luftverschmutzung und Nebel schädigt Smog die Umwelt und gefährdet die Gesundheit der Menschen. Dabei wird zwischen dem in der winterlichen Heizperiode auftretenden Smog (London-Typ) und dem im Hochsommer entstehenden Smog (Los Angeles-Typ), der mit einer Erhöhung der Ozonwerte verbunden ist, unterschieden. Durch Fahrverbote und Geschwindigkeitsbegrenzungen soll der Entwicklung von Smog zukünftig so früh wie möglich begegnet werden.

Im Zusammenhang mit der großen Bevölkerungszahl und -dichte wird die Bewältigung des wachsenden Müllaufkommens für die Großstädte zu einem immer größeren Problem. Eine Deponierung im Umland der Großstädte ist kaum noch möglich, Müllverbrennung sehr umstritten. Mülltrennung und Müllvermeidung sind noch unzureichend entwickelt. Vor allem ungeordnete oder nicht genügend abgedichtete Deponien bilden Gefahrenquellen für Boden und Grundwasser.

Die Verschärfung der Umweltprobleme in Groß- und Millionenstädten hat zu einer Ökologisierung von Stadtplanung und Städtebau geführt. Mit der Zielstellung, die Umweltqualität der Städte zu verbessern, wurden

Modellvorhaben (z. B. „Modellwohnhäuser" aus umweltverträglichen Materialien und mit autarkem Energiekonzept) durchgeführt und Förderprogramme aufgelegt (z. B. Begrünungsprogramme, Förderung emissionsarmer Heizungssysteme). Darüber hinaus setzte sich die Erkenntnis durch, dass ökologische Zusammenhänge auch bei gesamtstädtischen und regionalen Planungen stärker berücksichtigt werden müssen. So entstand Mitte der 80er Jahre das Leitbild „Ökologischer Stadtumbau".

Grundprinzipien einer ökologischen Stadtentwicklung sind:

- Optimierung des Energieeinsatzes (z. B. Verkehrsvermeidung, Verringerung des motorisierten Individualverkehrs);
- Optimierung der Stoffumsätze (z. B. Nutzung regionaler Rohstoffe, Mehrfachnutzung, Recycling, Verzicht auf Materialien bei deren Herstellung oder Entsorgung Giftstoffe frei werden);
- Schutz von Luft, Boden, Oberflächengewässern und Grundwasser (z. B. Beseitigung von Altlasten, Renaturierung zur Wiederherstellung der Selbstreinigungskraft von Gewässern);
- Erhalt und Förderung der städtischen Natur (z. B. Schutz stadtspezifischer Lebensgemeinschaften, Beseitigung unnötiger Versiegelung, Umgestaltung monostrukturierter Landwirtschaftsflächen).

Eine besondere Bedeutung innerhalb der ökologischen Stadtentwicklung haben Maßnahmen zur Freiraumsicherung und Freiraumgestaltung. Die städtischen Freiräume sind in ihrem Erscheinungsbild, der Größe und Nutzung sehr vielfältig. Beispielsweise lassen sich öffentliche, halböffentliche und private, genutzte und ungenutzte Freiräume unterscheiden.

Freiflächen für Sport in Berlin nach Stadtbezirken

(nutzbare Sportfläche in m² je 100 Einwohner Bedarfsrichtwert: 250m² je 100 E.)

unter 100m²
Mitte, Schöneberg, Kreuzberg, Prenzlauer Berg, Friedrichshain, Marzahn, Hellersdorf

100 bis unter 150 m²
Pankow, Reinickendorf, Wedding, Charlottenburg, Wilmersdorf, Spandau, Tempelhof, Treptow

150 bis unter 200 m²
Hohenschönhausen, Lichtenberg, Neukölln, Steglitz, Tiergarten

200 bis unter 250 m²
Zehlendorf, Köpenick

über 250 m²
Weißensee

(nach Flächennutzungsplan 1994)

Freiraumfunktionen

Ökologische Funktion	Ökonomische Funktion	Soziale Funktion
Lebensraum für Pflanzen und Tiere	Flächenreserve	Naturerleben
Arten- und Biotopschutz	Standortqualität	Erholung
Wasserfilter, Grundwasserneubildung	Produktionsfläche	Bewegungs-, Lebens- u. Kommunikationsraum
Luftfilter, Sauerstoffangebot, Luftaustausch		kulturell-ästhetische Bedeutung
Lärmschutz		Orientierungs- und Identifikationsraum

Freiraumnutzungen in Düsseldorf

(gesamte Stadtfläche 21 699 ha)

Nutzung	Anteil (in %)
Landwirtschaft	24,6
Wald	10,8
Gewässer	6,5
Park- u. Grünanlage	5,2
Sportfläche	1,7
Unland	0,5
Friedhof	0,4

(Amt für Statistik und Wahlen)

Grün- und Freiflächen der Stadt München (in städtischem Unterhalt)

(insgesamt 4 059 ha)

Flächenart	Anteil (in %)
städt. Grünanlagen	50,4
Freianlagen an Einrichtungen	16,9
Friedhöfe	0,3
Straßen mit Verkehrsbegleitgrün	9,9
Kleingärten	7,5
Sportanlagen	5,0

(Baureferat Gartenbau)

Flurwinde
Flurwinde sind langsame und kaum messbare bodennahe Luftströmungen, die vor allem in der Nacht kühlere Luft aus dem Umland in Richtung des stärker erwärmten Stadtinneren transportieren. Sofern die einströmende Luft nicht verschmutzt ist, wird damit auch die Luftqualität in der Stadt verbessert. Voraussetzung für die Entstehung von Flurwinden sind ein Temperaturgefälle zwischen Stadt und Umland und hindernisfreie Luftleitbahnen (Ausfallstraßen, Eisenbahntrassen, Grünanlagen, Gewässer). Mit der Untersuchung von Flurwinden und ihrer Berücksichtigung bei der Stadtplanung kann ein Beitrag zur Verbesserung der stadtklimatisch-lufthygienischen Situation geleistet werden.

(nach KUTTLER)

199

Regelhaftigkeiten oder Individualität – Modelle von Großstädten

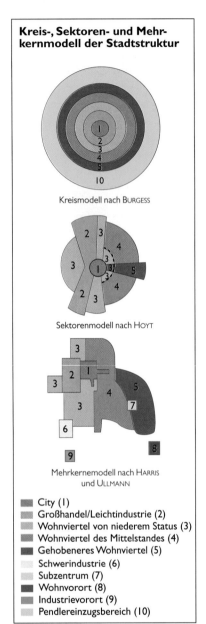

Kreis-, Sektoren- und Mehrkernmodell der Stadtstruktur

Kreismodell nach BURGESS

Sektorenmodell nach HOYT

Mehrkernemodell nach HARRIS
und ULLMANN

■ City (1)
▨ Großhandel/Leichtindustrie (2)
▨ Wohnviertel von niederem Status (3)
■ Wohnviertel des Mittelstandes (4)
■ Gehobeneres Wohnviertel (5)
▨ Schwerindustrie (6)
▨ Subzentrum (7)
■ Wohnvorort (8)
■ Industrievorort (9)
▨ Pendlereinzugsbereich (10)

?

1. Erläutern Sie das Mehrkernemodell an selbstgewählten Beispielen.
2. Zeigen Sie bipolare Stadtmodelle auf.

Obwohl die Entwicklung einer Großstadt durch eine Vielzahl individueller Bedingungen bestimmt wird, lassen sich bei der funktionalen Gliederung, den städtebaulichen Entwicklungsphasen und sozialräumlichen Prozessen Regelhaftigkeiten erkennen und Modelle bilden. So veranschaulichen Stadtstrukturmodelle Gliederungsmerkmale, Lagebeziehungen und Entwicklungsrichtungen von Großstädten. Das Kreismodell von BURGESS (1925), das Sektorenmodell von HOYT (1939) und das Mehrkernemodell von HARRIS und ULLMAN (1945) gelten als klassische Stadtmodelle. Sie wurden zunächst für nordamerikanische Städte entwickelt, können aufgrund ihres Allgemeinheitsgrades jedoch auch auf Großstädte anderer Räume angewendet werden. Allen drei Modellen gemeinsam ist die Orientierung auf einen zentralen Bereich, die City.

BURGESS ging in seinem Modell von einer ringförmigen Stadtentwicklung aus. An die City schließt sich die gründerzeitliche Industriezone an, die heute oft durch Verfall und Verslumung gekennzeichnet ist. Soziale Segregation hat zu einer Differenzierung der Wohnviertel geführt, die teilweise durch ethnische Segregation ergänzt wird. In das Modell von HOYT fließen neben den Kreisstrukturen auch sektorale Strukturen ein. Es trägt vor allem der Entwicklung von Industriegebieten entlang von Verkehrsstrassen Rechnung. Wie bei BURGESS sind die Wohnviertel mit niederem Status diesen unmittelbar benachbart oder grenzen an die City. Die sektorale Ausbildung von Wohnvierteln der Oberschicht entsteht durch eine stadtauswärts gerichtete Ausdehnung dieser Viertel. Das dritte Modell erfasst die zunehmende Kompliziertheit der Stadtentwicklung. Ehemals selbstständige Städte und Dörfer werden ebenso wie Industrieansiedlungen und Wohnvororte in die wachsende Großstadt integriert.

Um die soziokulturellen Besonderheiten der einzelnen Regionen in der Welt zu berücksichtigen, wurden diese allgemeinen Stadtmodelle später weiter differenziert. Beispielsweise entstanden auf der Grundlage des Sektorenmodells Modelle für lateinamerikanische Großstädte, die auch die innerstädtische Slumzone und die randstädtischen Hüttensiedlungen der untersten Schichten (Marginalsiedlungen) enthalten. Für viele Kolonialstädte ist eine bipolare Struktur typisch (z. B. indische Städte), da die europäische Stadt neben der traditionellen Stadt errichtet wurde und sich meist auch getrennt von dieser weiterentwickelte. In islamischen Großstädten ist darüber hinaus auch durch die Industrialisierung, Citybildung und Verwestlichung eine Zweiteilung entstanden (z. B. Teheran).

Andererseits wird die Entwicklung einer Großstadt durch die konkreten Bedingungen bestimmt. Oberflächengestalt, Gewässerverläufe, aber auch kulturhistorische Bedingungen beeinflussen die Struktur der Stadt und die Richtung von Stadterweiterungen. Die innere funktionale Gliederung von Mexiko-Stadt weist Ähnlichkeiten mit vielen lateinamerikanischen Großstädten auf. Bereits im 19. Jh. dehnte sich die Stadt von der Hauptplaza (Zòcalo) in westlicher Richtung bis zu den Hügeln von Chapultepec aus. Hier befinden sich heute das Schloss, die Residenz des Staatspräsidenten und verschiedene Parkanlagen. 1990 hatte Mexiko-Stadt mehr als 20 Mio. Einwohner. In fast alle Richtungen erstreckten sich Hüttensiedlungen (Favelas) zum Teil bereits bis auf die steilen Hänge der vulkanischen Bergzüge.

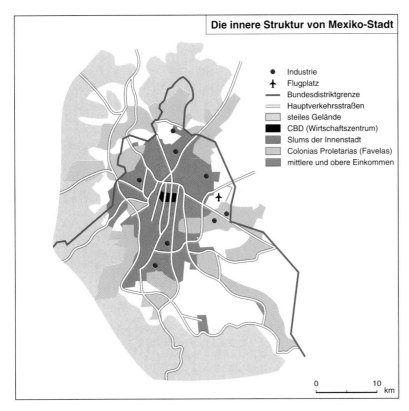

Die innere Struktur von Mexiko-Stadt

- ● Industrie
- ✈ Flugplatz
- —— Bundesdistriktgrenze
- ══ Hauptverkehrsstraßen
- ▨ steiles Gelände
- ■ CBD (Wirtschaftszentrum)
- ▨ Slums der Innenstadt
- ▨ Colonias Proletarias (Favelas)
- ▨ mittlere und obere Einkommen

0 ——— 10 km

Die Achse Zentralplatz (Plaza de la Constitucion oder Zòcalo) – Avenida Juarez, die achtbahnige, baumbestandene Prachtstraße Paseo de la Reforma, ist ganz typisch im Sinne der lateinamerikanischen Stadt das glitzernde geschäftige, elegante „Rückgrat" der ganzen Stadt. Hier liegt in Mexiko-Stadt der im verallgemeinerten lateinamerikanischen Modell dargestellte Korridor der „kommerziellen Achse" mit dem Wohnsektor der Elite, der Ausländer, der Diplomaten. Ein „Zona Rosa" genanntes Viertel enthält elegante Cafés und Geschäfte. Es hält durchaus einem Vergleich mit den elegantesten Vierteln dieser Art in Rom, Mailand, Paris, London oder Los Angeles stand. Es wird in Mexiko daher auch oft als das Beverly Hills von Mexiko-Stadt bezeichnet. Entlang dieser Achse finden sich die Luxus-Hotels, architektonisch wunderschöne Verwaltungsgebäude, teure Restaurants und Bars und immer wieder Luxus-Apartmentkomplexe (Condominia) sowie Villen der Reichen und Einflussreichen.

(nach HOLZNER)

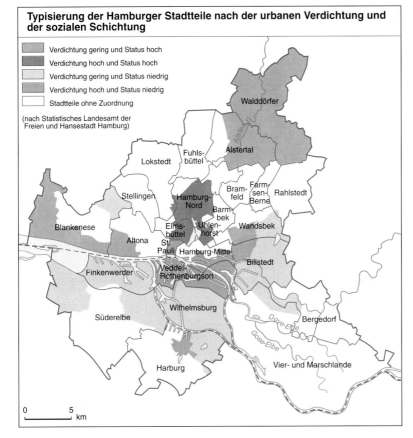

Typisierung der Hamburger Stadtteile nach der urbanen Verdichtung und der sozialen Schichtung

- ▨ Verdichtung gering und Status hoch
- ▨ Verdichtung hoch und Status hoch
- ▨ Verdichtung gering und Status niedrig
- ▨ Verdichtung hoch und Status niedrig
- □ Stadtteile ohne Zuordnung

(nach Statistisches Landesamt der Freien und Hansestadt Hamburg)

0 —— 5 km

Die Entwicklung von Wohnvierteln, ihre soziale Differenzierung, Auf- oder Abwertung ist von einer Vielzahl individueller Bedingungen abhängig. In Hamburg spielen neben der Nachbarschaft zur City die Nähe zum Hafen oder zur Elbe eine wichtige Rolle. Gehobene Wohnviertel liegen beispielsweise auf dem nördlichen Hochufer der Elbe entlang der Elbchaussee und in Blankenese. Im Umfeld von Hafen und Speicherstadt ist der Status der Wohngebiete dagegen niedrig. Der Anteil der Sozialhilfeempfänger liegt hier deutlich über dem Durchschnitt der Stadt.

?

Erläutern Sie Zusammenhänge zwischen der urbanen Verdichtung und der Sozialstruktur in der Stadt Hamburg. Nutzen Sie dafür die Abbildung sowie Atlaskarten bzw. Stadtpläne.

Mietpreise für Büroflächen in Leipzig und Halle Mitte der 90er Jahre (in DM/m²)

	Leipzig	Halle
Citykern	26–32	20–26
Cityrandbereich	25–30	16–23
Außenbereich	18–24	12–16

Preise von Gewerbe- und Industrieflächen in der Stadt Trier (in DM/m²)

Ort (Entfernung zum Stadtzentrum)	1980	1990
Trier-Nord (2,5 km)	50	110
Stadtteile Euren, Zewen (4,5 km)	50	80
Stadtteil Ehrang (7 km)	30	30

Bodenrichtwerte für unbebaute Grundstücke (Wohnbauland) in Magdeburg (in DM/m²)

Lage	offene Bauweise		geschlossene Bauweise	
	1991	1992	1991	1992
gut	260	365	220	bis 800
mittel	140	180	155	235
einfach	115	110	40	3

(¹nach Schmidt; ²Gutachterausschuss für Grundstückswerte Trier und Trier-Saarburg; ³Gutachterausschuss beim Ministerium des Innern)

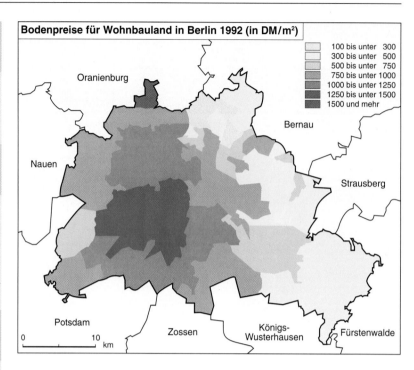

Bodenpreise für Wohnbauland in Berlin 1992 (in DM/m²)

Legende:
- 100 bis unter 300
- 300 bis unter 500
- 500 bis unter 750
- 750 bis unter 1000
- 1000 bis unter 1250
- 1250 bis unter 1500
- 1500 und mehr

Orte: Oranienburg, Bernau, Nauen, Strausberg, Potsdam, Zossen, Königs-Wusterhausen, Fürstenwalde

0   10   km

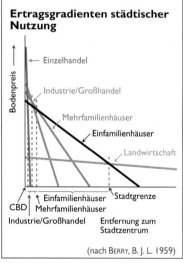

Ertragsgradienten städtischer Nutzung

Bodenpreis (y-Achse)
- Einzelhandel
- Industrie/Großhandel
- Mehrfamilienhäuser
- Einfamilienhäuser
- Landwirtschaft

CBD
Einfamilienhäuser
Mehrfamilienhäuser
Industrie/Großhandel
Stadtgrenze
Entfernung zum Stadtzentrum

(nach BERRY, B. J. L. 1959)

?

Werten Sie die angegebenen Preisbeispiele aus und erklären Sie auftretende Differenzierungen.

Als eine weitere Regelhaftigkeit großstädtischer Strukturen sind zentral-periphere Gradienten, wie z. B. der Gradient der Bevölkerungsdichte, der Gradient der Bodenpreise und der soziale Gradient, ermittelt worden. Die Bevölkerungsdichte und die Bodenpreise unterliegen einem deutlichen Kern-Rand-Gefälle. In der City selbst entsteht allerdings ein Dichtekrater, während gleichzeitig die Bodenpreise weiter steigen. Außerdem gilt: Je mehr sich eine polyzentrische Stadtstruktur ausbildet, desto stärker werden die Gradienten modifiziert.

Die Theorie des städtischen Bodenmarktes ist eine ökonomische Auffassung, die davon ausgeht, dass die einzelnen Entscheidungsträger, Firmen und Haushalte, danach streben, Mieten (bzw. Kaufpreise) und Transportkosten zu minimieren und gleichzeitig die genutzte Fläche zu maximieren. Der erfolgreichste Anbieter ist derjenige, der den größten Ertrag aus einer bestimmten Lage ziehen kann. Dadurch entsteht ein durch die Entfernung zum Stadtzentrum bestimmtes Grundmuster städtischer Nutzungen, das jedoch durch eine Reihe weiterer Faktoren, wie Lageattraktivität, Umweltqualität und Wachstumsrichtungen der Stadt zum Teil beträchtlich beeinflusst werden kann.

Die Ermittlung des Sozialgradienten von Großstädten ist im Allgemeinen noch schwieriger. Das zentral-periphere Sozialgefälle mittelalterlicher Städte hat sich mit der Industrialisierung nahezu umgekehrt und ist heute nur noch für Teile der Innenstadt charakteristisch. Daneben sind in einer Reihe europäischer Großstädte West-Ost-Kontraste ausgebildet. In den Städten der ehemals sozialistischen Staaten, in denen der Sozialgradient stark abgeflacht war, beginnt unter marktwirtschaftlichen Bedingungen erneut eine soziale Segregation. Durch Prozesse der Auf- und Abwertung von Stadtvierteln entsteht eine Vielfalt sozialräumlicher Muster und damit auch von Sozialgradienten. Neben einigen durch Verfallserscheinungen gekennzeichneten innerstädtischen Bereichen sind zunehmend auch Trabantensiedlungen durch eine Abwertung bedroht.

Beziehungen zwischen Siedlungen

Die Stadt und ihr Umland. Zu allen Zeiten standen die Städte mit den ländlichen Siedlungen ihres Umlandes in Verbindung. Die klassischen Beziehungen entwickelten sich in der Agrargesellschaft durch die Marktortfunktion der meisten Städte für ihre unmittelbare Umgebung und die Aufgabe der Dörfer, diese Zentren mit pflanzlichen und tierischen Rohstoffen bzw. Produkten zu versorgen. Im Laufe der Entwicklung der arbeitsteiligen Gesellschaft wurden diese Beziehungen vielfältiger. Insbesondere größere Städte haben zu dem sie umgebenden Gebiet in der Regel intensive Verflechtungsbeziehungen aufgebaut. Man spricht deshalb von der Stadt-Umland-Region oder auch von der Stadt-Region. Dörfer, städtische Siedlungen und Freiräume des Umlandes sind gleichermaßen in dieses Beziehungsgefüge eingebunden. Die Art und Qualität dieser Relationen sind sehr unterschiedlich. Sie betreffen den sozioökonomischen, den soziokulturellen wie den ökologischen Bereich und sind durch unterschiedlichen Bedarf der beiden Raumkategorien – Kernstadt und Umland – geprägt.

So sind die Anforderungen der Umlandgemeinden an die Stadt auf zentrumstypische Funktionen gerichtet. Sie bestehen in der Versorgung mit Gütern, mit kulturellen und sozialen Leistungen sowie anderen hochrangigen Dienstleistungen. Durch die Konzentration und das breite Spektrum an Arbeitsplätzen in der Kernstadt wird diese darüber hinaus zum Ziel für Arbeitspendler aus dem Umland. Versorgungs- und arbeitsbezogene Pendlerströme in die Stadt gehen einher mit der Entwicklung eines zentrumsorientierten Verkehrsnetzes, das – zumindest in europäischen Großstädten – durch Straße und Schiene geprägt ist. Im informationellen Bereich sind die Kernstädte durch Verwaltungsaufgaben, durch wirtschaftliche Entscheidungsgremien und durch regional und überregional wirkende Medien (Presse, Rundfunk, Fernsehen) ebenfalls Knotenpunkte für das Umland und häufig darüber hinaus.

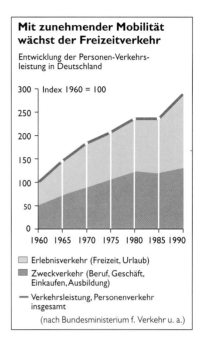

Mit zunehmender Mobilität wächst der Freizeitverkehr

Entwicklung der Personen-Verkehrsleistung in Deutschland

Index 1960 = 100

- ▨ Erlebnisverkehr (Freizeit, Urlaub)
- ▨ Zweckverkehr (Beruf, Geschäft, Einkaufen, Ausbildung)
- — Verkehrsleistung, Personenverkehr insgesamt

(nach Bundesministerium f. Verkehr u. a.)

?

Fertigen Sie eine Übersicht über die Freizeitpotenziale in Berlin und seinem Umland an. Ordnen Sie diesen Potenzialen typische Freizeitaktivitäten bzw. Erholungsnutzergruppen zu. Benutzen Sie dazu auch einen Atlas.

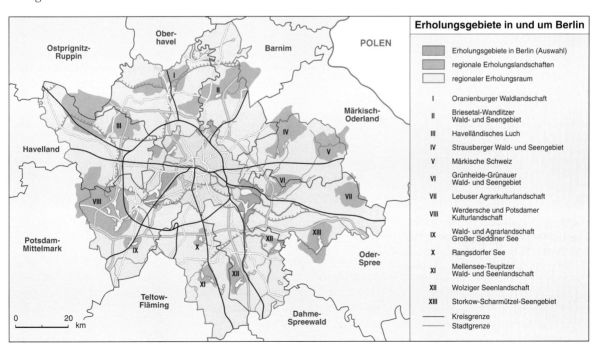

Erholungsgebiete in und um Berlin

- ▨ Erholungsgebiete in Berlin (Auswahl)
- ▨ regionale Erholungslandschaften
- ▢ regionaler Erholungsraum

I	Oranienburger Waldlandschaft
II	Briesetal-Wandlitzer Wald- und Seengebiet
III	Havelländisches Luch
IV	Strausberger Wald- und Seengebiet
V	Märkische Schweiz
VI	Grünheide-Grünauer Wald- und Seengebiet
VII	Lebuser Agrarkulturlandschaft
VIII	Werdersche und Potsdamer Kulturlandschaft
IX	Wald- und Agrarlandschaft Großer Seddiner See
X	Rangsdorfer See
XI	Mellensee-Teupitzer Wald- und Seenlandschaft
XII	Wolziger Seenlandschaft
XIII	Storkow-Scharmützel-Seengebiet

— Kreisgrenze
— Stadtgrenze

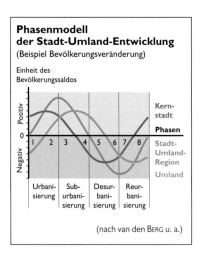

**Phasenmodell
der Stadt-Umland-Entwicklung**
(Beispiel Bevölkerungsveränderung)

Einheit des
Bevölkerungssaldos

Kernstadt

Phasen

Stadt-Umland-Region

Umland

Urbanisierung | Suburbanisierung | Desurbanisierung | Reurbanisierung

(nach van den BERG u. a.)

Urbanisierung ist im Allgemeinen die Bezeichnung für den sehr komplexen Prozess des Ausbreitens städtischer Verhaltensweisen und Lebensformen der Bevölkerung. In der obigen Grafik wird dieser Begriff eingeschränkt für diejenige Phase gebraucht, in der das Wachstum der Städte noch dominiert. Auch in den anderen beschriebenen Phasen festigen sich urbane Lebensweisen, jedoch in anderen räumlichen Erscheinungsformen: der Suburbanisierung (Bevölkerungswachstum vor allem des Umlandes), der Desurbanisierung (Bevölkerungswachstum außerhalb des Verdichtungsraumes) und der Reurbanisierung (erneutes Bevölkerungswachstum im Verdichtungsraum).

?

Fertigen Sie zur oben stehenden Grafik eine Tabelle zu den Phasenräumen 1 bis 8 an, in denen Kernstadt, Umland und Gesamtregion in ihrer Bevölkerungsveränderung („+","++","+++" und „-", "- -","- - -") verglichen werden. In welchen Phasen erfolgt eine Zentralisierung, in welchen eine Dezentralisierung?

Bei den Bewohnern und der Wirtschaft der Kernstadt bestehen dagegen Bedürfnisse, die in der Regel günstiger im Umland gedeckt werden können. So bieten dessen größere zusammenhängende Freiräume bei guter landschaftlicher Ausstattung Naherholungsmöglichkeiten für die Städter. Außerdem können im Umland aufgrund des Flächenpotenzials leichter Areale für die Entsorgung von Abfallstoffen gefunden werden als auf dem Territorium der Kernstadt selbst. Häufig ist das Umland ergänzender Lieferant der wichtigen Ressource Wasser für das Zentrum. Zunehmend übernimmt es auch Lagerhaltungs- und Verteilungsaufgaben für die in der Stadt benötigten bzw. produzierten Güter, was zu einer Zunahme der Verkehrsbeziehungen und -bündelung führt.

Obwohl Stadt und auch Umland zur vollen Entwicklung ihrer Lebensqualität und Wirtschaftskraft auf wechselseitige Beziehungen angewiesen sind, war in der Zeit des starken Wachstums der Städte, insbesondere der Großstädte, ein einseitiges Abhängigkeitsverhältnis des Umlandes vom Zentrum ausgeprägt. Das Umland wurde vielfach als „Reserveraum" für den Bedarf der Kernstadt betrachtet. Das gilt sicher heute noch für die Stadt-Umland-Verflechtungen in den Entwicklungsländern. In den Industrie- bzw. postindustriellen Gesellschaften haben die Verflechtungsbeziehungen durch die Suburbanisierung einen komplementären, d.h. sich wechselseitig ergänzenden Charakter angenommen.

Suburbanisierung

Mit der Suburbanisierung verändern sich Lebensformen und die räumliche Organisation der Wirtschaft. Die Anfänge für das „Ausufern" der Städte, für die Überformung der Kleinstädte und ländlichen Siedlungen, für die zunehmende Verdichtung von Bevölkerung und besiedelter Fläche im Einflussbereich der großen Städte wurden in den entwickelten Ländern mit dem Großstadtwachstum und der sich schnell ausbreitenden Industrie Ende des 19. bzw. zu Beginn des 20. Jh. gelegt. Durch die Verknappung und Verteuerung des Bodens kam es zur Randwanderung der Industrie und zum Wachstum der Vororte. Der entscheidende qualitative Sprung hin zu flächenhaften Verdichtungserscheinungen im Umland setzte in den meisten westeuropäischen Ländern jedoch erst mit dem starken Anwachsen der Mobilität im letzten Drittel des 20. Jh. ein. Zu dieser Zeit war es vor allem eine Suburbanisierung durch die Verlagerung von Wohnsitzen in das Umland. Manchmal gleichzeitig, häufig aber etwas zeitversetzt kam es zur Ansiedlung von Dienstleistungs- und Gewerbebetrieben in diesen sich ausdehnenden Siedlungsgebieten. Die Ansiedlungsgründe waren einmal haushaltsorientiert auf die Versorgung der gewachsenen Bevölkerungszahl des Umlandes, zum anderen zunehmend aber auch wirtschaftsorientiert, das spezifische Arbeitskräfteangebot des Umlandes nutzend. Firmenverlagerungen und -neugründungen entstanden auch wegen der günstigeren Flächen- und Bodenmarktbedingungen.

Die sich entwickelnden Verdichtungsgebiete ermöglichten großen Teilen der Bevölkerung mit mittleren Einkommen verbesserte Lebensbedingungen und erhöhte Lebensqualität. Der Anteil von Eigenheimen und größeren, besser ausgestatteten Wohnungen nahm zu. Die Arbeitsmöglichkeiten wurden auch im Umlandbereich der Kernstädte vielfältiger. Mit zunehmender Verdichtung erfolgte der Ausbau von Verkehrswegen und vielfach eine Verbesserung des öffentlichen Nahverkehrs. Die Möglichkeiten für eine zentrumsorientierte wie auch freiraumorientierte Freizeitgestaltung wuchsen. Immer mehr kam es zur Komplementarität in den Stadt-Umland-Beziehungen. Die wachsende funktionale Verflochtenheit und auch neuere Tendenzen in der Standortentwicklung – beispielsweise des Einzelhandels – führen zunehmend zu Problemen vor allem im Umweltbereich und in der Funktionsaufteilung zwischen den Kernstädten und dem übrigen Verdichtungsgebiet. So bringen die wachsenden Verkehrsströme sowohl im motorisierten Individualverkehr als auch im Lieferverkehr Luft- und Lärmbelastung mit sich. Die sich ausbreitende Verkehrsinfrastruktur und Besiedlung versiegeln einen immer größeren Teil des Freiraumes und zerschneiden Naturraumareale. Die Kernstädte fordern einen Finanzausgleich für die hohen Kosten, die bei der Gewährleistung der überörtlichen Versorgungsleistungen entstehen. Die Umlandgemeinden ihrerseits wollen eine Teilhabe an den wirtschaftlichen Einnahmen der Stadt.

Als besonders schwerwiegendes Problem zeigt sich die Entwicklung großflächiger Einzelhandelsareale vor den Toren der Städte. Sie führen zu einem massiven Kaufkraftabfluss in das Umland, und die traditionellen Geschäftsviertel der Kernstädte, die maßgeblich das Wirtschaftsleben wie auch das Fluidum in den Citybereichen der Städte bestimmen, sind in ihrem Bestand bedroht. Dieser Prozess hat besonders negative Auswirkungen in den Ländern Mittel- und Ostdeutschlands, in denen sich innerhalb der Städte bisher keine stabilen kapitalkräftigen Strukturen im Einzelhandel herausbilden konnten. Fachmärkte, Einkaufszentren (Shopping Center) in großem Stil wurden „auf der grünen Wiese" errichtet. Man spricht auch von einer „Amerikanisierung" in diesem Teilbereich der Wirtschaft in Deutschland, weil diese Entwicklung im Einzelhandelssektor eine typische Erscheinung der US-amerikanischen Suburbanisierung ist. Viel stärker als in Europa hat sich hier autoorientiert um die Kernstädte ein großflächiger „Siedlungsbrei" ausgedehnt, in dem sich im Laufe der Zeit sogenannte Außenstadtzentren als polyfunktional ausgebaute Arbeits-, Versorgungs- und Dienstleistungszentren in Konkurrenz zu den alten Stadtzentren entwickelt haben. Aufgrund der riesigen Flächenausdehnung und der sich darin entwickelnden Polyfunktionalität spricht man auch vom „Stadtland USA" (Holzner). Verändert haben sich auch die Pendlerströme zwischen den Kernen und dem suburbanen Raum:

- Pendler Vororte   ⟶ Kernstadt (abnehmend)
- Pendler Kernstadt   ⟶ Vororte/Außenstadtzentren (außerhalb des Nordostens der USA schon am größten)
- Pendler Vororte   ⟶ Außenstadtzentren (Wechselpendelwanderung)
- Pendler ruraler Raum ⟶ Außenstadtzentren (relativ gering)

In den früheren sozialistischen Staaten waren durch die zentral planorientierte Politik keine Voraussetzungen für eine Suburbanisierung gegeben. Deshalb setzt dieser Prozess in den Transformationsstaaten erst in jüngster Zeit ein. Er wird sich je nach wirtschaftlicher Dynamik und damit zusammenhängender Entwicklung der Einkommensverhältnisse unterschiedlich schnell vollziehen. Als Ersatz für das schwer realisierbare Bedürfnis nach Wohnen im Grünen entstanden zu sozialistischer Zeit verstärkt Wochenendhäuser, Kleingartenkolonien und sogenannte Datschensiedlungen. Diese Siedlungselemente führen heute teilweise zu Nutzungskonflikten, wenn sich in Umlandgemeinden die Wohnsuburbanisierung verstärkt.

Shopping Center über 10 000 m² Geschäftsfläche (Deutschland)

1964	2
1996	über 200

Eröffnung von Einkaufszentren in den neuen Bundesländern (Mindestverkaufsfläche von 10 000 m²)

Jahr	Anzahl	Bruttogeschäfts-fläche (m²)
1991	4	174 500
1992	4	132 600
1993	21	733 200
1994	ca. 17	mind. 449 300
1995	ca. 12	mind. 264 000
1996	ca. 6	mind. 98 000

Großflächige Einzelhandelszentren im Umland von Berlin

Standort	Geschäftsfläche in m²
Waltersdorf	100 000
Wildau	96 000
Eichstädt (geplant)	70 000
Eiche	45 000
Dallgow	43 000
Marquardt (geplant)	37 000
Vogelsdorf (geplant)	35 000
Sterncenter Potsdam	35 000
Großmachnow	34 000
Gosen	20 000
Werder	20 000

?

Erläutern Sie die Wirkungen großflächiger Einkaufszentren im Umland größerer Städte auf Struktur und Funktionen sowohl der Stadt als auch des Umlands. Unterscheiden Sie dabei Fachmärkte und Shopping-Center. Nutzen Sie dazu eigene Beobachtungen und Erfahrungen.

Katalog zentraler Einrichtungen

1. Einrichtungen der Verwaltung (z. B. Finanzamt, Landgericht)
2. Einrichtungen von kultureller und kirchlicher Bedeutung (z. B. Dekanat, Theater, Volksbibliothek)
3. Einrichtungen von sanitärer Bedeutung (z. B. Ärzte, Apotheken)
4. Einrichtungen von gesellschaftlicher Bedeutung (z. B. Vergnügungslokale, Radiostation)
5. Einrichtungen zur Organisation des wirtschaftlichen und sozialen Lebens (z. B. Innungen, Notare)
6. Einrichtungen des Handels und Geldverkehrs (z. B. Warenhäuser)
7. Gewerbliche Einrichtungen (z. B. Reparaturwerkstätten, Schlachthäuser, Elektrizitätswerke)
8. Einrichtungen des Verkehrs (z. B. Bahnhof, Postamt)

(CHRISTALLER 1933)

System der zentralen Orte

— untere Grenze der Reichweite von A
- - - untere Grenze der Reichweite von B
— untere Grenze der Reichweite von C

?

1. Nennen Sie weitere Beispiele für zentrale Einrichtungen. Wie würden Sie den Katalog von Christaller aus heutiger Sicht verändern?
2. Erläutern Sie die zentralörtliche Hierarchie am Beispiel des Einzelhandels und des Bildungswesens.

Die Ausbildung von Städtehierarchien basiert vor allem auf der zentralörtlichen Funktion, d. h. der Eigenschaft der Städte über den Eigenbedarf ihrer Bevölkerung hinaus für ein bestimmtes Umland Güter und Dienstleistungen anzubieten. Je größer das durch die Stadt versorgte Umland ist, desto höher steht diese in der Hierarchie der zentralen Orte. Dabei vergrößert sich der Einzugsbereich einer Einrichtung bzw. die Reichweite einer Leistung mit dem Grad der Spezialisierung. Der Nutzerkreis wird kleiner und kommt aus einem größeren Gebiet. In höherrangigen zentralen Orten sind immer auch die Einrichtungen der niederrangigeren zu finden.

CHRISTALLER, als Begründer der Theorie der zentralen Orte, versuchte am Beispiel Süddeutschland erstmals, die Hierarchie von Städten durch das Zusammenwirken ökonomischer Faktoren zu erklären. Er stellte für die einzelnen Hierarchiestufen einen Katalog zentraler Einrichtungen auf und entwickelte ein Modell der Verteilung zentraler Orte. Danach ist eine optimale flächendeckende Versorgung eines Raumes dann gegeben, wenn die Markt- bzw. Versorgungsbereiche der zentralen Orte jeweils die Form regelmäßiger Sechsecke haben. Die Grundprinzipien dieses Modells sind in der Folgezeit von CHRISTALLER selbst und vielen anderen Wissenschaftlern weiterentwickelt worden.

Über die Versorgung hinaus erstreckt sich die zentralörtliche Funktion von Städten auch auf den Bereich des Arbeitsmarktes (Arbeitsplatzzentralität). Das Arbeitsplatzangebot ist hier im Allgemeinen vielfältiger als im Umland, Qualifikationsansprüche und Lohnniveau sind höher. Die Verknüpfung von zentralörtlicher und Verwaltungshierarchie und die Bevorzugung zentraler Orte bei der Ansiedlung von Firmenleitungen hat zur Folge, dass administrative und wirtschaftliche Entscheidungen überwiegend in den Zentren getroffen werden.

Die Konzentration der Wirtschaft und des Dienstleistungssektors sowie eine fortschreitende Suburbanisierung haben dazu geführt, dass nicht mehr Einzelstädte, sondern Stadtregionen bzw. Verdichtungsräume die höchste Stufe der Städtehierarchie darstellen. Neben einer großen Breite höherrangiger Dienstleistungen haben sie meist auch spezifische Funktionen von nationaler und internationaler Bedeutung (z. B. Messestandort, Börse, internationaler Flughafen, Sitz europäischer Einrichtungen oder internationaler Organisationen). Durch die Suburbanisierung des Dienstleistungssektors wird die polyzentrische Struktur der Verdichtungsräume weiter ausgeprägt und das Umland übernimmt einen Teil der Versorgungs- und Arbeitsmarktfunktionen der Kernstadt. Die Konkurrenz der Städte wird durch eine Konkurrenz der Regionen ergänzt.

Gleichzeitig sind gerade diese führenden Zentren durch vielfältige Austausch- und Kommunikationsbeziehungen miteinander vernetzt. Die wachsende Exportorientierung und eine Intensivierung internationaler wirtschaftlicher Verflechtungen haben die Bedeutung großräumiger Geschäftskontakte erhöht. Im Personenverkehr zeigt sich diese Tendenz in der Vielzahl von Flugverbindungen und einer zunehmenden Orientierung des Eisenbahnverkehrs auf Magistralen zwischen den großen Verdichtungsräumen. Ebenso wichtig für die Verflechtung von Städten und Regionen, aber schwieriger erfassbar, sind Informationsströme und Kapitaltransfers sowie die Steuerungs- und Kontrollfunktionen innerhalb multinationaler Unternehmen. Dabei eröffnen moderne Techniken im Informations- und Kommunikationsbereich nicht nur neue Möglichkeiten der räumlichen Arbeitsteilung, sie führen auch zu einer neuen Qualität in den Verflechtungen internationaler Zentren (z. B. international vernetzte Computersysteme, „Datenautobahnen", interaktive Medien).

Bei räumlich benachbarten Städten entwickeln sich neben intensiven Arbeitspendelbeziehungen häufig Formen der Funktionsteilung bzw. Funktionsergänzung. Die zur Randstad Holland zusammengefaßten Zentren der Niederlande beispielsweise haben sich jeweils auf einzelne Funktionen spezialisiert, die sich in der Gesamtheit zu einem hochrangigen Management- und Entscheidungszentrum mit weitreichenden Funktionen in Wirtschaft, Politik und Kultur ergänzen (Amsterdam als Parlamentssitz, Finanz- und Kulturmetropole, Rotterdam als internationaler Hafen und Großhandelszentrum, Den Haag als Regierungssitz und Residenz, Utrecht als Universitätsstadt und Verkehrsknoten).

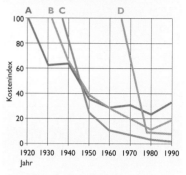

Entwicklung internationaler Transport- und Kommunikationskosten

A Seefrachtkosten und Hafengebühren

B Einnahmen im Luftverkehr je Personenkilometer

C Kosten des 3-minütigen Telefonats New York/London

D Satelliten-Nutzungsgebühren

(nach Weltentwicklungsbericht 1995)

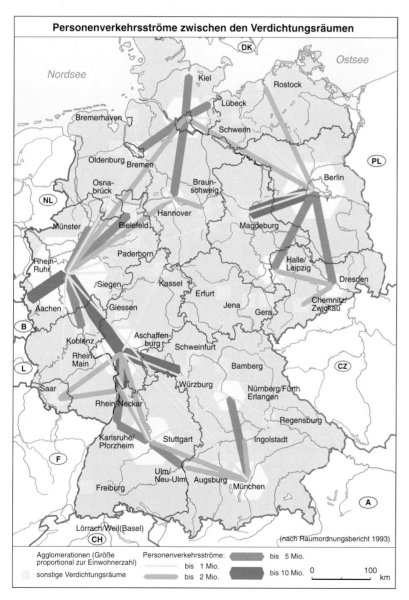

Personenverkehrsströme zwischen den Verdichtungsräumen

Agglomerationen (Größe proportional zur Einwohnerzahl)

sonstige Verdichtungsräume

Personenverkehrsströme:
bis 5 Mio.
bis 1 Mio.
bis 2 Mio.
bis 10 Mio.

0 ... 100 km

(nach Raumordnungsbericht 1993)

?

1. Erfassen Sie zentrale Einrichtungen in Städten Ihrer Heimatregion. Wie lässt sich der Einzugsbereich dieser Einrichtungen ermitteln? Welche Schlussfolgerungen zur hierarchischen Stellung dieser Städte können daraus gezogen werden?

2. Worin liegt die Bedeutung von Messen für die Entwicklung hochrangiger Zentren?

3. Belegen Sie mit Beispielen die dezentrale Verteilung der Bundesbehörden in Deutschland. Welche räumlichen Verflechtungen ergeben sich aus dieser Funktionsteilung ?

4. Analysieren Sie das IC/EC-Netz der DBAG hinsichtlich seiner Funktion, hochrangige Zentren zu verbinden. Vergleichen Sie das Netz mit der nebenstehenden Abbildung.

5. Interpretieren Sie das obenstehende Diagramm und erörtern Sie Auswirkungen.

Metropolen – Bedeutung und Probleme

Einwohnerentwicklung in ausgewählten Metropolen (in Mio.)

	1970	1990	2000
Mexiko-Stadt	9,2	21,3	26,3
Sao Paulo	8,2	18,8	24,0
Tokyo/ Yokohama	14,9	17,2	17,1
New York	16,3	15,3	15,5
Kalkutta	7,1	12,6	16,6
Bombay	5,9	11,9	16,0
Buenos Aires	8,5	11,7	13,2
Seoul	5,4	11,5	13,5
Shanghai	11,4	12,0	13,5

(nach JOHNSON 1987)

Anteil der Metropole an der Gesamtbevölkerung des Landes (in %)

Buenos Aires	35,0
Montevideo	41,8
Santiago	36,1
Lima	26,0

(nach UN Demographic Yearbook 1986)

Primatstadt und das Verhältnis zur zweitgrößten Stadt in ausgewählten Staaten

Primatstadt	Einwohner (in 1 000)	Verhältnis
Luanda	1 134	5,59 : 1
Kampala	651	10,67 : 1
Dakar	1 490	8,05 : 1
Bangkok	5 876	21,14 : 1
Santiago	4 628	14,51 : 1
Montevideo	1 252	15,46 : 1
Lima	6 415	10,10 : 1
Buenos Aires	2 961	2,58 : 1
Mexiko Stadt	8 237	5,06 : 1

(nach FISCHER Weltalmanach 1996)

?

1. Welche Faktoren führen in den Entwicklungsländern zur Abwanderung der ländlichen Bevölkerung in die Metropolen?
2. Warum sind trotz wachsender Kommunikationsmöglichkeiten auch für internationale Unternehmen persönliche Kontakte wichtig?

Der Begriff Metropole schließt neben der überragenden Größe einer Stadt zentrale Funktionen und eine dominierende Rolle im Städtenetz mit ein. In zentralistisch regierten Staaten entwickelt sich die Hauptstadt eher zu einer Metropole (z. B. Paris, London) als in förderalen Staaten. Darüber hinaus unterscheidet sich der gegenwärtig in den Entwicklungsländern zu beobachtende Metropolisierungsprozess deutlich von der Entstehung der Metropolen in Industriestaaten.

Die zunehmende Landflucht hat in vielen Entwicklungsländern zu einer immer stärkeren Konzentration der Bevölkerung in der Hauptstadt geführt. Einige dieser Metropolen gehören bereits zu den größten Städten bzw. städtischen Agglomerationen der Welt und ein weiteres Wachstum wird prognostiziert. In den meisten Entwicklungsländern ist die Hauptstadt das mit Abstand größte Wirtschaftszentrum des Landes (häufig auch der bedeutendste Hafenstandort), in dem in- und ausländische Unternehmen ihren Sitz haben. Ihre Wirtschaftskraft wächst im Vergleich zu anderen Landesteilen rascher, da die begrenzten staatlichen Mittel überwiegend in der Hauptstadt investiert werden. Die Anziehungskraft der Metropolen für Zuwanderer nimmt weiter zu, ohne dass die Stadtentwicklung mit dem Bevölkerungswachstum Schritt halten kann. Unterbeschäftigung und hohe Arbeitslosenquoten, ein unzureichender Infrastrukturausbau, riesige Elendsviertel am Stadtrand (Marginalsiedlungen) und gravierende Umweltprobleme (Müllberge, Wasser- und Luftverschmutzung, Landschaftsverbrauch) sind die Folge.

Mit der Internationalisierung im industriellen, Finanz- und Dienstleistungssektor haben sich einige Metropolen zu Entscheidungszentren der Weltwirtschaft entwickelt. Die Hauptsitze transnationaler Konzerne benötigen stabile politische und gesellschaftliche Verhältnisse, eine große Zahl qualifizierter Arbeitskräfte sowie internationale Verkehrs- und Kommunikationsverbindungen. Trotz immer besserer Kommunikationsmöglichkeiten spielt die räumliche Nähe zu einer internationalen Börse, Universitäten und Forschungseinrichtungen, Beratungsbüros, Anwaltspraxen und Werbeagenturen eine entscheidende Rolle. Daher konzentrieren sich der Finanzsektor, die Konzernspitzen und der gesamte Bereich der spezialisierten Dienstleistungen in wenigen internationalen Metropolen, die ihrerseits hierarchisch geordnet und durch vielfältige weltwirtschaftliche Beziehungen verbunden sind. Als absolute Weltmetropolen gelten New York, London und Tokyo. Zu einer zweiten Hierarchiestufe gehören internationale Finanzzentren wie Chikago, Paris, Los Angeles, Toronto, Amsterdam, Frankfurt, Hongkong, Sydney, Zürich, San Francisco und Singapur, deren Funktionen sich überwiegend auf einzelne Kontinente erstrecken.

Weltfinanzzentren 1989

	London	New York	Tokyo
Auslandsbanken (Büros, Zweigstellen, Tochtergesellschaften)	433	306	190
tägliche Devisenumsätze (Md. $)	187	129	115
Jahresumsätze in Aktien (Md. DM)	1 536	3 427	3 961

(nach The Banker 1989)

Budapest

Budapest hat sich nach der Vereinigung der Städte Buda, Obuda und Pest (1873) rasch zur Metropole entwickelt. Mit ca. 2 Mio. Einwohnern (ein Fünftel der Landesbevölkerung) ist Budapest etwa zehnmal so groß wie die nächstfolgenden und nahezu gleichgroßen Städte Debrecen und Miskolc. Trotz der großen Anstrengungen des sozialistischen Staates, vor allem die östlichen Landesteile durch eine planmäßige Ansiedlung von Industrie zu entwickeln, entfielen Mitte der 80er Jahre auf Budapest etwa ein Drittel der Industrieproduktion und 25 % des Einzelhandelsumsatzes des Landes. Eisenbahnnetz und Hauptverkehrsstraßen sind auf die Hauptstadt orientiert.

Durch den wirtschaftlichen und gesellschaftlichen Transformationsprozess wird die Polarisierung innerhalb des Landes weiter verstärkt. Aufgrund der bereits in den 80er Jahren vollzogenen Öffnung zur Marktwirtschaft (z. B. 1987 Reform des Bankensystems, 1988 Steuerreform und Gesetz über Investitionen von Ausländern) konnte Ungarn mehr als die Hälfte des Anfang der 90er Jahre in Ostmitteleuropa investierten westlichen Kapitals auf sich vereinen. Dabei konzentriert sich sowohl die Gründung privater (Klein-)Betriebe durch Unternehmer oder in Form von GmbH als auch die Schaffung von Jointventures auf die Budapester Agglomeration. 1991 wurden 80 % des ausländischen Joint-venture-Kapitals in den Regionen Budapest und Nord-Transdanubien angelegt, und beim direkten Ankauf von Unternehmen oder Betriebsteilen durch ausländische Unternehmen wird die führende Position der Hauptstadt mit 84 % noch deutlicher.

Aus dieser Konzentration wirtschaftlicher Aktivitäten resultiert eine große Nachfrage an Bürofläche, die zu einem enormen Bauboom und zu einer Ausdehnung der City in angrenzende Gebiete, z. B. in das Budaer Grünviertel und auf das nördliche Pester Donauufer, geführt hat. Von 1990 bis 1993 wurden in Budapest 63 Bürohausneubauten mit einem Investitionsvolumen von 270 Mio. US-Dollar errichtet. Während multinationale Großunternehmen und ausländische Tochtergesellschaften repräsentative Büros suchen, orientieren sich ungarische Unternehmer aufgrund ihrer beschränkteren finanziellen Mittel eher auf eine Umwandlung von Wohnungen, ohne dass eine großflächige Aufwertung citynaher Wohngebiete erfolgt.

Noch dramatischer als in der Wirtschaft vollzieht sich der Umbruch im sozialen Bereich, der mit einem allgemeinen Absinken des Lebensstandards verbunden ist. Obwohl in Budapest die Arbeitslosenquote im Vergleich zu anderen Landesteilen gering ist (im Dezember 1993: 7 %), treffen hier die sozialen Gegensätze am stärksten aufeinander. Einer Tendenz zu Verarmung, sozialem Abstieg, wachsender Obdachlosigkeit und steigender Kriminalität steht die Herausbildung einer neuen Oberschicht gegenüber, die ihr Einkommen aus der Privatwirtschaft oder einer Erwerbstätigkeit im Ausland bezieht. Eine Folge dieser Polarisierung ist eine Segregation zwischen den gehobenen Wohnvierteln auf der landschaftlich schöneren Buraer Seite und den dicht bebauten Arbeiterquartieren auf der Pester Seite.

Einwohnerzahlen von Budapest im Vergleich zur Landesbevölkerung (Gebietsumfang im jeweiligen Staatsgebiet Ungarns)		
Jahr	Einwohner (in 1000)	Anteil (in %)
1900	861	12,9
1930	1 442	16,6
1949	1 590	17,3
1957	1 850	18,9
1970	2 001	19,4
1985	2 072	19,4
1993	2 008	19,5

Die nach dem Zweiten Weltkrieg verstaatlichten Mietshäuser in den Altbaugebieten werden derzeit in großem Umfang privatisiert. Die bisherigen Mieter können ihre Wohnungen zu günstigen Konditionen erwerben. Damit wird aber auch die Verantwortung für den Erhalt und die Renovierung den Bewohnern aufgebürdet. Während in gehobeneren Altbauwohnlagen eine Stabilisierung und (noch bescheidene) Aufwertung zu erkennen sind und in den Neubaugebieten der Budaer Berge eine beachtliche Bautätigkeit der neuen Reichen stattfindet, sind die sozial schwachen Haushalte in weiten Teilen der innerstädtischen Wohngebiete kaum in der Lage, ihre Wohnsituation zu verbessern. Für solche Stadtteile muss eine fortschreitende baulich-soziale Abwertung befürchtet werden.

(nach WIESSNER 1994)

Anteil der Wohnungsprivatisierung in Budapest nach der Ausstattung		
	untersuchte Wohnungen	Privatisierung (in %)
gehobene Austattung	129	71,3
durchschnittliche Ausstattung	379	41,4
Ausstattungsmängel	101	14,8

(nach KOVÁCS/WIESSNER 1994)

?

1. Geben Sie einen Überblick über die historische Entwicklung von Budapest.
2. Vergleichen Sie aktuelle Probleme der Stadtentwicklung von Berlin, Budapest und Prag.

Metropole Lagos

Der ständige Zustrom von Menschen aus dem Landesinneren nach Lagos offenbart das Nord-Süd-Wirtschaftsgefälle. Da Nigeria selbst in Rezessionszeiten noch erheblich reicher war als seine Nachbarn, kamen auch Bewohner aus allen Ländern Westafrikas, aus denen Hungersnot, Krieg oder politischer Umsturz sie vertrieben hatten. Viele Zuwanderer nach Lagos haben nicht die Absicht auf Dauer in der Millionenstadt zu bleiben. Sie sprechen weiter die Sprache ihres Stammes bzw. ihrer ethnischen Gruppe, die sie mit einigen Ausdrücken in Yoruba oder Pidgin-English anreichern.

Die Zuwanderung führte in den 70er Jahren zu einem unkontrollierten Wachstum. Neben einem modernen Stadtzentrum mit Hochhäusern aus Glas und Beton breiteten sich flächenhaft Elendsquartiere aus.

1472 von portugiesischen Seefahrern entdeckt, die der unbewohnten und von Mangrovensümpfen umgebenen Insel den Namen Lagos gaben (Lago = Lagune; Lagos in Portugal war Ausgangshafen für Entdeckungs- und Handelsfahrten nach Westafrika, Indien und Südamerika).

1851 Erste Besiedlung durch einen Yoruba-Chief

1861 Sammelstelle für Sklaven, Beschießung und Annektierung durch Engländer, britisches Protektorat

1914 Hauptstadt des britischen Protektorates

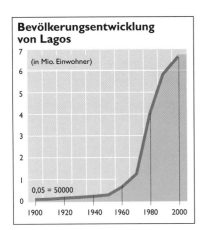

Bevölkerungsentwicklung von Lagos

(in Mio. Einwohner)

0,05 = 50000

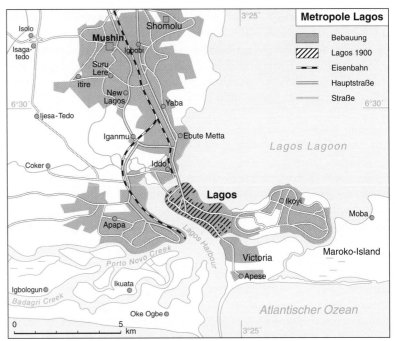

Metropole Lagos

- Bebauung
- Lagos 1900
- Eisenbahn
- Hauptstraße
- Straße

Lagos – Kontraste

Probleme der Stadtentwicklung

1. Wasserversorgung: Die Millionenstadt deckt ihren Wasserbedarf aus drei Flüssen. Die Wasserwerke können den Bedarf jedoch nicht decken. Viele Industriebetriebe haben eigene Brunnen gebohrt um ihre Versorgung zu sichern.

2. Abwasserbeseitigung: Die Gesundheit der Bevölkerung ist wegen der unzureichenden Beseitigung der industriellen und privaten Abwässer gefährdet. Industrielle Abwässer werden in den nächsten Sumpf oder in den Hafen geleitet. Der schlechte Zustand der oft als Müllkippe benutzten Abwasserkanäle führt in der Regenzeit zu Überschwemmungen.

3. Abfallbeseitigung: Die städtische Müllabfuhr verfügt über Verbrennungsanlagen, ist aber nicht in der Lage, die anfallenden Mengen zu beseitigen. Etwa ein Viertel der Einwohner entsorgt den Müll auf wilden Deponien.

4. Kriminalität: Soziale Notstände und hohe Arbeitslosigkeit führen zu Kriminalitätsraten ähnlich denen in New York.

Zuwanderer nach Lagos
(Umfrage)

Motive	%
Arbeit suchen	53,6
Schule besuchen	17,0
Ausbildung	11,7
Stadt bietet bessere Dienstleistungen	2,8
Stadt ist attraktiv	1,5
schlechte Wohnverhältnisse in der Heimatregion	1,1
Familienmitglieder sind bereits in der Stadt	4,1
Sonstige	8,2

nicht aufgeführt: höhere Löhne und Gehälter als im ländlichen Raum

Stärkste Zuwanderergruppe: junge Männer zwischen 15 und 30 Jahren (46%)

Trotz eines Stadtautobahnnetzes mit zahlreichen Brücken über die Lagunen bricht der Straßenverkehr regelmäßig zusammen. Diesen Zustand des „Go-slow" nutzen die ambulanten Straßenhändler, die den im Stau stehenden Autofahrern von Erfrischungsgetränken bis hin zum tragbaren Fernsehgerät fast alles anbieten. Die Straßenverkäufer, die Kleinhändler auf den lokalen Märkten, die Arbeiter in Kleinbetrieben mit weniger als zehn Beschäftigten und das Heer der Dienstleistenden sind Glieder in der Kette des informellen Sektors, der alle Bereiche außerhalb von Produktionsmethoden und Betriebsorganisation ähnlich denen in Europa und Nordamerika umfasst. Der informelle Sektor in Lagos gibt etwa der Hälfte aller Einwohner Arbeit und absorbiert den Zustrom im tertiären Sektor. Die Produktivität des informellen Sektors, die nicht über 14 % hinausgeht – 86 % werden im modernen, d. h. formellen Sektor erwirtschaftet – zeigt das große Arbeitskräftepotenzial.

Der Central Business District (CBD) befindet sich auf der Hauptinsel Lagos Island. An sie schließt sich der durch Aufschüttung verbundene Stadtteil Ikoyi an, ursprünglich Wohngebiet der Europäer und heute Standort von Verwaltungseinrichtungen sowie „Residential area" der nigerianischen Oberschicht. Victoria Island entwickelte sich zu einem Wohngebiet und Diplomatenviertel, während Maroko-Island, das bei Sturmfluten unter Wasser steht, weite Slumgebiete ausweist. Auf dem Festland ziehen sich die Stadtteile bis zum Flughafen hin. Das Hafengebiet war in der wirtschaftlichen Anfangsphase Wohnviertel der Europäer. Nach Norden wechseln Slumviertel, Wohnviertel für die Mittelschicht mit doppelstöckigen Zementhäusern, Industrieviertel und Slumvorstädte ab.

Entlastung sollte der 1975 beschlossene Umzug der Bundesministerien und diplomatischen Vertretungen in die neue Hauptstadt Abuja im Landesinneren bringen. Lagos war seiner Vierfachfunktion als Bundes- und Landeshauptstadt, als Wirtschaftszentrum und Haupthafen nicht mehr gewachsen. Für die Einheit des Staates hatte sich ferner nachteilig ausgewirkt, dass die Bundeshauptstadt im Stammesgebiet eines der drei großen Stämme, der Yoruba, lag. Dennoch haben die Dezentralisierungsmaßnahmen wenig Erfolg gebracht. Lagos bleibt weiterhin das Zentrum von Industrie und Handel. 1990 war die Stadt noch nicht unter den zehn größten städtischen Agglomerationen der Welt aufgeführt. Im Jahr 2010 wird sie – nach Tokyo, Sao Paulo, Mumbai und Shanghai – mit mehr als 21 Mio. Einwohnern der fünftgrößte Verdichtungsraum der Erde sein.

?

1. Beschreiben Sie Lage und Lagebeziehungen von Lagos.
2. Ermitteln Sie das jährliche Bevölkerungswachstum bis zum Jahr 2010 und leiten Sie daraus Schlussfolgerungen ab.
3. Fassen Sie die Merkmale zusammen, die Lagos als Stadt der Dritten Welt ausweisen.
4. Vergleichen Sie Lagos mit anderen Städten aus Entwicklungsländern.
5. Entwickeln Sie Strategien zur Überwindung des städtischen Chaos in Lagos.

Territorium und Bevölkerung

Fläche: 581 km²

Bevölkerung: 8,1 Mio. (1993)

Bevölkerungsdichte:
13 919 E./km²

Kanto-Ebene

mit 14 700 km² größte Tiefebene Japans an der verkehrsgünstigen Pazifikseite Honshus mit der Hauptstadt Tokyo

Anteile der Region Tokyo an Japans Bevölkerung und Wirtschaft um 1990

Bevölkerung	26 %
Industrie	24 %
Handelsumsatz	28 %
Konzernverwaltungen	60 %

Einwohner Tokyos (in Mio.)

1920	3,36
1940	6,78
1950	5,39
1970	8,84
1980	8,35
1990	8,16

Aufgrund ihrer politischen und wirtschaftlichen Weltgeltung wird die Stadt Tokyo zu den Weltmetropolen höchster Rangstufe gezählt. Dabei reichen die städtischen Funktionen und die Bebauung weit über die Grenzen der Stadt hinaus und sind noch am besten mit dem Funktionspotenzial und Siedlungsbestand innerhalb eines 50-km-Radius um das Zentrum der Stadt Tokyo zu erfassen.

Innerhalb dieses Siedlungsraumes nimmt die Stadt Tokyo eine überragende Stellung ein, jedoch gruppieren sich weitere Kernstädte der riesigen Agglomeration mit Yokohama (1993 3,3 Mio. E.), Kawasaki (1,2 Mio.) und Chiba (0,8 Mio.) hufeisenfömig um die Tokyobucht. Im Umkreis von 50 km leben 29 Mio. Einwohner in meist großstädtischer Bevölkerungsdichte. Verglichen mit den 5 Mio. Einwohnern des Ruhrgebietes wird die Bevölkerungskonzentration im Großraum Tokyo vorstellbar. Stärker als Hauptstädte anderer Länder besitzt Tokyo eine dominante politische, wirtschaftliche und kulturelle Rangstellung im Land.

In erster Linie muss dafür als Begründung die historische Rolle der Stadt gesehen werden: seit 1603 Herrschaftszentrum für ganz Japan, ab 1868 auch als Erste Residenz des Kaisers mit offiziellem Hauptstadtstatus, nach 1945 politisches Zentrum eines straff zentralisierten, demokratischen Staatswesens, das der Zentralregierung in Tokyo besondere Kompetenzen beimisst. Alle hochrangigen zentralen Funktionen sind in Japan an Tokyo gebunden. Die wirtschaftliche Weltgeltung Tokyos wird stark geprägt durch seine Funktion als internationaler Finanzmarkt mit einer Spitzenstellung in Asien, die trotz wachsender Konkurrenz von Hongkong und Singapur nicht angetastet ist. Im Rahmen der starken Industrialisierung wurde die große Agglomeration zum hervorragendsten Industriestandort Japans (über 40 % der Elektronik des Landes, dazu Maschinen-, Fahrzeugbau und Petrolchemie). Allerdings dominiert in der Kernstadt Tokyo die Konsumgüterin-

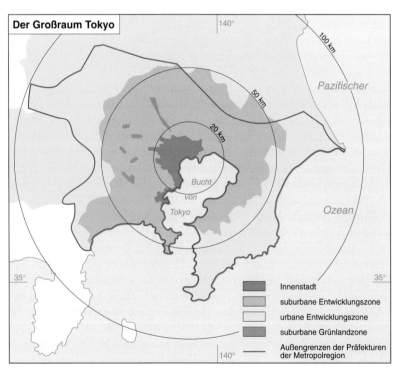

Der Großraum Tokyo

Pazifischer

Bucht von Tokyo

Ozean

▨	Innenstadt
▨	suburbane Entwicklungszone
▱	urbane Entwicklungszone
▨	suburbane Grünlandzone
—	Außengrenzen der Präfekturen der Metropolregion

Tokyo mit Kaiserpalast

dustrie in Klein- und Mittelbetrieben. Die Großindustrie der Metallverarbeitung und des Maschinenbaus befindet sich vorrangig im Hinterland der Bucht, dagegen liegen Stahl-, Chemie- und Kraftwerke auf künstlichen Aufschüttungsinseln (1990 ca. 250 km²) im Ufersaum der Bucht vorrangig vor den Städten Kawasaki, Yokohama und Chiba. Die Tiefwasserhäfen der Bucht beherbergen in der Gesamtsumme die größte Seegüter-Umschlagskapazität der Welt (darunter besonders die Seehäfen von Chiba mit einem Umschlag von 159 Mio. t/1993), Yokohama 124 Mio. und Tokyo 74 Mio. t/ 1993). Die Innenstadt Tokyos zwischen Seehafen und Yamanote-Ringbahn vereint das Hauptgeschäftszentrum des Ginza/Nihonbashi-Viertels mit dem Bankenzentrum Marunouchi und den Regierungsbauten südlich des Kaiserpalastes. Der historische Garten des Kaiserpalastes ist eine der wenigen größeren Grünflächen innerhalb der Riesenstadt. Am Westrand der Innenstadt haben sich an den Schnittpunkten der Vorortlinien mit der Yamanote-Ringbahn Büro- und Geschäftszentren in moderner Stadtarchitektur entwickelt. Besondere Bedeutung besitzt das Ringbahnzentrum Shinjuku, in dessen Bereich täglich 2 Mio. Fahrgäste umsteigen. Tokyo besitzt ein besonders leistungsfähiges Schnell- und U-Bahnnetz, das im Gegensatz zu den Millionenstädten Europas und Nordamerikas auch im Berufsverkehr von einer riesigen Pendlerzahl vorrangig genutzt wird. Einem Einsatz des PKW im Berufsverkehr stehen das für den Autoverkehr weithin ungeeignete, traditionelle Stadtstraßennetz (zu weitmaschig, schmale Fahrbahnen), der Mangel an Parkplätzen und hohe Parkgebühren entgegen. Leitlinie der Siedlungsentwicklung im suburbanen Raum war das Schienennetz, von dem die Zersiedlung des suburbanen Raumes in den letzten Jahrzehnten ausging. Heute überschreitet die suburbane Entwicklungszone den 50-km-Umkreis und Siedlungsspitzen reichen weit in die Nachbarpräfekturen Kanagawa (Yokohama), Saitama und Chiba hinein. Durch Suburbanisierung und Zuwanderung wuchsen die Vorstädte bei mangelhafter Wirksamkeit raumordnerischer Maßnahmen und dem Fehlen von Regionalplanung (jede Präfektur mit eigener Raumkompetenz) weithin unreguliert und in riesigen Dimensionen. Ein planerischer Ansatz für eine Neuordnung der überaus problematischen Zentrenstruktur des Großraums (Monozentrum: Innenstadt Tokyo) zielt auf eine stärkere Dezentralisation der Büro- Geschäftszentren. Über geeignete Fördermaßnahmen könnte die Tokyoter Innenstadt durch die Entwicklung von Außenzentren in der 30-bis-50-km-Peripherie entlastet werden.

Bevölkerungsdichte in der Region Tokyo

Regierungs-E/km² bezirk (Präfektur)	Einwohner (in Mio.)		
	1980	1990	1990
Tokyo (-to)	11,6	11,9	5 473
Kanagawa (Yokohama)	6,9	7,9	3 321
Saitama	5,4	6,4	1 686

Bevölkerungsanteil der Stadt Tokyo an der Metropolregion
(50-km-Umkreis)

Jahr	Bevölkerung (in Mio.)		
	Stadt Tokyo	im-50 km-Umkreis	Anteil Tokyos
1975	8,6	24,8	34,9 %
1980	8,4	26,3	31,7 %
1990	8,2	29,2	27,9 %

?

Vergleichen Sie den Grad der Verdichtung von Wirtschaft und Bevölkerung im Tokyoter Raum mit europäischen Metropolen.

Planung und Gestaltung von Siedlungen und Räumen

Raumstruktur und Raumordnung in Deutschland

Bevölkerungsentwicklung in Deutschland bis 2000 (in 1 000)	
Bevölkerungsstand (am 31. 12. 1989)	79 113
Bevölkerungsbewegung 1990 bis 2000	
– Geburten	8 766
– Sterbefälle	9 713
– Binnenzuzüge	26 992
– Binnenfortzüge	26 992
– Außenzuzüge	11 337
– Außenfortzüge	6 409
Bevölkerungsstand (am 31. 12. 2000)	83 093

(nach BfLR)

Schätzung der Bevölkerungsentwicklung in Berlin bis 2010
Vergleich von Varianten

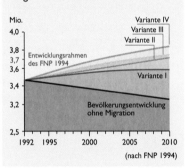

(nach FNP 1994)

?

1 Bei welchen Komponenten einer Bevölkerungsprognose sind die Voraussagen am unsichersten?
2 Welche unterschiedlichen räumlichen Wirkungen gehen von der Veränderung der Bevölkerungszahl und ihrer altersmäßigen Zusammensetzung aus?
3. Erläutern Sie die regionale Differenzierung in der Beschäftigungsdynamik in den Teilräumen der Bundesrepublik. Versuchen Sie die Unterschiede zu erklären. Nutzen Sie dazu auch Wirtschaftskarten aus dem Atlas.

Tendenzen der Raumentwicklung. Die politische Wende in Europa und die Vereinigung Deutschlands 1990 beeinflussen nicht nur die allgemeine wirtschaftliche und soziale Entwicklung, sondern auch die Raumstruktur nachhaltig. Es müssen jahrzehntelang unterbrochene Verkehrs-, Handels- und Kommunikationsverbindungen neu geknüpft werden. Auch Siedlungsstruktur und Landnutzung hatten sich bei unterschiedlichen gesellschaftlichen Rahmenbedingungen differenziert entwickelt (z. B. wuchs die Rolle von Verdichtungsgebieten im alten Bundesgebiet, in der DDR gab es eine Konzentration der Entwicklung auf die Kernstädte in den Ballungsgebieten, kleine und mittlere Betriebsgrößen herrschten in der Landwirtschaft im westlichen Teil vor, Großflächenwirtschaft in den sozialistischen Genossenschaftsbetrieben, angepasste Entwicklung vollzog sich zwischen produzierendem und dienstleistendem Bereich der Wirtschaft in der BRD, marktwirtschaftlich bedeutende Dienstleistungsbereiche waren in der DDR unzureichend entwickelt). Neben diesen gesellschaftspolitischen Unterschieden in der Raumstruktur sind die Disparitäten zwischen den nördlichen und den südlichen Regionen zu beachten. Außerdem ergeben sich spezielle Raumentwicklungsprobleme in den verschiedenen Typen von Regionen. So haben altindustriell geprägte Räume grundsätzlich größere Schwierigkeiten, sich den veränderten wirtschaftlichen Rahmenbedingungen in Europa anzupassen, als Verdichtungsräume mit moderneren Industrie- und Dienstleistungsstrukturen. Die Tendenzen der Raumentwicklung sollen anhand einiger wichtiger Komponenten verdeutlicht werden.

Die Bevölkerungsentwicklung liefert wichtige Kenngrößen, die künftige Raumentwicklung beeinflussen. Natürliche und räumliche Bevölkerungsprozesse (Geburten und Sterbefälle, Zu- und Abwanderungen) werden nach den Prognosen bis zum Jahr 2000 die bestehenden Unterschiede in der Raumstruktur verfestigen. Es wird einen starken Rückgang durch Wanderungsverluste und Sterbefallüberschüsse geben. Die nördlichen Gebiete Deutschlands haben gegenüber den südlichen Gebieten eine ungünstigere Gesamtbevölkerungsentwicklung. Das trifft auch auf altindustrielle gegenüber anderen Verdichtungsgebieten zu.

Von besonderem Gewicht für die Raumstruktur sind Arbeitsplatz-und Beschäftigtenentwicklung. In der zweiten Hälfte der 80er Jahre erfolgte in allen alten Bundesländern eine relativ gleichmäßige Beschäftigtenzunahme, nach der politischen Wende in Europa jedoch bevorzugt in den grenznahen Regionen Bayerns, Hessens und Niedersachsens, die vorher eher benachteiligt gewesen waren. Ein Charakteristikum war und ist dabei die Tertiärisierung der Wirtschaft, d. h. die Ausgliederung von Dienstleistungen aus der Industrie und die Entwicklung neuer Dienstleistungsfelder für Produktion und Konsum.

Nach einem drastischen Beschäftigungsrückgang von über 25%, teilweise sogar über 30% in Mittel- und Ostdeutschland, der durch den strukturellen Umbruch in Industrie und Landwirtschaft hervorgerufen worden war, vollzieht sich in diesem Teil Deutschlands, aber auch im ehemaligen Westberlin ein langwieriger Eingliederungsprozess in marktwirtschaftliche Strukturen. Vor allem die industrielle Basis unterliegt einem starken Konkurrenzdruck und konnte sich bisher nur punktuell konsolidieren.

Moderne Fertigungen wie von VW im Werk Mosel bei Zwickau, von BASF in Schwarzheide, Hochtechnologien wie in Dresden und Jena sind Beispiele dafür. Die Sicherung bzw. Schaffung einer industriellen Basis ist auch notwendig, um dem Dienstleistungssektor in voller Breite Entfaltungsmöglichkeiten zu bieten.

Die grundlegende Rolle des Verkehrs- und Kommunikationswesens für eine funktionierende Raumstruktur zeigte sich besonders deutlich im Zuge der Vereinigung der beiden Teile Deutschlands.

Straßen- und Schienennetze waren in ihren Hauptsträngen Nord–Süd ausgerichtet. Der qualitative Standard in der DDR lag wesentlich unter dem im Westen Deutschlands.

Hauptverkehrsträger in der BRD war die Straße, in der DDR die Schiene. Im Motorisierungsgrad erfolgte in kürzester Zeit eine Annäherung an die alten Bundesländer (von 1989 bis 1993 wuchs der Pkw-Bestand in Deutschland von 3,9 Mio. auf 6,2 Mio. Fahrzeuge) mit entsprechenden Konsequenzen.

So liegen seit Beginn der 90er Jahre die Schwerpunkte im qualitativen Ausbau der Straßen und Schienenwege. Als Organisationsprinzip im schienengebundenen Personenverkehr setzte eine Aufgabenteilung zwischen der Deutschen Bahn AG und den Ländern ein. Die DBAG ist für einen leistungsfähigen Fernverkehr zuständig, während der Regionalverkehr in der Verantwortung der einzelnen Länder liegt. Damit sollen die Verkehrsangebote besser den Bedürfnissen angepasst werden.

Von besonderer Bedeutung für den sich rasch entwickelnden Dienstleistungssektor im Verbund mit anderen Wirtschaftsbereichen ist die Telekommunikation mit ihren Kommunikations- und Datenautobah-

Bevölkerungsentwicklung

Bevölkerungsstand 1989 = 100

1. Bevölkerung insgesamt

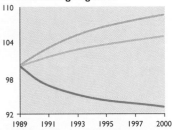

2. unter 20-jährige Bevölkerung

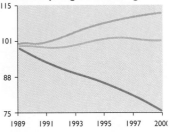

3. 20- bis unter 60-jährige Bevölkerung

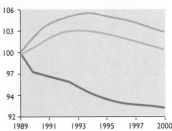

4. ab 60-jährige Bevölkerung

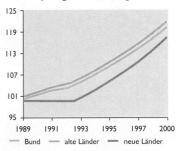

Bund — alte Länder — neue Länder

(nach BfLR-Bevölkerungsprognose 1989 bis 2000 und laufende Raumbeobachtung der BfLR Raumordnungsbericht 1993)

?

1. Welche qualitativen Unterschiede bestanden 1989 zwischen dem hohen Industriebesatz im südlichen Teil der ehemaligen DDR und den hohen Besatzwerten in den Regionen Stuttgart und Nürnberg?

Flächennutzung in Deutschland 1993 (Anteile in %)

	D insg.	Alte Bundesländer	Neue Bundesländer
Gebäude- u. Freiflächen	5,8	6,5	4,1
Betriebsfl.	0,7	0,6	0,9
Erholungsfl.	0,6	0,8	0,4
Verkehrsfl.	4,6	5,1	3,3
Landwirtschaftsfl.	54,7	53,5	57,6
Waldflächen	29,2	30,0	27,3
Wasserfl.	2,2	1,9	2,9
Fl. anderer Nutzung	2,2	1,6	3,4
Siedlungs- und Verkehrsflächen *	11,3	12,7	7,9

* Anteile wurden von der Statistik gesondert erfasst.

(nach Stat. Jahrb. für die BRD 1995)

Naturschutzgebiete sind eine besonders weitreichende Schutzkategorie. Sie dienen der Erhaltung von Lebensräumen für Pflanzen und Tiere in ihrer naturnahen Eigenart bzw. schützen einzelne Arten an ihren Standorten. Eine wirtschaftliche Nutzung ist nur sehr eingeschränkt möglich, teilweise gänzlich untersagt.

Landschaftsschutzgebiete unterliegen weniger starken Nutzungseinschränkungen. In ihnen soll der Naturhaushalt erhalten bzw. wiederhergestellt, Vielfalt und Schönheit des Landschaftsbildes bewahrt oder vorhandene Möglichkeiten für naturnahe Erholung gesichert werden. Auch Gebiete, in denen derartige Voraussetzungen erst entwickelt werden sollen, können den Status eines Landschaftsschutzgebietes erhalten.

?

1. Informieren Sie sich über die Besonderheiten des Schutzes in Großschutzgebieten wie Nationalparks, Biosphärenreservaten und Naturparks.
2. Erläutern Sie anhand einer Karte aus dem Atlas die Verteilung von Großschutzgebieten in Deutschland und stellen Sie Defiziträume fest.

nen. Seit Beginn der 90er Jahre wird von der Deutschen Bundespost Telekom an einem Netz von hochleistungsfähigen Glasfaserverbindungen gearbeitet, dessen Grundstruktur landesweit bereits aufgebaut ist.

Die Flächennutzungsverhältnisse sind ein wichtiger Indikator für die Entwicklung der Raumnutzungsinteressen der verschiedenen Akteursgruppen. Die Zunahme der Siedlungs- und Verkehrsflächen signalisiert den derzeit ungebrochenen Prozess der Suburbanisierung in den Altbundesländern. Zwischen 1981 und 1990 wuchs diese Fläche dort täglich im Durchschnitt um 100 ha. Die starke Zunahme der haushaltsgründenden 25- bis 40-jährigen Personen in den hochverdichteten und verdichteten Regionen Deutschlands bis zum Jahr 2000 wird den Konflikt zwischen Siedlungsflächen- und Freiraumbedarf verstärken.

Die „nachholende" Suburbanisierung in Mittel- und Ostdeutschland führt innerhalb kürzester Zeit zu einem erheblichen Anwachsen der Siedlungs- und Verkehrsflächen, sodass der 1993 noch erkennbare Unterschied zu den westlichen Bundesländern in den Flächenanteilen abnehmen wird (vgl. Tab.). Andererseits vollziehen sich durch die anhaltende Abwanderung vor allem aus ländlichen Regionen Mecklenburg-Vorpommerns, Brandenburgs und Ostsachsens Prozesse, die in diesen Teilräumen das Funktionieren der Raumstruktur beeinträchtigen, zumal es hier auch an leistungsfähigen Großstädten mangelt.

Bei aller Bedeutung, die wirtschaftliche Entwicklungsdeterminanten für die Raumstruktur besitzen, spielen spätestens seit Beginn der 80er Jahre ökologische Probleme bei der Raumnutzung und Raumentwicklung eine wachsende Rolle.

Die ständig zunehmende Beanspruchung natürlicher Ressourcen einschließlich der Flächenressourcen hat auch die Frage nach der dauerhaften Sicherung der natürlichen Lebensgrundlagen für jede Region aufgeworfen.

Zudem existieren große Industriebrachen und ehemals militärisch genutzte Areale, die nicht nur in neue Nutzungen überführt werden müssen, sondern auf denen teilweise mit einer Belastung des Bodens zu rechnen ist. Die Erfassung und Beseitigung derartiger Altlasten, das Recycling von Industrieflächen und die nachfolgende Integration in bestehende Nutzungsstrukturen sind wichtige landeskulturelle Aufgaben. Insbesondere in den ehemaligen Großindustriegebieten Sachsens und Sachsen-Anhalts und in früheren Bergbaugebieten Deutschlands wird für Sanierungsarbeiten vorübergehend eine erhebliche Zahl von Arbeitskräften gebraucht, die früher in der Industrie Beschäftigung fanden. In den altindustriellen Gebieten im Westen Deutschlands ist der Umstrukturierungsprozess mit entsprechenden Maßnahmen zur Verbesserung der ökologischen Situation bereits seit langem im Gange.

Zum Erhalt von natürlichen Ressourcen und Lebensgrundlagen ist Natur- und Landschaftsschutz, dessen Tradition in Deutschland bis in das 19. Jh. reicht, in den letzten Jahren verstärkt worden.

Neben den Naturschutzgebieten, die mit ca. 626 000 ha (1992) etwa 1,8 % des Bundesgebietes umfassten, haben vor allem Großschutzgebiete in Form der Nationalparke und Biosphärenreservate (mehr als 5 % der Bundesfläche) einen hohen ökologischen Stellenwert. Sie und die Naturparke und Landschaftsschutzgebiete bilden auch eine wichtige Grundlage für die Erholung der Bevölkerung bzw. für den Fremdenverkehr als wirtschaftlichen Faktor.

Aufgaben und Instrumente der Raumordnung

Raumordnung als Teil der raumwirksamen Tätigkeit des Staates. Es bedarf gesetzlicher Grundlagen und einer räumlichen Planung, die Raumentwicklungsziele konkretisiert. Aufgabe der Raumordnung ist es, die Raumstruktur der Bundesrepublik Deutschland unter Berücksichtigung der natürlichen Gegebenheiten, der Bevölkerungsentwicklung sowie der wirtschaftlichen, sozialen und kulturellen Erfordernisse so zu entwickeln, dass sie

- der freien Entfaltung der Persönlichkeit in der Gemeinschaft am besten dient,
- Schutz, Pflege und Entwicklung der natürlichen Lebensgrundlagen sichert,
- Gestaltungsmöglichkeiten der Raumnutzung langfristig offen hält und
- gleichwertige Lebensbedingungen der Menschen in allen Teilräumen bietet oder dazu führt.

Der räumliche Zusammenhang der nach dem Zweiten Weltkrieg getrennten Gebiete ist zu beachten und zu verbessern.

Die Raumordnung hat die Voraussetzungen für die Zusammenarbeit im europäischen Raum zu schaffen und zu fördern.

Die Ordnung der Teilräume soll sich in die Ordnung des Gesamtraumes einfügen, und die Ordnung des Gesamtraumes soll die Gegebenheiten und Erfordernisse der Teilräume berücksichtigen (Inhalt des §1 des Raumordnungsgesetzes von 1991).

Obwohl erste Ansätze für Raumordnung schon Anfang des 20. Jahrhunderts erkennbar sind, hat sich die Raumordnung in Deutschland erst nach dem Zweiten Weltkrieg auf gesetzlicher Grundlage entwickelt. Während auf Bundesebene eine Rahmenkompetenz in der Raumordnung gegeben ist, erfolgt die räumliche Planung auf Länderebene für das jeweilige Bundesland bzw. seine einzelnen Teilräume (Planungsregionen). Die auf den Planungen beruhende Veränderung des Raumes vollzieht sich erst auf der Gemeindeebene im Rahmen der Bauleitplanung (vgl. Übersicht S. 218).

Räumliche Planungen sind immer Querschnittsplanungen, d. h. sie müssen die fachlichen Planungen (z. B. Verkehrsplanung, Landschaftsplanung), soweit sie raumbedeutsam sind, zu einer Gesamtplanung unter Beachtung der räumlichen Leitbilder und Ziele zusammenfassen. Das kann zu Interessenkonflikten führen, die dann gegeneinander abgewogen werden müssen. Abstimmungen über die Planung erfolgen auch zwischen über- und untergeordneten Planungsebenen sowie mit allen Betroffenen. Auf den Ebenen der Regionen und Gemeinden sind es neben den sogenannten Trägern öffentlicher Belange (z. B. Landes-, Kreis- und Gemeindeverwaltungen, Industrie- und Handelskammern, Denkmalsbehörde, Kirchen) vor allem die Bürger, die zu beteiligen sind. Dadurch soll vermieden werden, dass räumliche Planungen letztendlich nicht umsetzbar sind, weil es zu viele Konflikte unter den Nutzergruppen im Raum gibt. Besondere Bedeutung haben in diesem Zusammenhang die Raumordnungsverfahren. Sie werden für Einzelmaßnahmen eingeleitet, wenn diese überörtlich wirken und raumbedeutsam sind. Dazu gehört beispielsweise der Bau größerer Infrastruktureinrichtungen (Trassenneubau und -erweiterung bei Straßen und Schienenwegen, Bau von Flughäfen, Kraftwerken, aber auch Freizeitgroßanlagen).

Hier existiert für die Bürger ein wichtiges Mitwirkungsfeld.

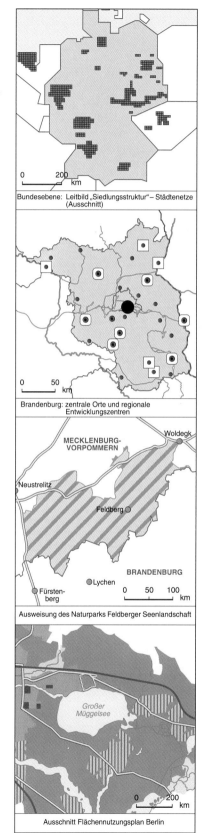

Bundesebene: Leitbild „Siedlungsstruktur" – Städtenetze (Ausschnitt)

Brandenburg: zentrale Orte und regionale Entwicklungszentren

Ausweisung des Naturparks Feldberger Seenlandschaft

Ausschnitt Flächennutzungsplan Berlin

Raumordnung und Raumplanung

Bundesebene (rahmengebend)

Raumordnungsgesetz (ROG) von 1991

formuliert Grundsätze für Raumordnung und setzt Rahmen für Landesplanung

Raumordnungsklauseln in Fachgesetzen

regeln die Anpassung an die Ziele der Raumordnung

Raumordnungspolitischer Orientierungsrahmen von 1993

formuliert Leitbilder für mittelfristige Raumentwicklung

Raumordnungspolitischer Handlungsrahmen von 1995

Arbeits-und Aktionsprogramm für die Leitbilder mit Empfehlungen für die Länder

gegenseitige Information und Abstimmung

Raumordnungsbericht (4-Jahres-Rhythmus)

informiert Regierung und Parlament über Stand und Tendenzen der räumlichen Entwicklung

Ministerkonferenz für Raumordnung (MKRO)

koordiniert Zusammenarbeit von Bund und Ländern in der Raumordung

Länderebene

Landesplanungsgesetze

präzisieren Grundsätze und Ziele, regeln die Planung auf Landesebene

Landesentwicklungspläne bzw. -programme

zusammenfassende Darstellung der Ziele in Karten und textlichen Erläuterungen, Integration raumbedeutsamer Fachplanungen

Regionalpläne

detaillieren Ziele räumlicher Entwicklung für Teilräume

Raumordnungsverfahren (ROV)

untersucht Raumverträglichkeit einzelner raumbedeutsamer Planungen

Landesentwicklungsberichte

analysieren Raumentwicklung und Wirksamkeit von raumordnerischen Maßnahmen

Bürgerbeteiligung

Beteiligung
Anpassung
Auskunfts- und
Mitteilungspflicht

Gemeindeebene

Baugesetzbuch von 1987

regelt Flächennutzung sowie Planung und Durchführung baulicher Maßnahmen in den Gemeinden

Bauleitpläne

Flächennutzungsplan
stellt die gesamte Bodennutzung dar und erläutert sie
Bebauungsplan
weist die zu bebauende Fläche grundstücksscharf aus und legt Art und Weise der Bebauung fest

Bürgerbeteiligung

Für eine zielgerichtete Beeinflussung räumlicher Entwicklung sind weitere „Werkzeuge" für den Planer nötig. Er braucht Handhaben, wie er z. B. ein bestimmtes Areal von Besiedelung frei halten kann oder wie im Interesse der Entwicklung eines größeren Gebietes der Ausbau einer Stadt forciert werden kann. Dafür sind über längere Zeiträume Konzepte mit entsprechenden Arbeitsmitteln entwickelt und erprobt worden. Sie können in ihrer Wirkung auf den Raum als ganzheitlich (auf die Region), als siedlungs- oder freiraumbezogen bezeichnet werden (vgl. Übersicht S. 219).

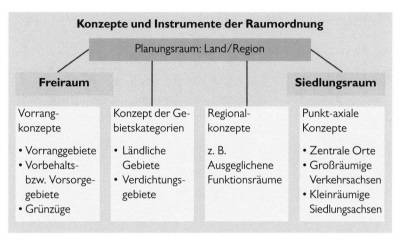

Konzepte und Instrumente der Raumordnung

Planungsraum: Land / Region

Freiraum

Vorrang-konzepte
- Vorranggebiete
- Vorbehalts- bzw. Vorsorge-gebiete
- Grünzüge

Konzept der Gebietskategorien
- Ländliche Gebiete
- Verdichtungs-gebiete

Regional-konzepte
z. B. Ausgeglichene Funktionsräume

Siedlungsraum

Punkt-axiale Konzepte
- Zentrale Orte
- Großräumige Verkehrsachsen
- Kleinräumige Siedlungsachsen

Der Auffassung folgend, dass Regionen mit unterschiedlicher Raumstruktur auch einen unterschiedlichen Einsatz von raumordnerischen Maßnahmen erfordern, wurden bereits Ende der 60er Jahre Gebietskategorien gebildet, zu denen Verdichtungsgebiete, Gebiete mit Verdichtungsansätzen und ländliche Gebiete zählen, die ihrerseits weiter differenziert werden können (vgl. S. 189). Die bisher deutlichsten Wirkungen räumlicher Konzepte scheinen bei der Arbeit mit dem „Zentrale-Orte-Konzept" erreicht worden zu sein. Es wird genutzt, um eine möglichst gleichwertige Versorgung mit Gütern, Diensten und Arbeitsmöglichkeiten zu erreichen. Dazu werden in den Ländern und Regionen nach einer gründlichen Analyse der Siedlungsstruktur zentrale Orte unterschiedlicher Leistungsstufe (in der Regel Ober-, Mittel- und Grund- oder Unterzentren) festgelegt.

Je nachdem, ob sie schon den jeweiligen Standard dieser Leistungsstufe erreicht haben oder nicht, werden sie durch öffentliche Infrastrukturmaßnahmen gefördert oder nicht. So war und ist der Ausbau von Landesuniversitäten in Zentren strukturschwacher Regionen ein wesentlicher Impulsgeber für die regionale Wirtschaftsentwicklung. Beispiele für den geförderten Aufbau sind die Universitäten Bayreuth, Bamberg, Regensburg und Passau in Bayern; Ulm an der Grenze von Bayern und Baden-Württemberg; Oldenburg, Osnabrück und Vechta in Niedersachsen oder in jüngster Zeit Cottbus, Frankfurt/Oder und Potsdam im Land Brandenburg.

Allerdings zeigt sich auch, dass das Konzept der zentralen Orte in den hochverdichteten Regionen und auch mit der weiteren Zunahme der Mobilität an Wirkung verliert. In den Verdichtungsgebieten versucht man durch das Entwickeln von kleinräumigen Siedlungsachsen entlang von Vorort- bzw. Regionalbahnlinien einer weiteren Zersiedelung größerer Freiräume entgegenzuwirken. Gleichzeitig soll durch den Ausbau der Achsenendpunkte die Bevölkerung des äußeren Umlandes gut versorgt werden.

Zur Sicherung von Landschaftseinheiten vor Eingriffen, die natürliche Bedingungen beeinträchtigen, zur Erhaltung von land- und forstwirtschaftlichen Nutzungsformen, zur Regeneration von geschädigten Naturräumen, aber auch zur Sicherung von Erholungsräumen werden in Landes- und Regionalplänen Vorbehalts-, Vorsorge- oder auch Vorranggebiete festgelegt. Dabei ist der Ausweis als Vorranggebiet der strengste , weil in so ausgewiesenen Gebieten neue Nutzungen nur zugelassen werden, wenn sie mit der Vorrangnutzung in Einklang stehen. Typische Vorranggebiete sind z. B. Naturschutzgebiete.

Leitbilder formulieren langfristige Strategien für die räumliche Entwicklung. So ist beispielsweise unter dem Schlagwort „Dezentrale Konzentration" eine Entwicklung in der Siedlungsstruktur zusammengefasst, die auf eine ausgewogene räumliche Verteilung von großen städtischen Zentren orientiert, die gut ergänzt werden durch kleinere und mittlere Industrie- und Dienstleistungszentren. Dieses auf Bundesebene formulierte Leitbild haben auch einzelne Bundesländer übernommen. Im Bereich der Freiraumentwicklung sind wichtige Grundsätze in der Leitlinie „Ressourcenschutz: Entlasten, sanieren, schützen" zusammengefasst.

Raumordnungsverfahren (ROV)
ist ein Raumordnungsinstrument, das auf ein raumbedeutsames Einzelvorhaben angewandt wird. Dabei wird geprüft, ob das geplante Vorhaben mit der räumlichen Gesamtplanung im Einklang steht und ob es generell raumverträglich ist, d. h. andere Nutzungen nicht beeinträchtigt. Es wird in Verantwortung der Landesplanung durchgeführt. Auf Bundesebene sind einige Vorhabenarten festgelegt, für die in jedem Fall ein ROV durchgeführt werden muss. Dieser Katalog kann von den Ländern erweitert werden.

?

1. Neben anderen sind für folgende raumbedeutsame Vorhaben ROV vorgeschrieben: Bau von Abwasserbehandlungsanlagen, Bau von Bundesfernstraßen, Anlage oder wesentliche Änderung eines Flugplatzes, Errichtung von Feriendörfern und Hotelkomplexen. Begründen Sie für die einzelnen Maßnahmen, warum ein ROV notwendig ist. Nennen Sie weitere Beispiele für Vorhaben, die aus Ihrer Sicht ein ROV verlangen.

Planung konkret – Beispiele für raumordnerische Maßnahmen

Verkehrstrassen verbinden und erschließen Räume

Für die Raumplanung haben die raumüberwindenden wie auch die flächenerschließenden Aspekte von Verkehrswegen gleichermaßen Bedeutung.

Dem dienen die Achsenkonzepte. In den meisten Landesentwicklungsplänen werden großräumige Verbindungsachsen, meist als Bündelung leistungsfähiger Straßen und Schienenwege, ausgewiesen. Sie haben vor allem die Aufgabe, wichtige Knoten im Siedlungsnetz miteinander zu verbinden und damit den regionalen und überregionalen Leistungsaustausch zu fördern. Gleichzeitig soll durch die Linienführung und die Festlegung von Zugangsstellen zu Autobahnen, Bundesstraßen bzw. Fernbahnstrecken die Erreichbarkeit der größeren Zentren durch die Bevölkerung aus anderen Siedlungen verbessert werden. Um diesen Flächenerschließungsaspekt zu verstärken, werden neben überregionalen häufig noch regionale Achsen ausgewiesen.

Die raumordnerischen Strategien, die mit den Achsen verfolgt werden, finden teilweise ihre Umsetzung im Bundesverkehrswegeplan, der als Fachplan jeweils für einen Zeitraum von zehn Jahren entwickelt wird.

Als „Verkehrsprojekte Deutsche Einheit" wurden 1993 siebzehn Verkehrsprojekte, die der Verbesserung der Verkehrsbedingungen zwischen den alten und den neuen Bundesländern dienen, in diesen Bundesverkehrswegeplan aufgenommen.

Im Folgenden sollen einige Aspekte der Bundesautobahn A 20 („Ostseeautobahn" von Lübeck bis zur polnischen Grenze) dargestellt werden, die als Projekt Nr. 10 in diesem Paket vordringlicher verkehrlicher Maßnahmen nach der Vereinigung Deutschlands enthalten ist. Mit dem Bau dieser neuen West-Ost-Straßenverbindung soll

– das Land Mecklenburg-Vorpommern besser sowohl an die angrenzenden Bundesländer als auch an das benachbarte Ausland angeschlossen,
– die verkehrsinfrastrukturelle Voraussetzung für eine zügigere wirtschaftliche Entwicklung geschaffen,
– die Erreichbarkeit der Fremdenverkehrs- und Erholungsgebiete erleichtert,
– der starke Durchgangsverkehr aus den Orten verlagert und so bessere Lebens- und Wohnbedingungen ermöglicht,
– die Städte der Ostseeküste besser miteinander verbunden
– und das Verkehrsnetz im gesamten Bundesland erweitert und günstiger werden.

Ein solcher Neubau über 324 km durch bisher weniger verkehrlich erschlossene bzw. belastete Gebiete erfordert eingehende Untersuchungen zur Linienführung, die sowohl raumordnerische und Verkehrsbelange berücksichtigen als auch den Umweltbelangen weitgehend gerecht werden müssen. Solche Vorhaben dauerten bislang bis zu 20 Jahren.

Durch das Beschleunigungsgesetz von 1991 sollen diese Fristen in den neuen Ländern und Berlin verkürzt werden, ohne dass auf umfassende Öffentlichkeitsbeteiligung verzichtet wird, die Rechte Betroffener außer Acht gelassen bzw. Umweltbelange vernachlässigt werden. Für Vorbereitung, Planung und Durchführung ist eine bundes- und ländereigene Planungsgesellschaft gegründet worden, die auch die 6 anderen Fern-

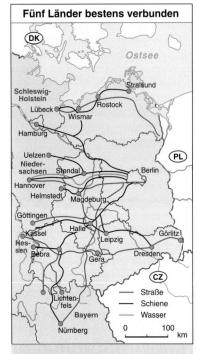

Fünf Länder bestens verbunden

Verkehrsprojekte

Bahn:
1. Lübeck-Rostock-Stralsund
2. Hamburg-Büchen-Berlin
3. Uelzen-Salzwedel-Stendal
4. Hannover-Stendal-Berlin
5. Helmstedt-Magdeburg-Berlin
6. Eichberg-Halle
7. Bebra-Erfurt
8. Nürnberg-Erfurt-Halle-Leipzig-Berlin
9. Leipzig-Dresden

Straße:
10. A20 Lübeck-Stettin
11. A2 Hannover-Berlin (A10 Berliner Süd- und Ostring)
12. A9 Berlin-Nürnberg
13. A 38 Göttingen-Halle (A143)
14. A14 Magdeburg-Halle
15. A44 Kassel-Eisenach (A4)
16. A 71 Erfurt-Schweinfurt (A73)

Wasserweg:
17. Hannover-Magdeburg-Berlin

straßenprojekte aus dem Programm „Verkehrsprojekte Deutsche Einheit" betreut.

Besonderes Gewicht kommt bei der Trassen- und Liniensuche der Prüfung auf Umwelt- und Raumverträglichkeit zu (vgl. Übersicht „Planungsablauf").

Den Bürgern werden Ziele, Anforderungen, aber auch Kriterien für die Umweltverträglichkeit bekannt gemacht. Ihre Belange werden berücksichtigt.

Im Zuge des Raumordnungsverfahrens, das durch Behörden- und Bürgerbeteiligung begleitet worden ist, wurden kritische Stellungnahmen zu insgesamt 1 200 Sachverhalten gezählt, die bei der nunmehr endgültigen Festlegung der Trassenführung berücksichtigt worden sind.

Im Gegensatz zu den Vorstellungen des Bundesverkehrsministeriums ist es den Landesplanern Mecklenburg-Vorpommerns gelungen, die beabsichtigte Küstenvariante der Autobahn zwischen Rostock und Stralsund durch eine weiter im Landesinnern verlaufende Trasse zu ersetzen. Das ermöglicht eine weitaus bessere Verkehrserschließung des Küstenhinterlandes und kann diesen sonst eher benachteiligten Räumen wirtschaftliche Impulse bringen.

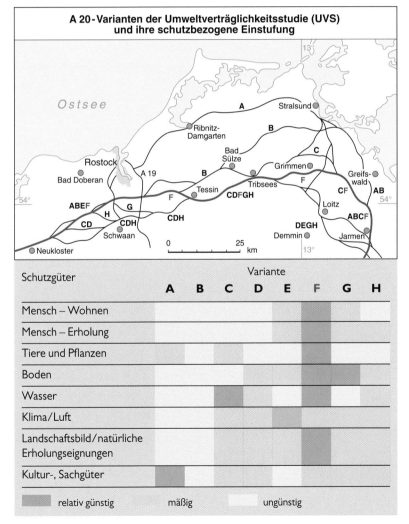

A 20 - Varianten der Umweltverträglichkeitsstudie (UVS) und ihre schutzbezogene Einstufung

Schutzgüter	Variante							
	A	B	C	D	E	F	G	H
Mensch – Wohnen								
Mensch – Erholung								
Tiere und Pflanzen								
Boden								
Wasser								
Klima/Luft								
Landschaftsbild/natürliche Erholungseignungen								
Kultur-, Sachgüter								

relativ günstig   mäßig   ungünstig

Planungsablauf für die A 20 nach Beschleunigungsgesetz

Verkehrsuntersuchung: Zustandsanalyse, Prognose Netzberechnungen	Landschaftspflegerische Untersuchung: raumbezogene Empfindlichkeitsuntersuchung Kartierungen

Festlegung konfliktärmerer Korridore
Entwicklung von Linienvarianten
Untersuchung der Varianten in lage- und höhenmäßigem Verlauf
M 1 : 10 000

Variantenvergleich aus verkehrlicher, straßenbaulicher und raumordnerischer Sicht	Variantenvergleich aus landschaftspflegerischer Sicht

Bewertung der Auswirkungen der einzelnen Trassenvarianten mit Trassenempfehlungen

Linienbestimmungsverfahren nach Beschleunigungsgesetz

abschnittsweise Erstellung der detaillierten Entwürfe einschließlich landschaftspflegerischer Begleitplanung

Planfeststellungsverfahren nach Beschleunigungsgesetz (mit festgesetzten Fristen)

?

1. Vergleichen Sie die Linienführungen der einzelnen Projekte mit der Atlaskarte und stellen Sie fest, welche Strecken völlig neu errichtet werden müssen.
2. Nennen und bewerten Sie physisch-geographisch bedingte Schwierigkeiten beim Bau der Autobahn A 20.

?

Welche direkten und indirekten Wirkungen auf Flächennutzung und Stadtstruktur hat die Verlegung von Regierung und Parlament nach Berlin?

Raumordnungskonzepte in Vergangenheit und Gegenwart. Seit dem industriellen Aufschwung und der Übernahme der Hauptstadtfunktion für ganz Deutschland entwickelte sich Berlin im letzten Viertel des 19. Jh. sehr schnell zu einer führenden Metropole in Europa. Wachstum des Industrie- und Dienstleistungssektors sowie starke Zunahme der Bevölkerung führten sehr bald zu Problemen und Konflikten in der Raumnutzung (Randwande-rung von Industriebetrieben, Entstehen von Mietskasernenvierteln, Ver-kehrsprobleme) und verlangten nach ordnenden Prinzipien und langfristi-gen Strategien. Zunächst wurde 1912 ein Zweckverband mit umliegenden Städten und Gemeinden gebildet, der in den Bereichen Bebauung, Siche-rung von Erholungsflächen und Vereinheitlichung des Verkehrsnetzes wirk-sam werden sollte. Da mit dieser Organisationsform die Raumentwick-lungsprobleme nicht bewältigt werden konnten, wurde 1920 die Großgemeinde Berlin gegründet. In einem bis dahin in Deutschland ein-maligen Vorgang wurden wesentliche Teile des Umlandes eingemeindet, so-dass sich das Stadtgebiet um das 13fache erweitern konnte. Als Kriterien für die Eingemeindungen wurden der bauliche Zusammenhang eines engeren Siedlungsgebietes, aber auch Baulandreserven entlang von erkennbaren Entwicklungsachsen sowie Grünflächen als Vorsorgeräume für Naherho-lung berücksichtigt. Auf dieser heute noch im Wesentlichen als Stadtterri-torium bestehenden Fläche hatten sich bis vor dem Zweiten Weltkrieg über 4 Mio. Menschen angesiedelt. Es folgte dann der Viermächtestatus und für 40 Jahre die Zweiteilung, wobei ein Teil, Berlin (West), zunächst teilweise und seit 1961 gänzlich von seinem Umland abgeschnitten war.

Mit der Vereinigung Berlins 1990 musste nicht nur eine ungleich ent-wickelte Stadtstruktur, sondern auch der mit der Hauptstadtfunktion des vereinigten Deutschlands zu erwartende Veränderungsdruck planerisch bewältigt werden.

Berlin und sein Umland im Vergleich	BRD (alte Länder)	Berlin ges.	West	Ost	Brandenburg ges.	Umland von Berlin	Metropolenräume im Vergleich Berlin/ Brdbg. (e V*)	Hamburg SH/Nds	München/- Umland
Einwohner	–	–	–	–	–	–	4 245 038	3 230 129	2 385 928
Fläche (km²)	–	–	–	–	–	–	5 368	10 441	5 503
Bev.-dichte E/km² 1992	263	3 909	4 481	3 220	86	174	791	309	434
Besiedlungsdichte E/km² Siedlungs- und Verkehrsfläche 1992	2 071	5 733	6 140	5 160	1 168	1 380	3 632	2 178	3 231
Anteil der Siedlungs- und Verkehrs-fläche 1992 (in %)	12,7	68	72,9	62,1	7,4	12,6	21,8	14,2	13,4
Anteil Einwohner in Gemeinden > 10 000 E. 1992 (in %)	75	100	100	100	52,0	54,6	91,7	92,0	79,0
Wohnfläche je Einwohner(m² 1987)	36,5	33,9	35,8	30,7	28,4	26,6	32,6	35,5	36,0
Anteil Eigentümerwohnungen am Ge-samtwohnbestand (selbstgenutztes Wohneigentum) 1987 (in %)	38,5	–	11,0	–	41,9	46,2	17,3	31,7	30,0
Erwerbstätige 1992 im Dienst-leistungsbereich (in %)	58,5	70,4	70,7	70,0	58,9	41,5	65,2	70,0	67,6
Arbeitslosenquote (8/1994) (in %)	9,3	13,2	13,2	13,1	15,3	11,8	12,9	9,9	5,9

* eV = engerer Verflechtungsraum   (nach Statistisches Bundesamt, Statistische Landesämter 9/94, Landesumweltamt Brandenburg)

1993 lag der Büroflächenbestand mit 12 Mio. m² Bruttogeschossfläche deutlich hinter dem anderer Großstädte in Deutschland (vgl: pro Einwohner in Berlin 3,6 m², in Frankfurt a. M. 12,0 m², in Hamburg 5,7 m²). Vor dem Hintergrund dieses Defizites entwickelt eine Vielzahl von Investoren Büroflächen für den zukünftigen Bedarf.

Nach der deutschen Vereinigung konnte Berlin auch seine Beziehungen mit dem Umland wieder voll entfalten. Dadurch erwuchs zugleich ein erheblicher planerischer Abstimmungsbedarf mit dem Land Brandenburg. Auf der Grundlage eines Staatsvertrages existiert seit dem 1. 1. 1996 eine gemeinsame Landesplanung Berlin/Brandenburg, in der die Stadtplanung von Berlin, die Planung für den Verflechtungsraum (Berlin und Umland) und die Landesplanung für Brandenburg zusammengeführt werden.

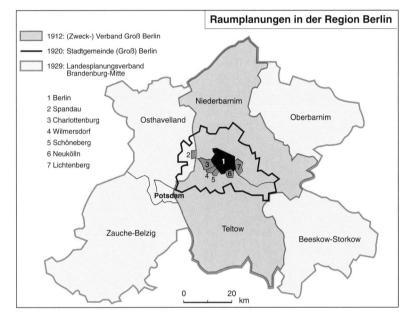

Berlin – eine der europäischen Metropolregionen in Deutschland

Die internationale Vernetzung der sehr großen Städte beschleunigt den europäischen Integrationsprozess. Im Raumordnungspolitischen Handlungsrahmen (vgl. Schema S. 218) wird deshalb von der Ministerkonferenz für Raumordnung eine zielgerichtete Stärkung der sechs Metropolregionen:
Berlin/Brandenburg, Hamburg, München, Rhein-Main, Rhein-Ruhr, Stuttgart, (potenziell: Halle/Leipzig-Sachsendreieck) gefordert.
Für die Einstufung als Metropolregion waren neben generellen Einschätzungen (internationale Bekanntheit, Image, weltstädtische Ausstrahlung) u. a. folgende Orientierungsmerkmale maßgebend:
– Lagegunst im europäischen Verkehrs- und Kommunikationsnetz, europäischer Verkehrsknoten
– Bevölkerungszahl und -dichte, Wirtschaftskraft und außenwirtschaftliche Bedeutung
– politisches und wirtschaftliches Entscheidungszentrum, Standort internationaler Behörden und Vertretungen, Sitz von Großunternehmen, Spitzenverbänden
– Dienstleistungs- und Finanzzentrum, Messe- und Medienstandort, Sitz internationaler Logistikunternehmen
– international bedeutsame Institutionen in den Bereichen Forschung, Wissenschaft und Lehre
– international ausgerichtetes kulturelles Angebot im privaten und öffentlichen Sektor.

(nach Raumordnungspolitischer Handlungsrahmen 1995)

?

Stellen Sie anhand der oben angegebenen Kriterien für jede Metropolregion in Deutschland in einer Übersicht die feststellbaren internationalen Raumfunktionen zusammen.
Welchen Entwicklungsbedarf sehen Sie bei den einzelnen Regionen?

10 Grundsätze der Entwicklung der Stadtstruktur (FNP 94)

1. Identität der Stadt beruht auf gewachsenen räumlichen Strukturen. Neue Aufgaben machen aber auch Strukturveränderung notwendig.
2. Nur ausgewogene Entwicklung der gesamten Spree-Havel-Region macht stadtverträgliches Wachstum möglich.
3. Bei Flächennutzungsansprüchen – Innenentwicklung vor Stadterweiterung.
4. Ausgewogene Nutzungsstruktur in allen Teilräumen der Stadt.
5. Berlin – Stadt im Grünen, mit funktionsfähigem Naturhaushalt trotz erforderlicher Verdichtung.
6. Gewachsene polyzentrische Struktur der Stadt erhalten und weiter ausbauen.
7. Berlin – weiterhin attraktiver und vielseitiger Wohnort.
8. Berlin – Arbeitsort und Zentrum für Dienstleistungen und moderne Produktion.
9. Eine leistungsfähige Stadt braucht leistungsfähige soziale Infrastruktur.
10. Innovative Lösungen für einen leistungsfähigen stadt-, umwelt- und sozialverträglichen Verkehr suchen.

„Natürlich hat der öffentliche Personennahverkehr die oberste Priorität in allen unseren Überlegungen …"

?

Erörtern Sie Vor- und Nachteile des Individual- und des öffentlichen Nahverkehrs.

Der Flächennutzungsplan (FNP) von Berlin. Der Flächennutzungsplan ist als vorbereitender Bauleitplan in ein System der räumlichen Planung eingebunden (vgl. Übersicht). Die vielfältigen Ansprüche an die Stadtfläche Berlins müssen in ihm zum Ausgleich gebracht und räumlich geordnet werden. Ein erheblicher Teil des Flächenbedarfs entsteht dabei nicht durch das angenommene Bevölkerungswachstum, sondern durch die Bedürfnisse der bereits in der Stadt lebenden Bevölkerung. Jede Gemeinde kann im Vorfeld einer Planung Entscheidungen darüber treffen, ob eine Beschränkung auf Eigenentwicklung erfolgen soll oder ob Wachstum angestrebt wird. Auf dieser Grundlage werden Annahmen über die Bedarfsentwicklung getroffen. Da die Entwicklung der Hauptstadt derzeit einem starken Wandel unterliegt, sind zuverlässige Prognosen über Bevölkerungs- und Arbeitsplatzentwicklung, zwei wichtige Eckwerte des Bedarfs, noch nicht möglich. Allerdings können für die Bevölkerung mithilfe von Szenarien verschiedene Entwicklungen abgeschätzt werden, die dann auch Planungsvarianten zulassen (vgl. Abb. S. 214). Hierauf und auf Bestandsdaten bauen Annahmen zur Bedarfsentwicklung auf.

Dem Flächennutzungsplan vorangestellt wurden 10 Grundsätze der Entwicklung der Stadtstruktur, die verdeutlichen sollen, welche Aspekte bei der langfristigen Umsetzung der verschiedenen baulichen Maßnahmen vor allem beachtet werden müssen.

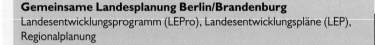

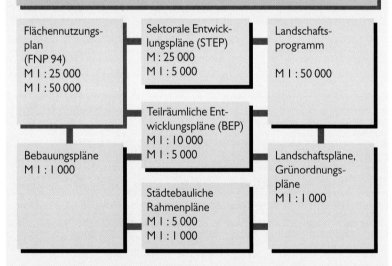

Die Entstehung des ersten Flächennutzungsplanes für Berlin

1991	Aufstellungsbeschluss
1991/92	räumliches Strukturkonzept als Vorplanung mit Behörden verschiedener Ebenen und Trägern öffentlicher Belange (TÖB) diskutiert
1993	frühzeitige Bürgerbeteiligung und Trägerbeteiligung des FNP-Vorentwurfs
1993	Überarbeitung mit etwa 2 000 Einzeländerungen
1994	öffentliche Auslegung des FNP-Entwurfs nach weiteren Erörterungen Zustimmung durch das Abgeordnetenhaus am 1. 7. 1994

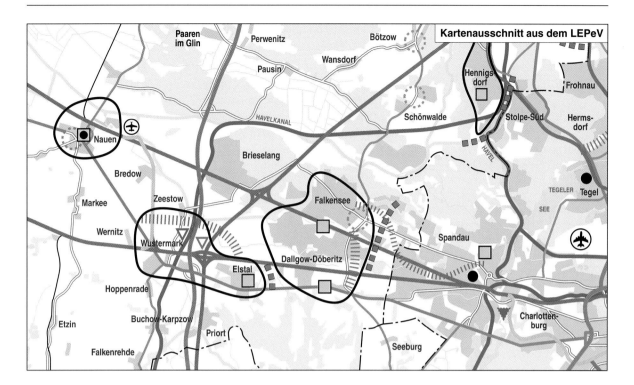

Bei der öffentlichen Diskussion zum FNP und in nachfolgenden Umsetzungsphasen in Bebauungspläne gibt es vielfältige Bürgerinitiativen, die Veränderungen bei einzelnen Stadtentwicklungsmaßnahmen erreichen wollen. Ein Schwerpunkt der Initiativen in Berlin liegt bei verschiedenen Verkehrsprojekten. Stadtplanung heute ist ein ständiger Prozess von öffentlicher Diskussion im Zuge der Umsetzung von städtebaulichen Vorhaben, der auch deren Veränderungen einschließt. Der langfristige Bedeutungsgewinn, den Berlin in einem zusammenwachsenden Europa erreichen wird, muss stets in Wechselbeziehung mit seinem Umland gesehen werden, das intensiv mit dem Strukturwandel des hauptstädtischen Zentrums verbunden ist, z. B. in der Marktfunktion, der kulturellen und sozialen Versorgung. Das Standortgefüge innerstädtischer Nutzungen ist in Bewegung gekommen. Wohnnutzungen und auch flächenextensive Gewerbe werden durch Bürodienstleistungen oder andere zentrumsorientierte Nutzungen verdrängt. Durch diese Prozesse wächst das Arbeitsplatzangebot in der Stadt nicht zuletzt auch für Arbeitskräfte aus dem Umland. Die gute Verkehrslage und die nahen Erholungsräume in unmittelbarer Nähe der Hauptstadt begünstigen eine erneute Randwanderung von Gewerbe und Wohnen. Hinzu kommt die gestiegene Nachfrage nach Wohneigentum und nach Freizeitwohnsitzen. Für die Lagerung und Verteilung von Gütern bieten sich an den Verkehrsstrassen im Umland günstigere Standorte als im Stadtbereich. Die immer intensiver werdenden Verkehrsbeziehungen beeinflussen auch den öffentlichen Personennahverkehr. Mit dem Verkehrsverbund Berlin-Brandenburg (VBB) wurde Mitte der 90er Jahre zwischen Berlin und Brandenburg das größte regionale Verkehrsverbindungssystem in Deutschland geschaffen. Es soll den öffentlichen Nahverkehr attraktiver und effektiver gestalten. Die vielseitigen Prozesse werden in einem Landesentwicklungsplan für den engeren Verflechtungsraum Brandenburg/Berlin (LEPeV) geordnet.

Die Siedlungsachse Berlin-Spandau-Nauen im westlichen Verflechtungsraum

Begrenzung der potenziellen Siedlungsgebiete und festgelegte Grünzäsuren als Vorranggebiete für Freiraumsicherung sollen völliges Zusammenwachsen der schon stark zersiedelten Gebiete verhindern.

Ausbau des Standortes Wustermark zum Güterverteilungszentrum wegen der Lagegunst für Straße, Schienen- und Wasserweg.

„Freiraum mit besonderem Schutzanspruch" vor allem südlich der Siedlungsachse, ehemaliges Truppenübungsgelände, teils als Naturschutzgebiet, teils als Naherholungsgebiet ausgewiesen. Freiräume sollen die Stadtkante von Berlin schützen und das „Auseinanderfließen" der Stadt vermeiden. Langfristig sollen rund um die Hauptstadt „Regionalparks" entstehen.

?

Welche Funktionen sollen Grünzäsuren und Grünverbindungen bei der Entwicklung des Verflechtungsraumes erfüllen?

Funktionswandel und Flächenumwidmungen in Industrieregionen – IBA Emscher Park

Die Internationale Bauausstellung Emscher Park hat den Auftrag, für die Bebauung der großen Industrie- und Zechenbrachen Entwürfe und Konzepte zu entwickeln. Die großen architektonischen Leistungen im Wohnungsbau zu Beginn dieses Jahrhunderts, die Arbeitersiedlungen ebenso wie die Industriebauten von FISCHER, WEIGLE, BEHRENS oder SCHUPP, sollen die Bedeutung von Gestaltqualität bei öffentlichen wie bei privaten Bauherren wieder bewusst machen. Dazu müssen wichtige Zeugnisse der Industrie-Architektur des Reviers erhalten bleiben. Die Aufgaben, vor denen die Strukturpolitik und der Städtebau im Norden des Ruhrgebiets stehen, sind typisch für die großen Ballungsgebiete in Europa. Überall hat das rasche und ungeordnete Wachstum zur Zersiedlung, zur Umweltbelastung und zur Missachtung von Landschaften und Stadtbildern geführt. Der Untertitel der Internationalen Bauausstellung Emscher Park lautet: „Werkstatt für alte Industriegebiete". Das Angebot zur Kooperation und zum Erfahrungsaustausch richtet sich also in erster Linie an die früh industrialisierten Reviere in Ost- und Westeuropa.

(JOHANNES RAU, 1991)

Der mit dem Schließen von Zechen und der Gründung von Universitäten und Hochschulen bereits in den 60er Jahren eingeleitete Strukturwandel des Ruhrgebietes hat in den 80er Jahren die Emscher-Zone erreicht. In dieser rund 800 km² großen, dicht besiedelten (rund 2 500 E/km²) und durch Bergbau, Industrie und Verkehr geprägten Region leben etwa 2 Mio. Menschen. Die Erneuerung ist hier eine gewaltige Aufgabe, die neben der wirtschaftlichen Umstrukturierung vor allem eine Beseitigung städtebaulicher und ökologischer Defizite erfordert. Daher wurde durch das Land Nordrhein-Westfalen ein Projekt institutionalisiert, durch das der Umgestaltungsprozess initiiert, planerisch begleitet und koordiniert werden soll – die Internationale Bauausstellung (IBA) „Emscher Park". In diesem Rahmen werden über 80 Einzelprojekte bearbeitet, an denen Gemeinden, Unternehmen, Bürger und/oder das Land beteiligt sind. Die Bandbreite reicht von Vorhaben wie der Umgestaltung des Emscher-Systems oder dem Aufbau des Emscher Landschaftsparks (300 km² Flächenpotenzial) mit einer Laufzeit von 10 bis 20 Jahren über die Reaktivierung alter Industriebrachen (bis 100 ha Größe) und großen Wohnungsbauvorhaben mit einer Realisierungsphase von 5 bis 7 Jahren bis zum Bau kleinteiliger innovativer Wohnprojekte, die nur ein bis zwei Jahre zur Fertigstellung benötigen. Die IBA ist mit Planungsmitteln ausgestattet, versteht sich ansonsten aber als ein Forum, das Ideen sammelt und Modelle entwickelt, jedoch nicht selbst investiert. Die 7 Leitprojekte der IBA sind:
– Emscher Landschaftspark,
– Ökologischer Umbau des Emscher-Systems,
– Kanäle als Erlebnisräume,
– Industriedenkmäler als Zeugen der Geschichte,
– Arbeiten im Park,
– Wohnungsbau und -modernisierung/Integrierte Stadtentwicklung,
– Neue Angebote für soziale und kulturelle Aktivitäten.
Die Präsentation der Projekte ist für 1998/99 vorgesehen, aber auch danach wird die Umgestaltung der Emscher-Zone weitergehen.

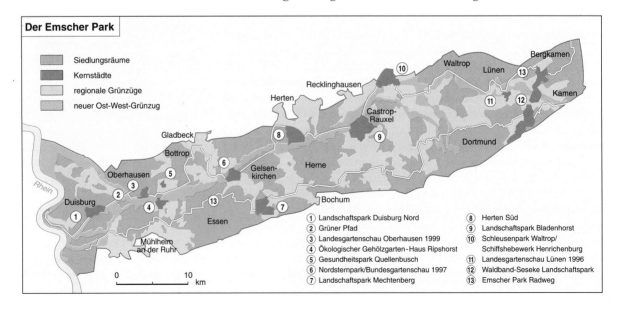

Der Emscher Park

Siedlungsräume
Kernstädte
regionale Grünzüge
neuer Ost-West-Grünzug

① Landschaftspark Duisburg Nord
② Grüner Pfad
③ Landesgartenschau Oberhausen 1999
④ Ökologischer Gehölzgarten-Haus Ripshorst
⑤ Gesundheitspark Quellenbusch
⑥ Nordsternpark/Bundesgartenschau 1997
⑦ Landschaftspark Mechtenberg
⑧ Herten Süd
⑨ Landschaftspark Bladenhorst
⑩ Schleusenpark Waltrop/ Schiffshebewerk Henrichenburg
⑪ Landesgartenschau Lünen 1996
⑫ Waldband-Seseke Landschaftspark
⑬ Emscher Park Radweg

0   10 km

Landschaftspark Duisburg-Nord

Der Emscher Landschaftspark ist das verbindende Thema der Bauausstellung. Er knüpft an die bereits in den 20er Jahren entwickelten regionalen Grünzüge an, gestaltet die einzelnen Nord-Süd-Grünzüge weiter aus und vernetzt sie mit einem Ost-West-Grünzug zu einem zusammenhängenden Park-System von europäischer Bedeutung.

Eines der größten Projekte in diesem Rahmen ist der Landschaftspark Duisburg-Nord. Seit 1989 wird das etwa 200 ha große Gelände der 1985 stillgelegten Hütte Duisburg-Meiderich – einer Industriebrache – in einen Park umgestaltet. Als Träger fungiert eine Planungsgemeinschaft zwischen der Landesentwicklungsgesellschaft Nordrhein-Westfalen GmbH und der Thyssen Handelsunion, die das Projekt im Auftrag der Stadt und in Abstimmung mit dem Land und der IBA durchführt.

Grundgedanke bei der Gestaltung des Landschaftsparks Duisburg-Nord ist die Verbindung eines Denkmals der Industriegeschichte mit der Entwicklung weitgehend naturnaher Lebensräume für Pflanzen und Tiere sowie der Schaffung von Erholungsmöglichkeiten für die Bevölkerung im Duisburger Norden. Hüttenanlagen und Bahndämme werden erhalten und gesichert, im Übrigen jedoch der vordringenden Vegetation überlassen. Auf den Brachflächen haben sich bereits über 300 verschiedene Farn- und Blütenpflanzen, 60 Vogelarten, 13 Tagfalterarten, Amphibien und Reptilien, darunter auch seltene und vom Aussterben bedrohte Arten, angesiedelt. Naturkundliche Führungen vermitteln einen Eindruck von der Vielfalt der sich entwickelnden Biotope.

Eine Integration der alten Industrieanlagen in den entstehenden Park wird durch die Umnutzung vorhandener Gebäude und industriegeschichtliche Führungen ermöglicht.

Stadtteilerneuerung auf einer Zechenbrache – Prosper III in Bottrop.

Mitten in der Stadt Bottrop, einer typischen, bergbaugeprägten Stadt der Emscher-Zone, wurde 1986 nach 71 Jahren Bergbaugeschichte die Schachtanlage Prosper III stillgelegt. Die Doppelschachtanlage mit Kokerei, Koksgasanstalt, Leichtölgewinnungsanlage, Ammoniumfabrik mit Salzlager, Benzolfabrik mit Teergewinnung und Kläranlagen bestimmte entscheidend das Stadtbild.

Heute liegt hier eine 26 ha große Brachfläche – eine Narbe im Siedlungsgefüge und eine Herausforderung für die Stadtplaner. Die Stadt Bottrop sowie die Montan-Grundstücksgesellschaft (MGG) und die Montan-Grundstücksentwicklungsgesellschaft (MGE) der Ruhrkohle AG als Eigentümerin haben 1989 das Projekt zur Reaktivierung der Zechenbrache Prosper III bei der IBA Emscher-Park eingereicht.

Da das Prosper-Viertel Modellcharakter für das ganze Ruhrgebiet hat, wurde 1990 ein städtebaulicher Wettbewerb mit internationaler Beteiligung durchgeführt.

Besonders problematisch waren die Ergebnisse einer umfangreichen Altlastenuntersuchung auf dem Zechengelände. Aufgrund der Befunde wurde das gesamte Gebiet in Bereiche unterschiedlicher Belastung und Gefährdung eingeteilt.

Oberste Maxime sollte sein, die altlastenbedingten Sanierungsmaßnahmen „vor Ort" auf dem Gelände selbst zu bewältigen. Für die Wohnbereiche sollte sauberer Boden den Baugrund bilden.

Der kontaminierte Boden wurde deshalb auf dem Gelände zu einem gut zwölf Meter hohen Hügel zusammengeschoben und zur sicheren Verwahrung eingekapselt.

(nach DUCKWITZ/DUDEK, Vor Ort im Ruhrgebiet)

Nutzungswandel in Duisburg Nord

- Magazingebäude – Ausstellungszentrum
- Werkstatt – Ausbildungsstätte für Bauhauptgewerbe
- Verwaltungsgebäude: Vermietung an Vereine
- Gebläsehaus: Konzerte
- Kraftzentrale: Theater- und Sportveranstaltungen, Trödelmärkte
- Hochofen – Aussichtsplattform
- Anlage von Fuß- und Radwegen
- Klettergarten für Bergsteiger

Planungen für Prosper III

- Gartensiedlung (400 Wohnungen, darunter Reihen- und Doppelhäuser, Altenwohnungen mit Pflegeeinrichtungen), Sozialstation, Kindertagesstätte,
- Gewerbefläche (4 ha),
- öffentlicher Bereich (Mischnutzung), zentraler Platz mit Markthalle,
- Gewerbe- und Gründerzentrum (für 10–15 Handwerksbetriebe),
- Prosper-Park (11 ha, Grünflächen, z. T. auf angeschüttetem Hügel, Spielflächen)

Prosper III

?

1. Welche Zielstellungen werden mit der IBA verfolgt?
2. Wie beeinflusst der Funktionswandel in Duisburg-Meiderich und Prosper III Leben und Wirtschaft in der Region?
3. Mit welchen Problemen ist die Umnutzung alter Zechenstandorte verbunden?

Dorferneuerung und integrierte ländliche Entwicklung (ILE)

**Aufgabenfelder
der Dorferneuerung in den neuen
Bundesländern**

– Dorfstraße und Dorfanger als Orts-
  mittelpunkt und Begegnungsraum
– Gestaltung der Freiräume im Dorf
– Höfe und Gärten (alte Bauerngärten,
  Ziergärten, …)
– Kleinstlebensräume im Dorf (z. B.
  unbefestigte Wege, Feldraine, Eisen-
  bahndämme, Lagerflächen)
– Neubauten im alten Dorfensemble
– Erhaltung und Umnutzung von Scheu-
  nen und anderen Nebengebäuden
– Umgestaltung der Plattenbauten im
  Dorf (z. B. Begrünung, Anbauten)
– Integration der LPG-Anlagen durch
  eine Umnutzung und Umgestaltung
– Dorf als Teil der Landschaft

Mit Dorferneuerung wird ein Prozess aktiver Dorfentwicklung und Dorf-
gestaltung bezeichnet, der die Verbesserung der Lebensqualität auf dem
Lande zum Ziel hat und der Abwanderung aus ländlichen Räumen ebenso
entgegenwirken soll wie einer Überformung der Dörfer durch städtische
Siedlungselemente. Dorferneuerungsplanung ist eine integrierte Planung,
die das Dorf und seine Einbindung in die Landschaft in den Mittelpunkt
rückt, aber auch das dörfliche Leben, die lokale und regionale Identität und
vor allem die Ideen und privaten Initiativen der Bewohner einbezieht.
Während sich in den alten Bundesländern, auch unter dem Eindruck zunehmender Zersiedelung ländlicher Räume, architektonisch nicht angepasster
Neubauten in den Ortskernen und gleichförmiger Gestaltung von Wohnsiedlungen, ein verstärktes Umweltbewusstsein entwickelte und eine Rückbesinnung auf dörfliche Traditionen sowie regionaltypische Bauweisen
erfolgte, wird Dorferneuerung in den neuen Bundesländern wesentlich
durch die Erhöhung der Attraktivität der Dörfer und Kleinstädte (Wohn-
qualität, Ortsbild) und die Erhaltung, Stärkung bzw. Entwicklung wirtschaftlicher Funktionen (Landwirtschaft, Tourismus, Gewerbe) bestimmt.

Im Land Brandenburg wird als ein wichtiger Faktor zur Erhaltung ländlicher Räume als Wirtschafts- und Sozialraum die Integrierte ländliche Entwicklung (ILE) angesehen. Das erfordert eine Umstrukturierung von der
Landwirtschaft zur Wirtschaft auf dem Lande, Dorferneuerung und Landschaftspflege, vor allem aber die aktive Beteiligung der Bürger. Um eine Bündelung der Finanzmittel zur Entwicklung des ländlichen Raumes zu erreichen, ist eine interministerielle Arbeitsgruppe gebildet worden, die den
Einsatz von Förderinstrumenten abstimmt. Dabei können die unterschiedlichen Förderprogramme jedoch nur eine Hilfe zur Selbsthilfe sein. Die
Planung und Durchführung der Maßnahmen muss in den Kommunen
erfolgen.

Eine Modellregion für ILE ist die Brandenburgische Elbtalaue.

Das Amt Lenzen-Elbtalaue

**Fläche und Einwohnerzahl der
zum Amt gehörenden Gemeinden**

Gemeinde	Fläche (in ha)	Einwohner 1994
Besandten	1164	117
Cumlosen	2185	823
Eldenburg	2574	281
Lanz	5999	972
Lenzen	5727	2593
Mellen	1270	193
Wootz	3030	468

Flächennutzungsanteile im Amt (in %)	
Landwirtschaftsfläche	59
Waldfläche	28
Wasserfläche	6
Siedlung/Verkehr	5
sonstige	2

(Statistische Berichte Brandenburg)

Die Lenzener Elbtalaue ist ein peripher gelegenes und strukturschwaches Gebiet (sehr geringe Bevölkerungsdichte, ungünstige Verkehrslage, dramatischer Arbeitsplatzabbau in der Landwirtschaft und der Industrie in Wittenberge), das jedoch aufgrund seiner Lage im Grenzgebiet der DDR (fast 50 % der Amtsfläche waren Sperrgebiet) ein großes landschaftliches Potenzial besitzt. Der notwendige Infrastrukturausbau soll den Belangen eines künftigen Großschutzgebietes Rechnung tragen.

Auf der Basis agrarstruktureller Vorplanungen wurde ein Maßnahmekatalog zur Integrierten ländlichen Entwicklung (ILE) in enger Zusammenarbeit zwischen dem Planungsbüro, dem Amt für Agrarordnung, dem Verwaltungsamt, Gemeindevertretern und Einwohnern erarbeitet, war Gegenstand von Amtsausschuss- und Gemeindevertretersitzungen sowie Stadtverordnetenversammlungen. Durch eine vom Amtsausschuss gebildete ILE-Koordinierungsgruppe wurde anschließend eine Prioritätenliste für Förderprojekte erstellt, die auch Angaben zur Finanzierung enthält. Für 1995/96 wurden über 70 Einzelförderanträge gestellt. Vorrang sollen Infrastrukturmaßnahmen haben, z. B. Abwasserentsorgung, innerörtlicher Wegebau, Dorfplatzgestaltung, Radwegebau und der Schulbau in Lenzen.

Schwerpunkte der Stadterneuerung in Lenzen bilden die Burg mit dem Burgmuseum, die Wiederherstellung der Hauptwache mit dem Rathaus als Amtssitz, der Umbau des Scharfrichterhauses sowie Maßnahmen zur Verbesserung der Wohnsituation. In der Altstadt ist ein Sanierungsgebiet festgelegt worden. Im Bereich des Tourismus hat das Amt Lenzen-Elbtalaue ein Projekt erarbeitet, das die Entwicklung einer extensiven und beruhigten Zone entlang der Elbe und einer intensiv genutzten zweiten Achse von der Elbfähre bis zum Hünengrab bei Mellen beinhaltet. Mit ihm gewann das Amt beim 1. touristischen Landeswettbewerb des Wirtschaftsministeriums einen Preis von 700 000 DM, der wiederum als Eigenmittelanteil Voraussetzung für einen Fördermittelantrag im Rahmen „Gemeinschaftswerk Aufschwung Ost" war.

Lenzen, Kellerstraße 2 – ein privates Sanierungsprojekt aus dem Bund-Land-Programm (oben links)

Neue Dorfstraße in Seedorf, wieder hergestellt mit Fördermitteln für Dorferneuerung (oben rechts)

?

1. Welche Aufgaben haben die Gemeinden und die Amtsverwaltung bei der Dorf- und Stadterneuerung ?
2. Wodurch werden Ihrer Auffassung nach die Identifikation mit dem Dorf und das dörfliche Leben gefördert?

Im Hochwald

Touristischer Umsatz 1994
(in Mio. DM)

Hotels/Pensionen	86,50
Privatvermieter	30,70
Jugendherbergen	5,40
Camping	15,30
Tagesgäste	74,90

(Fremdenverkehrsverband Spreewald e. V.)

Flächenanteile der Biosphärenreservatszonen

Zone I	1,8 %	Zone III	ca, 45 %
Zone II	18,6 %	Zone IV	ca. 35 %

Flächennutzungsarten im Biosphärenreservat

Forstflächen	24 %
(im Unterspreewald ca.	50 %
im Oberspreewald ca.	4 %)
Landwirtschaftliche Flächen	52 %
Acker	27 %
Grünland	25 %
besiedelter Bereich	23 %
Gewässer	1 %

(Biosphärenreservat)

?

1. Informieren Sie sich über die in den
Biosphärenreservatszonen geltenden
Gebote und Verbote.
2. Durch welche Maßnahmen kann eine
Renaturierung ehemals land- bzw. forstwirtschaftlich genutzter Flächen gefördert werden ?
3. Worin unterscheiden sich National-
park, Biosphärenreservat und Naturschutzgebiet?

Der Spreewald – Freiraumentwicklung und Erholungsfunktion

Der Spreewald ist eine historisch gewachsene und in Europa einmalige Kulturlandschaft, die nicht nur für den Natur- und Landschaftsschutz eine große Bedeutung hat, sondern auch beliebtes Ausflugsziel ist. Mit der Einrichtung eines 47 580 ha großen Biosphärenreservates 1990 ist eine wichtige Voraussetzung geschaffen worden, den Spreewald in seiner Gesamtheit zu erhalten und gleichzeitig seiner Vielfalt entsprechend zu entwickeln. Das schließt die Erhaltung und Wiederherstellung eines naturnahen Wasserregimes und den Schutz gefährdeter Arten in ihren Biotopen ebenso ein wie die Bewahrung traditioneller Wirtschaftsformen, die Entwicklung ökologischer Landnutzungsmodelle und die Vermittlung eines breiten Umweltbewusstseins bei der ansässigen Bevölkerung und den Spreewaldbesuchern.

Durch die Festlegung von vier Zonen mit unterschiedlichen Geboten und Verboten werden differenzierte Maßnahmen zur Natur- und Landschaftspflege ermöglicht und die Nutzung reglementiert. Dabei schließen sich Natur- und Landschaftsschutz auf der einen Seite und Nutzung auf der anderen Seite jedoch nicht aus, sondern bilden eine Einheit. Eine Erhaltung des Wiesenspreewaldes erfordert ein gewisses Maß landwirtschaftlicher Nutzung. Der Fremdenverkehr stellt für die Bewohner des Spreewaldes einen nicht zu unterschätzenden Einkommensfaktor dar. Zur Sicherung des Kahnverkehrs ist eine regelmäßige Bewirtschaftung der Fließe notwendig. Einige Flächen des inneren Oberspreewalds sollen allerdings der Nutzung entzogen und durch gezielte Maßnahmen renaturiert werden.
Seit vor über 100 Jahren die ersten Besucher durch die malerischen Fließe gestakt wurden, hat sich der Spreewald zu einem bedeutenden Ausflugs-

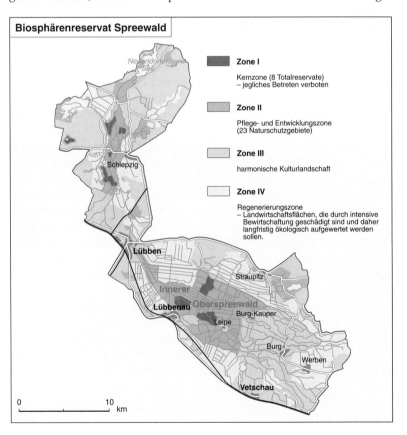

Gehöft im Wiesenspreewald

Gasthaus Fröhlicher Hecht (Lehde)

und Naherholungsgebiet entwickelt, das jährlich von etwa 2,5 Mio. Tagesgästen besucht wird. Die Zahl der Übernachtungen stieg 1994 auf 1,8 Mio. Allein in den letzten Jahren wurden im Spreewald ca. 11 000 Gaststättenplätze und 4 150 Betten in Hotels, Pensionen und Privatquartieren neu geschaffen oder modernisiert. Ausgehend von einigen wenigen touristischen Zentren, insbesondere Lübbenau (Zentrum des Ausflugsverkehrs, größter Kahnhafen) und Lübben, konzentrieren sich Besucherströme vor allem auf das Spreewalddorf Lehde und die spreewaldtypischen Landschaften des inneren Oberspreewaldes mit ihren weit verzweigten Fließsystemen, den verbliebenen Erlenwäldern und den noch traditionell bewirtschafteten Wiesen (Biosphärenzone II). Das führt zu einer zunehmenden Belastung bzw. Überlastung von Ausflugsgaststätten, bestimmten Fließabschnitten und Wanderwegen (an schönen Wochenenden stehen in Lehde die Kähne im Stau) und zu Konflikten mit dem Naturschutz.

Bisher weniger problematisch ist die Erholungsnutzung der Streusiedlung Burg (traditionell starker Urlaubstourismus), der nördlichen und südlichen Randbereiche des Oberspreewaldes sowie des Unterspreewaldes. Hier sind die Besucherzahlen bedeutend geringer. Diese Gebiete können von ihrer Raumstruktur her den Tourismus mit dem Schutz und der Gestaltung der Kulturlandschaft besser in Einklang bringen.

Anzahl der Tagesgäste nach Freizeitbereichen (in 1 000)

	1993	1994
Kahnfahrten	1 667	1 496
Paddelboote	89	211
Badeseen	120	309
Stadtfeste	665	661
insgesamt	2 541	2 677

(Fremdenverkehrsverband Spreewald e. V.)

?

Bei welchen der untenstehenden Freizeitaktivitäten sind die größten Konflikte mit dem Naturschutz zu erwarten? Begründen Sie ihre Antwort und erörtern Sie Lösungsmöglichkeiten.

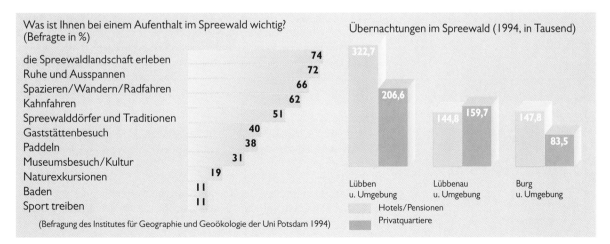

Was ist Ihnen bei einem Aufenthalt im Spreewald wichtig? (Befragte in %)

die Spreewaldlandschaft erleben	74
Ruhe und Ausspannen	72
Spazieren/Wandern/Radfahren	66
Kahnfahren	62
Spreewalddörfer und Traditionen	51
Gaststättenbesuch	40
Paddeln	38
Museumsbesuch/Kultur	31
Naturexkursionen	19
Baden	11
Sport treiben	11

(Befragung des Institutes für Geographie und Geoökologie der Uni Potsdam 1994)

Übernachtungen im Spreewald (1994, in Tausend)

Lübben u. Umgebung: 322,7 / 206,6
Lübbenau u. Umgebung: 144,8 / 159,7
Burg u. Umgebung: 147,8 / 83,5

Hotels/Pensionen
Privatquartiere

Arbeitsanregungen zum Lehrbuchkapitel
„Siedlungsentwicklung und Raumordnung"

1. Funktionen und Prozesse in Siedlungen
1.1 Charakterisieren Sie die wichtigsten wirtschaftlichen und sozialen Funktionen von Siedlungen.
1.2 Kennzeichnen Sie Gemeinsamkeiten und Unterschiede bei Siedlungsfaktoren und Funktionen von Städten und Dörfern.
1.3 Stellen Sie die wichtigsten Merkmale der Citybildung zusammen. Versuchen Sie, diesen Prozess zu erklären und erläutern Sie Probleme, die mit dem Prozess der Citybildung für die Großstadt entstehen.
1.4 Welche Zusammenhänge bestehen zwischen dem Wohnumfeld in einem Stadtareal und der Ausprägung sozialräumlicher Beziehungen? Charakterisieren Sie das Wohnumfeld Ihres Wohngebietes. Welche sozialräumlichen Beziehungsfelder sind erkennbar?
1.5 Erläutern Sie die ökologische, ökonomische und soziale Funktion des Freiraumes. Bewerten Sie einzelne Merkmale dieser Funktionen für den Ort, in dem Sie leben.

2. Beziehungen zwischen Siedlungen
2.1 Charakterisieren Sie die Beziehungen zwischen der Stadt und ihrem Umland aus der Sicht des Umlandes.
2.2 Diskutieren Sie, welche Wirkungen das Wachstum des Informations-/Kommunikationssektors auf die Entwicklung von Siedlungssystemen hat. Beachten Sie dabei den unterschiedlichen Entwicklungsstand der Staaten.
2.3 Erläutern Sie Gemeinsamkeiten und Unterschiede von Metropolregionen in Industrie-, Schwellen- und Entwicklungsländern bei der Bewältigung ihres Bevölkerungswachstums.
2.4 Erörtern Sie, wie in den Transformationsstaaten Mittel- und Osteuropas der Suburbanisierungsprozess beeinflusst wird. Welche realen Bedingungen und welche endo- bzw. exogenen Faktoren wirken dabei?

3. Planen und Gestalten von Räumen
3.1 Charakterisieren Sie die drei wichtigsten Gebietskategorien der Raumordnung, die in Deutschland unterschieden werden und erläutern Sie an Beispielen die wesentlichsten Probleme der Raumentwicklung im jeweiligen Gebietstyp.
3.2 Informieren Sie sich, welche räumlichen Planungen für Ihren Wohnort existieren. Wie ist Ihr Ort in übergeordnete (regionale) Planungen integriert? (Übersicht S. 224).
3.3 Prüfen Sie, wo in der Umgebung Ihres Wohnortes in jüngerer Vergangenheit größere Flächenumwidmungen vor sich gingen. Weisen Sie an einem Beispiel die raumverändernden Wirkungen nach.
3.4 Auf dem Berliner S-Bahn-Ring sind an Kreuzungspunkten mit radialen Strecken Schwerpunkte des Stadtumbaus mit Flächenausweisung für Dienstleistungen und Wohnstätten vorgesehen. Zeigen Sie die vielfältigen Vorteile auf, die dieses Planungskonzept für die Entwicklung der Stadtstruktur hat.
3.5 Welche Konsequenzen für die Raumentwicklung ergeben sich aus dem flächendeckenden niedrigen Industriebesatz in den neuen Ländern?

4. Referieren Sie über:
4.1 Grundsätze und Ziele der Raumordnung im "Heimatbundesland".
4.2 Die Theorie der zentralen Orte und Probleme ihrer Anwendung bei der Raumordnung in Deutschland.

Geographische Arbeitsweisen

Geographieunterricht vermittelt ein wissenschaftlich fundiertes Bild von der Erde und den Wechselwirkungen zwischen Mensch und Landschaftssphäre und er entwickelt die Persönlichkeit der Heranwachsenden im Blick auf ihre künftigen Aufgaben und Entfaltungsmöglichkeiten als Bürgerinnen und Bürger in einer demokratisch verfassten Gesellschaft. Das setzt neben geographischen Kenntnissen und Grundeinsichten die Entfaltung des Könnens voraus. Damit sind Fertigkeiten zum selbstständigen Erwerb von Wissen über die Heimatregion, andere Regionen, fremde Natur- und Kulturräume sowie Arbeitsweisen zum Erwerb und zur Erschließung solchen Wissens angesprochen. Mit diesem Methodenlernen leistet Geographieunterricht einen Beitrag zur Studierfähigkeit.

Umgang mit Texten

Formen des Lesens

Informatorisches Lesen (vorbereitendes Lesen)
Verschaffen Sie sich durch Anlesen einen Einblick in die Thematik und einen Überblick über den Inhalt. Handelt es sich um ein Buch oder einen Zeitschriftenartikel, so lesen Sie das Inhaltsverzeichnis bzw. die Kapitelüberschriften, das Vorwort oder die Einleitung und das Schlusswort. Nun können Sie entscheiden, ob das Buch bzw. der Artikel überhaupt gründlich gelesen werden soll.

Fragen stellen als Hilfe zum bewussteren Lesen und zur Steigerung der Aufmerksamkeit:
– Welches ist die Intention (Absicht) des Verfassers?
– Worin besteht der Kern der Aussagen?
– Will der Verfasser informieren, überzeugen oder diskutieren?
– Mit welchen Argumenten begründet der Verfasser seine Ansicht?
– Welchen Anschauungen wird implizit (mit einbegriffen) oder explizit (ausdrücklich) widersprochen?
– Mit welchen Vorkenntnissen lässt sich der Inhalt in Beziehung setzen?
– Wodurch unterscheidet sich der Inhalt von meinem bisherigen Wissen?

Kursorisches Lesen (aufschließendes Lesen)
Nach dem vorbereitenden Überblick über wesentliche Züge des Inhalts legen Sie fest, welche Textabschnitte Sie bearbeiten wollen. Sodann bereiten Sie deren Bearbeitung vor. Wandeln Sie die Themen in Fragen oder Thesen um, um dann das Buch bzw. den Zeitschriftenartikel als Antwort auf diese Fragen und als Begründung dieser Thesen zu lesen. Informatorisches und kursorisches Lesen werden mit hohem Lesetempo durchgeführt. Beide Formen des Lesens können auch in einem Arbeitsgang erfolgen.

Studierendes Lesen (durcharbeitendes Lesen)
Das gründliche Durcharbeiten des Textes erfolgt abschnitts- bzw. kapitelweise. Man setzt sich intensiv mit den jeweiligen Inhalten auseinander. Dabei helfen Ihnen Notizen, anhand derer Sie nach jedem Abschnitt bzw. Kapitel den Inhalt mit eigenen Worten wiederholen. Formulieren Sie diese Zusammenfassungen als Antwort auf Ihre Fragen oder als Begründung Ihrer Thesen.
Dabei gilt es:
– erst zu lesen, dann zu unterstreichen
– die innere Gliederung des Textes, dessen Struktur zu erkennen
– unbekannte Begriffe mit Hilfe von Nachschlagewerken zu klären
– Textstellen so lange zu lesen, bis man sie verstanden hat.
Ein wirksames Mittel beim Durcharbeiten von Texten ist das Markieren, das allerdings nur in eigenen Büchern vorgenommen werden kann. Folgendes sollten Sie beachten:
– verwenden Sie Markierungen sparsam
– verwenden Sie stets gleiche und in ihrer Bedeutung gleichbleibende Markierungen.

Regeln zur Rekapitulation:
– Notizen erst nach dem Durchlesen eines Abschnitts oder eines Kapitels anfertigen
– Notizen aus der Erinnerung formulieren
– Notizen in eigenen Worten und so kurz wie möglich fassen
– ausreichend Raum für spätere Ergänzungen lassen.

Rekapitulieren (Wiederholen)
Beantworten Sie kurz schriftlich oder mündlich Ihre Fragen, indem Sie Schlüsselsätze oder Kerngedanken in eigenen Worten notieren oder mündlich vortragen. Üben Sie laut, damit Sie sich zwingen, Gedanken zu formulieren. So vermeiden Sie die Selbsttäuschung. Ob schriftlich oder mündlich, Sie überprüfen das Verständnis des Gelesenen und fördern zugleich das Behalten.

?
Üben Sie systematisch den Umgang mit Texten.
– Verweilen Sie geraume Zeit bei einer Form des Lesens, bevor Sie sich der nächsten zuwenden.
– Prägen Sie sich die Merkmale, Methoden und Vorzüge der Leseformen ein.
– Verwenden Sie die oben abgedruckten Fragen- und Regelkataloge.

Kontrollierendes Lesen (überprüfendes Lesen)
Sie verwenden diese Form des Lesens, um Ihre bisherigen Kenntnisse mit den neuen Erkenntnissen zu vergleichen, das gilt auch für den Vergleich mit den Ansichten anderer. Schließlich überprüfen Sie auf diese Weise erneut Ihre eigene Merkfähigkeit.

Auf der Suche nach einer Weltinnenpolitik

Von FRANZ JOSEF RADERMACHER

These 1: Der Lebensstil von 1,2 Md. Menschen in den entwickelten Ländern ist in seinen globalen Folgen für die Umwelt untragbar. In den nächsten Jahrzehnten werden aufgrund technischer Entwicklungen viele Schwellenländer aufholen. Wenn wir nicht rasch zu weltweiten Vereinbarungen kommen, ist damit zu rechnen, dass sich unser Lebensstil innerhalb der nächsten 50 Jahre auf 2 bis 3 Md. Menschen ausweiten wird. Die Folgen machen sich heute schon bemerkbar: Schwierigkeiten auf dem Arbeitsmarkt, mit dem Sozialsystem, zunehmende Umweltverschmutzung, das Verschwinden der letzten Regenwälder. Mit lokalen Maßnahmen werden wir der globalen Probleme nicht Herr werden. Außerdem können und dürfen wir die Schwellenländer an ihrer Entwicklung nicht hindern …

These 2: Die Erkenntnis der Globalität unserer Probleme muss zur Grundlage unserer Handlungen und Entscheidungen werden. Die heutigen Umweltbelastungen lassen sich nicht mehr national begrenzen und erfordern Entscheidungen internationalen Charakters. Das gilt sowohl für Finanztransaktionen und Kommunikationsnetzwerke als auch für den Arbeitsmarkt. Kein Land kann sich ausklinken. Wir müssen uns darauf einstellen, dass wir künftig Weltinnenpolitik zu betreiben haben.

These 3: Zu hoffen, die Probleme ließen sich lösen, indem wir die Menschen zum Verzicht bewegen, ist keine realistische Option – vor allem angesichts der ökonomischen Schwierigkeiten und des hohen Zeitdrucks. Menschen gehen nicht freiwillig hinter den Status quo zurück. Wir müssen deshalb eher darauf setzen, den Pro-Kopf-Lebensstandard bei uns zu halten und daran arbeiten, den Lebensstandard überall auf dem Globus auf ein ähnliches Niveau zu heben. Allerdings wird das nur gelingen, wenn es gleichzeitig gelingt, das Bevölkerungswachstum umzukehren.

These 4: Manche meinen, die Schwierigkeiten könnten allein durch den technischen Fortschritt überwunden werden. Das ist richtig und falsch. Falsch, wenn man lediglich darauf setzt, dass eine mit weniger Energieverbrauch verbundene Güterproduktion und -verteilung automatisch zu Einsparungen führt. Denn der sogenannte Rebound Effect führt dazu, dass die Menschen unter Marktbedingungen jedes Einsparpotenzial unmittelbar in neue Aktivitäten umsetzen. Die Lösung besteht im technischen Fortschritt verbunden mit Maßnahmen zur Begrenzung der Ressourcennutzung und Umweltverschmutzung.

These 5: An diesem Punkt begegnet man der Frage, ob ein solches Vorgehen mit den Prinzipien des Marktes vereinbar ist. Die Antwort heißt, aber natürlich. Es ist eines der größten Missverständnisse unserer öffentlichen Diskussion, dass man so tut, als sei der Markt vom Himmel gefallen. Den Markt zu konzipieren, die richtigen Rahmenbedingungen zu setzen, ist die wichtigste und dringlichste Aufgabe, auch aus ethnischem Blickwinkel. Die heutigen weltweiten Marktbedingungen sind inadäquat für das, was auf uns zukommt. Wir müssen auf eine weltweite, demokratische, soziale und ökologische Marktwirtschaft setzen.

These 6: Die Zahl der Menschen auf diesem Planeten muss wieder rückläufig werden […] Wir werden ein Anwachsen auf 8 bis 9 Md. Menschen nicht vermeiden können, aber wir müssen von dieser Zahl wieder herunter, und zwar auf friedlichem Wege, freiwillig und nicht gegen, sondern zusammen mit den Kirchen und den großen Religionsgemeinschaften. Der richtige Ansatz, die wegfallende Altersvorsorge durch viele Kinder auszugleichen, sind Weltsozialsysteme, die Bildung, medizinische Versorgung oder Rentenzahlungen an Familien herantragen. Das ist finanzierbar. Zugleich entstehen dabei interessante Zukunftsmärkte und neue Arbeitsplätze.

Wie ist der Verfasser einzuordnen? Prof. Dr. Dr. F. J. RADERMACHER leitet das Forschungsinstitut für anwendungsorientierte Wissensverarbeitung (FAW) in Ulm. Der Mathematiker und Wirtschaftswissenschaftler ist Mitglied verschiedener Beratungsgremien.

Beispiele für Markierungen
1. Unterstreichungen im Text
Vorzüge des Unterstreichens:
– Unterstreichungen helfen, einen Text zusätzlich zu strukturieren
– sie erleichtern das Lernen und Wiederholen und bringen Zeitgewinn
– sie fördern das Behalten.
2. Einrahmung von Textteilen
Das Unterstreichen verliert als Strukturierungs- und Behaltenshilfe erheblich an Wirkung, wenn Sätze oder gar ganze Abschnitte unterstrichen werden. Rahmen Sie statt dessen zur Hervorhebung größerer Textteile diese ein.
3. Randnotizen
Weitere Markierungsmöglichkeiten bieten verschiedene Kennzeichnungen am Rand:
? = unklar, fragwürdig

I
    Hervorhebung nach Wichtigkeit
II

S. 80/81 = vergleiche Seite 80 und 81

Produktives Lesen bedeutet:
– aktiv lesen, nicht passiv
– kritisch lesen, nicht kopfnickend
– lernbegierig lesen, nicht überheblich.
Der produktive Leser
– vergleicht das Gelesene mit seiner eigenen Erfahrung
– vergegenwärtigt sich Anwendungsmöglichkeiten
– plant den nützlichen Einsatz des neu erworbenen Wissens.
Dazu legt er sich ein Papiergedächtnis, eine Kartei an. Das Papiergedächtnis kann das Gehirngedächtnis weitgehend ersetzen.

(WIEDEMANN, F.: Geistig mehr leisten. Stuttgart 1963, S. 55)

These 7: Wir haben zunehmend Probleme mit unserem Arbeitssystem und auch mit der Finanzierung unserer Sozialsysteme. Fast jede menschliche Tätigkeit, wie beispielsweise das Zuhören, haben wir zu Berufsfeldern ausgebaut. Das wird künftig nicht mehr möglich sein. Aber es wird möglich sein, dass jeder Mensch ein erfülltes Leben mit Konsummöglichkeiten und ohne Arbeitslosigkeit führen kann – in einer vernünftigen Mischung aus beruflicher Tätigkeit, gemeinschaftsorientierter Tätigkeit und eigenständiger Wertschöpfung für die persönlichen Bedürfnisse.

These 8: Die Informationstechnik ist dafür ein entscheidender Schlüssel. Zum einen ermöglicht sie neue Formen der internationalen Arbeitsteilung und bringt viele Entwicklungsländer dadurch überhaupt erst in eine machtvolle Position, wie wir sie angesichts der weltweiten Verlagerung von Arbeit heute kennen. Zum anderen ist die Informationstechnik die Technologie mit den größten Chancen für eine Dematerialisierung. Sie erlaubt es, Wissen bereitzustellen und zu verteilen und – Beispiel Telearbeit und Telemedizin – ermöglicht erstmalig die Einbindung aller Menschen auf dem Globus in eine sich schrittweise entwickelnde Weltgemeinschaft zu erträglichen Kosten.

These 9: Die vielfältigen Probleme der angedeuteten Veränderungsprozesse lassen sich beherrschen, wenn man die längeren Übergangszeiträume – die Rede ist hier von 20, 50 und mehr Jahren – richtig ausgestaltet [...] Veränderungen erfolgen nicht kurzfristig und nicht als direkte Bedrohung eines Status quo, sondern in einer sinnvollen Perspektive für den Übergang in das neue Jahrtausend.

These 10: Wir brauchen globale ökosteuerähnliche Mechanismen, um die Ressourcennutzung zu dämpfen. Zudem müssen die dabei gewonnenen Mittel in Sozialsysteme fließen, um die Bevölkerungszahlen zu senken. Dann kann der technische Fortschritt dafür genutzt werden, mit weniger Naturverbrauch genug zu produzieren, sodass langfristig alle Menschen auf ähnlichem Niveau leben wie wir heute. Die Zahl der Menschen kann sich daraufhin über einen längeren Zeitraum wieder auf 5 Md. und später vielleicht auf 1 Md. einpendeln.

Solches Handeln im Rahmen einer globalen, sozialen und ökologischen Marktwirtschaft mit vernünftigen Rahmenbedingungen ist nichts weiter als die Umsetzung der Ideen von Rio und der Agenda 21. Ein solches Programm ist machbar, und es steht jetzt an. Die Expo-Weltausstellung im Jahr 2000 könnte dafür zu einem wichtigen Datum werden. Sie bietet die Chance, über stabile Pfade in eine lebenswerte Zukunft zu gelangen. Und sie ist ein Anlass für die Regierungen der Welt, das 21. Jahrhundert nicht nur mit guten Vorsätzen, sondern mit einem neuen Gemeinschaftsvertrag zu beginnen.

(Süddeutsche Zeitung vom 31.01.1996)

Exzerpieren

Das Exzerpieren macht Gedanken des Autors als wörtliche oder sinngemäße Zitate für größere Arbeiten, wie Referat, Vortrag oder Facharbeit, verfügbar. Bei einem wörtlichen Exzerpt (Textauszug) sind die Regeln des Zitierens zu beachten. Die zweite Form des Exzerpts ist das sinngemäße Zitat. Sie geben in eigenen Worten Gedanken des Autors wieder.

Exzerpte halten Sie je nach Umfang entweder auf losen Blättern im Format DIN A4 oder auf Karteikarten fest. Die Bögen beschreiben Sie einseitig und lassen einen Heftrand sowie einen breiten Rand für Bemerkungen. Bei den Karten wählen Sie am besten das Format DIN A6. Deren Rückseite können Sie für bibliographische Hinweise (z. B. Standort des Buches) und Arbeitsvermerke (z. B. Verwendungsmöglichkeit, Querverweise, Wertung) verwenden.

Vermeiden Sie beim Exzerpieren Mängel:
– ungenaues Zitieren (Zeichensetzung, Rechtschreibung)
– ungenaue oder unzureichende Quellenangabe (z. B. Seitenangabe)

- überflüssiges Exzerpieren oder Fotokopieren
- zeitraubendes handschriftliches Exzerpieren statt Fotokopieren
- eigene Gedanken und Gedankengänge des Autors vermischen (bei sinngemäßem Zitieren).

Ökosystem Mensch-Erde	Karteikarten (DIN A6 – verkleinert) Schlagwort

These 10

„Wir brauchen globale ökosteuerähnliche Mechanismen, um die Ressourcennutzung zu dämpfen. Zudem müssen die dabei gewonnenen Mittel in Sozialsysteme fließen, um die Bevölkerungszahlen zu senken. Dann kann der technische Fortschritt dafür genutzt werden, mit weniger Naturverbrauch genug zu produzieren, sodass langfristig alle Menschen auf ähnlichem Niveau leben wie wir heute. Die Zahl der Menschen kann sich daraufhin über einen längeren Zeitraum wieder auf 5 Md. und später vielleicht auf 1 Md. einpendeln."

Überschrift
(2. Schlagwort)
Wörtliches Zitat

RADERMACHER, F. J.: Auf der Suche nach einer Weltinnenpolitik. (Süddeutsche Zeitung. München 31.01.1996)

Quellenangabe

Ökosystem Mensch-Erde

Schlagwort

Dämpfung der Ressourcennutzung

„Wir brauchen globale ökosteuerähnliche Mechanismen, um die Verringerung des Verbrauchs an Ressourcen bei Erhaltung unseres Lebensstandards und Ermöglichung dieses Standards für alle Menschen.
Instrumente dazu wären:
globale ökosteuerliche Mechanismen → Steuermittel für Sozialsysteme und technischen Fortschritt → weniger Geburten und geringerer Ressourcenverbrauch.
Ziel:
Weltbevölkerung statt 10 Md. dann 5 Md. bis 1 Md.

Überschrift
Sinngemäßes Zitat

RADERMACHER, F. J.: Auf der Suche nach einer Weltinnenpolitik. Süddeutsche Zeitung. München 31.01.1996.

Quellenangabe

Richtig zitieren

1. Zitate (Doppelpunkt, Anführungszeichen)

:„ ... "

2. z. B.

Zum Schluss seiner These 10 spricht RADERMACHER die Erwartung aus: „Die Zahl der Menschen kann sich daraufhin über einen längeren Zeitraum wieder auf 5 Md. und später vielleicht auf 1 Md. einpendeln" (RADERMACHER 1996).

2. Zitate innerhalb von Zitaten (Doppelpunkt, Anführungszeichen, Anführungsstriche)

:„... ‚...' ... "

3. nichtwörtliches (referierendes) Zitieren

Angabe des Fundortes in Klammern

z. B.

Zum Schluss seiner These 10 spricht RADERMACHER die Erwartung aus, die Zahl der Menschen könne sich wieder auf 5 Md. bis 1 Md. einpendeln (vgl. RADERMACHER 1996).

?

1. Überprüfen Sie an geeigneter Literatur die Zitierweise.
2. Verfassen Sie zu einem selbstgestellten Thema eine Literaturliste.

Zitieren und Belegen

Unter Zitieren versteht man die wörtliche Übernahme eines Textes. Damit verweisen Sie auf die als Quellen benutzte Literatur, aus der Sie Gedanken wörtlich oder sinngemäß in die eigene Arbeit übernehmen. Würden Sie die Quellenangabe unterlassen, wäre das ein Plagiat. Es gilt in der wissenschaftlichen Arbeit als unredlich. Durch Zitate bestärken oder ergänzen Sie Ihre Aussagen oder Sie nehmen ein Zitat zum Anlass für die Auseinandersetzung mit einer anderen Meinung. In jedem Fall gilt: Ein Zitat muss genau und zweckentsprechend sein. Deshalb sollen Zitate unmittelbar aus der Quelle entnommen werden. Verlassen Sie sich auf Sekundärliteratur, so können Irrtümer unterlaufen. Zitate müssen mit dem Original bis in jede Einzelheit übereinstimmen. Ein offensichtlicher Fehler im Quellentext, den Sie übernehmen müssen, wird durch (sic!) oder (!) gekennzeichnet, Kürzungen durch [...]. Selbstverständlich gehört zur Redlichkeit auch, dass Sie das Zitat nicht aus dem gedanklichen Zusammenhang der Quelle herausreißen und damit die ursprüngliche Aussage verfälschen. Achten Sie außerdem darauf, dass Ihre Arbeit nicht in eine Zitatensammlung ausartet. Zitate sollen nicht zu lang oder zu kurz sein.

Bei wörtlichen Zitaten ist es üblich, das Zitat in doppelte Anführungszeichen zu setzen. Zitate innerhalb eines Zitats werden in Anführungsstriche gesetzt. Bei sinngemäßen Zitaten entfallen die Anführungszeichen. Zur Kennzeichnung können die übernommenen Gedanken im Konjunktiv wiedergegeben werden. Außerdem sind sie zu kennzeichnen durch Hinweise wie: sinngemäß nach, in Anlehnung an oder vergleiche. In jedem Fall ist die genaue Angabe des Fundorts notwendig.

Sie müssen alle wörtlichen und nichtwörtlichen Zitate, die Sie verwenden, belegen. Das geschieht in zwei Schritten. Im laufenden Text wird dem Zitat in Klammern der Autor und das Erscheinungsjahr der Quelle angefügt. Der genaue und vollständige Quellennachweis erfolgt im Literaturverzeichnis. Bei wiederholtem Zitieren desselben Autors aus derselben Veröffentlichung können die folgenden Nachweise gekürzt vorgenommen werden. Sie verweisen auf das zitierte Werk mit der Abkürzung „a. a. O." (am angegebenen Ort) und fügen die Seitenzahl an.

Abfassen der Literaturliste

Monographien (Verfasserschriften)

mögliche Abkürzungen z. B.: Hrsg. = Herausgeber; Bd. = Band

HAMBLOCH, H.: Kulturgeographische Elemente im Ökosystem Mensch-Erde. Eine Einführung unter anthropogeographischen Aspekten. Darmstadt 1983.

KÖCK, H. (Hrsg.): Handbuch des Geographieunterrichts. Bd. 1: Grundlagen des Geographieunterrichts. Köln 1986.

Zeitschriftenaufsätze

mögliche Abkürzungen: Jg. = Jahrgang; H. = Heft

z. B.: FRIESE, H. W.: Zur Entwicklung des Geographieunterrichts in Deutschland. Zeitschrift für den Erdkundeunterricht, Jg. 46, 1994, H. 10, S. 400–404.

Protokoll

Im Protokoll halten Sie Verlauf, Inhalt und Ergebnisse von Unterrichtsstunden und Konferenzen fest. Aus dem Unterrichtsprotokoll muss für einen fehlenden Kursteilnehmer der Verlauf der Stunde in seinem inneren Zusammenhang und mit seinen wesentlichen Ergebnissen zu entnehmen sein. Entsprechendes gilt für das Sitzungsprotokoll.

Man unterscheidet zwischen Verlaufs- und Ergebnisprotokoll. Das Verlaufsprotokoll soll Verlauf und Ergebnisse der Veranstaltung verlässlich festhalten. Bei Diskussionen ist deren Ablauf nachzuzeichnen und die unterschiedlichen Standpunkte sind herauszuarbeiten. Das Ergebnisprotokoll beschränkt sich darauf, Ergebnisse und Beschlüsse festzuhalten. Deshalb spricht man auch vom Beschlussprotokoll. Beide Protokollformen enthalten notwendige Formalien.

Referat

Das mündliche Referat ist eine Methode der Wissensvermittlung, mit der Sie Ihre Zuhörer belehren und zum Mitdenken anregen wollen. Deshalb verzichten Sie auf einen schriftlich ausformulierten Text, den Sie ohne Hörerbezug und ohne zusätzliche Verstehenshilfen vorlesen. Die freie Rede bedarf der Einübung anhand eines Stichwortzettels. Sie unterstützen die Wirksamkeit Ihrer Informationen durch zusätzliche Verstehenshilfen:
- Bemühen Sie sich um Blickkontakt zu den Hörern. Der Einstieg spielt dabei eine wichtige Rolle.
- Verwenden Sie kurze, möglichst aktivisch formulierte Sätze. Fügen Sie Zwischenzusammenfassungen ein.
- Setzen Sie zusätzliche Verstehenshilfen ein, um das Interesse der Zuhörer zu beleben (z. B. Bild, Karte, Modell).
- Reden Sie nicht länger als 30 Minuten.
- Verteilen Sie ein Thesenpapier.

Bei der Vorbereitung Ihres Referats verfahren Sie genau umgekehrt wie bei dessen Vortrag. Sie klären also nacheinander folgende Fragen:
1. Was ist das Ziel des Vortrags?
2. Wie ist die gedankliche Abfolge, die den Hauptteil des Referats bildet, zu gestalten?
3. Wie ist der Einstieg zu gestalten?

Demnach bestimmen Sie zuerst den Kern des Referats und formulieren ihn in einem Zwecksatz. Zur Findung einer logischen, von Gedankensprüngen und Abschweifungen freien gedanklichen Abfolge können Sie folgende Leitfragen benutzen:
- Was will ich darlegen, erklären, beweisen oder widerlegen?
- Welcher Mittel kann ich mich dabei zur Veranschaulichung bedienen?
- Welches Material der Stoffsammlung ist im Hinblick auf das Ziel von Bedeutung?
- Welche Thesen, Argumente, Beispiele, Gesichtspunkte sind methodisch notwendige Schritte auf dem Weg zum Ziel?
- Welche Gedanken will ich besonders herausstellen?
- Wie ordne ich die zu behandelnden Punkte an, damit sie folgerichtig und überzeugend zum Ziel führen?

Der Einstieg sollte zum Thema hinführen, Interesse wecken und zum Mitdenken anregen.

Unterrichtsprotokoll

Name der Schule:
Fach:
Jahrgang:
Datum:
Thema der Stunde:
Verlauf der Stunde:
a) Verlaufsprotokoll
- weitgehend wörtlich und chronologisch anlegen
- Zwischen- und Endergebnisse festhalten.
b) Ergebnisprotokoll:
- teils wörtlich, teils sinngemäß (Indikativ und Konjunktiv gebrauchen) abfassen
- Zwischen- und Endergebnisse festhalten.
Unterschrift des Protokollführers

Sitzungsprotokoll

Art der Sitzung:
Datum:
Ort:
Anwesende:
Beginn und Ende:
Tagesordnung (TOP 1 …)
zu TOP 1:
Inhalte der Gesprächsbeiträge, Standpunkte, Thesen, Argumente festhalten
Ergebnis
zu TOP 2: …
Unterschrift des Protokollführers

Gliederung des Thesenpapiers:

1. Name des Referenten
2. Datum des Vortrags
3. Thema des Referats
4. Gliederung des Referats:
   - in Stichworten oder in Thesen den Inhalt wiedergeben
   - kurze Zusammenfassungen oder Ergebnisse formulieren
   - eventuell wichtige Daten, Datierungen, Namen, Orte angeben
5. Literaturhinweise

„Eine Rede ist keine Schreibe!"

„Man kann über alles reden, nur nicht über 45 Minuten!"

?

Verfassen Sie so oft wie möglich ein Protokoll. Trainieren Sie dabei die verschiedenen Formen des Protokolls.

Diagramme

Dreiecksdiagramm

Das Dreiecksdiagramm geht aus einem schiefwinkligen Koordinatensystem hervor. Es müsste deshalb korrekt Dreieckskoordinatendiagramm genannt werden. Die Grundlage des Diagramms ist das gleichseitige Dreieck, denn die Summe der Senkrechten, die von einem beliebigen Punkt im Innern des Dreiecks auf seine Seiten gefällt werden, ist konstant. Sie ist gleich der Höhe des Dreiecks. Somit können drei Summanden einer Summe grafisch dargestellt werden. Als Summe wird allgemein 100 % festgelegt. Die Höhe des gleichseitigen Dreiecks entspricht 100 %. Ein Punkt im Diagramm gibt durch seine Lage an, aus welchen Werten sich die Summe von 100 % zusammensetzt. Da eine Anschrift der Skalen innerhalb des Dreiecks die Lesbarkeit beeinträchtigt, wird sie außen auf den Dreiecksseiten abgetragen.

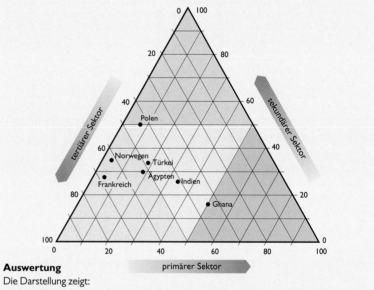

Anteil der Wirtschaftssektoren am Zustandekommen des Bruttoinlandsproduktes in ausgewählten Ländern 1992 (in %)

Land	primärer Sektor	sekundärer Sektor	tertiärer Sektor
Ägypten	18	30	52
Frankreich	3	29	68
Ghana	49	17	34
Indien	32	27	41
Norwegen	3	36	61
Polen	6	50	44
Türkei	18	34	48

Auswertung

Die Darstellung zeigt:
- Je geringer der Abstand der Länderpunkte zur Seite b, desto geringer ist der Anteil der Landwirtschaft (= Industrieland)
- Je größer der Abstand der Länderpunkte zur Seite a, desto höher der Anteil des tertiären Sektors (hochentwickeltes Industrieland)

Fließdiagramm (Pfeildiagramm, Flussdiagramm)

Das Fließdiagramm ist eine Form des Liniendiagramms. Durch Verknüpfungspfeile (Pfeildiagramm) werden Beziehungen zwischen gegenständlichen und nichtgegenständlichen Erscheinungen dargestellt. Sie können räumliche oder zeitliche sowie raumzeitliche Abfolgen, aber auch Handlungsabläufe und Fertigungsprozesse (Flussdiagramm) beinhalten. Bilden die Erscheinungen durch ihr Zusammenwirken ein Beziehungsgefüge, so werden durch eine kreisförmige Anordnung der Faktoren Aufschaukelungskreise veranschaulicht. Sie funktionieren nach dem Prinzip der Selbstverstärkung positiv oder negativ aufschaukelnd. In der Geoökologie werden Geosysteme durch Pfeildiagramme als Regelkreise dargestellt.

Die Erscheinungen werden durch bildhafte Zeichnungen, Symbole oder verbale Bezeichnungen ausgedrückt. Verbale Bezeichnungen setzt man

?

Entwerfen Sie Fließdiagramme
a) zu verschiedenen Sachverhalten
b) unterschiedliche Darstellungen zum gleichen Sachverhalt.

häufig in einen Linienrahmen (Rechteck, Quadrat, Kreis, Ellipse oder Dreieck). Durch die unterschiedliche Ausführung der Pfeile wird die Art der Beziehungen, ob kausal oder prozessual, ob in dem Zusammenhang von Aktion und Folge, dargestellt. Die Anordnung der Verknüpfungselemente und Verknüpfungslinien beeinflusst die Lesbarkeit und Aussagekraft des Fließdiagramms. Deshalb gelten folgende Hinweise bei der Gestaltung von Fließdiagrammen:

– gestalten Sie das Diagramm möglichst einfach
– ordnen und verknüpfen Sie die Faktoren so, dass die Struktur des Beziehungsgefüges (kreisförmig, linear, geschlossen, offen) hervorgehoben wird.
– vermeiden Sie Überschneidungen der Verknüpfungslinien
– ordnen Sie Elemente, die strukturell und räumlich zusammengehören, benachbart an.

Modell des kumulativen Wachstums

(nach G. Myrdal)

Bedeutung der Pfeile

Kausalitätspfeil:
Zusammenhang von Ursache und Wirkung

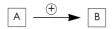

Je mehr vom Faktor A, desto mehr vom Faktor B
= positive Verstärkung (positive Aufschaukelung)

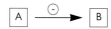

Je weniger vom Faktor A, desto weniger vom Faktor B
= negative Verstärkung (negative Aufschaukelung)

Prozesspfeil:
Umsetzen von Stoffen und/oder Energie

Stoff A wird zu Stoff B.

Aktionspfeil:
Was tut der Mensch?

Folgepfeil:
Was folgt aus der Tätigkeit des Menschen?

Raumanalyse

Zielsetzung

Durch seine wirtschaftliche Tätigkeit löst der Mensch sozioökonomische Prozesse aus und schafft dadurch Raumsysteme, die Wirtschafts- und Sozialräume der Landschaftssphäre. Sie will der Geograph mithilfe der Raumanalyse erfassen. Geographen verfolgen dabei zwei Zielsetzungen, die Raumbeobachtung und die Raumbeschreibung. Die Raumbeobachtung umfasst die Analyse der raumgestaltenden Geofaktoren und sozioökonomischer Kräfte sowie deren Verflechtung und Dynamik. Mit der Raumbeschreibung wird die Individualität eines geographischen Raumes erläutert sowie dessen Genese und Nutzungswandel dargestellt. Laufende Raumbeobachtung und Raumbeschreibung dokumentieren raumverändernde Prozesse sowie den Wandel von Räumen, sie geben Raumplanern, Behörden und Politikern Entscheidungshilfe für zukünftige Raumnutzung, für Raumordnung sowie Landschafts- und Umweltschutz.

Thema der Raumanalyse:
Raumstrukturelle Veränderungen und Nutzungswandel im Heimatkreis

Arbeitsplan
1. Überblicksexkursion
Arbeitsmittel: topographische Karte
Arbeitsziele: erste räumliche Vorstellung, Beschreibung raumprägender Faktoren

2. Arbeitshypothese
z. B.: strukturschwacher Raum mit negativer Wanderungsbilanz

3. Analyse
Arbeitsgruppe Geofaktoren
Arbeitsmittel: topographische, geologische, pedologische Karten; Literatur
Feldarbeit: Bodenuntersuchungen, Begehung des Geländes
Arbeitsziel: Einzeluntersuchung der Geofaktoren

Arbeitsgruppe Territorialgeschichte
Arbeitsmittel: topographische Karte, Verwaltungskarte, historische Karten; Literatur
Feldarbeit: Studien im Archiv, im Heimatmuseum
Arbeitsziele: Territorialgeschichte, Territorialentwicklung

Arbeitsgruppe Land- und Forstwirtschaft
Arbeitsmittel: topographische Karte, Flurpläne, Statistik; Literatur
Feldarbeit: Kartierung der Bodennutzung, Befragung von Betrieben
Arbeitsziele: räumliche Struktur der Bodennutzung, vorherrschende Betriebsformen und Betriebstypen, Veränderungen der Agrarstruktur seit 1945, Struktur der Waldnutzung, Maßnahmen zur Strukturverbesserung

Arbeitsgruppe sekundärer Sektor
Arbeitsmittel: topographische Karte, Statistik, Adress- und Telefonbuch; Literatur
Feldarbeit: Betriebserkundungen
Arbeitsziele: räumliche und zweigliche Struktur, deren Veränderungen seit 1945, Bedeutung und Veränderungen von Standortsuchfaktoren

Methode

Der Komplexität möglicher Untersuchungsobjekte entsprechend und aus zeitlichen Gründen werden Schüler der gymnasialen Oberstufe den geographischen Raum unter einer eingrenzenden Fragestellung untersuchen, z. B.:
– ein landschaftsökologisches Profil eines Kerbsohlentals im Bergland
– eine Quartieruntersuchung im inneren Wohn- und Gewerbegürtel einer Großstadt
– raumstrukturelle Veränderungen und Nutzungswandel im Heimatkreis
– Siedlungsentwicklung einer ländlichen Gemeinde zwischen 1945 und 1995
– räumliche Auswirkungen des Beitritts der DDR zur BRD am Raumbeispiel X.

Nachdem das Thema der Raumanalyse gefunden ist, wird ein Arbeitsplan erstellt. Er umfasst Arbeitsschritte zur Vorbereitung, Durchführung und Nachbereitung der Raumanalyse.

1.   Vorbereitung der Raumanalyse
1.1 Wahl des Untersuchungsgebietes
Entscheidend für die Wahl des zu untersuchenden Raumausschnitts ist nicht dessen Größe, sondern der Grad des Zugriffs auf Informationen. Deshalb ist der Nahraum besonders geeignet, weil er durch Feldstudien erforscht werden kann. Das Untersuchungsgebiet muss eindeutig abgegrenzt werden. Als Kriterien eignen sich besonders Naturraumgrenzen und Verwaltungsgrenzen.

1.2 Überblicksexkursion
Um einen ersten Einblick in den zu untersuchenden Raum zu gewinnen, wird eine Exkursion in das Untersuchungsgebiet durchgeführt. Dabei sollen dominante Raumfaktoren erkannt werden, sodass die Formulierung einer Arbeitshypothese möglich wird. Karten und Berichte in Zeitungen und anderen Medien dienen zur Vorbereitung der Exkursion.

1.3 Formulierung von Arbeitshypothesen
Arbeitshypothesen sollen helfen, Behauptungen und Fragestellungen, Regelhaftigkeiten oder Gesetzmäßigkeiten zu überprüfen und zu erfassen. Geeignet sind Wenn-Dann-Aussagen bzw. Je-Desto-Aussagen.
Ein Beispiel: Wenn die sozialistische Planwirtschaft durch die soziale Marktwirtschaft abgelöst wird, dann wird in der Region eine Deindustrialisierung eintreten.

2.   Durchführung der Raumanalyse
2.1 Aufstellen eines Arbeitsplans
Die Durchführung der Raumanalyse setzt die Aufstellung eines Arbeitsplans voraus. Dabei sind vor allem folgende Gesichtspunkte zu beachten:
– Auswahl der Arbeitsweisen, die zur Anwendung kommen sollen. Geographische Arbeitsweisen sind einerseits Feldstudien (z. B. Befragung, Beobachtung, Kartierung, Betriebserkundung, Bodenuntersuchung) andererseits Literaturstudien (z. B. Statistik, Karte, Urkunde, Bild, Fachzeitschrift, Fachbuch, Lokalzeitung).
– Vergewisserung über Informationen, die benötigt werden. Wie und durch wen können sie beschafft werden?

– Festlegen, welche Erscheinungen, Faktoren, Kräfte untersucht werden sollen, z. B. Geofaktoren wie Relief, Geländeklima, Boden, Vegetation und Kulturfaktoren wie Bevölkerung, Siedlungsweise, Verkehrsnetz, landwirtschaftliche Betriebsformen und Betriebstypen, Standortmuster des sekundären Sektors. Zentralität im tertiären Sektor sowie historische und politische Kräfte.
– Formulierung von Arbeitsaufträgen und Bildung entsprechender Arbeitsgruppen.

2.2 Analysephase

In der Analysephase werden die vorgesehenen Feldarbeiten und Literaturstudien in Bezug auf die Analyse der Erscheinungen, Faktoren und Kräfte durchgeführt. Die gewonnenen Ergebnisse werden notiert, kartiert, tabelliert.

2.3 Synthesephase

Die Ergebnisse der Analysephase werden zueinander in Beziehung gesetzt. Im Einzelnen können folgende Wechselwirkungen verfolgt werden:
– Wirkungsgefüge zwischen Geofaktoren und deren Störungen
– wechselseitige Beeinflussung von Geofaktoren und Kulturfaktoren
– Systemzusammenhang von Gesellschaft-Wirtschaft-Politik in Bezug auf raumstrukturellen Veränderungen.

Abschließend erfolgt eine Systematisierung und zusammenhängende Darstellung der Ergebnisse bzw. die Charakterisierung des untersuchten Raumausschnitts.

2.4 Nachbereitung

Zur Nachbereitung der Raumanalyse zählen die kritische Beurteilung und die Dokumentation der Ergebnisse. Die kritische Beurteilung bezieht sich auf:
– die Wahl und Abgrenzung des Untersuchungsgebietes
– die verwendeten Arbeitsweisen sowie die Durchführung der Feldarbeit und der Literaturstudien
– den Umfang und die Aussagekraft der Ergebnisse sowie deren Verwendungsmöglichkeiten im Rahmen kommunaler oder regionaler Planungsvorhaben.

Die Dokumentation kann im Rahmen einer Schulveranstaltung (z. B. Tag der offenen Tür), in der Schülerzeitung, in der Lokalzeitung erfolgen. Außerdem bietet sich bei entsprechender Thematik eine öffentliche Diskussion der Raumanalyse mit Vertretern aus Politik und Wirtschaft an.

Eigene Erhebungen

Eigene Erhebungen können als Zählung, Kartierung und Befragung durchgeführt werden. Die Arbeitsweisen der Zählung und Kartierung wird man notwendigerweise einsetzen, wenn weder Statistiken noch Daten anderer Art zur Verfügung stehen. Sollen zusätzlich Informationen über menschliche Verhaltensweisen, Einstellungen und Wertungen in die Raumanalyse einbezogen werden, so wird man die Arbeitsweise der Befragung anwenden.

Zählung

Die Zählung kann man bei verschiedenen Fragestellungen einsetzen: Verkehrszählungen zum innerörtlichen Verkehr und zum Durchgangsverkehr, Passantenzählungen nach Herkunfts- und/oder Zielorten, Zählungen von Einrichtungen unterschiedlicher Funktion.

Arbeitsgruppe tertiärer Sektor
Arbeitsmittel: Grundkarte 1:5 000 bzw. 1:1 000, Statistik, Adress- und Telefonbuch; Literatur
Feldarbeit: Kartierung der Betriebsstandorte und Branchen, Befragung von Passanten
Arbeitsziele: räumliche und zweigliche Struktur, deren Veränderungen seit 1945, Zentralität der Orte

Arbeitsgruppe Verkehr
Arbeitsmittel: topographische Karte, Fahrpläne des ÖPNV; Literatur
Feldarbeit: Verkehrszählungen, Befragung von Passanten
Arbeitsziele: regionales Verkehrswegenetz, Lage im überregionalen Verkehrswegenetz, Pendlerströme

Arbeitsgruppe Siedlungen
Arbeitsmittel: topographische Karte, Pläne, historische Karten, Statistik zur Bevölkerung; Literatur
Feldarbeit: Kartierung der Bauweise
Arbeitsziele: baulich-funktionale Struktur, deren historische Erklärung, Bevölkerungsdichte, -entwicklung, -struktur, Wanderungen und Wanderungssaldo

4. Synthese
Bestätigung oder Korrektur der Arbeitshypothese
Herausarbeiten von Wechselwirkungen:
– naturräumliche Gliederung des Kreisgebietes
– Einfluss historischer Kräfte und außerbetrieblicher Faktoren auf die Agrarstruktur
– Beziehungen zwischen historischen Kräften, Siedlungs- und Verkehrsentwicklung, Geofaktoren und Ansiedlung von Betrieben des sekundären Sektors
– Zentralität der Orte

Erstellung einer Kreisbeschreibung, Gliederungsvorschlag:
1. Territorialgeschichte und administrativer Raum
2. Siedlungsraum und System der zentralen Orte
3. Raum- und Zweigstruktur des produzierenden Gewerbes
4. Agrarraum und Agrarstruktur

Arbeitsplan zur Beobachtung des Durchgangsverkehrs in einer ländlichen Gemeinde

1. im Plenum
- Zielsetzung erörtern: Ermittlung des Durchgangsverkehrs in X
- Festlegung der Beobachtungsstand-plätze:
  Ortausgang Richtung Y, Punkt A = rechte Straßenseite, Fahrtrichtung Y, Punkt B = linke Straßenseite, Fahrt-richtung X
  Ortsausgang Richtung Z, Punkt C = rechte Straßenseite, Fahrtrichtung Z, Punkt D = linke Straßenseite, Fahrt-richtung X
- Festlegung der Beobachtungszeiten: montags, mittwochs, freitags, sonn-abends, sonntags jeweils 7.00 bis 7.30 Uhr, 8.00 bis 8.30 Uhr, 11.30 bis 12.00 Uhr, 16.00 bis 16.30 Uhr, 17.00 bis 17.30 Uhr, 22.00 bis 22.30 Uhr
- Einteilung der Arbeitsgruppen

Uhrzeiten	Plätze			
	AY	BX	CZ	DX
7.00–7.30				
8.00–8.30				
11.30–12.00				
16.00–16.30				
17.00–17.30				
22.00–22.30				

- Hinweis auf unfallvermeidendes Verhalten

2. Durchführung der Beobachtung
Die Anzahl der Fahrzeuge und deren polizeiliche Kennzeichen werden getrennt notiert, um den Durchgangs-verkehr ermitteln zu können.

3. Auswertung der Beobachtung

Was ist bei einer Zählung zu beachten?
Vor der eigentlichen Feldarbeit stellt sich die Frage nach dem Beobach-tungsstandplatz und der Beobachtungszeit. Dementsprechend muss ein Zählbogen erstellt werden. Alle für eine Zählung verwendeten Bogen müs-sen einheitlich sein, um die Ergebnisse vergleichen zu können. Nach der Beobachtung erfolgt die Auswertung.
Die Beobachtungsplätze sollen an solchen Punkten liegen, deren Zähler-gebnisse eine optimale Aussage ermöglichen. Das sind Straßenkreuzungen und Straßeneinmündungen, weil sie die Straße in Abschnitte einteilen und die Unterscheidung nach Straßenseiten ermöglichen.
Die Beobachtungszeit kann unterschiedlich festgelegt werden:
- ganztägige Zählung, um tageszeitlich bedingte Schwankungen zu er-fassen
- Stichprobenzählungen können ausreichen, um Schwankungen zu erfas-sen. Bei Stichprobenzählungen muss die Beobachtungsdauer festgelegt werden.
- tägliche Zählung, um die Frequentierung im Wochenablauf zu erfassen.
Die Auswertung der Zählungen erfolgt in Diagrammen. Zur Darstellung räumlicher Unterschiede benutzt man Kartogramme.

Zählbogen 1: Erfassen der polizeilichen Kennzeichen
Beobachtungsstandplatz: _____ Blatt Nr.: _____
Name des Beobachters: _____ Wochentag: _____

Uhrzeit	PKW/Kleintransporter	BUS	LKW
7.00–7.30	DD - CE 4950	WB - A 2756	WB - BA 2319

Zählbogen 2: Erfassen der Fahrzeuganzahl
Beobachtungsstandplatz: _____ Blatt Nr.: _____
Name des Beobachters: _____ Wochentag: _____

Uhrzeit	PKW/Kleintransporter	BUS	LKW
7.00–7.30	‖‖‖ ‖‖‖ ‖‖‖ ‖‖‖ ‖‖‖ ‖‖‖ ‖‖‖ ‖‖‖	‖‖‖ ‖‖‖	‖‖‖ ‖‖‖ ‖‖‖ ‖‖

Kartierung

Durch Kartieren beobachtet der Geograph die räumlichen Muster der Nut-zungen des Produktionsfaktors Boden. Sie umfassen sowohl die Bodennut-zungen der siedlungsfreien Räume als auch die Geschossflächennutzungen in den Siedlungen sowie die Nutzungen aller anderen überbauten Flächen der Landschaftssphäre. Im Einzelnen können Bodennutzungssysteme des primären Sektors, Standortgruppierungen von Betrieben des sekundären und tertiären Sektors sowie Wohnfunktionen erfasst werden. Die Bestands-aufnahme des Nutzungsgefüges eines Raumausschnittes bildet eine Grund-lage für die Raumordnung und den Landschafts- und Umweltschutz.
Die Auswertung der Beobachtungen erfolgt in Karten, denn die raumprä-genden Strukturen der Nutzungen lassen sich auf Karten anschaulich dar-

stellen. Geschossflächennutzungen können auch durch Diagramme wiedergegeben werden.

Die Kartierung erfolgt in der Regel vor Ort durch Eintragung der Beobachtungen in Erhebungsbogen. Für jede Besitzparzelle steht ein Bogen zur Verfügung. Die Parzellen werden der Grundkarte 1:1 000 oder 1:5 000 entnommen.

Erhebungsbogen zur Kartierung der Gebäudenutzung

Name des Beobachters: _____

Straße: _____   Hausnummer: _____

Bauweise

Baualterstufe: vor 1860 O   1860–1920 O   1920–1948 O
                 1948–1970 O   1970–1990 O   nach 1990 O

Bebauung: offen O   halboffen O   geschlossen O

Geschoß	Nutzung
1	Frisör/Fleischerei/...
2	
3	

Geschossflächennutzung in einer Geschäftsstraße

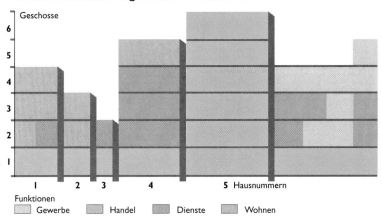

Funktionen
☐ Gewerbe   ☐ Handel   ☐ Dienste   ☐ Wohnen

Befragung

Sollen Verhaltensweisen des Menschen im Raum wie z. B. das Einkaufsverhalten, Mobilitätsunterschiede, Pendlerverflechtungen erfasst werden oder sollen räumliche Lebensbedingungen in einer Gemeinde wie z. B. Arbeitsmöglichkeiten, Umweltverhältnisse, Verkehrsverbindungen, die Ausstattung mit Geschäften, Dienstleistungen und Freizeiteinrichtungen bewertet werden, bietet die Befragung zusätzlich zur Kartierung eine Möglichkeit der eigenen Datenerhebung. Als geeignete Form der Befragung hat sich der Fragebogen mit einer Bewertungsskala zum Ankreuzen erwiesen.

Aufbau des Fragebogens: Die Gegenüberstellung gegensätzlicher Aussagen ermöglicht es dem Befragten, seine Auffassung in einer Note auszudrücken. Es ist darauf zu achten, dass alle negativen und positiven Wertungen strikt getrennt sind.

Städtische Funktionen/Nutzungsarten von Gebäuden

Wohnen ist der Aufenthalt einer oder mehrerer Personen in einer selbstständigen Wohneinheit.

Handel ist eine Erwerbstätigkeit, die dem erwerbsmäßigen Einkauf von Waren zum Zwecke des Gewinn bringenden Verkaufs gewidmet ist.

Dienstleistungen sind diejenigen wirtschaftlichen, kulturellen und politischen Tätigkeiten, die nicht auf Erzeugung und nicht auf Handel gerichtet sind, sondern in persönlichen Leistungen bestehen.

Gewerbe ist jede auf Erwerb gerichtete Tätigkeit, die durch Stoffverarbeitung oder Stoffveredlung, einschließlich Erhaltung und Ausbesserung, wertvollere Güter herstellt.

Arbeitsplan zur Kartierung der Gebäudenutzung

1. Vorbereitung
- Grundkarten 1:5 000 bzw. 1:1 000 bei der Gemeindeverwaltung oder beim Vermessungsamt besorgen
- Einteilung des Untersuchungsgebietes in Abschnitte und auf Arbeitsgruppen verteilen
2. Durchführung:
- Beobachten der Namen- oder Firmenschilder
- notfalls Begehen der Geschosse
3. Auswertung:
- Nutzungen in Gruppen (Wohnen, Handel, Dienstleistungen, Gewerbe) zusammenfassen
- Nutzungsarten durch Farben codieren und in Karte oder Diagramm übertragen.

Durchführung der Befragung: Der Befragte muss ungestört seine Meinung wiedergeben können. Für jede Aussage darf er nur eine Bewertung vornehmen. Um Schwierigkeiten zu vermeiden, sollten die Fragebogen unter Verwandten und Bekannten an möglichst viele Personen verschiedenen Alters verteilt werden.

Auswertung des Fragebogens: Mindestens 50 vollständig ausgefüllte Bogen sollten ausgewertet werden. In dem Auswertungsblatt wird durch eine Strichliste festgehalten, wie viele Personen welche Bewertung abgegeben haben. Die durchschnittliche Bewertung für jede Aussage wird in eine Skala übertragen. Das so gewonnene Imageprofil spiegelt das Bild des Ortes, in dem die Befragung stattfand, in der Meinung der Befragten wider.

Imageprofil und Auswertungsbogen

Befragung zur Lebensqualität in der Gemeinde _____ Anzahl der befragten Personen: 66

Imageprofil							Auswertungsbogen									Durch-schnitt
Bewertung							negativ	Bewertung						positiv		
-3	-2	-1	0	+1	+2	+3		-3	-3	-2	-1	0	+1	+2		+3
							schlechte Ausstattung mit Lebensmittelgeschäften	III	THL THL I	THL THL I	THL I	THL THL THL	THL THL I	THL	gute Ausstattung mit Lebensmittelgeschäften	+0,80
							schlechte Ausstattung mit Fachgeschäften	THL III	THL THL III	THL THL IIII	THL IIII I	THL IIII	IIII I	I	gute Ausstattung mit Fachgeschäften	-0,73
							geringer Freizeitwert								hoher Freizeitwert	
							schlechte Sportmöglichkeiten								gute Sportmöglichkeiten	
							schlechtes kulturelles Angebot								gutes kulturelles Angebot	
							schlechte Unterhaltungs-möglichkeiten für Ältere								gute Unterhaltungs-möglichkeiten für Ältere	
							schlechte Unterhaltungs-möglichkeiten für Jüngere								gute Unterhaltungs-möglichkeiten für Jüngere	
							hohe Mieten								niedrige Mieten	
							hohe Lebenshaltungskosten								niedrige Lebenshaltungskosten	
							schlechte öffentliche Verkehrsverbindungen								gute öffentliche Verkehrsverbindungen	
							schlechte Ausstattung mit Ärzten								gute Ausstattung mit Ärzten	
							die Umweltbelastung ist hoch								die Umweltbelastung ist niedrig	
							die Lärmbelastung ist hoch								die Lärmbelastung ist niedrig	
-3	-2	-1	0	+1	+2	+3	das Ortsbild ist unschön								das Ortsbild ist schön	

Raumanalyse Namibia – Materialien zur selbstständigen Erarbeitung

Am 21. März 1994 jährte sich in Namibia der Unabhängigkeitstag zum vierten Mal. Der Jubel blieb gedämpft. Zwar ist Namibia nachgerade zu einem Tummelplatz von Hilfsaktionen der internationalen Staatengemeinschaft geworden – dennoch werden die Schatten im Land länger. Weltweite Rezession und niedrige Rohstoffpreise haben nicht nur den Bergbau, das wirtschaftliche Rückgrat des Landes, schwer getroffen. Der erhoffte Ansturm internationaler Investoren blieb fast völlig aus, und die Landwirtschaft beginnt sich erst allmählich wieder von den Dürrefolgen der vergangenen Jahre zu erholen. Reichliche Niederschläge in der Regenzeit 1993/94 bis weit in den ariden Süden und in die Namib hinein lassen jedoch eine durchgreifende Besserung erwarten. Der wieder aufgelebte Bürgerkrieg in Angola und die unsichere politische Lage in der Republik Südafrika wecken Ängste vor einem nicht mehr zu bewältigenden Flüchtlingsstrom aus dem Norden und dem Süden; schon die nach dem Wiederaufflammen des Angolakrieges eingeströmten Flüchtlinge haben zu Versorgungsproblemen geführt.

Auch wenn die Entwicklung im Fischerei- und Tourismussektor als erfreulich zu verbuchen ist – die Arbeitslosigkeit steigt weiter, und nur ein Bruchteil der Schulabgänger hat Aussicht auf einen Arbeitsplatz mit festem Einkommen. Nach zwei Jahren solider Haushaltführung steht das Staatsbudget seit dem dritten Jahr vor einem kaum noch zu deckenden Defizit. Viele sehen deshalb der weiteren Entwicklung mit Pessimismus entgegen.

(A. J. Halbach: Namibia zwischen Hoffen und Bangen. In: ZfE, 46. Jg., 4/1994, S. 146)

M2

Territorialgeschichte: Im Zuge der großen geographischen Entdeckungen landen portugiesische Seefahrer an vorspringenden Landmarken (1486: Kreuzkap nördlich Swakopmund, Diazpoint bei Lüderitz), bis in das 19. Jh. bleibt Südwestafrika (SW) jedoch wegen seiner Unzugänglichkeit Europäern unbekannt, indessen wandern zwischen dem 16. und 19. Jh. bantusprachige Völker ein.

Seit 1805 setzt vom Kapland aus eine deutsche protestantische Missionstätigkeit ein und legt ein Stationsnetz an, der Rinderreichtum des Hererolandes wird bekannt, 1884 werden die Goldfelder in Transvaal entdeckt, 1883 gründet der Bremer Kaufmann Adolf Lüderitz eine Niederlassung (Lüderitzbucht) und erwirbt von den Hottentotten Land, das Land wird 1884 unter den Schutz des Deutschen Reiches gestellt, 1885 von der Deutschen Kolonialgesellschaft für Südwestafrika übernommen, die Grenzen werden 1886 durch Portugal, 1890 durch England anerkannt, die Grenzziehung im Norden ist problematisch, da das Volk der Ambo in eine SW- und Angolagruppe geteilt wird.

Die wirtschaftliche Entwicklung verläuft langsam: Auseinandersetzungen mit Herero und Hottentotten, die sich auch gegenseitig befehden, 1904–07 Vernichtungsfeldzüge der deutschen Schutztruppe, danach Regelung des Landbesitzes, Überprüfung der Konzessionen privater Kapitalgesellschaften; Maßnahmen zur Wassererschließung, Diamantenfunde, Eisenbahnbau bringen Aufschwung.

1915 greift die Armee der Südafrikanischen Union SW an, die Schutztruppe unterliegt, 1919 überträgt der Völkerbund Südafrika das Mandat über die ehemalige deutsche Kolonie, UNO entzieht 1966 Südafrika das Mandat, Buschkrieg der SWAPO gegen südafrikanische Besatzer beginnt, 1990 wird Namibia unabhängig.

M3

Politik: Präsidiale Republik (seit 1990), Einheitsstaat mit 13 Regionen, Amtssprache: Englisch.
Prinzipien der Verfassung: Mehrparteiendemokratie, Rechtsstaat, Menschenrechte (u. a. Recht auf Privateigentum).
Nationalversammlung mit 72 Sitzen,
wichtigste Parteien:
Südwestafrikanische Volksorganisation (SWAPO), gemäßigt sozialistisch, 41 Sitze
Demokratische Turnhallen-Allianz (DTA), liberal-konservativ, 21 Sitze

Aufgaben

1. Untersuchen Sie, welche Merkmale von Entwicklungsländern auf Namibia zutreffen.
2. Analysieren Sie das wirtschaftliche Entwicklungspotenzial Namibias vor dem Hintergrund der politischen Verhältnisse und der geosystemaren Ausstattung.
Beachten Sie dabei auch negative Faktoren wie:
– wirtschaftliche Abhängigkeit von der Republik Südafrika,
– die Bedeutung des Bergbaus,
– die Bevölkerungsentwicklung und die Bevölkerungsstruktur,
– die sozialen Verhältnisse und deren Einfluss auf den Binnenmarkt.
Verwenden Sie auch Atlaskarten zur Geschichte, Bevölkerung, Wirtschaft und zum Klima.

M4

Ethnische Gruppen	Anteil
Bantusprachige Völker	
Ovambo	50 %
Kavango	9 %
Herero	8 %
Khoisansprachige Völker	3 %
Buschmänner	5 %
Hottentotten	7 %
Damara (Bergdama)	4 %
Sonstige Gruppen	
(teils Bantu, teils Khoisan)	
Cprivianer	4 %
Mischlinge	4 %
Rehoboth-Basters	2 %
andere	1 %
Europäer	7 %

M 7

Naturräumliche Gliederung Namibias

1. Küstenvorland
1.1 Namib
    50–80 km breite Küstenwüste
1.2 Hochlandanstieg
    Wüstensteppe
2. Hochland
2.1 Nördliches Hochland, um 1100 m
    Trocken- und Dornsavannen
    Kaokoveld im W, stark gegliedert
    Ovambo- (Ambo-)land im N
    Etoschapfanne, 1050 m, 170 km
    lang und 70 km breit, Salzkrusten
    Karstgebiet von Otavi-Tsumeb-
    Grootfontein im S, Kalkdecken,
    (Waterberg, 1857 m)
2.2 Hochland von Windhuk und
    Damara (Herero-)Hochland
    Dornbuschsavanne
    Rumpfflächen mit Tafel- und
    Inselbergen (Auasberge, 2484 m)
2.3 Großes Namaland
    Dornsavanne, nach S Wüsten-
    steppe, Schichtstufenland
3. Ostabdachung zum Kalahari-
    becken von N nach S zonale
    Abfolge von Trockensavannen,
    Dornbuschsavannen und
    Wüstensteppen
    Gliederung durch Reviere:
    Omatako, Nossob, Anob

(Riviere = niederländisch, episodisch was-
serführender Fluss, entspricht dem Wadi)

M 5

Klimastationen in Namibia

	J	F	M	A	M	J	J	A	S	O	N	D	Jahr
Tsumet (19 °S, 17 °O), 1311 m													
T °C	24,6	23,1	22,8	21,4	18,2	15,5	15,4	18,2	22,6	25,2	25,3	24,8	21,4
N mm	119	139	79	40	6	0	0	0	1	19	53	97	553
Tage mit N	12	12	9	5	1	0	0	0	0	3	6	11	59
Windhuk (22 °S, 17 °O), 1728 m													
T °C	23,4	22,2	21,1	18,9	15,8	13,5	13,2	15,6	18,7	21,6	22,3	23,1	19,1
N mm	77	73	81	38	6	1	1	0	1	12	33	47	370
Tage mit N	8	9	8	3	1	0	0	0	0	2	4	6	41
Swakopmund (22 °S, 14 °O), 12 m													
T° C	17,2	18,1	17,5	15,7	15,1	15,2	13,0	12,1	12,6	13,7	14,9	16,4	15,1
N mm	1	2	2	2	0	0	0	0	0	0	1	0	10
Tage mit N	0	9	0	1	0	0	0	0	0	0	0	0	1

(Tage mit N > 0,1 mm)

M 6

Trotz der Unvorhersehbarkeit der Niederschläge in Namibia lassen die Statistiken seit Beginn der Aufzeichnungen eine gewisse Periodizität von mehreren unterdurchschnittlichen und dann wieder sehr ausgeprägten Regenjahren erkennen. In Namibia könnte demnach 1994 – einem 20-jährigen Zyklus entsprechend – ein Jahr extrem hoher Niederschläge ähnlich wie das Jahr 1934 werden. Tatsächlich haben sich diese Erwartungen bisher bestätigt. Ob jedoch die möglicherweise damit verbundenen Schäden an Mutterboden und Infrastruktur als Segen anzusehen sind, stellt eine ganz andere Frage dar.

(nach A. J. HALBACH, a. a. O., S. 151, 1994)

M 8

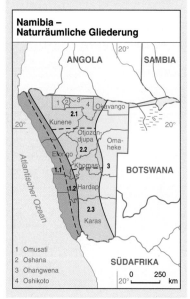

Namibia – Naturräumliche Gliederung

1 Omusati
2 Oshana
3 Ohangwena
4 Oshikoto

0 — 250 km

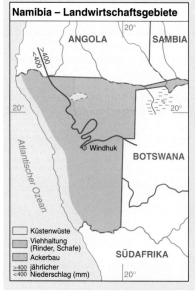

Namibia – Landwirtschaftsgebiete

- Küstenwüste
- Viehhaltung (Rinder, Schafe)
- Ackerbau
- ≥400 jährlicher
- <400 Niederschlag (mm)

Namibia – Industriestandorte

- Hauptstraßen
- Haupteisenbahnlinien
- Industriestandorte

Landbesitz und Landreform

Die Hälfte der rund 400 Landwirtschaftsbetriebe mit etwa 3 Mio. ha Fläche befindet sich im ausländischen Besitz, davon wiederum die Hälfte in deutscher Hand. Der Anteil selbstversorgender Familienbetriebe ist groß. Die Regierung plant eine Landreform. Nach den Plänen soll ausländischer Besitz, der zur Zeit nicht genutzt wird, gegen „angemessene Entschädigung" an landlose Einheimische vergeben werden. Derartige Enteignungen dürften jedoch kein Thema sein, da das Verkaufsangebot europäischer Landbesitzer, etwa 15 % der Betriebe wollen verkaufen, nach wie vor größer ist als die kaufkräftige Nachfrage.

(nach: HARENBERG Länderlexikon '94/95, Dortmund 1994, S. 313 und A. J. HALBACH, ZfE, 4/94, S. 151)

Namibia, Außenhandel 1992 (in %)

Exporte		Importe	
Agrarprodukte	28,2	Nahrungsmittel, Getränke, Tabak	23,4
Lebende Tiere	7,4	Treibstoffe	9,3
Fleisch, Fleischprodukte	8,3	Chemikalien, Pharmazeutika,	8,1
Fisch, Langusten, Krabben	10,7	Kunststoffe	5,8
Sonstige Nahrungsmittel	0,8	Holz, Papier und -erzeugnisse	
Häute, Felle und Wolle	1,0	Textilien, Bekleidung, Schuhe	6,6
Bergbauprodukte	58,6	Maschinen und Ausrüstungen	13,1
Diamanten	35,9	Fahrzeuge und Transport-	
Kupfererz	6,2	ausrüstungen	15,6
Gold und Silber	2,7	Metallwaren	6,0
Bleierz	1,3	Sonstiges	12,1
Zinkerz	2,8		
sonstige Mineralien	9,7		
Fertigerzeugnisse	13,0		
Fischprodukte	7,4		
Sonstige	5,6		
Elektrizität	0,2		

Strukturdaten (1992)

Fläche (Weltrang 33. Platz)
824 292 km²
Einwohner (Weltrang 141. Platz)

1956	482 000
1992	1 529 000
2000	1 800 000

Bevölkerungsdichte
1992   1,9 E/km²

Bevölkerungswachstum
1980–1991   3,1 %
1991–2000   3,2 %

Geburten-/Sterberate
1992   3,7 %/1,0 %
Säuglingssterblichkeit   5,7 %
Lebenserwartung   59 Jahre
Analphabetenquote   27 %
Städtische Bevölkerung   29 %
BSP pro Kopf 1992   1 610 $
Anteil am BIP 1992   12 %
Landwirtschaft   26 %
Industrie   62 %
Tertiärer Sektor
Erwerbstätige 1992
Landwirtschaft   34 %
Industrie   21 %
Tertiärer Sektor   45 %
Arbeitslosenquote 1992   30–40 %

(nach FISCHER Weltalmanach '95,
Frankfurt/M. 1994)

Grenzfluss Okavango zwischen Namibia und Angola

Bewohner eines Okavango-Dorfes

Glossar

Agrargesellschaft. Bis zur industriellen Revolution durch Wildbeuter- und Bauerntum bestimmte Gesellschaftsform. Heute eine Gesellschaft, die weitgehend von der Produktion landwirtschaftlicher Erzeugnisse lebt, auf der Tradition sozialer Strukturen beruht und nur wenig Industrie aufweist.

Ackerbau. Gezielter Anbau von Nutzpflanzen auf kultivierten Böden mithilfe von Pflanzstock, Grabstock, Hacke; als Pflugbau und Gartenbau.

Agrarfläche. Setzt sich zusammen aus Ackerland, Baum- und Strauchkulturen sowie Dauerweideland.

Agrarreform. Staatlich durchgeführte bzw. veranlasste Maßnahmen zur Neuordnung der Agrarstruktur wie Flurbereinigung, Aussiedlung und Dorfsanierung, Änderung der Besitzverhältnisse (Bodenreform). Ziele von Agrarreformen sind die Verbesserung von Lebens- und Arbeitsbedingungen im ländlichen Raum. Zu unterscheiden sind Bodenbesitzreformen (z. B. Aufteilung von Latifundien, Zusammenlegung von Kleinstbetrieben u. a.) und Bodenbewirtschaftungsreformen (moderne Anbaumethoden, Pflanzen- und Tierzüchtungen).

Agrarstaat. Ein Staat, in dem der überwiegende Teil der Erwerbstätigen im primären Wirtschaftssektor beschäftigt ist. In der Wirtschaft dominieren Land- und Forstwirtschaft.

Agrarstruktur. Der Gesamtkomplex von natürlichen Gegebenheiten, Besitz- und Arbeitsverhältnissen, Traditionen, Betriebstypen, Bodennutzungssystemen und anderen Verhältnissen im ländlichen Raum im Rahmen der gesamten Wirtschaft.

AKP-Staaten. Staaten in Afrika, in der Karibik und im pazifischen Raum, mit denen die Europäische Union bevorzugte wirtschaftliche Beziehungen unterhält. Zugang zum europäischen Wirtschaftsraum wird erleichtert (Lomé-Abkommen).

Aktionsraum. Weil in der modernen Gesellschaft die Standorte für die Befriedigung der Bedürfnisse in der Regel räumlich auseinander fallen, müssen die Menschen Raum überwinden. Je nach Ausstattung des Raumes mit entsprechenden Gelegenheiten ergeben sich häufig gruppenspezifische räumliche Beziehungen. Das auf diese Weise gekennzeichnete Areal heißt Aktionsraum.

Allochthone Wirtschaft. Unter fremden, vielfach kolonialen Einflüssen und Zielsetzungen, meist auch mit eingeführten Methoden betriebene Wirtschaftsformen mit bedenklichen ökologischen Folgen und Gefährdung der traditionellen Sozialstruktur.

Arbeitsintensive Produktion. Produktionsweise mit hohem qualitativen und/oder quantitativen Einsatz von Arbeitskräften .

ASEAN (Association of Southeast Asian Nations). Die 1967 gegründete Organisation will die wirtschaftliche, soziale und kulturelle Zusammenarbeit in Südostasien zur Festigung des Friedens fördern. Mitglieder Indonesien, Malaysia, Philippinen, Singapur, Thailand, Brunei, Vietnam.

Außenfunktion von Siedlungen. Diejenigen Güter und Leistungen, die eine Siedlung über ihren Eigenbedarf hinaus für andere Siedlungen bzw. Gebiete produziert, dienen der Außenfunktion. Durch diese nimmt die Siedlung an der räumlichen Arbeitsteilung teil.

Außenwirtschaft. Die Gesamtheit der grenzüberschreitenden Wirtschaftsbeziehungen eines Staates, umfasst den Außenhandel (Einfuhr, Ausfuhr, Durchfuhr, Veredelungsverkehr = zollbegünstigte Einfuhr, Bearbeitung, Wiederausfuhr), den Dienstleistungs- und den Kapitalverkehr.

Autarkie. Prinzip einer geschlossenen Volkswirtschaft ohne Erfordernis von Zufuhren.

Autochthone Wirtschaft. Regional eigenständig entwickelte, meist den geoökologischen Verhältnissen entsprechende sozioökonomische Lebens- und Produktionsweise.

Bauleitplanung. Auf kommunaler Ebene auf der Grundlage des Baugesetzbuches durchgeführte städtebauliche Planung. Sie besteht aus dem Flächennutzungsplan (vorbereitender Bauleitplan) und dem Bebauungsplan (verbindlicher Bauleitplan).

Binnenwanderung. Die Verlegung des Wohnsitzes über Gemeinde-, Kreis-, Landes- oder Staatsgrenzen hinweg wird Wanderung (Migration) genannt. Als Binnenwanderung bezeichnet man den Umzug innerhalb eines Staates, aber über Gemeindegrenzen hinweg.

Binnenwirtschaft. Die Gesamtheit der Wirtschaftsbeziehungen innerhalb eines Staates.

Bruttosozialprodukt (BSP). Maß für die wirtschaftliche Leistung einer Volkswirtschaft in einem Jahr, in Geldwerten. Es umfasst den Wert der Sachgüter und Dienstleistungen, die über einen Markt abgesetzt werden, also nicht die Leistungen im Privathaushalt. Nicht einbezogen werden Produktionen ausländischer Unternehmen im Inland, wohl aber die Erträge von inländischen Unternehmen im Ausland.

Bruttoinlandsprodukt (BIP). Gesamtwert aller in einem Jahr im Inland produzierter Güter und Dienstleistungen.

Buddhismus. Die von Buddha (der Erleuchtete) vor 2500 Jahren begründete Religion. Danach bestehen unzählige Welten. Je nach guten bzw. schlechten Taten führt unaufhörlicher Wandel zur Wiedergeburt in der angemessenen Welt. Der erhoffte Endzustand ist die Auflösung in der ewigen Seeligkeit des Nirwana.

CBD. Central Business District ist wie auch Downtown eine in den USA übliche Bezeichnung für die City.

Christentum. Die von Jesus von Nazareth als dem Christus (der Gesalbte) gestiftete Offenbarungs- und Erlösungsreligion. Im Mittelpunkt steht die geschichtliche Tatsache vom Kreuzestod Christi, der die Welt erlöst hat, und von seiner Auferstehung und dem Kommen des Reiches Gottes. Was Jesus als Sohn Gottes wesenhaft ist, das sollen alle Christen gnadenhaft werden: Kinder und Erben Gottes mit Zugang zum ewigen Leben. Im Zusammenhang mit der Missionierung spielte das Christentum bei der Kolonisation eine wichtige Rolle.

City. Zentraler Bereich der großen Städte, der durch hochrangige Versorgungs- und Dienstleistungsfunktionen für Bevölkerung und Wirtschaft gekennzeichnet ist. Die Bezeichnung wurde von dem gleichnamigen zentralen Viertel in London abgeleitet. Mit City wird im angloamerikanischen Sprachraum auch eine größere Stadt, in England eine Stadt mit Bischofssitz bezeichnet.

Daseinsgrundfunktionen. Tätigkeiten und Leistungen zur Lebensbewältigung: Wohnen, Arbeiten, sich Erholen, sich Bilden, am Verkehr teilnehmen und in der Gemeinschaft leben. Sie bilden zusammen ein System, das zur natürlichen Umwelt in Wechselwirkung steht. Daseinsgrundfunktionen sind messbar und unterliegen der Entwicklung. Sie unterscheiden sich nach Gesellschaften und Kulturkreisen.

Disparitäten. Regionale Unterschiede zwischen strukturstarken (Aktivräume) und strukturschwachen Räumen (Passivräume). Sie führen innerhalb eines Staatsraumes oder zwischen Staatsräumen zu ungleicher Lebensqualität. Soziale Disparitäten zeigen sich z. B. in gravierenden Einkommens- oder rechtlichen Diskrepanzen innerhalb eines Volkes.

Diversifizierung. Maßnahme zur Beseitigung von Monostrukturen in der Wirtschaft um ökonomische, soziale (Krisenanfälligkeit) und ökologische Nachteile abzubauen.

Dritte Welt. Bezeichnung aus der Epoche des „kalten Krieges" von 1945/46 bis 1989/90. Der Prozess der Auflösung von Kolonien nach dem Zweiten Weltkrieg führt zur Bildung unabhängiger Staaten (Entkolonialisierung). Diese Entwicklungsländer sahen sich als dritte Kraft in der Weltpolitik, neben den marktwirtschaftlich orientierten parlamentarisch-demokratischen „westlichen" Industriestaaten (Erste Welt) und den planwirtschaftlich orientierten volksdemokratischen (sozialistischen) „östlichen" Staaten (Zweite Welt).

Dualismus. Gespaltene Wirtschafts- und Sozialstruktur besonders in Entwicklungsländern. Man unterscheidet: wirtschaftlichen Dualismus: Markt- und Subsistenzwirtschaft existieren nebeneinander; technologischen Dualismus: es herrschen arbeitsintensive Technik und Produktion im traditionellen Wirtschaftsbereich und kapitalintensive

Technik im modernen Bereich; sozialen Dualismus: es gibt verschiedene, nebeneinander her lebende Gruppen (ethnisch, sprachlich, religiös, arm/ reich) in einem Staat, wobei es keine Durchlässigkeit zwischen den Gruppen gibt; regionalen Dualismus: es existiert eine exportorientierte Küstenregion und ein unterentwickeltes Hinterland (Zentrum-Peripherie).

Entkernung. Die teilweise Erneuerung alter Stadtviertel durch Abriss von Gebäuden im Innern der Baublöcke. Die freigewordenen Flächen werden zur Wohnumfeldverbesserung in Grünanlagen, zu Spielplätzen o. ä. umgestaltet.

Entwicklungsland. Staat, in dem Industrialisierung und Tertiärisierung bedeutend schwächer als in Industriestaaten sind. Sozioökonomische Merkmale u. a.: niedriges Pro-Kopf-Einkommen, starkes Bevölkerungswachstum, Mangelernährung, Analphabetismus, Kapitalmangel, Disparitäten. Eine pauschale Zusammenfassung der Entwicklungsländer ist wegen ihrer enormen Unterschiede nicht sinnvoll. Man gliedert sie deshalb regional und sozial in unterschiedliche Gruppen.

Entwicklungstheorien. Wissenschaftliche Ansätze zur Erklärung von Unterentwicklung. Grob zu unterscheiden sind Modernisierungs- und Dependenziatheorien. Die Modernisierungs- und Wachstumstheorien sehen Entwicklungsrückstände als Folgen traditioneller soziokultureller Rahmenbedingungen an, deren Veränderung zu besseren sozioökonomischen Ergebnissen führt. Die Dependenzia- und Imperialismustheorien fassen Unterentwicklung als Folge kolonialer Ausbeutung und weltmarktwirtschaftlicher Abhängigkeit auf.

Euroregion. Gebiet beiderseits von EU-Außengrenzen, in dem die Anrainerstaaten in verschiedenen Bereichen zusammenarbeiten, z. B. Umweltschutz, Tourismusförderung.

Extensive Landwirtschaft. Im Gegensatz zur intensiven Landwirtschaft eine Wirtschaftsweise, bei der im Verhältnis zur Nutzfläche wenig Arbeit und Kapital eingesetzt werden.

FAO (Food and Agriculture Organization = Ernährungs- und Landwirtschaftsorganisation). Sonderorganisation im UN-Verband zur Hebung des Ernährungs- und Lebensstandards.

Freihandel. Im Gegensatz zum Protektionismus erfolgt der Außenhandel (Import, Export) ohne staatliche Eingriffe.

GATT (General Agreement on Tariffs and Trade = Allgemeines Zoll- und Handelsabkommen). Das GATT wurde 1947 von 23 Staaten mit dem Ziel gegründet, den Welthandel neu zu ordnen, Handelsstreitigkeiten zu schlichten und in internationalen Verhandlungen Erleichterungen für den grenzüberschreitenden Handel unter den Mitgliedstaaten zu erreichen. Seit 1. 1. 1995 ist das GATT faktisch in der neu gegründeten WTO = Welthandelsorganisation (170 Mitgliedstaaten) aufgegangen.

Grüne Revolution. Sammelbegriff für die gezielte Steigerung der Nahrungsmittelproduktion (Einsatz von Hochleistungssaatgut, Düngemitteln, Schädlingsbekämpfungsmitteln, Bewässerung bzw. Entwässerung, Maschineneinsatz).

Hinduismus. Die Religion, um 1000 v. Chr. herausgebildet, weist kein allgemeingültiges Bekenntnis auf, umfasst viele religiöse Formen: Dämonenglauben, Glaube an viele Götter, Glaube an einen Gott. Entscheidend ist die Zugehörigkeit zu einer Kaste, in die man hineingeboren wird. Die Kasten sind Teil einer gewaltigen Stufenleiter, die bei den Göttern beginnt und bei den Pflanzen endet. Damit verbunden ist der Glaube an die Seelenwanderung, bei der die Taten des früheren Lebens bestimmend sind. Außerdem ist die Kastenzugehörigkeit eine soziale und wirtschaftliche Gegebenheit.

Industrialisierung. Anwendung maschineller Produktionsverfahren zum Zwecke der Mehrfachfertigung. Damit verbunden sind Produktivitäts- und z. T. Qualitätssteigerung sowie Ausbreitung der Industriestandorte und die Herausbildung von Industrieräumen. Der Industrieraum ist dichter besiedelt als der ländliche Raum, ihn prägen Industrie- und Verkehrsanlagen sowie Siedlungen.

Industriegesellschaft. Seit der industriellen Revolution durch Industrialisierung, technischen Fortschritt (Steigerung der Produktivität von Arbeit und Kapital), zunehmende Arbeitsteilung und außerordentliche Bedeutung der angewandten Wissenschaft bestimmte Gesellschaftsform. Der technische Fortschritt bewirkt den raschen sozioökonomischen Wandel in Landwirtschaft, Industrie und Dienstleistungen, er ist verbunden mit der Pluralität der Kräfte in Wirtschaft und Gesellschaft.

Industriegruppen und Industriezweige. Die Industrie wird in Industriegruppen und Industriezweige (Branchen) aufgeteilt. Grundstoff- und Produktionsgüterindustrien stellen aus Rohstoffen Zwischengüter her, die in der Investitionsgüter- und Verbrauchsgüterindustrie zu Endprodukten verarbeitet werden. Die Erzeugnisse der Investitionsgüterindustrien (Maschinenbau, Stahlbau) dienen der Grundstoff- und Produktionsgüterindustrie (Eisen- und Stahlindustrie, chemische Industrie) oder in der Verbrauchsgüterindustrie zur Produktion neuer Güter. Es handelt sich um Anlagegüter (Maschinen, Fahrzeuge, Werkhallen). In den Betrieben der Verbrauchsgüter- sowie Nahrungsgüterindustrie (Spielwaren, Textilindustrie, Konserven) werden aus Zwischenprodukten bzw. landwirtschaftlichen Erzeugnissen Güter hergestellt, die direkt verbraucht werden können.

Industrielle Revolution. Die Einführung arbeitsteiliger Massenproduktion in Fabriken führt zur Ablösung der Agrargesellschaft mit bäuerlich-handwerklicher Selbstversorung, geringem Lebensstandard und stagnierender Wirtschaft durch die Industriegesellschaft mit weltweitem Handel, überwiegend höherem Lebensstandard und wirtschaftlichem Wachstum. Auflösung der Großfamilie, wachsende horizontale und vertikale Mobilität sowie Verstädterung sind wichtigste gesellschaftliche Komponenten. Dieser Prozess grundlegender Veränderungen setzte in der zweiten Hälfte des 18. Jh. in England ein.

Industriepark. Form der Industrieansiedlung, bei der z. B. eine Gemeinde Industriegelände bereitstellt und im Rahmen kommunaler Wirtschaftsförderung versucht, Betriebe anzusiedeln. Die Flächen werden erst auf Gemeindekosten infrastrukturell erschlossen (Zufahrten, Strom-, Gas-, Wasser-, Telekommunikationsanschluss). Gemeinsame Ver- und Entsorgungseinrichtungen sowie Fühlungsvorteile bieten besonders mittelständischen Unternehmen Ansiedlungsanreize und Kostenvorteile.

Industriestaat. Ein Staat, in dem der überwiegende Teil der Erwerbstätigen im sekundären und tertiären Wirtschaftssektor beschäftigt ist.

Infrastruktur. Einrichtungen, die als Voraussetzung und zum Funktionieren der wirtschaftlichen und sozialen Entwicklung und Versorgung eines Territoriums notwendig sind. Dazu gehören Einrichtungen für den Personen-, Kapital-, Güter- und Nachrichtenverkehr, Wasser- und Stromversorgungsnetze, Entsorgungsanlagen, Einrichtungen der Verwaltung, des Bildungswesens, des Gesundheitswesens, der Erholung, der Rechtssicherung und der Kultur.

Innenfunktion von Siedlungen. Diejenigen Güter und Leistungen, die in einer Siedlung für den Bedarf der eignen Bevölkerung, Unternehmen und anderer Institutionen erbracht werden, dienen der Innenfunktion. Diese bildet eine wichtige Grundlage zur Erfüllung der überörtlichen, der Außenfunktionen.

Intensive Landwirtschaft. Eine Wirtschaftsweise, bei der im Verhältnis zur Nutzfläche viel Arbeit und Kapital eingesetzt werden.

Islam. Die von Mohammed zwischen 610 und 632 gestiftete Religion. Der Islam versteht sich als die Vollendung des jüdischen und christlichen Glaubens. Es ist eine streng monotheistische (Bekenntnis zu dem einen Gott Allah) und stark gesetzliche Religion (täglich fünfmaliges Gebet, Almosen, Wallfahrt nach Mekka). Das religiöse Grundgesetz ist der Koran, Gottes ewiges und unverändertes Wort.

IWF (Internationaler Währungsfond). Der 1945 gegründete IWF mit 179 Mitgliedstaaten (1996) ist eine Sonderorganisation im UN-Verband. Er fördert die internationale Zusammenarbeit in Währungsfragen unter anderem durch Kredite bei vorübergehenden Zahlungsschwierigkeiten eines Staates (Weltwährungssystem, Förderung der Währungsstabilität).

Judentum. Juden sind Angehörige des jüdischen Glaubens. Der von Abraham und Mose begründete Glaube an einen allmächtigen, allwissenden, immer existierenden, strafenden und lohnenden, unfassbaren und unsichtbaren Gott, der die Welt aus dem Nichts schuf und diese allein regiert (Monotheismus). Grundlehren (Altes Testament, Talmud) sind: Glaube an die Willensfreiheit des Menschen zum Guten und Bösen, Auferstehung der Toten und ewiges Leben, göttliche Vergeltung.

Kapital. Der Produktionsfaktor Kapital umfasst das Realkapital (Sachkapital) und das Geldkapital. Das Sachkapital wird im Produktionsprozess des Betriebes als Betriebsmittel und Werkstoffe eingesetzt. Mit dem Geldkapital (Finanzkapital) werden die Produktionsfaktoren Arbeit und Sachkapital bereitgestellt. Das Kapital zeichnet sich durch hohe Mobilität aus.

Konfuzianismus. Die Lehre des Konfuzius (um 500 v. Chr.). Maßgebend für den Staatsaufbau und das Zusammenleben im Staat sind die Beziehungen zwischen den Familienangehörigen. Wie in der Familie, so sollen auch im Staat die „fünf Beziehungen" zwischen Fürst und Staatsdiener, Vater und Sohn, Mann und Frau, älterem und jüngerem Bruder, Freund und Freund gelten. Die Beziehungen sollen getragen sein von Menschenliebe, Gerechtigkeit und Ehrerbietung. Das erfordert Treue, Mut, Selbstlosigkeit, Rechtschaffenheit, Aufrichtigkeit und Weisheit.

Kommune (Gemeinde). Kleinste sich selbst verwaltende politisch-administrative Einheit eines Staates.

Kultur. Die Gesamtheit der kennzeichnenden Lebensformen einer Gruppe von Menschen und ihrer Werke. Sie umfassen die materielle Kultur (technische Ausrüstung) und die geistige Kultur (Glaubensvorstellungen, Bräuche, Sitten, Recht).

Kulturerdteil (Kulturraum). Hinsichtlich ihrer ähnlichen kulturräumlichen Entwicklung lassen sich Räume zu Kulturerdteilen zusammenfassen. Sie sind in der Regel durch eine oder mehrere verwandte Hochkulturen geprägt.

Kulturgeographische Faktoren und Kräfte. Einflussfaktoren im geographischen Raum, die auf den Menschen und dessen Wirken auf der Erdoberfläche zurückzuführen sind. Im Unterschied zu den kulturgeographischen Merkmalen, die veränderbare Größen darstellen und im Allgemeinen eine aktuelle Situation im geographischen Raum wiedergeben (u. a. Verstädterungsgrad, Erwerbstätigenquote, Analphabetenrate), sind die kulturgeographischen Kräfte ähnlich den naturgeographischen Faktoren langfristig wirkend anzusehen. Als solche gelten: die Gebundenheit des Menschen an Volksgruppen und Sprachgemeinschaften, an Religion und Tradition, an die historische Entwicklung.

Kulturlandschaft. Im Unterschied zur Naturlandschaft ein geographischer Raum, der durch den Menschen geprägt ist und dessen Aktivitäten auf der Erdoberfläche widerspiegelt.

LDC (Least Developed Contries, früher auch LLDC). Entwicklungsländer mit extrem niedrigem Lebensstandard.

Landesplanung. Oberste Ebene in den Ländern der Bundesrepublik Deutschland, auf der nach rahmenrechtlichen Vorgaben des Raumordnungsgesetzes Raumordnung durchgeführt wird.

Marginalisierung. Wirtschaftliche, soziale und politische Benachteiligung von Bevölkerungsgruppen.

Marktordnung. System staatlicher Maßnahmen, die Angebot und Nachfrage sowie Preisentwicklung beeinflussen und lenken. In der EU werden so z. B. die Agrarmärkte überwiegend reguliert.

Marktwirtschaft. Wirtschaftsordnung mit freiem Wettbewerb auf allen Märkten, privater Verfügungsgewalt über Produktionsfaktoren und Güterproduktion sowie Güterverteilung nach individuellen Plänen. Am Markt treffen Angebot und Nachfrage aufeinander. Die Anbieter streben nach höchstem Gewinn, die Nachfrager wollen den höchsten Nutzen. So bildet sich für ein Gut der Marktpreis. Um soziale Härten zu mildern, greift der Staat in diese freie Marktwirtschaft ein (soziale Marktwirtschaft).

Metropole. Politisches, kulturelles und wirtschaftliches Zentrum von überragender Bedeutung.

Metropolisierung. Das rasche Anwachsen einer Metropole zulasten der übrigen Städte und ländlichen Regionen (besonders in Entwicklungsländern).

Migration. Wanderung von Bevölkerungsgruppen oder Individuen innerhalb eines Staates oder grenzüberschreitend, die mit längerfristigem oder endgültigem Wohnungswechsel verbunden sind. Gründe für Migrationen sind wirtschaftlicher (z. B. Gastarbeiter) oder sozialer (z. B. Minoritäten) Art. Migrationen können auch erzwungen sein (Vertreibungen).

Mobilität. Man unterscheidet räumliche (horizontale) und soziale (vertikale) Mobilität. Räumliche Mobilität bezeichnet Bewegungen von Menschen im geographischen Raum. Dazu zählen Wohnsitzwechsel, Pendelverkehr, Freizeitmobilität. Veränderungen des sozialen Status zählen zur sozialen Mobilität.

Monostruktur (Monowirtschaft). Einseitige Ausrichtung der Wirtschaft eines Staates oder in einem Territorium auf eine oder wenige Produktionsrichtungen, die zu Abhängigkeiten von Märkten führt. Risikominderungen können durch Diversifikation erreicht werden.

Multinationaler Konzern. Unternehmen, das seinen Hauptsitz in der Regel in einem Industriestaat hat und auch über juristisch eigenständige Niederlassungen oder Zweigwerke in anderen Staaten verfügt.

Nachhaltiges Wirtschaften. Zunächst in der Forstwirtschaft, heute international für alle Wirtschaftsbereiche verwendete Bezeichnung und Zielsetzung. Alle ökonomischen Prozesse sollen danach ohne Gefährdung der Ressourcensicherung für künftige Generationen und unter Vermeidung von irreperablen Umweltschäden ablaufen.

Nation. Gemeinschaft, die aufgrund ihrer gemeinsamen Geschichte, ihrer kulturellen Eigenständigkeit zusammengehören will. Sie kann als politische Gemeinschaftsform den Nationalstaat bilden.

Naturlandschaft. Ein geographischer Raum, der durch Wechselwirkungsgefüge der physischen Geofaktoren bestimmt ist und vom wirtschaftenden Menschen noch nicht beeinflusst wurde.

NIC (Newly Industrializing Countries). Entwicklungsländer, die zu den wirtschaftlich fortgeschritteneren zählen (Schwellenländer).

OECD (Organization for Economic Cooperation and Development = Organisation für wirtschaftliche Zusammenarbeit und Entwicklung). Multilaterale Wirtschaftsorganisation von 25 Industriestaaten zur Koordinierung der Wirtschafts-, Währungs- und Handelspolitik mit Sitz in Paris.

Ökologie. Wissenschaft von der Umwelt, sie untersucht die Beziehungen zwischen Menschen und ihrem Lebensraum.

Ökosystem. Lebensgemeinschaft. Beziehungen zwischen Lebewesen und Lebensraum.

Pendler. Erwerbstätige, Schüler und Auszubildende, deren Arbeitsstätte außerhalb des Wohnorts liegt und die deshalb die Gemeindegrenze überschreiten. Der Pendler zählt in der Wohngemeinschaft als Auspendler, in der Arbeitsgemeinde als Einpendler.

Peripherie. Sammelbegriff für Gebiete, die vergleichsweise gering entwickelt oder rückständig sind und somit schlechtere Lebensbedingungen bieten. Periphere Räume sind von einem Zentrum funktional abhängig (räumliche Verflechtung). Oft liegen sie in Grenznähe.

Planwirtschaft. Wirtschaftsordnung, in der die Güter zentral nach staatlichen Plänen (Zentralverwaltungswirtschaft) hergestellt (Bedarfspläne) und an die Verbraucher verteilt (Verteilungspläne) werden. In der sozialistischen Planwirtschaft unterstehen die Produktionsfaktoren der staatlichen Verfügungsgewalt.

Preise und Löhne werden vom Staat festgesetzt.

Protektionismus. Im Gegensatz zum Freihandel reguliert der Staat den Außenhandel (Import, Export), um die eigene Wirtschaft vor ausländischer Konkurrenz zu schützen. Instrumente sind u. a.: Schutzzölle, Ausfuhrförderung durch Subventionen, Kontingentierung bzw. Verbote von Einfuhren.

Produktionsfaktoren. Mittel, die zur Herstellung von Sachgütern oder zur Bereitstellung von Dienstleistungen notwendig sind. Zu den Produktionsfaktoren gehören die natürliche Umwelt (auch Bodenschätze), Arbeit, Kapital sowie der technische Fortschritt.

Produktionsmittel. Mittel, die zur Herstellung neuer Güter dienen. Dazu gehören Betriebsmittel (Gebäude, Maschinen), Werkstoffe (Rohstoffe, Hilfsstoffe, Betriebsstoffe) und Geld- bzw. Finanzkapital.

Produktivität. Maßzahl für die Ergiebigkeit der volkswirtschaftlichen oder betrieblichen Produktion von Sachgütern und Bereitstellung von Dienstleistungen. Man vergleicht den Aufwand an Produktionsfaktoren (input) mit dem Ertrag (output). Wird die Produktionsleistung auf den Einsatz eines Produktionsfaktors bezogen, ergeben sich Teilproduktivitäten: Arbeitsproduktivität, Kapitalproduktivität, Flächenproduktivität. Steigerungen der Arbeits-, Kapital- und Flächenproduktivität resultieren aus dem verbesserten Einsatz von Kapital.

Raumordnung. Bewusste Handhabung geeigneter Instrumente (Gesetze, Pläne, Verordnungen, Konzepte) durch den Staat, um eine zielbezogene Gestaltung, Nutzung und Entwicklung des Raumes zu erreichen.

Raumplanung. Oberbegriff für räumliche Planungsebenen der öffentlichen Hand: Landes-, Regional- und Kommunale Planung).

Recycling. Aufbereitung und Wiederverwendung bereits genutzter Rohstoffe.

...gionalplanung. Räumliche Planung ...mittleren Ebene zwischen Landes- ...mmunaler Planung. Sie konkreti... ...rundsätze und Ziele der Lan... ...nd stimmt sie mit den Vor-

stellungen und Zielen der Gemeinden ab. Die Regionalpläne mit ihren Grundsätzen und Zielen sind von den Kommunen bei der Bauleitplanung zu berücksichtigen.

Ressourcen. Die Gesamtheit der Produktionsmittel (Rohstoffe, Maschinen, Werkzeuge, im weiteren Sinne auch die Produktionsfaktoren), die für die Wirtschaft eines Territoriums notwendig sind.

Rurale Armut. Dörfliche Armut, die in vielen Entwicklungsländern auftritt. Sie betrifft landlose Familien, Kleinbauern und Arbeitslose.

Sanfter Tourismus. Tourismus ist eine Massenreisebewegung, die infolge des Massenverkehrs und an den Zielorten der Reisebewegung beträchtliche Belastungen der Umwelt mit sich bringen kann. Sanfter Tourismus bemüht sich um umweltschonendes Reisen. Der Benutzung von Bahn und Bus wird Vorrang gegeben. Hotels, Gaststätten und Ferienwohnungen sollen im Besitz von Einheimischen sein und das Ortsbild nicht stören.

Schlüsselindustrie. Hierzu gehören Industriezweige, die Rohmaterialien (z. B. Kunststoffe, Stahl) für andere Industriebetriebe fertigen, aber auch solche, die viele Zulieferanten benötigen, die von ihnen abhängig sind (vorgelagerte und nachgelagerte Industrie).

Schwellenland (Take off Country) (NIC). Entwicklungsländer mit relativ fortgeschrittenem Entwicklungsstand.

Segregation. Bezeichnet den Prozess räumlicher Absonderung bzw. Trennung sozialer Gruppen meist innerhalb von Siedlungen. Diese kann aus verschiedenen Gründen erfolgen, verschiedene Gruppenmerkmale betreffen (Alter, Sprache, Religion, Einkommen u. a.) und freiwillig oder erzwungen (Getto) sein.

Shintoismus. Religion japanischen Ursprungs, ohne Religionsstifter und religiöse Schriften. Die Diesseitsreligion bezieht sich auf die Familie und die Gemeinschaft der Japaner. Shinto heißt „Weg der Erhabenen, Pfad der Götter". Im Mittelpunkt steht die Verehrung der Natur und der Ahnen. Die Religion erwartet vom Einzelnen gegenüber der Familie und dem Staat (dem Kaiser)

Pflichterfüllung und Ehrlichkeit und im Leben Selbstbeherrschung und Todesverachtung. Die daraus resultierende Arbeitshaltung wird als wichtige Komponente der japanischen Produktivität angesehen.

Slum. Elendsviertel mit baulichem Verfall und gravierenden sozialen Problemen.

Sonderwirtschaftszone. Staatliche Maßnahme zur wirtschaftlichen Entwicklung eines bestimmten Territoriums. In dem ausgewiesenen Gebiet dienen Steuerermäßigungen, staatliche Zahlungen, Vorleistungen des Staates beim Auf- und Ausbau der Infrastruktur dazu u. a. Investoren anzulocken und somit Arbeitsplätze zu schaffen.

Stadtsanierung. Maßnahmen zur Beseitigung städtebaulicher Missstände in Bezug auf Wohnumfeld, Verkehr, Erholung, Flächennutzung. Sanierungsgebiete sind in Deutschland vor allem Altstadt- und Gründerzeitviertel.

Stadtregion. Geographisches Modell zur Erfassung und Abgrenzung einer Stadt gegenüber dem Umland. Kriterien zur Abgrenzung sind unter anderem Bevölkerungsdichte, Agrarerwerbsquote und Pendlerquote.

Stadtzentrum. Zentraler Bereich einer Stadt, in dem sich die wichtigsten städtischen Funktionen konzentrieren und das Typische einer Stadt am deutlichsten sichtbar wird. Das Stadtzentrum ist in historischen Städten oft mit der Altstadt identisch.

Städtische Funktionen. Aufgaben, die eine Stadt zur Versorgung ihrer Bevölkerung und der des Umlandes (Zentralität, Bedeutungsüberschuss) wahrnimmt. Sie beziehen sich vor allem auf die Daseinsgrundfunktionen und haben ihren Schwerpunkt in den Funktionen ‚Wohnen', ‚Arbeiten', ‚sich Versorgen'. Städte sind multifunktional, doch kommen den einzelnen Funktionen unterschiedliche charakterisierende Bedeutungen zu (Industriestädte, Universitätsstädte, Messestädte etc.).

Standortfaktoren. Kräfte und Gegebenheiten, welche die Standortwahl für die Niederlassung eines Betriebes beeinflussen. Man unterscheidet die Beschaffungsorientierung (Arbeitskräfte, Energieträger, Rohstoffe) von der

Absatzorientierung (Verbraucher, Kaufkraft) und der Transportorientierung (Abhängigkeit von der Entfernung eines Betriebes zu den Beschaffungs- und Absatzmärkten, Leistungsfähigkeit des Verkehrsnetzes). Auch das Freizeitangebot, das kulturelle und gesellschaftliche Leben etc. sind wichtige Einflüsse auf Standortentscheidungen.

Subsistenzwirtschaft (Selbstversorgerwirtschaft). Eine Wirtschaftsweise, in welcher der Produzent nur für die Selbstversorgung und nicht für einen Markt produziert, d. h. nicht an der Arbeitsteilung teilnimmt. Sie ist für große Teile der Bevölkerung in den Entwicklungsländern typisch. Ihr Ertragswert läßt sich nur grob abschätzen.

Suburbanisation. Prozess der Verlagerung von Wohnen und Arbeiten aus der Kernstadt in das städtische Umland. Dadurch Zunahme der Verdichtung von Bevölkerung und Arbeitsstätten in diesem Gebiet. Diese Verdichtung kann auch durch Zuwanderung aus anderen Regionen verstärkt werden.

Terms of Trade (reale Austauschverhältnisse). Sie messen für ein Land die Entwicklung der Exportgüterpreise im Verhältnis zur Entwicklung der Importgüterpreise. Die Terms of Trade können sowohl durch Mengen- und Preisänderungen exportierter und importierter Güter als auch durch Wechselkursänderungen beeinflusst werden.

UNCTAD (United Nations Conference on Trade and Development = Welthandelskonferenz). Sonderorganisation der Vereinten Nationen für Handel und Entwicklung, kurz Welthandelskonferenz, gegründet 1964; Ziele: Förderung des internationalen Handels, Abbau des Nord-Süd-Gefälles, Erarbeitung einer neuen Weltwirtschaftsordnung.

Urbanisierung. Allgemein mit der Verstädterung verbundener Prozess der Ausbreitung und Verdichtung städtischer Siedlungs- und Lebensformen. Merkmale von Urbanität sind: räumliche Trennung der Daseinsgrundfunktionen in einer arbeitsteiligen Wirtschaft, starke berufliche Spezialisierung und ausgeprägte soziale Schichtung, starke soziale

und regionale Mobilität, wachsende Bedeutung von Freizeit, Verdichtung des Verkehrs, rasche Veränderungen im Stadtbild.

Verdichtungsraum. Ballung städtischer Funktionen (Wohn- und Arbeitsstätten, Handels- und Dienstleistungseinrichtungen, Verkehrsanlagen). Ursachen der Herausbildung von Verdichtungsräumen und Stadtregionen sind: sozialer Wandel zur Wohlstandsgesellschaft, die Entwicklung von Massenverkehrsmitteln und des Individualverkehrs bedeuten eine steigende Mobilität. Beide Entwicklungen ermöglichen die zunehmende räumliche Trennung von Daseinsgrundfunktionen.

Verstädterung. Sie setzt weltweit mit dem Übergang von der Agrargesellschaft zur Industriegesellschaft ein. Seit den 50er Jahren hat der Prozess auch die Entwicklungsländer erfasst. In den 90er Jahren gibt es auf der Erde etwa 30 Stadtregionen mit jeweils mehr als 10 Mio. Einwohnern. Davon liegen etwa 20 in Entwicklungsländern. Die Verstädterung ist gekennzeichnet durch: Zunahme der städtischen Siedlungen, Anwachsen der Städte nach Bevölkerungszahl, Siedlungsfläche und Verkehrsfläche. Anwachsen der städtischen Bevölkerung an der Gesamtbevölkerung einer Region.

Vielvölkerstaat. In einem Vielvölkerstaat (Nationalitätenstaat) leben mehrere sprachlich und kulturell eigenständige Völker (Nationen).

Vorbehaltsgebiet. Manchmal auch Vorsorgegebiet genannt. Sichert Freiraumfunktionen gegenüber anderen konkurrierenden Nutzungen unter Vorbehalt (z. B. Abbaugebiet von Rohstoffen, Landwirtschaftsgebiete). Das bedeutet, dass bei einem auftretenden neuen Nutzungsanspruch abgewogen werden kann, welcher der beiden Nutzungen der Vorzug gewährt wird.

Vorranggebiet. Planungsinstrument. Sichert Freiraumfunktionen (z. B. Naturschutz, Grundwasser, Erholungswald) gegenüber anderen konkurrierenden Nutzungen. Ein als Vorrangebiet ausgewiesenes Areal lässt keine Abwägung mit anderen nicht verträglichen Nutzungen mehr zu.

Weltbank (Internationale Bank für Wiederaufbau und Entwicklung). Eine Sonderorganisation der Vereinten Nationen, zugleich Internationale Bank der IWF-Mitgliedsländer. Sie vergibt Kredite für Entwicklungsprojekte einzelner Staaten.

Wirtschaftsformen. Eine Sammelbezeichnung für alle Arten wirtschaftlicher Tätigkeiten. Sie unterscheiden sich durch Art der Gütergewinnung, Zielsetzung und Intensität des Wirtschaftens. Die soziale und wirtschaftliche Entfaltung der Menschheit erfolgte in zwei Hauptstufen: Aneignungswirtschaft und Produktionswirtschaft.

Wirtschafts- und Handelsstufen. Entsprechend ihrer Reichweiten unterscheidet man Hauswirtschaft, Stadt-Land-Wirtschaft, Volkswirtschaft und Weltwirtschaft. Die Übergänge sind fließend. Hauswirtschaft gibt es in hochentwickelten Wirtschaftsräumen sogar in steigendem Maße: Hobby Farming, Sportfischerei, Heimwerken u. a.

Wirtschaftssektoren. Die Wirtschaft wird nach den wirtschaftlichen Tätigkeiten grob in drei Sektoren eingeteilt: primärer Sektor (Urproduktion), sekundärer Sektor (Güterproduktion), tertiärer Sektor (Dienstleistungen).

Zentraler Ort. In der Regel eine städtische Siedlung, die zentrale Güter (Waren des periodischen und seltenen Bedarfs) und Dienste (Schul- und Gesundheitsversorgung, Kulturangebote u. ä.) über den eigenen Bedarf hinaus für ihr Umland anbietet. Je nach Bedeutungsüberschuss erweitert sich der Einzugsbereich des zentralen Ortes. Man unterscheidet Klein-, Unter-, Mittel- und Oberzentrum.

Zersiedlung. Unkontrollierte Ausdehnung einer Siedlung in ihr Umland (naturnahe Kulturlandschaft oder Naturlandschaft). Raumplanung sowie Landschafts- und Naturschutz wirken diesem räumlichen Prozess entgegen.

Zivilisation. Die durch Wissen und Technik geprägte Lebensweise einer Gruppe von Menschen sowie die Regelung der Beziehungen zwischen den Menschen mit Hilfe von Verträgen und Einrichtungen, aber auch Konventionen.

Bildnachweis

Titelfoto: World map on circular globe, blue graduated backround; K. Bürger, Potsdam (100, 159); dpa, Berlin: Brockhaus (161); C. Felgentreff, Berlin (190/1 u. 2); P. Fischer, Oelixdorf (20, 30/2, 174, 210/2); B. Foerster, Rüdersdorf (249/1 u. 2); E. Goltz, Berlin (131/1 – 3); E. Grunert, Berlin (28, 165, 175/1 u. 2, 233); IFA-Bilderteam, München: LDW (133); Japanisches Generalkonsulat, Berlin (183, 213); Jürgens Ost und Europa Photo, Berlin (85, 98, 151); H. Karpf, Oelsnitz (184/1); J. Keute, Frankfurt/Main (73, 86, 134); Kommunalverband Ruhrgebiet, Essen (88); K. König, Berlin (96); E. Kulke, Berlin (30/1, 33, 43/1 u. 2, 47, 48, 65/1 u. 2, 172); S. Kutschke, Berlin (83/1); Helga Lade Fotoagentur, Berlin: BAV (21), Bramaz (42, 141, 154); H. Lange, Leipzig (90, 91, 92, 135/2, 184/2); U. Muuß, Altenholz (7, 84/2); G. Niemz, Frankfurt/Main (149/2); J. K. Petřik, Prag (140); R. Pokorny, Potsdam (139); Preußischer Kulturbesitz, Berlin: J. Mollenschott (210/1); G. Raschke, Wolfsburg (184/3); G. Saupe, Potsdam (89, 227); Siemens Pressebilder, München (23, 37, 41); H. R. Stammer, Mainz (135/1, 137); Superbild, Berlin: Bach (153, 156), Ducke (149/1), Gräfenhain (68); Tony Stone, München (Titelbild); S. Thieme, Potsdam (89); VWV-Archiv, Berlin (45); VW-Werk, Mosel (79); N. Wein, Kaarst (125/1, 154/1); A. Wilsner, Lenzen (229/1 u. 2); K. Ziener, Potsdam (192, 193/1 u. 2, 195/1 u. 2, 230, 231/1 u. 2).

Quellen

Atlas Mecklenburg-Vorpommern (106, 107); BISS Bürgerinitiative Stadtring-Süd 4371993/Rundbrief 18/1993(224); Bureau of Statistics Suva, Ministry of Cooperatives Eastern Division (Suva) (191); Cornelsen Verlag, Berlin 1996 (1. Vorsatz); Der Fischer Weltalmanach Frankfurt 1994, 1995, 1996 (29, 43, 142, 188, 208, 251); EUREG, Europäische Zeitung für Regionalentwicklung, 1/1994 Treuner, P.: „Eine neue Karte europäischer Raumentwicklungsziele" (93); EUROSTAT 1994 (63, 64); Economic Report Malaysia 1994/1995 (69, 70); Flauß, H. In: ZfE 12/1990 (140); GEOS 3 (144), GEOS 6, Volk und Wissen Verlag GmbH, Berlin 1994 (84); Globus Kartendienst GmbH, Hamburg (40, 47); Hambloch, H.: Allgemeine Anthropogeographie, Franz Steiner Verlag GmbH, Stuttgart, vormals Wiesbaden 1982, 5., neubearbeitete Auflage (10, 13, 2. Vorsatz); Harms Handbuch der Geographie, Bd. 2, 1982 (143); Harenberg Länderlexikon 94/95 (251); Japan Statistical Yearbook 1994 (141, 145); Kommission der EG: Die Regionen in den 90er Jahren. Luxemburg 1991; Kulke, E. Faktoren industrieller Standortwahl – theoretische Ansätze und empirische Ergebnisse. In: Geographie in der Schule, Aulis Verlag 1990 (78, 80); Läufer, T.: 22 Fragen an Europa, Bonn 1994 (65, 67); Ministerium für Umwelt, Naturschutz und Raumordnung, Landesentwicklungsplan für den engeren Verflechtungsraum LEPeV. (Entwurf 1995); Neumeister, H.: Zur Messung der Leistung des Geosystems In: Petermanns Geographische Mitteilungen, 123, 1979, (9); UN Demographic Yearbook 1986 (208); UNDP 1994 (24); Bundesforschungsanstalt für Landeskunde und Raumordnung, Raumordnungsbericht 1993 (189, 207, 214); Schätzl, L.: Wirtschaftsgeographie 1, Theorie. 3. Auflage 1988 (UTB) (37, 78, 206); Statistisches Jahrbuch für die Bundesrepublik Deutschland 1995 (46, 188, 216); Statistische Berichte Brandenburg (228); Statistical Abstract of USA 1994 (129, 138); Statistische Berichte Mecklenburg- Vorpommern, Statistisches Landesamt Mecklenburg-Vorpommern, Kennziffer: C IV 7 – j/94, März 1994 (112); Weltbank, Weltentwicklungsbericht 1994 (25, 26, 32, 33, 40, 41, 42, 45, 52, 53, 54, 58, 59, 59, 64, 67, 69, 70, 70, 70); Zahlenbilder (60); Zeitschrift für den Erdkundeunterricht (140, 247, 248, 249);

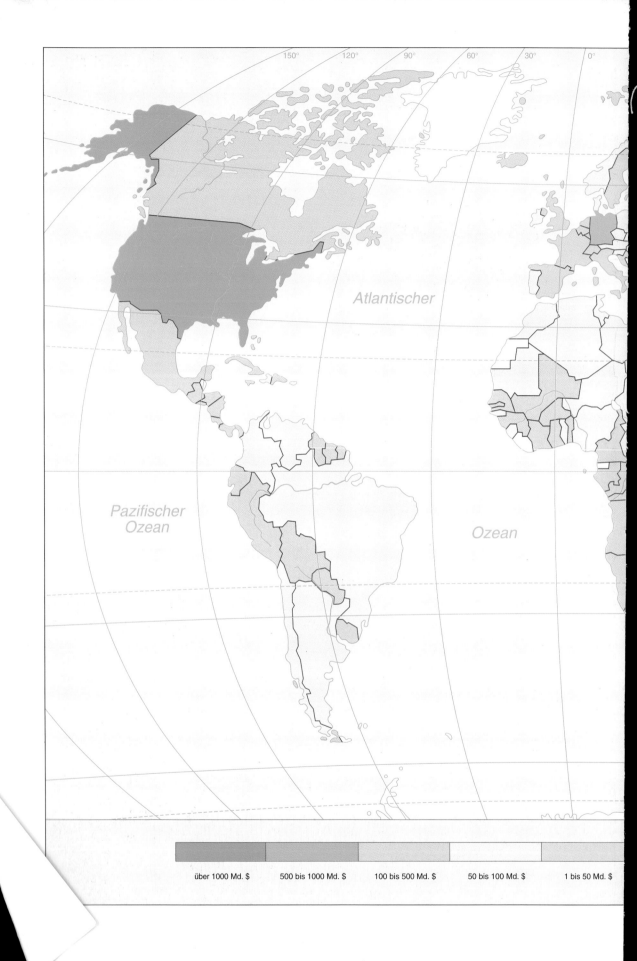

150° 120° 90° 60° 30° 0°

Atlantischer

Pazifischer
Ozean

Ozean

| über 1000 Md. $ | 500 bis 1000 Md. $ | 100 bis 500 Md. $ | 50 bis 100 Md. $ | 1 bis 50 Md. $ |